사회복지 프로그램개발과 평가

류종훈 · 김근식 · 김철진 · 배성찬
공저

청목출판사

머리말

프로그램 개발은 과학이자, 동시에 예술적 기술이다. 프로그램을 개발하기 위해 특수한 기술이 요구된다는 점에서 기술이고, 그 내용이 이론적으로 정리되어 있다는 점에서 과학이다. 이에 어의적으로 살펴보면 사회복지는 사회(soclial)와 복지(welfare)의 합성어이다. 영어의 'soclial'이라는 단어는 사람과 사람과의 관계성을 강조하고 있다. 따라서 사회복지는 개인 혼자만의 복지를 의미하는 것이 아니라 개인과 개인의 관계성 속에서 모두의 복지를 이루는 것을 추구하는 것이다. 사회복지라는 말은 인간 생활의 만족스런 상태를 나타내는 개념적 용어로 안녕한 상태를 이루기 위한 인간의 욕구 충족과 관련된 실천적인 의미를 포함하고 있다.

이와 같이 프로그램들을 개념화하는 용어들이 다양하게 있는데, 크게 3개의 영역으로 분류하여 개념화할 수 있다.

첫째, 휴먼서비스(human services)를 강조하고,

둘째, 사회서비스로 일반적인 대인서비스와 함께 교정 및 재활 영역을 포함하는 개념이다.

셋째, 사회개발과 변화활동이다. 이것은 개인변화보다는 체계변화를 지향하는 프로그램들로 구성하고, 사회서비스를 보완하는 성격을 가지고 있다.

사회복지 프로그램 개발과 평가에 대한 기본 개념과 이론을 종합적으로 정리한 것과 사회문제적 분석, 욕구조사, 목표설정, 개입전략 모색에 관한 프로그램 기획 및 설계 단계로 구성되어 있다.

이 학문은 특히 사회복지실천과정으로서 사회복지 프로그램이 절대적으로 필요하고 사회복지를 전공하고 사회복지현장에서 활동하는 사회복지사들에게 있어서 기초가 되는 응용학문이다. 사회복지현장에서

근무하는 사회복지사들이 직위 고하를 막론하고 선임 관리자로서의 사명을 다하고 사회복지 대상자들에게 전문적인 사회복지서비스를 제공하기 위해 사회복지학의 이론과 실제적 지식을 함양하여 많은 사람들에게 다양한 서비스를 제공하고자 할 때 프로그램 실천계획을 세우고 상담을 실시하며 다학문적 교육 훈련, 그리고 정보를 제공하는 일을 담당하여야 한다.

1990년대부터 사회복지시설과 기관에 대한 업적 평가가 사회복지사업법에 따라 매 3년마다 시행되고 있으며 사회복지공동모금회나 민간복지재단들이 프로그램 공모로 지원사업을 할 때 사회복지 프로그램 개발과 평가는 매우 중요한 몫을 한다. 특히 사회복지서비스의 책임성에 대한 논란이 많아지고 과학적이고 합리적 선택을 위한 시스템화로 사회 복지서비스가 강조되는 이 시점에서 사회복지 대상자들의 다양한 욕구를 효과적으로 대응하기 위한 방안이 필요하게 되었다. 대개 사회복지 프로그램이란 국가가 중심이 되어 어떤 기관이나 조직으로 하여금 특정한 목적을 수행하여 사회문제를 해결하도록 돕는 사회적 노력으로 종결할 때까지 요청되는 제반 프로그램 내용의 선정과, 활동 목표 체계, 사회복지시설 지원시스템 체계와 실시기간 등에 관한 실천계획이라 할 수 있다. 사회복지 실천현장에서 행해지는 대부분들의 활동은 프로그램을 통해서 이루어진다. 사회복지프로그램의 기획과 수행, 그리고 평가는 사회복지기관의 목표 달성과 자원 조달은 물론 대상자에 대한 서비스 목표를 구체화함으로써 효과적인 업무 수행의 근간이 된다.

본 교과목에서는 실제적으로 사회복지사들이 프로그램을 통해 효율적이고 효과적인 서비스를 제공할 수 있도록 사회복지 프로그램의 개발과 평가에 대한 다양한 이론과 기술을 습득하도록 하는데 있다.

또한 프로그램 공모에 의한 지원 사업에 참여하고자 하는 관계자들의 관심이 높아지면서 사회복지현장과 학계에서 매우 관심이 높은 학문으로 자리 잡기 시작하였다.

본 교재는 사회복지를 전공하는 대학생, 대학원생은 물론 실제 사회복지현장에 근무하는 사회복지사들을 위한 교재로서 지침서가 될 뿐만 아니라 전문가로 성장발전하기 위한 과정으로 심도 높은 길잡이가 될 수 있도록 집필하게 되었다. 무엇보다도 학생이나 전문사회복지사들이 이해하기 쉽게 실천분야에서 응용할 수 있는 실천기술에 관심을 두고 책을 집필했다.

이를 위해 다음과 같은 목표를 둔다.

① 사회복지 프로그램과 책무성에 대해 이해한다.

② 프로그램기획, 실행, 평가에 관한 전문적 지식과 기술을 익히고 프로그램기획가로서 역량을 강화한다.

③ 이를 통해 사회복지실천현장에서 대상자(c't)에게 제공되는 서비스의 질적 향상과 기관에 대한 신뢰제고 및 대외적인 책임성을 높일 수 있도록 한다.

따라서 이 책의 구성은 사회복지 프로그램 개발과 평가란 무엇인가? 즉, 누구를 위한 사회복지 프로그램 개발과 평가인가에 주안점을 두어 다루고 있다. 특히 프로그램 설계와 욕구조사 및 실천방안과 유용성 그리고 평가에 심혈을 기울이고 많은 고만을 하였다. 따라서 설계된 프로그램을 어떻게 실행할 수 있는지에 초점을 모았다. 마지막으로 사회복지 프로그램은 누가 무엇을 평가하는가를 다루면서 복지마을 만들기와 한국복지전망 및 사회적 협동조합에 대한 연구로 마감하였다.

사회복지프로그램 개발과 평가는 사회복지의 관련 선배님들의 노력으로 사회복지학문의 한 전문 분야로 발전하게 되었고 복지국가에 진입하는 시점에서 특화된 복지서비스를 기대하는 대상자들에게 희망을 주고 변화된 삶을 위하여 관련 사회복지사들이 체계적으로 사회복지서비스를 제공하기 위한 과정에서 사회복지 프로그램을 개발하고 평가할 수 있도록 최선을 다하여 이 책을 집필하게 되었다. 부족하지만 계속

보완해 나가도록 많은 조언과 지도편달을 기대하면서 도움을 주신 여러 교수님들과 사랑하는 가족들의 도움 그리고 청목출판사 유성열 사장님과 임직원 여러분의 배려와 노고에 깊이 감사드리며, 이 책을 읽는 사람들에게 희망과 기쁨 그리고 비전을 기원하는 바이다.

2013년 8월 5일

선지학산에서 저자 씀

차 례

부록 : 협동조합기본법 설명자료

제 1 장

사회복지 프로그램 개발의 기본 이해

1. 사회복지 프로그램개발이란 무엇인가?

1) 사회복지 프로그램의 개념적 정의

21세기의 시작과 함께 정보문화시대의 사회변화는 급물살을 타면서 선진복지국가의 제도를 벤치마킹하고 새로운 복지 마인드가 필요하게 되었다. 프로그램 개발의 의미는 일상적인 교육용어로 설명하면 교육과정(curriculum)이나 코스(course)라고 할 수 있지만, 규범적이고 필수적인 성격을 띠고 있어 다른 이해가 필요하다. 사회복지 프로그램에 대한 이해를 위해서는 사회복지를 어떻게 인식하고 규정할 것인가에 대한 개념 정립이 필요하다(재인용 정무성, 2005). 사전적 의미는 일반적으로 목록, 순서, 예정, 계획의 의미를 내포하고 있어 앞으로 진행될 일에 대하여 예정 또는 계획을 체계적으로 정리한 목록이라 설명할 수 있다. 여기에는 향후 진행될 일의 순서를 의미하는 내용과 실천이 포함되어 있다.

이와 같은 의미는 학자에 따라서 프로그래밍(programming), 프로그램계획(program planning), 교육과정개발(curriculum development) 등의 용어와 혼용으로 사용하고 있다. 일반적으로 학교교육에서는 이 의미를 교육과정 개발이라는 용어로 사용하고 있으며, 평생교육에서는 프로그램개발이라는 용어로 사용하고 있다(한국청소년개발원, 2011: 14-15).

그런데 이 의미를 사회복지 프로그램 관점에서 접근하면 '조직활동을 통한 목표달성'이라는 측면에서 프로그램의 목적을 기초로 사회복지조직의 목표달성을 체계화시켜 그것을 실현하기 위한 보다 직접적인 수단으로 설명할 수 있다. 따라서 일정한 절차에 의거하여 이루어지는 의도적인 문제해결 집합체라 정의할 수 있다.

따라서 사회복지프로그램은 사회복지가 개념적으로 명시하는 개인의 삶의 질에 변화를 주는 핵심적 추진 주체로 개인과 가족, 그리고 지역사회의 개발을 통해 개인적 혹은 사회적 변화를 이루려는 조직적이고 집합적인 노력이 필요하다.

2) 사회복지 프로그램 평가의 정의와 필요성

(1) 프로그램 평가의 개념적 정의

프로그램 평가에 대한 정의는 학자들의 견해에 따라, 다양한 개념적 정의가 있지만 프로그램 개발자의 관점에서 볼 때도 다양한 견해를 가지고 있다. 이러한 정의들을 종합하여 프로그램 개발과 평가의 개념적 정의를 학문적으로 규명할 필요가 있다. 이 작업은 사회복지 현장에서 프로그램의 혼란을 미연에 방지하고 프로그램 개발과 평가의 필요성을 인식하게 한다.

평가의 사전적 의미는 "사물 또는 그 속성에 대한 가치판단"을 의미한다. 즉, 판단의 기준 또는 표준작업이 있어야 한다. 따라서 정책이나 프로그램에 관한 의사결정을 목적으로 하여 사회과학적 조사방법을 이용하여 정책 또는 프로그램의 수행과정과 결과를 측정하는 일련의 절차라고 할 수 있다.

평가는 프로그램의 특성과 활동 및 그 결과에 관한 체계적인 정보 수집을 하여 분석하고 불확실성을 규명하여 효과성을 증진시켜 준다.

프로그램의 진행 상황과 영향에 관한 의사결정을 준비하기 위한 의미를 내포하고 있다. 이와 같이 평가는 목적적 의미를 수행하기 위해 프로그램 과정상의 환류, 책임성 이행, 서비스 제공방법에 관한 지식을 획득하여 정보와 자료의 제공, 프로그램의 개선, 기관에 대한 외부의 지원 체계를 필요로 요구한다.

Sciriven(1967)은 "평가란 어떤 것에 대한 이점이나 가치를 판단하는 것"이라 하였다. 또 다른 학자들은 평가에 대해 "특정 목표에 도달하기 위하여 정해진 범위를 사정하는 것"이라 정의하였다. 이러한 관점에서 볼 때 평가란 보는 관점에 따라 약간의 차이가 있다.

학문적으로 보면 프로그램 평가는 과학적 관리에 활용되는 응용연구로서, 정책결정이라는 실용적인 목적을 추구하기 위해 사용될 수 있다. 그러므로 프로그램 평가는 논리적인 순서를 따른다는 점에서 기본연구와 흡사하다. 즉, 프로그램 평가는 문제나 가정을 세워 그것에 대해 살펴본 후, 평가방법을 설정하고 자료를 수집하여 해석하는 과제중심 또는 문제해결의 과정을 따른다. 단, 기본연구와의 일반적인 차이점은 기본연구가 지식의 일반화라는 목적을 지니는데 반하여, 응용연구에 해당되는 프로그램 평가는 그 결과를 적용하여 프로그램을 개선하는 데 사용된다는 점이 다르다고 할 수 있다. 따라서 프로그램 평가에는 기관 간, 프로그램의 사전·사후 간 또는 설정된 목표와의 비교 과정이 포함된다.

반면에 사회복지 분야에서의 평가는 어떠한 의미를 지니고 있는 것일까? 이 물음에 대한 답은, 사회복지 분야에서 평가란 사회복지 프로그램이나 기관이 실시한 제반 활동의 "과정"과 "성과"를 객관적이고 체계적인 가치판단을 하는 것을 의미한다.

유형별로 살펴보면 평가에는 사회복지 프로그램을 평가하는 프로그램 평가와 기관을 평가하는 기관 평가와 사회복지 정책을 평가하는 경우도 있다. 그러나 일반적으로 평가는 대부분 프로그램 평가를 의미한다. 평가를 하는 궁극적인 목적은 유용한 정보와 피드백으로서 기관 전체 및 시행중인 프로그램의 구체적인 내용을 전달받게 되는 것이다.

평가자는 이러한 정보들을 바탕으로 프로그램 수혜자를 위한 목적을 달성하기 위하여 평가를 시행한다. 조사와 연구에 깊이 관여하지 않는 사회복지사들도 자신이 수행하는 서비스가 클라이언트에게 실제로 어떻게 도움이 되고 있는지를 확인하고 싶어한다. 특히, 다양한 프로그램들의 평가는 평가를 위한 평가인 경우도 있어 애물단지로 작용하기도 하지만 평가를 통해서 클라이언트에게 제공할 보다 실질적인 서비스의 유형을 선택한다. 따라서 긍정적인 측면이 훨씬 많다. 그리고 서비스 평가가 필요한 이유는 보다 나은 문제해결 방법을 모색하기 위한 방안이다. 예를 들어, '마약예방 프로그램과 일반 건강교육 중 효과적인 면에서 그 투자비용을 고려했을 때 무엇이 더 효과적이고 더 효율적인가?' '외상 후 스트레스 장애 즉 트라우마를 겪는 사람들에게 인지행동치료가 효과적이고 더 효율적인가?' 또는 '정신장애를 겪고 있는 아동에게 심리치료와 학습교육 중 그 비용면에서 고려할 때 어느 것이 더욱 방법적인 면에서 효과적인가?' 등의 질문들은 단순히 그렇다, 아니다라고 할 수 없는 과학적인 방법에서 살펴볼 때 프로그램 평가를 수행함으로써 그 해답을 찾고 발전적인 방법을 구현할 수 있다.

프로그램 평가는 행정적정책, 사례관리적 측면에서 의사결정을 하기 위하여 실시하기도 한다.

그리고 과제의 도출을 위한 가정을 하고 여기에서 의문점을 가지고 시작하는 경우도 있기 때문이다. 즉 평가는 클라이언트가 도움을 받았는지, 어떠한 접근법이 보다 비용이 적게 드는지, 직원의 생산성이 높아졌는지, 실제로 의도하였던 대상에게 서비스가 제공되었는지 등을 찾아가는 과정이며, 더 나아가 정부의 공적인 지원을 받는 경우나 마케팅의 전략으로 사용하기도 한다(김통원, 2004: 38-39).

이와 같은 의미에서 프로그램 평가는 사회문제 전반에 걸쳐 새로운 사실을 인식하고 그 중요한 사항을 더욱 명료화하기 위하여 실시하게 된다. 예를 들어 현재 다양한 사회문제(빈곤, 건강악화, 약물남용, 노숙, 실업, 정신질환, 이혼 아동학대 등)가 있다고 가정할 때 사회적으로 다루기 위한 다양한 프로그램들이 존재하게 된다. 만일, 이러한 프로그램들이 실패할 경우, 프로그램 설계, 예산, 개입방법 등 문제점을 여러 측면에서 그 원인을 평가할 필요가 있다. 결국 이러한 평가를 통하여 사회복지 관련 전문가들은 그 목표가 어느 정도 달성되었는지를 확인 및 검증할 수 있어야 한다. 특히, 감독하는 정부기관 및 지방자치단체, 후원금을 제공하는 후원자, 한국공동모금회, 클라이언트 및 그 가족 등 다양한 이해 당사자들에게 보다 합리적인 방법으로 그들이 원하는 욕구에 반응한 서비스를 제공할 수 있어야 한다.

따라서 프로그램 계획은 ① 문제 확인, ② 목적 설정, ③ 프로그램 계획, ④ 평가를 포함한다(York, 1988: 193; Allen-Mears, Washington & Welsh, 1986: 263).

즉, 평가는 논리적이고 과학적인 조사방법을 기초로 하여 사회정책이나 그 정책에 필요한 프로그램의 효과성, 효용성을 높이고자 하는 의도적인 노력의 과정으로 볼 수 있다. 이 과정이 필요한 이유는 과학적인 접근방법과 효용성이 항시 강조되기 때문이다. 다시 말해서 평가의 사전적 정의인 "사물 또는 그 속성에 대한 가치판단"을 사회복지 측면에서의 평가제도를 활용하여 제반 사회복지 프로그램 혹은 기관의 계획, 수행, 성과 등 제반 활동을 체계적으로 판단하는 것이다. 행정학에서는 이러한 평가를 행정관리의 과학적 수단으로 인식하고 있다. 따라서 평가는 어떠한 욕구를 지닌 사람들에게 보다 적절한 서비스가 제공되고 있는 것인가? 또 어떻게 또는 무엇에 관한 안성맞춤식 서비스를 제공하고 있는가? 그리고 어떠한 서비스가 보다 효과적인가? 이러한 문제는 모름지기 어떠한 문제를 파악하는데 보다 효율적인가를 초점에 두고 행정관리 수단으로써의 그 역할을 하게 된다는 것이다(성규탁, 1994). 다시 말해서 "프로그램 평가란 한 기관의 전체 또는 선별된 사회복지 프로그램의 효율, 효과 및 적절성을 철저하게 비판적으로 검토하는 과정"이다(정무성, 2005: 364-365).

내용을 구체적으로 살펴보면, 프로그램 평가란 ① 프로그램 계획이나 운영과정에 필요한 정보 확보 바람직하게 추진되도록 노력하는 것을 "환류기능"이라 한다. ② 담당자가 프로그램 계획과정에서 행하는 활동에 대하여 사회적 책임을 "책임성 이행 기능"이라 한다. ③ 보조적 목적으로서 프로그램 속에 내재된 변수들 간의 인과관계를 검증하여 이론적 기반을 형성한다. ④ 사회복지기관이나 시설에서 사회복지 전문가로서의 의무이고 (사회복지) 윤리강령에 해당되기에 프로그램의 개발 시 문제정의, 프로그램 목표, 프로그램 내용, 실천방법 및 효과성 평가 등이 원활하게 제시되어야 한다. 따라서 문제정의, 목표, 프로그램 내용 및 실천 방법, 효과성과 프로그램 평가간의 관련성이 명확하게 되어야 한다.

Herman(1987)은 목적을 달성하기 위해서 프로그램의 평가를 실시해야 한다고 주장하였다. 그 내용은 다음과 같다.

① 서비스 결과에 대한 만족 여부를 확인하기 위한 것이다.
② 행정적, 관리적 의사결정을 하기 위한 것이다.
③ 사회문제 전반에 걸쳐 새로운 사실을 인식하고 중요한 사항을 결정하기 위한 것이다.

Smith(1990)는 바람직한 프로그램 평가 네 가지를 제시하였다.

① 신념체계를 정립하는 일
② 책임성을 증진시키기 위한 활동.
③ 지식기반구축(knowledge building)을 증진하는 일.
④ 클라이언트 중심주의(consumerism)를 만들기 위함이다.

평가는 평가 주체인 국가가 규정한대로 평가를 실시하며 정부와 민간의 사회복지 프로그램에 대한 지원 여부 의사결정에 중요하게 작용하기 때문에 간과할 수 없다는 점에서 강조되고 있다.

(2) 평가의 필요성

사회복지에 있어서 '프로그램의 개발 및 평가'가 갖는 중요성은 더 이상 강조할 필요성이 없다. 따라서 프로그램을 개발하면 그에 대한 '실행' 또한 중요하기 때문에 프로그램의 실행에 대해서는 별로 다루지 않는 실정이다.

우리는 프로그램의 평가와 관련해서 이해를 돕기 위한 방법으로 중요한 요소 몇 가지를 다루게 될 것이다. 프로그램의 '개발', '실행', '평가'가 동일한 비중으로 다뤄져야 하는데, 시간의 한계로 인하여, '개발' 영역을 쟁점으로 중요하게 다뤄 왔고, '실행' 영역은 부분적으로만 다루었으며, '평가' 영역은 '개괄적 이해'로부터 시작해서 '성과평가와 수행결과보고', '기관 평가사례의 연구', 프로그램 계획서 평가사례 연구' 등을 포괄하는 내용을 다루고자 한다.

따라서 단기적 관점에서 평가는 책무성 중심의 프로그램을 수행하는데 도움이 되고, 과학적 정보를 획득할 수 있으며, 평가를 통하여 프로그램의 가치를 판단할 수 있다. 그러나 중단기적 관점에서의 평가는 유효한 개입 전략 및 전술을 수립하는데 약간의 도움이 된다고 할 수 있으며(한국청소년개발원, 2011), 사회복지의 관점에서 볼 때 그 조직의 학습과 성장에 기여하게 된다. 아울러 장기적 관점에서 평가는 클라이언트에 대한 사회복지조직의 책무성을 완성하는데 기여하고, 전문성을 인증하는 계기가 될 것이다. 사회복지 조직 간의 정보 공유 및 네트워크 기재로 활용할 수 있을 뿐만 아니라 사회복지 실천의 이론화에도 기여하게 된다. 즉, 사회복지에 있어서 프로그램을 개발하고 발전시켜 나간다.

예를 들면 "어떤 것을 하거나 만들기 위해 사전에 마련된 구체적인 방법"을 계획(plan)이라고 하며, 계획을 수립하는 과정을 기획

(planning)이라고 한다. 그리고 프로그램을 기획하는데 있어서 매우 구체적인 형태로 그 과정을 기술하는 것을 프로그램 설계(program design)라고 한다. 이때 프로그램 개발은 프로그램의 기획과 설계는 물론이려니와 정책적 관점에서 살펴볼 때 특정 프로젝트를 실행, 평가, 환류과정을 총괄하는 아주 복잡한 절차와 방법을 포함한다. 즉, 사회복지프로그램 개발이란 사회복지를 위한 프로그램의 실천이란 관점에서 사회복지의 목적을 달성코자 하는 측면에서 사회복지가 명시하는바 개인의 삶의 질에 변화를 촉진하기 위한 다양한 사회적 노력의 한 방법으로서 프로그램개발이 이루어지는 것이다. 따라서 사회복지를 위한, 사회복지에 의한, 사회복지 프로그램에 있어서의 기획과 설계의 결정체라 정의할 수 있겠다.

2. 사회복지 프로그램 개발의 중요성 및 실천과정

1) 사회복지 프로그램 개발(설계)

사회복지 프로그램에서 해결하고자 하는 문제 유형이 클라이언트의 개인적인 문제에 국한될 경우에는 선별주의 원칙을 따르기도 하지만 문제의 직접적인 원인이 클라이언트에게 있지 않는 경우에는 보편주의 원칙을 따른다는 전제하에서 사회복지 프로그램 개발이 있어야 한다. 초보자는 문제의 결함부터 찾지만 전문가는 긍정적인 면에서 시너지 효과를 활성화시킨다. 사회복지 프로그램 개념이란 조직이나 기관을 기초로 하여 조직과 기관에서 추진되어지는 사업과 프로젝트 조직의 목적달성을 위한 수단 및 활동체계에서 고찰해야 한다. 그리고 조직의 보다 낳은 목적달성을 위해 이루어지는 체계이자 프로그램의 개념화를 의미한다. 즉, 특정한 목적 달성을 위하여 자원과 기술을 활용하고 일정한 절차에 따라 이루어지는 조직의 계획적인 활동시스템이라 할 수 있다. 이러한 의미에 대한 학자들의 견해는 다음과 같다.

York(1983)는 특정한 상황에서 "목표를 달성하기 위한 일련의 상호 의존적인 활동"들로 규정하였다.

Smith(1989)는 "특정 목표를 달성하기 위하여 만들어진 조직적인 활동"이라고 규정하였다. 즉 프로그램에 있어서 조직적인 활동이란 의미는 임시적인 활동이 아니라 어떠한 문제를 해결하기 위하여 설계된 계획된 활동이다.

Rapp & Poertner(1992)는 "특정한 목표를 달성하기 위한 집합체"로 정의하였다. 예를 들자면, 아동의 문제, 가족의 문제, 그리고 여성 평등 문제를 해결하기 위한 구체적이고 조직적인 활동이 그것에 해당된다.

Royce(2001)는 "특정한 목표 달성을 위한 조직화된 활동의 체계 즉 대상, 참여자에게 영향을 주기 위한 개입"이라고 주장하였다.

반면에 Weinbach(2003)는 "목적, 목표, 정책, 절차, 규칙, 예산 등을 포함하는 조직의 구성요소"라고 정의한 것에서 다소간 차이를 보인다.

미국사회복사협회(NASW:National Assoiation of Soial Workers, 1999)에서는 프로그램이란 "수행해야만 하는 것들에 대한 계획과 지침이며, 클라이언트의 욕구에 부합하여 설계된 조직과 절차라고 정의하였다. 특히, 미국사회복지사협회에서는 프로그램과 혼동하기 쉬운 프로젝트를 설명하였는데 프로젝트는 프로그램에 비하여 더욱 유동적이며, 단기적인 범주에 해당되기 때문에 내용적인 면에서 차이가 있다.

따라서 프로그램은 정책적 관점에서 볼 때 사회나 국가에 존재하는 문제들을 해결하기 위한 목적으로 국가나 사회단체, 그리고 사회복지 조직의 구체적인 사회복지활동이다.

Midgley(1995)의 견해를 인용하면 그는 통합적인 관점에서 개발적 관점으로 사회복지를 설명하였다. 그는 "경제개발의 역동적 과정과 연계하여 모든 사람들의 복리를 증진시키기 위한 계획된 사회변화의 과정"이라고 하였다. 즉, 제3세계 사회복지 프로그램들이 국가 전체 경제에 긍정적인 영향을 주었다는 것이다(Midgley & Livernmore, 1997). 이들이 주장하는 개발적인 특징은 경제개발에 긍정적으로 기여하는 사회적 개입을 의미하는 것으로 경제제도와 사회제도와의 특정한 조화를 강조하였다.

정무성(2005)은 사회복지의 개발적인 관점에서 우리나라의 사회복지 프로그램도 개인의 문제뿐만 아니라 가족과 연계해서 노동력을 강화하여 일자리 창출과 직장연계를 통한 사회복지프로그램 개발이 필요하다고 그 필요성을 객관화하였다.

따라서 사회복지 프로그램들은 개인을 둘러싸고 있는 사회적 환경요소를 고려하여 다차원적인 접근으로 개인의 문제를 해결하는 동시에 다양하고 복합적인 프로그램들을 개발하여 개인에게 제공함으로써 국가와 지역사회에 존재하는 다양한 사회의 구조적 모순을 해결할 수 있도록 하는 것이 사회복지 프로그램 개발과 연결되어 하는 것이다.

이러한 측면에서 본다면 프로그램 개발은 프로그래밍이 프로그램의 기획, 설계, 운영, 평가 및 그 효과성에 있어서 프로그램 행정조직, 사회복지사, 클라이언트들의 개별적인 노력이나 사회적 노력이며, 과정지향적, 변화지향적이라고 할 수 있다.

또한 절차적이고, 합력적인 속성을 강조하는 개념이 포함된다. 이러한 의미에서 볼 때 프로그램 개발(설계)의 중요성은 사회복지의 꽃이라고 말할 수 있으며, 이것을 몇 가지로 요약할 수 있다. ① 사명(mission)과 명확한 프로그램 목표의 설정과 집약성, ② 프로그램의 효율성 향상과 효과성 증진 및 실현성, ③ 외부의 지지도 향상과 참여도, ④ 업무의 효과성 및 직무만족도 향상, ⑤ 대상자의 역량강화 등이다. 이상 5개의 중요사항을 기초로 사회복지프로그램 개발의 중요성을 언급하면, 사회복지에 대한 책무성 요구를 기초로 한 그 배경을 알 수 있다.

과거 사회복지시설들의 비효과적인 행태가 문제시되어 사회복지공급주체의 다원화가 대두되었다. 그리고 사회적 여건의 변화와 함께 정부에서 사회복지시설들의 민영화를 추진하려는 경향과 함께 사회복지시설들의 평가제도가 매 3년마다 주기적으로 시행되지만 노인장기요양보험법에 의한 시설과 기관은 매 2년마다 실시된다.

2) 프로포잘의 이해[1)]

(1) 프로포잘의 개념

프로포잘이란 사회복지기관들이 수행하고자 하는 프로그램의 내용을 설명하는 사업제안서를 의미한다. proposal의 사전적 의미는 제안, 신청, 제의 등의 의미를 갖는다. 그런데 사회복지현장에서 프로포잘은 내용을 넓혀서 각종 사회문제의 해결을 위한 사회적 노력으로 개인이나 단체가 공공기관이나 민간기관에 기금을 신청하고자 할 때 제출하는 사업 제안서를 일컫는 말이다.

(2) 프로포잘의 중요성

사회복지현장에서 프로포잘의 중요성을 강조하기 앞서 우선 사회복지사에게 필요한 3가지가 있다면 열정과 따뜻한 마음과 프로포잘 작성법이다. 이에 사회복지현장에서 나타나고 있는 문제를 살펴보자.

사회복지현장에서의 문제는 다양하지만 가장 시급한 것은 기관의 재정부족, 사회복지사의 전문적 자질부족, 대상자에 대한 프로그램과 서비스의 질적 한계 등을 지적할 수 있다. 이러한 문제는 최근 아산복

1) http://cafe.daum.net/license-NO.1/NAyI/725?docid=3777998345&q=%BB%E7%C8%B8%BA%B9%C1%F6%20%C7%C1%B7%CE%B1%D7%B7%A5%20%B0%B3%B9%DF%20%C0%CC%B7%D0&re=1
우수사례: 사회복지프로그램(보건복지원격평생교육원)
김종명·구재관 외(2013). 『사회복지 프로그램 개발과 평가』. 양서원, pp. 102-153.

지재단을 비롯한 여러 민간복지재단의 프로그램 예산지원 등으로 다소 해결이 되고 있다.

예를 들면 지원방식은 프로그램을 제안서라는 짜여진 틀(프로포잘)을 통해 승인하는 방식이다. 이 방법은 아주 탁월한 의사결정 방법으로 평가되고 있다. 프로그램사업비를 다양하게 지원하는 방식으로 사업비부족을 해소할 뿐만 아니라 이 제안서 작성을 위해 사회복지사의 전문적 자질이 향상되고 개발되며, 질적 프로그램을 선별하여 지원함으로써 클라이언트들에게 보다 효율적으로 질적 서비스를 제공하도록 돕는다. 또한 이 프로포잘은 사회복지현장에서 고민하고 있는 여러 문제점을 보완 해결할 수 있는 방안으로 이해 관계자들과 그 중요성을 논할 수 있어 사회복지실천 방안으로 활용되고 있다.

3) 프로그램 개발과 실천과정

일반적인 프로그램 개발과 실천과정의 문제해결에서 중요한 것은 결국 지역사회가 바라는 상태에 도달하려는 지역사회의 노력(effort)을 어떻게 이루어 나가느냐 하는 점이 중요하다. 즉, 목표의 달성을 위한 주민과 정부 그리고 기업 등 여러 체계간의 협조를 전제로, 그 결과를 산출하는 데 있어서 효과 및 효율성(effectiveness and efficiency)을 지향해 나가야 하며, 이를 위해서 보다 합리적이고 체계적(systematic)이며 의도적인(intensive) 개입이 필요하다.

(1) 지역사회 조사(research)

지역사회조사란 지역사회의 욕구(needs), 문제(problems) 그리고 그 문제를 해결할 만한 자원(resources)을 체계적으로 파악하고, 이들간을 조정할 도구체계(framework ; theories, knowledges, skills)를 연구하는 과정이다. 즉, 문제 및 욕구를 파악하고 사회복지를 실천하는 데 바람직하지 못하다고 여겨지는 사람 혹은 그들의 환경상태나 조건인 사회문제를 정의해 낼 때 그 문제의 개념을 제한적이고 확실히 해야 할 필요성이 제기된다.

특히, 문제의 원인이 되는 다양한 요소들을 탐색하며, 이들 요소간의 관계를 분석하여 가장 설득력 있는 원인을 찾아 대안과 연결시켜 나가는 것이 필요하다. 아울러 문제의 규모와 분석 및 경향 파악을 해야 한다. 무엇보다 사회복지 조사를 통해서 문제와 욕구에 대한 우선순위를 전문가, 클라이언트, 지역의 중요인물(문제를 관할하는 시 · 군 · 구 공무원, 시 · 군 · 구 의원, 지자체 원로 등)을 점검하고, 문제의 발생과 그 원인에 대한 의견을 조사하여야 한다. 또한 지역사회를 측정할 만한 각종 사회지표, 통계 및 관공서, 유관기관에서 제공하는 현황과 그 명단을 파악하여 결정해야 한다. 또한 지역의 자원체계에 대한 조사를 하여야 하는데 즉, 문제를 해결할 만한 자원들(지리적 정보, 프로그램에 활용 가능한 공간, 인적자원-자원봉사자, 교통수단, 종교단체, 사회단체, 그 지역의 문화와 전통박물관, 문화원에 종사하는 사람, 상인 및 기업 정보, 비정부기관 및 단체, 그들의 절기 행사 등의 시간적 정보 등)의 양(quantitative)과 질(quality), 그리고 동원 가능성(feasibility) 등을 면밀히 조사하여야 한다.

〈표 1-1〉 지역사회 조사를 위한 문제의 예

욕구나 문제 영역	사회사업가		클라이언트		중요인물		총계	
	심각도	해결 가능성	심각도	해결 가능성	심각도	해결 가능성	심각도	해결 가능성
노인의 건강 (결식)	3	1	1	1	1	1	5	3
아동의 교육 (학업부진)	5	3	4	2	5	3	14	8
청소년의 비행 (폭력)	4	2	2	4	2	2	8	8
주민의 분쟁 (싸움)	2	4	5	3	3	4	10	11
전체적 빈곤 (직업)	1	5	3	5	4	5	8	15

(2) 문제-자원-원인-대안 등의 목록 작성(matrixing the data)

여러 가지의 조사방법을 통하여 모아진 복지기초자료들은 기관종사자 및 외부인들이 보기 좋게 그래픽, 표 등을 활용하여 시각적 효과를 높이고 그 자료를 잘 구분하여(indexing) 편철하는 것이 좋다. 조사방법은 설문지법, 인터뷰, 지역조사기관지, 경찰서, 도서관, 동사무소나 시청의 시정과, 상공회의소나 기업인협의회 등을 방문하여 관계자의 실제적 현황과 자료에 대해 보다 상세한 설명을 받는 것이 중요하다.

(3) 의제결정과정(agenda)

정책의 형성과정에서 보다 중요하게 다루어지는 의제결정과정(agenda)은 문제를 해결할 지역주민이 그 주체가 되는 것이 원칙이다. 그러나 지역주민과 준비단계에서 취합하여 정리 한 자료에 대하여 논의하는 과정이 요구된다. 즉, 앞서 제기된 문제점 등을 충분히 검토하고 그것이 정책의제로 타당한지에 대해 철저한 검증을 해야 하는 기본 단계이기도 하다. 따라서 주민간담회나, 주민자치회를 개최토록 유도하고 우선 해결 가능한 문제를 선정할 수 있도록 돕는 것이 우선적으로 선행되어야 한다.

(4) 문제의 분석(analyzing)

결정된 문제에 대한 재검토를 하여야 한다. 이 부분은 정책의 분석과정이라고도 할 수 있는데 즉, 지역사회 역동(dynamics-political process)에 대한 분석을 하고 지도자의 지도력, 시기성, 주민들의 문제의식과 이해관계에 대해 충분한 검토를 하여야 한다. 또한 문제해결에 도움이 될 수 있는 각종 행동체계의 관심과 협력하고자 하는 의사, 협력의 정도, 협력의 방법들에 대한 분석도 요구된다.

(5) 목적 및 목표의 설정(goal and objective setting)

실제적인 문제의 해결을 위해 달성하고자 하는 포괄적 목적과 구체적인 목표들을 설정하여야 주민의 행동을 통일시키고 일관성 있는 사업을 추진할 수가 있다. 예를 들면 목적과 목표간 일치성과 목표와 과업들간의 상관성과 위계성(hierachy)을 유지할 수 있도록 설정한다(효과, 효율을 지향하기 위해선 목표간의 체계성을 고려하여야 한다).

구체적으로 청소년 비행예방을 위한 목적설정을 설정하고 ① 청소년들의 자아 존중감 제고 ② 부모-자녀관계 증진 ③ 건전한 놀이 문화 시설제공 ④ 미래 비전 개발을 위한 창의력 증진 ⑤ 유해 환경 감시단조직을 목표로 설정하였다고 한다면 복지기관과 지역주민들의 수준에서 할 수 있는 사업으로 그 목적을 설정한 것은 아닐 것이다.

그렇다면 우리 지역사회 수준에서 할 수 있는 간단명료하고 가능한 목표위계를 정립하여 실천할 필요성이 있다.

예를 들어 지역사회에서 청소년의 문제해결 목적은 '배회하는 청소년들의 일탈적 행동을 치료하고 예방하는 것'이라 할 때, ① 청소년 축구단을 창단 ② 복지관내 게임방 개설 ③ 자율방범대에 대한 청소년지도교육 ④ 청소년야간공부방개설 ⑤ 지역주민에 대한 청소년발달 및 교육 및 캠페인 활동(반상회, 간담회, 자치회) ⑥ 청소년봉사활동 및 레크리에이션지도라는 사업과 관련된 목표를 설정하였다면 그 목표의 위계간 일치와 지역자원의 연계를 이루어 나갈 수 있는 부문이 목표가 될 것으로 사료된다(한국청소년개발원, 2011).

(6) 전략 및 과업목표의 설정(strategies and task goals)

전략이란 설정된 목적 및 목표를 달성하기 위해 활용방안이나 지침이다. 목표 위계(목적-목표-과업)에 따라 활용되는 전략과 전술들은 여러 가지로 다양한데 예를 들면 지역주민의 주도력, 산재한 행동체계들의 협력을 이끄는 방법, 사회복지 대상자가 프로그램에 포함될 수 있는 방법, 지역사회에 홍보하는 방법, 사업에 대한 필요한 예산과 인력을 동원하고 집행하는 방법, 달성해야 할 가시적인 목표와 결과(횟수, 참가인원, 기간 등)에 대해 정하는 것으로 나타난다. 이 단계에서는 일부 과정이 중시되기도 하고 과업완수가 무엇보다 중요한데 그 사안에 따라 각각 다르게 나타날 수 있다.

(7) 프로그램의 실천(implementation)

4-6단계가 계획단계(planning phase)라면 7단계인 실천은 목표를 달성하기 위한 본격적인 행동화(acting out)단계라 할 수 있다.

이미 계획단계에서 분장된 참여체계들의 역할과 업무를 시행하는 것에 해당된다.

즉, 언제, 누가, 누구에게, 무엇을, 왜, 어떻게, 얼마만큼의 노력, 시간, 비용을 투자하는가에 대한 활동점검 목록(작업공정표 : checklist, monitoring sheet, role &job description etc)에 따라 시행하는 것이 그것이다.

구체적으로 기본계획(standing plan : 계획된 목적과 목표, 과업 및 전략/전술)이 수립되고 세부계획(plan in detail)이 작성되었다 하더라도 시행과정에서 실천의 궤도를 수정하는 경우도 있다. 대부분 이런 경우는 과정평가나 작업공정평가로 수정하게 된다.

(8) 평가(evaluation)

평가는 두 가지의 목적을 갖는다.

첫 번째는 실천과정에서 수집된 정보를 입수해서(monitoring), 실천에 반영하여(feedback) 실천의 궤도를 수정하거나 향후 사업의 사전단계 및 계획단계에서 참조될 수 있도록 하는 것이다.

두 번째는 문제해결의 전 과정이 이룩한 최종 산물(output and outcome)을 평가하는 것이다. 이런 의미에서 평가는 다음의 세 가지 의미를 갖는다.

① 사업시행에 협력/투자/참여한 행동체계와 프로그램의 수혜자의 변화에 대하여 책임을 진다는 의미를 갖는다.

② 보다 나은 프로그램의 질 향상에 기여하는 자료들을 제공한다.

③ 학문적 발전에 기여와 공헌을 한다.

3. 사회복지 프로그램개발을 위한 고려 요소

1) 사회복지 프로그램개발의 고려 요소 및 필수사항

(1) 5가지 고려 요소

① Purpose(합목적성 및 목표의 일관성): 프로그램 내용은 목적이 제시하는 그 내용과 적합하여야 한다. 그러한 의미에서 목표변경 현상은 금물이라 하겠다. 따라서 합목적성을 기초로 한 목표의 일관성을 가져야 할 것이다.

② Person(능력수준과 흥미에의 적합성): 프로그램 내용은 주제의 내용과 방법이 적합하고 친밀감 있는 내용이어야 한다. 즉, 대상자는 가족도 포함시키는 것이 바람직하다. 그러한 의미에서 능력수준과 흥미에의 적합성을 갖도록 개별화하는 것이 중요하다.

③ Problem(프로그램의 문제 통합): 프로그램 제공은 경제적, 사회적, 심리적, 문화적 제반 문제들을 통합적으로 고려하여 제공되어져야 한다. 즉, 사회적으로 산재되어 있는 다양한 문제들을 산발적으로 처리하는 것이 아니라 그 문제를 해결하기 위한 통합된 관점에서의 프로그램이 필요하다.

④ Process(프로그램의 지속성과 네트워크화): 프로그램의 통합성에 기초해 볼 때 장기적이고 체계화된 일정 계획 아래 지속적으로 제도화된 프로그램이 있어야 하고, 네트워크되어 다양한 성격의 서비스 기관들이 참여할 수 있도록 해야 하는 바 프로그램의 지속성과 네트워크화가 시스템화되어야 한다.

⑤ Place(지역성): 위에서 제시한 4가지 사항을 기초로 볼 때 가장

중요한 것은 장소 선정으로 프로그램의 내용 선정시 지역적 특성을 반영해야 한다. 지역적 특성을 고려하지 않은 프로그램은 프로그램 수요자에 대한 배려가 없다는 것으로 판단할 수 있기 때문이다.

(2) 필수적인 사항(Boyle, 1982)

① 변화시키거나 개선해야 할 문제점이나 상황에 대해 분석하고, 나아가 의사결정을 위한 조직적인 구조를 개발한다.
② 학습에 필요한 자원과 학습자, 지역사회에 대한 분석결과를 효과적으로 이용한다.
③ 바람직한 변화가 학습활동계획에 포함될 수 있도록 확인해야 할 문제점과 상황에 우선순위를 매긴다.
④ 주민과 지역사회가 함께하는 프로그램을 통하여 얻을 수 있는 장점을 확인한다.
⑤ 프로그램의 효과적인 홍보와 수행을 위해 동원 가능한 자원과 지원 정도를 확인한다.
⑥ 적절한 학습경험을 다양한 참여 학습자들에게 제공할 수 있도록 활동계획을 설계한다.
⑦ 대회, 회의, 워크숍, 개별적 참고자료와 라디오, TV프로그램 등을 통해 적절한 학습기회를 제공하도록 고안한다.
⑧ 프로그램의 가치에 대한 효과적인 판단을 하는 데 필요한 책무가 무엇인지 파악한다.
⑨ 재정관계, 의사결정자, 참여자, 기타 관심 있는 자들에게 프로그램의 가치를 홍보한다.

2) 사회복지 프로그램 기획의 필요성 및 그 유형

(1) 프로그램 개발의 두 차원 : 계획과 실행(Kowalski)

프로그램 계획	- 프로그램 개발을 구체적으로 기안하는 기획 부문과 프로그램을 통해서 발전해 나가도록 정리·배열해 놓은 목표나 내용의 실체와 그 조직을 의미하는 설계 부문을 포함한다 → 이론적인 측면에 초점 - 프로그램의 제반 요소들(목적, 목표, 내용, 학습활동, 평가 등)을 고안하고 계획하며 선택하는 의사결정이 이루어진다.
프로그램 실행	- 프로그램 자체가 그 기능을 수행해 나가는 데 필요한 모든 과정을 말한다. 가장 기본적인 과정은 프로그램 기획, 프로그램 실행과 운영, 프로그램 평가이다. → 실제적인 측면에 초점 - 프로그램 계획 단계에서의 의사결정을 학습지도 현장으로 옮기는 데 따른 제반 절차와 과정에 대한 문제를 검토한다.

① 프로그램 개발은 기본적으로 프로그램 계획과 실행의 양 측면을 모두 포함하여 사용하는 용어로, 이론과 실제의 통합을 이루고자 하는 행위이다.

② 프로그램 개발은 넓은 의미에서 프로그램을 효과적으로 실행하기 위하여 프로그램을 기획(planning), 운영(implementing), 그리고 평가(evaluating)하는 모든 활동을 통칭하는 일련의 과정이라고 할 수 있다.

(2) 사회복지 프로그램 기획의 필요성

사회복지 프로그램 기획의 필요성에 대해 Skidmore는 다음과 같은 7가지 요소를 강조하였다(최성재·남기민, 2004: 169).

① **불확실성의 감소**: 불확실성을 감소한다는 것은 미래에 나타날 수 있는 다양한 사건에 대해 사전에 예방한다는 것으로 프로그램이 기획될 당시 우선적으로 고려되어야 할 요소이다.

② **합리성의 증진**: 프로그램을 기획하면서 불확실성을 감소하게 되면 합리성에 대한 증진이 대두된다.

③ **효율성의 증진**: 합리성을 기초로 효율성이 증진된다.

④ **효과성의 증진**: 합리성은 곧 효과성이 대두되며 그것의 증진을 통해 보다 견고해진다.

⑤ **책임성의 이행**: 프로그램을 기획하는 것을 단순히 프로그램을 기획한다는 것이 아니라 프로그램의 책임성을 동반하며 그것을 이행하는 것이다.

⑥ **프로그램 관련자들의 관심과 욕구 충족**: 프로그램을 기획하면서 그것이 이행단계에 이르러 프로그램 관련자들의 관심과 욕구를 충족시키게 된다.

⑦ **조직 성원의 사기진작에 도움**: 프로그램 관련자들의 관심과 욕구를 충족시킨 것은 향후 조직 성원의 사기진작에 도움이 된다.

(3) 사회복지 프로그램 기획의 유형

사회복지 프로그램 기획의 유형은 욕구중심, 문제해결중심, 자원활용중심, 참여기획 등 4가지 요소로 구분될 수 있다.

① **욕구중심기획** : 욕구조사를 기초자료로 삼아 프로그램 기획에 반영한다.

② **문제해결중심기획** : 문제의 원인을 해결하기 위한 기획이다.

③ **자원활용중심기획** : 기관의 물적, 인적 자원활용에 관한 통합계획을 수립하는 것이다.

④ **참여 기획** : 프로그램 참여자가 기획에 참여토록 하는 방법이다.

(4) 프로그램 기획에 필요한 정보

프로그램 기획에 필요한 정보는 프로그램에 대한 사전 조사를 통해 수요자의 기대를 충족시키기 위한 방안으로 7가지 요소로 구분할 수 있다.

① 프로그램 필요성에 대한 정보
② 기대하는 결과에 대한 정보
③ 기존 서비스에 대한 정보
④ 자원(인적, 물적)에 대한 정보
⑤ 관련체계의 파악과 조직
⑥ 기관 내, 외의 승인 획득
⑦ 프로그램 근거를 기초로 한 이론 정리

4. 사회복지 프로그램개발의 과정

사회복지 프로그램 개발의 과정은 ① 문제의 분석 ⇒ ② 욕구조사 ⇒ ③ 자원체계의 확인 ⇒ ④ 목적 및 목표 설정 ⇒ ⑤ 자료수집과 대안 설정 ⇒ ⑥ 실천계획의 수립 ⇒ ⑦ 프로그램 실천활동과 실행 ⇒ ⑧ 프로그램평가 순으로 이루어진다(김종명·구재관 외, 2013; 조운희, 2004).

1) 문제의 분석

문제의 분석 단계에서는 사회복지관에서의 문제분석 지침을 기초로 하여 클라이언트에 대한 진단(diagnosis)과 분류(labeling)는 가급적 피해야 한다. 특히, 문제를 정의함에 있어 폐쇄형보다는 개방형 방법의 정의를 선택해야 하며 통합적인 사고(whole-mind thinking)에 의한 정보를 다양하게 통찰력을 가지고 수집해야 한다.

2) 욕구조사

(1) 욕구조사의 개념과 유형

욕구(need)란 개인이 느끼고 있는 무엇인가 결핍된 상태를 충족시키기 위하여 필요로 하거나 원하는 상태 또는 상황을 말하며, 그것은 현재의 상태와 바라는 상태 사이에 존재하는 항존적 격차 또는 조건 반사로 정의될 수 있다.

따라서 욕구조사의 목적과 내용을 살펴보면,

욕구조사란 관심의 초점인 대상 클라이언트 집단의 충족되지 않고 있는 욕구의 범위와 수준을 파악하고 복지수요를 추정하는 과정을 일컫는 말한다. 즉, 욕구조사란 기본적으로 클라이언트 집단의 욕구를 파악하는 것이 목적이다. 욕구조사의 내용에는 클라이언트의 인구사회학적인 정보, 복지관 프로그램의 서비스이용 경험이나 인지도, 클라이언트의 문제나 문제에 대한 태도, 클라이언트가 원하는 프로그램이나 서비스 등도 포함될 수 있어서 실로 그 범위가 광범위하다(최성재 · 남기민, 2004: 347-348).

〈표 1-2〉 욕구조사의 방법

3가지 방법	개념과 방법	대상욕구
1. 직접 관찰법	① 개념 : 대상 집단에게 직접 물어보거나 검색을 통해 파악하는 방법 ② 서베이 조사(일반인구 조사방법과 표적인구 조사방법) ③ 관찰법 ④ 심층 면접법 ⑤ 지역사회 공개토론회(community forum : 공청회) 등	인지적 욕구
2. 사례조사법	① 개념 : 알려고 하는 대상집단을 직접 상대하거나 관계를 맺고 있는 제3자들을 접촉하여 증언을 듣는 등 그들의 욕구를 조사하는 방법 ② 프로그램 운영자 및 서비스 제공자 조사방법 ③ 서비스 통계이용 ④ 결정적 사건 분석방법 ⑤ 직무분석 등	표출의 욕구
3. 간접증거 자료 조사법	① 개념 : 기존의 기록이나 지표 또는 자료를 활용하거나 대상 집단을 정확히 알지는 못하지만 얼마간 관련이 있는 정보의 출처들을 이용하여 대상 집단의 욕구나 문제를 추산해 내는 방법 ② 사회지표 분석방법 ③ 행정자료 조사방법 ④ 이차적 자료분석(개인 기록자료 조사방법) ⑤ 비활동 자료 분석방법 등	규범적 욕구

자료: 황성동(2011), pp.183-198; 김종명 · 구재관 외(2013), pp.136-152.

3) 자원체계의 확인

(1) 클라이언트 집단의 파악

① 일반집단(general population) : 프로그램에 영향을 미칠 대상가능 인구로서 클라이언트가 속한 관할지역 또는 행정구역 내에 있는 모든 사람을 가리킨다. 예를 들어, 비행청소년 재범방지 프로그램이라면 해당지역의 비행청소년 전체가 여기에 해당한다.

② 위험집단(at-risk population) : 일반집단 중 해당문제 노출위험이 있거나 욕구가 있는 집단을 가리킨다. 여기에는 일반집단 중

에서 프로그램이 겨냥 하고 있는 사회문제에 직접적으로 관련되어 있어, 특정의 개입을 필요로 하는 사람들을 추정하여 산출해야 한다는 복잡성이 내재되어 있다.

③ **표적집단**(target population) : 위험집단 중 하위집단으로서 프로그램 영향이 구체적으로 미치는 인구 혹은 프로그램 대상이 되어야 하는 집단을 말한다. 여기에서는 그 프로그램이 제공하는 서비스의 성격과 개입전략 등이 이 표적집단을 선정하는데 기초적 자료이다.

④ **클라이언트 집단**(client population) : 표적 집단 중 실제 프로그램에 참여하는 사람들을 말한다. 현실적으로 볼 때 서비스에 대한 접근성의 문제로 인하여 표적 집단 전체가 클라이언트집단이 되기는 어렵다. 표적집단 중에서 클라이언트집단을 선정하는데 있어서는 자발적인 참여를 유도하지만, 상황에 따라서는 특별한 자격조건을 갖춘 사람을 선택하여 최종 결정하는 경우도 있다.

(2) 인적 물적 자원 검토

① 사회복지프로그램의 핵심 자원

- 재정과 인력, 시설, 설비, 물품 등
- 무엇보다 프로그램 참여자의 관심, 장점, 기술과 설비 및 장비를 프로그램에 어떻게 연결시킬 것인가에 대한 구체적 점검이 있어야 한다.

② 프로그램 수행에 영향을 미치는 자원

- 사회적 목적에 부합되는 정부의 보조금
- 민간재단과 법정
- 클라이언트와 이익집단 그리고 민간제공자
- 유사 관련 프로그램과 서비스 전문성

이상과 같은 영향력을 충분히 파악해야 한다.

③ 기관 제한 조건의 파악(SWOT기법의 활용)

S (strength: 강점, 장점)	-기관내부의 장점분석에 초점을 둔단(예: 적극적 업무, 우월한 프로그램) -기관(프로그램)의 목적을 효율적으로 달성시키는데 도움을 줄 수 있는 요소를 규명한다. -기관의 모든 장점을 명세(list)화한다.
W (weakness: 단점)	-기관 내부의 취약점에 초점을 둔다(예:봉사자의 사기, 재원 부족 등). -기관의 모든 단점을 명세화한다.
O (opportunities: 기회)	-기관의 목적 달성과 운영에 도움이 되는 요소 -기관의 발달에 기여할 수 있는 외적인 요소 (국가의 재정지원 강화, 사회문제의 비중이 큼)
T (threats: 위협)	-기관의 발전에 위협이 될 수 있는 요소(외부의 재정 지원 감소, 유사프로그램의 존재, 사회인지도가 낮음 등)

자료: 조운희(2004), pp.16-17.

4) 목적 및 목표설정

(1) 프로그램 목표설정 시 유의해야 할 사항

① 목표설정 시 반드시 프로그램의 참여자에 해당하는 클라이언트를 중심에 두고 목표가 설정되어 있어야 한다.

② 프로그램의 목표는 기관의 목적 또는 프로그램 목적과 논리적으로 연관성을 가지고 있어야 한다.

③ 목표는 클라이언트 집단이 달성할 수 있는 성취 가능한 형태로 긍정적인 방향으로 설정되어야 한다.

④ 목표는 가능한 한 측정할 수 있도록 설정하는 것이 바람직하다 할 수 있다.

※ 목표의 요건: 책임성, 측정의 기준, 산출물 및 결과물, 변화의 표적, 시간적 기준, 명료성, 목표의 요건

5) 자료수집과 대안의 설정

(1) 자료수집의 방법

① 프로그램 관리자가 설정한 대상 집단이나 대상문제에 대해 지역사회의 다른 사회복지기관이나 비영리조직들에서 실시하고 있는 프로그램이 있는가?

② 자체기관과 타 기관 및 시설의 유사한 경험이나 프로그램, 외국의 실례 등을 조사해 본다.

③ 자료조사 방법: 해당기관 방문, 관계자 초청, 현장답사, 기관 전화, 영화 및 비디오 관람, 인터넷 검색 등이다.

(2) 서비스 활동의 선택

① 관련 자료 수집 후, 프로그램의 목적과 목표에 부합하는 다양한 서비스 활동을 선택하여야 한다.

② 브레인스토밍과 브레인 라이팅(Brain Writing)과 같은 아이디어 발상법 활용을 통해 프로그램의 목적과 적용에 있어서 각기 적합한 서비스들을 제한해 볼 수 있어야 한다.

③ Brain Writing(침묵발상법): 6명의 참가자가 말을 하지 않고 3개의 아이디어를 5분마다 차례로 발현하여 종이에 쓴 다음 서로 교환을 주고받는 방법이다.

(3) 제한된 서비스 우선순위의 결정사항

① 이용자에게 가장 도움이 되는 서비스이거나, 많은 자원이 소요되는 서비스와 적은 자원이 소요되는 서비스, 목적과 목표 달성에 가장 바람직한 서비스들을 순위를 매겨 결정하는 것을 의미한다.

② 클라이언트의 문제에 가장 적합한 서비스는 무엇인가?

③ 해당 서비스 제공자들이 가장 잘 할 수 있는 서비스는 무엇인가?

④ 수혜자와 제공자 모두에게 가장 만족감을 줄 수 있는 서비스와 앞으로도 계속 활동의 성과가 지속될 수 있는 서비스는 무엇인가?

(4) 대안의 의사결정 방법

제안된 서비스 혹은 세부프로그램 선정을 의미하는데, 우선순위 비교와 자원 동원가능성에 따라 선택 결정되며, 우선순위는 적합성과 실행 가능성 여부에 의해서 비교 결정된다.

6) 실천계획의 수립과 그 전략적 방법

① 관련 자료가 수집되고 우선순위에 의해 대안서비스들이 결정되고 나면 이를 달성하기 위한 구체적인 실천계획을 세워야 한다.
② 실천계획의 수립은 결국 목표를 달성할 수 있는 체계를 창출하는 과정이며, 선택된 대안서비스들이 구체적으로 작성되는 과정이라고 할 수 있다.
③ 실천계획을 수립하기 위해 구체적으로 해야 할 일들을 선정하고 할 수 있는 범위를 단계적으로 정하여 목적, 목표, 프로그램을 기술한 기본계획과 활동 및 시간, 장소, 예산, 업무분담 등 구체적인 실천내용을 기술한 실천계획서를 만들어야 한다.

7) 프로그램 실천활동과 실행

① 프로그램 실행이란 앞서 점검한 사항들을 염두에 두고 정해진 시간 내에 계획한 서비스를 실시하는 것을 말한다.
② 프로그램을 실행하면서 특히 유의할 것은 프로그램 계획에 지나치게 얽매여서 목표가 변하지 않도록 한다.
③ 프로그램은 효율적이고 효과적인 서비스를 제공하기 위한 도구이지 그 자체가 목적은 아니다.

④ 따라서 프로그램 실행에는 탄력적으로 운영을 할 수 있는 융통성이 필요한 것이며, 때로는 목적 달성을 위하여 프로그램의 실행계획이 수정될 수도 있는 것이다.

8) 측정 및 평가

① 측정과 평가는 수혜대상자와 지역사회에서 일어난 변화, 즉 생산성(products)을 측정하는 것이며, 효과성(effectiveness)을 평가하는 것이다.

② 특히 프로그램개발에서 평가는 설정된 목표가 달성되었는가를 알아보기 위한 과정 혹은 시행한 프로그램의 가치와 의의를 판단하는 사회적 과정에 해당된다.

9) 평가의 유형

(1) 평가의 시점과 접근방법에 따른 유형

① 총괄평가

- 프로그램 투입에 대한 총체적인 판단을 내리기 위한 평가가 이루어진다.
- 일정기간이 지난 후 혹은 완료된 시점에서 이루어진다.
- 프로그램의 성패를 판정하여 지속성으로 총괄적 의사결정을 하는데 그 목적이 있다.

② 형성평가

- 프로그램 수행 전달과정 중 실시하는 평가이다. 즉, 이것을 과정평가라고 한다.
- 프로그램의 개선 혹은 향상에 목적이 있다.

(2) 평가의 주체에 따른 유형

① **내부평가**: 프로그램을 기획하거나 운영을 담당하는 사람 또는 같은 조직 내의 다른 구성원이 실시하는 평가이다. 흔히 자체평가라고도 한다.

② **외부평가**: 프로그램을 수행하는 조직체가 아닌 대학교수, 조사연구기관 등의 외부의 제 3자가 수행하여 이루어지는 평가이다.

(3) 평가의 대상에 따른 유형

① **기관평가**: 기관(조직)의 효과성이나 목표달성을 주로 강조한다.

② **프로그램평가**: 프로그램의 효과성, 효율성, 만족도에 주된 관심이다.

(4) 평가기준이나 초점에 따른 유형

① **효율성평가**: 목표를 성취하는 과정에서 얼마만큼의 비용이 발생했으며, 이 비용은 다른 대안과 비교했을 때 얼마나 경제성이 있는지를 평가하는 것으로, 프로그램의 경제성에 관련된 평가를 의미한다. 예를 들면 한 아이를 입양시키는 데 드는 비용, 이때 부과된 인건비, 장비 사용료 등을 화폐로 환산한 가치로 평가하는 방법이다.

② **효과성평가**: 프로그램이 성취하고자 하는 목표를 달성했는지, 이에 따른 결과는 서비스의 제공으로 적절했는지를 밝히는 방법이다. 예를 들면 취업률 향상, 가족기능 향상, 서비스 만족도 등이 평가의 자료가 된다.

③ **메타평가(meta-evaluation)**: 평가에 대한 평가, 또는 평가의 평가, 평가활동의 영향 또는 평가결과의 활용도를 파악, 장래에 적합한 평가자를 선정하기 위한 지침제공 등이다.

10) 프로그램 평가의 기준

① **노력성** : 프로그램을 위해 동원한 자원이 어느 정도인가 하는 것이다.

② **효과성** : 사업의 산출(outputs)을 말하는데 클라이언트의 변화 정도와 이러한 실적에 관한 정보가 포함된다.

③ **효율성** : 자금, 시간, 인력, 물리적 공간 등과 같은 투입자원과 클라이언트의 변화정도, 서비스 제공 실적 등과 같은 산출물의 비율관계를 통해 측정한다.

④ **서비스의 질** : 사회복지기간이 서비스 목적을 달성하기 위해 필요한 방법과 기술을 얼마나 적절하게 사용하였는가와 관련된 질적 접근이다.

⑤ **만족도** : 프로그램 출석률, 조기종결, 서비스 재신청, 과거 클라이언트로부터의 의뢰등과 같은 자료를 통해 객관적 측정분석이 가능하다.

⑥ **과정** : 노력이 산출로 옮겨지는 절차, 산출물이 만들어지기 위한 이전 단계로서의 중간과정이 체계적이고 합리적으로 어떻게 구조화되어 있는지, 그리고 미리 정해진 절차나 규정에 따라 서비스가 제공되는가 등에 초점이 맞추어진다.

11) 프로그램 평가의 원칙과 절차

(1) 프로그램 평가의 원칙

프로그램 평가의 원칙에는 서비스 질 향상의 원칙, 평가절차의 투명성 원칙, 평가 참여의 원칙, 기본선 확보의 원칙, 이용자 중심의 원칙, 지역사회관계의 원칙 등이 있다.

〈표 1-3〉 프로그램 평가의 절차

단 계	주 요 과 업
평가기획 및 설계단계	① 평가의 목적 확인 ② 평가의 대상과 범위 설정 ③ 평가방법과 도구결정 ④ 평가절차의 일정확인
자료수집 및 분석단계	① 자료의 출처확인과 선정 ② 자료의 정리 및 선정 ③ 자료수집방법에 따른 체계적 ④ 적절한 분석방법과 기법의 활용을 수집한다. ⑤ 평가결과의 종합정리
결과판단과 활용의 단계	① 평가결과의 추론과 가치판단 ② 평가보고서의 작성과 제출 ③ 평가결과의 활용

자료: 조운희(2004), pp.169-175; 김종명 · 구재관(2013), pp.360-369.
한국청소년개발원(2011), pp.132-151. 재구성

제 2 장

사회복지 프로그램의 개발과 평가, 그것이 의도하는 바는 무엇인가?

1. 사회복지의 의미와 목적

사회복지 역사의 전 과정을 개괄적으로 추적, 분석하는 일은 무척 힘든 일이다.

그리고 그 시대적 고찰 속에서 사회복지의 본질을 이해하려 해도 쉽지는 않다.

그래서 사회복지 역사에서 의미 있는 시점을 중심으로 시대구분을 한 다음 그 특성을 파악하는 것이 사회복지 역사를 이해하는 데 효과적이다. 사회복지프로그램에 대한 이해를 높이기 위해서는 사회복지를 어떻게 인식하고 규정지을 것인가에 대한 개념 정립이 보다 구체성을 띄어야 할 필요성이 있다(Rapp & Poertner, 1992; Kettner, Moroney & Martin, 1999). 예를 들면 사회복지의 개념은 그 속성상 헌법상, 제도상의 개념 등 보편원칙에 의한 개념과 잔여주의원칙에 의한 개념으로 구분하여 설명할 수 있다. 이를 보다 구체화시키면 다음과 같다.

① 모든 국민은 인간다운 생활을 할 권리를 가진다.

이 의미는 포괄적 기본권으로서 인간으로서의 존엄과 가치와 행복추구권, 국가의 기본권 보장을 말한다(사회보장법 10조).

② 국가는 사회보장, 사회복지 증진에 노력할 의무를 진다.

국가는 여성의 복지와 권익의 향상을 위하여 노력하여야 하며 노인과 청소년의 복지향상을 위한 정책을 실시할 의무를 가지고 있다.

③ 신체장애인 및 질병, 노령, 기타의 사유로 인한 생활능력이 없는 국민이 법률이 정하는 바에 따라 국가의 보호를 받는다는 의미이다.

④ 국가는 재해를 예방하고 그 위험으로부터 국민을 보호하기 위하여 노력하여야 한다(사회보장에 관한 법률 제2조-social security Law Act).

2. 헌법에 명시된 보장의 의미

사회보장은 헌법에 명시된 인간다운 삶의 보장의 의미로 제한해 보면 국민이 그 생활을 영위 해 나감에 있어 돌발하는 소득의 중단 또는 영구적 상실 및 질병과 무상 등 생활상의 문제점과 빈곤에 대하여 국가가 국민의 생존권 보장을 위해 책임을 가져야 한다. 그리고 소득의 재분배를 통하여 사회정의를 실현하고 국민의 최저생활 보장의 확보를 전제로 인간다운 삶의 총체적인 국가정책을 사회적 노력으로 보장해야 한다는 의미이다. 즉, 사회복지 프로그램은 다양한 문제에 봉착한 대상자들에게 보다 효과적, 효율적으로 사회복지서비스를 제공하기 위한 것이다. 그렇기 때문에 국가의 책무로 정책이란 그릇에 담아 사회복지서비스를 행정적으로 지원하는 전달체계 시스템이 구체화되어야 하는 것이다.

1) 잔여적 개념

잔여적 개념에서는 사회사업적 접근으로 특정한 대상자를 위한 사회복지를 비정상적, 보완적, 한정적, 응급조치직 의미로서 정의하고 있다. 즉, 잔여적 개념에서는 소극적 복지 방법으로 사회적 기능의 책임을 일차적으로 가족과 개인과 시장경제에 맡기며 시장과 같은 정상적인 공급구조가 제대로 기능을 발휘하지 못할 때 국가가 일시적으로 개입하여 정상적인 기능을 발휘할 수 있을 때까지 현금이나 현물을 급여하는 사회복지서비스 기능을 언급하고 있다.

예를 들면 우리나라에서 시행하고 있는 공적부조제도로서 국민기초생활보장 대상자들이 포함된다. 자스트로(zastrow, 2000)에 의하면 잔여적인 복지서비스는 빈곤, 범죄 등 사회문제의 발생 원인을 개인의 책임으로 돌리기 때문에 구빈법의 자선사상과 매우 관계가 깊다. 또 수당이나 서비스를 권리로 보기보다는 시혜로 간주하고 수급자는 특정의 의무를 수행해야 한다고 주장하는 것이 바로 그 한 예이다.

2) 제도적 개념

제도적 개념에서는 적극적 복지참여 모든 국민이 대상자로 수혜자가 되어 정상적, 적절성, 포괄성, 예방성 의미로서 가족, 종교, 경제, 정치와 같은 사회보장의 기본권이고 정상적인 제도로서 사회복지의 일차적 기능을 수행하는 바람직한 제도이다. 따라서 사회복지는 인간의 노력의 결정체로 더불어 함께 잘 사는 사회적으로 광범위한 분야이다. 여러 분야를 총괄하여 인간의 삶의 질을 향상시키고자 노력하는 복지 실천방법이며 가족, 아동, 생활, 건강, 사회적응, 여가생활 수준 및 사회관계성과 같은 영역에서 인간의 욕구를 해결하는 데 도움을 주는 사회복지방법론이다. 따라서 사회적 행복의 추진을 위한 정부와 각 기관 및 단체의 사회조직적 노력이라고 할 수 있다. 단, 사회복지의 수혜 대상 범주에 따라서 선별주의적 관점이냐 보편주의적 관점이냐 하는 논의가 구체적으로 이루어져야 하는 과정이 필요하지만 구체적인 사회복지서비스를 제공하기 위한 법적, 제도적 장치가 필요한 당위성이다.

3. 사회복지 프로그램의 기본적 구성 요소 및 주요 활동

Royce, Thyer, Padgett & Logan(2001)은 운영인력, 예산, 안정적인 기금, 고유의 정체성, 명확한 서비스 철학, 증거에 기초한 조사, 개념적·이론적 기반 확립, 실증적인 평가를 위한 체계적 노력 등을 그 근거로 제시하였다.

정무성(2005)은 보다 명확하고 구체적인 서비스 목표, 서비스 기술, 정보관리 체계, 인력관리 체계, 예산관리체계, 평가체계로 프로그램 기획적인 측면에서의 접근을 시도하였다.

황성철(2005)은 사회복지프로그램의 기본요소를 목적, 자원과 기술 그리고 계획된 활동의 세 가지 요소를 강조하고, 사회복지 프로그램은 기본적으로 특정한 사회문제를 해결하기 위하여 사회복지적 목적 및 목표로서 참가자, 프로그램 제공 전문 인력 활동계획 및 세부내용, 예산, 장소, 도구, 프로그램의 체계화, 효과성, 효율성 등으로 구성하였다(김종명·구재관 외, 2013; 김통원, 2004).

1) 프로그램 성립요소

프로그램이 성립되기 위해서는 반드시 다음의 요소들의 포함되어야 한다.

(1) **대상자**: 프로그램은 개인 혹은 다양한 집단을 대상으로 한다. 따라서 프로그램이 성립되기 위해서는 반드시 그 대상자가 있어야 한다.

(2) **제공자**: 프로그램은 특정 목적을 가지고 프로그램을 실시하는 프로그램 제공자의 역할이 중요하며 반드시 제공자가 있어야 한다.

(3) **활동내용** : 프로그램은 목적에 부합되는 일련의 활동들로 구성되어야 한다.

(4) **영향**: 프로그램이 실시되었다면 변화가 일어나야 한다. 즉 개인적·사회적인 변화가 이루어져야 한다. 따라서 프로그램이 미치는 개인적·사회적 영향은 고려 대상이 되고 있다.

2) 프로그램의 개요

프로그램 기술시, 프로그램의 필요성과 이러한 프로그램이 욕구를 충족시킬 수 있는 것인지, 효율성 면에서 적절하게 계획되었는지를 살펴보아야 한다.

(1) 프로그램의 목적은 무엇인가?
(2) 프로그램이 사회문제를 반영하고 있는가?
(3) 프로그램의 한계는 무엇인가?
(4) 프로그램이 어떠한 영향을 줄 것인가, 또 환경을 어떻게 변화시킬 것인가?
(5) 프로그램을 후원하는 단체와 개인은 누구인가?
(6) 프로그램의 대상자는 누가인가?
(7) 얼마나 많은 사람들이 프로그램을 선호하고 있는가?
(8) 클라이언트를 어떻게 모집할 것인가?
(9) 프로그램의 기반이 되는 실천이론, 원리, 기본적 가정은 무엇인가?
(10) 프로그램의 원리는 논리적이고 합리적인가?
(11) 프로그램의 개입방법은 무엇인가?

이러한 개괄적 접근은 새로운 프로그램을 위한 것 뿐만 아니라 기존 프로그램에 있어서도 매우 중요하다. 그렇기 때문에 프로그램에 대한 개괄적 접근은 ① 프로그램 목적과 목표를 개발함에 있어서 중요하며 ② 환경, 후원, 클라이언트 수 등 프로그램에 대한 일반적 기술 이후의 프로그램 기술개발에 필요하다.

3) 개입방법

프로그램 개발자 혹은 평가자는 프로그램의 결과를 성공적으로 이끄는 방법이 무엇인가에 대하여 알아야 한다. 이를 위해서 상담, 개별지도, 집단지도, 복지교육, 지역사회조직 등의 다음과 같은 구체적인 방법을 알고 있어야 한다.

① 직접적인 서비스를 제공할 것인가? 혹은 강의식의 교육으로 진행할 것인가?
② 프로그램의 실천 원리는 무엇인가?
③ 개입방법은 현실요법인가? 정신분석치료인가? 단기치료인가?
④ 특정 개입방법의 사용에 대한 기존연구는 무엇인가?
⑤ 특정 클라이언트에게 사용된 적이 있는가?
⑥ 선택한 방법이 어떠한 방식으로 변화를 유발시킬 것인가?
⑦ 어떠한 방식으로 실행할 것인가?
⑧ 프로그램 소요시간 및 기간은 어느 정도인가?
⑨ 프로그램은 클라이언트의 인생주기에서 가장 필요한 시점에 제공되는 것인가?

4) 프로그램 실행 환경

프로그램은 그것이 실행된 환경에 따라 다양한 결과를 나타낼 수 있다. 따라서 평가자는 반드시 프로그램을 실행했던 환경에 대하여 다음과 같이 면밀하게 기술해야 한다.

① 프로그램은 어떠한 물리적 환경 속에서 실행되는가?
② 프로그램은 어떠한 조직이 실행되는가? 또한 조직의 구조는 어떠한가?
③ 프로그램을 실행하는데 관리상의 문제가 있는가? 기관의 역사는 어떠한가?
④ 프로그램을 실행하는 환경에 정치적 압력이나 문제는 없는가?
⑤ 프로그램은 공공기관에서 실시하는가?
⑥ 민간기관에서 실시하는가?

5) 프로그램 지원금

프로그램 개발자 혹은 평가자는 프로그램을 실행하는데 사용되는 비용에 대해 기술해야 한다. 즉, 프로그램 비용의 지원방식, 지원주체, 지원내용 등을 조사할 필요가 있다. 예를 들면 다음과 같다.
① 프로그램은 어떠한 방식으로 지원을 받는가?
② 공공기관, 민간기관, 중앙정부, 지자체들로부터 지원을 받고 있는가?
③ 지원을 받고 있다면 지원금의 규모는 어느 정도인가?

6) 클라이언트의 특징

프로그램에 영향을 미치는 중요한 요소 중 하나가 바로 클라이언트이다. 프로그램을 기술함에 있어서 클라이언트의 특징을 다음과 같이 다각적으로 검토해야 한다.
① 프로그램의 클라이언트는 누구인가?

② 이들은 어떠한 어려움을 가지고 있는가?
③ 클라이언트의 삶은 변화할 수 있는가?
④ 클라이언트가 가진 어려움은 얼마나 심각한가?
⑤ 클라이언트를 어떠한 방식으로 모집할 것인가?
⑥ 프로그램 제공에 대한 실비징수의 필요성 검토

7) 제공자 특징

클라이언트와 함께 프로그램의 제공자 또한 중요한 요소이다. 따라서 프로그램 제공자의 학문적, 실무적 성향을 파악해 두는 것이 그 무엇보다 중요하다.

① 프로그램을 제공하는 사회복지사의 특성은 어떠한가?
② 사회복지사의 전문적 배경은 무엇인가?
③ 프로그램을 실시한 사회복지사의 전공분야는 진행할 프로그램 개입과 연관성이 있는가?

8) 실행상의 문제점

프로그램을 실행하기에 앞서 프로그램의 목표, 한계, 클라이언트의 욕구 등을 파악할 필요가 있다. 예를 들면, ① 프로그램 실행에 있어서 달성 가능한 목표는 무엇이며, 목표달성 장애가 되는 것은 무엇인가? ② 기존에는 프로그램을 어떻게 실행하여 왔는가? 그리고 프로그램의 개입이론은 적절한 것인가? ③ 프로그램 참여자는 무엇을 기대하고 왔는가? 대부분의 프로그램 실행자는 자신의 실행하고 있는 프로그램에 대하여 잘 알고 있다고 판단하여 프로그램에 대한 기술을 생략한 채 프로그램을 실시한다. 그렇다면 평가는 프로그램의 내용을 어떻게 알 수 있는가? 이와 같은 문제에 대해 숙고하여야만 한다.

9) 사회복지 프로그램의 목적

모든 사회복지 프로그램은 그 자체로서 목적성을 갖는다. 목적이 없는 프로그램은 있을 수 없고 만들어서도 안된다. 즉, 궁극적으로 목적에 따라 프로그램을 실행하는 전문가들의 가치와 바람직한 미래의 상태를 의미하는 것이기에 목적에는 항상 두 가지 방향성을 갖는 것이 바람직하다.

① 프로그램은 조직이나 기관을 전제로 성립될 수밖에 없는 개념이기 때문에 사회복지 프로그램의 목적은 조직이나 기관의 목적달성을 위한 수단이 되고 결과적으로 프로그램 목적의 방향은 기관의 목표와 목적이며 복지현장의 목적달성을 위한 수단이 된다.

② 내용적인 측면에서 사회복지 프로그램의 목적은 서비스 이용자 개인이나 가족 그리고 집단 또는 지역사회가 당면한 문제를 해결하고 서비스 이용자집단의 복지증진 및 기능향상과 관련된 목적이 달성되도록 설정된다(황성철, 2005).

10) 사회복지자원과 기술

사회복지자원과 기술의 응용이란 사회복지실천이론과 기술을 활용하고 있다. 사회복지 프로그램 속에는 사회복지서비스의 이용자나 대상체계의 변화를 위한 실천이론, 모델, 방법과 치료기법들이 함께 어우러져 사회복지서비스를 제공하는 제반과정에서 이러한 사회복지의 윤리 및 그 강령과 사회복지의 다양한 실천기술들이 활용되고 그 결과에 따라 성공 여부가 달라질 수 있기 때문에 중요하다.

11) 사회복지서비스 제공을 위한 계획된 활동

계획된 활동이라 함은 체계적인 관점에서의 프로그램 구성요소로서 프로그램은 투입과 전환 그리고 산출과 결과로 구성된다.

황성철(2005: 21)은 계획된 활동에서 세 가지로 설명하고 있다.

① 서비스 제공 활동이다. 즉, 프로그램 활동의 주축을 이루는 것으로 사회복지서비스를 제공하는 활동으로 프로그램의 주요 내용을 구성한다.

② 행정활동이다. 다양한 프로그램을 진행하기 위한 계획서, 서류작성과 관련된 내용, 프로그램 예산 수립 및 집행, 권한의 위임과 보고, 슈퍼비전과 멀티타스킹 등 조직내에서 프로그램을 효과적으로 진행하기 위한 활동이다.

③ 지역사회 활동이다. 프로그램의 목적을 성공적으로 달성하기 위해서 기관 외부나 지역사회 차원에서 이루어진 활동으로 프로그램에 관한 지역사회나 정부기관으로부터의 합법성과 지지확보, 클라이언트와 후원자의 모집과 홍보, 지역사회자원동원, 마케팅 활동, 지역복지 네트워크 구축 활동을 설명하고 있다.

4. 사회복지 프로그램의 성격

국가나 사회복지기관과 같은 비영리 단체에서 주관하고 사회복지인력과 같은 전문 인력에 의해 실행되는 다양한 활동들로 프로그램의 성격이 구성된다고 할 수 있다.

Wilensky & Lebeaux(1965)는 사회복지활동에 대한 기준을 다음과 같이 제시하였다.

① 사회복지활동은 공식적인 조직으로서 공식적 조직을 통해 제공되는 것, 즉 서비스를 이용하는 서비스 이용자들에게 지속적인 도움을 제공하는 규정에 따라 체계적인 사회복지 조직과 기관을 의미한다.

② 사회적 승인과 사회적 책임 강조. 사회복지활동은 국가가 제정한 사회복지법의 일환으로서 국가가 정한 목적과 방법으로 서비스가 제공, 공익성을 통해 사회적 책임을 지는 활동이다.

③ 이윤추구의 배제로서 영리를 목적으로 하는 활동, 사회복지 활동을 구분하는 기준은 프로그램의 주된 목표가 시장경제체계 내에서 이윤을 추구한다.

④ 인간의 욕구에 대한 통합적 관심이다. 통합적인 측면에서 접근하는 사회복지는 인간의 욕구를 다각적인 활동을 통해서 사회복지 서비스 즉, 의식주 및 인간의 신체적 욕구를 포함하여 사회적·심리적·정신적·영적 욕구에 이르기까지 광범위한 욕구를 충족시키기 위해 다양한 형태로 제공하는 것이다.

Morales & Sheafer(1989)는 사회복지의 세 가지 프로그램의 내용 분류를 제시하였다.

① 사회적 급여(social provision)제공이다.

특정한 욕구를 충족시키기 위한 현금이나 현물 형태의 다양한 복지서비스를 말한다.

② 서비스 형태의 사회서비스이다(social services).

특정한 욕구를 가진 사람들의 욕구를 해결하기 위한 교육, 훈련, 상담, 치료와 같은 형태의 사회서비스를 의미한다.

③ 사회행동(social action)프로그램이다.

제도나 조직에 영향을 미치는 사회행동으로서 사회복지제도의 중요한 활동을 나타내며 관료적 형태의 중앙정부나 지자체, 민간 형태의 여러 비영리단체 혹은 영리단체를 통해서 제공하는 서비스 형태를 의미한다. 그렇기 때문에 사회복지조직에서 지역주민들에게 제공하고 있는 프로그램은 다음과 같은 기본 성격을 가지고 있다.

우선적으로 고려해야 할 것은 사회복지 프로그램이 교제나 이론 중심적인 내용보다는 실생활과 밀접한 관계를 가지고 있는 내용 이며, 단순한 지식전달보다는 참여자의 문제해결능력의 활용도와 사회생활에의 적응에 주안점을 두고 있다. 따라서 프로그램은 장기간이 소요되는 내용으로 이루어진 경우도 있지만, 단기코스로 다루어질 수 있는 강좌나 강연형태의 프로그램도 많다. 그리고 사회복지 프로그램은 다양한 수준으로 존재하며, 다른 시간을 가지고 있는 몇 개의 일반적인 요소로 구성되어 있는 경우가 많다. 즉, 프로그램은 개별 클라이언트와 그 집단의 욕구, 프로그램 목적 및 목표, 그리고 지도전략 등에 따라 다양하게 존재하며, 또한 프로그램의 기획과 실행 및 평가 등에 관련된 요소를 포함하여 사회복지기관의 성격과 역량, 클라이언트 및 그 집단의 특성, 관련된 내용영역 그리고 자원구조의 특성에 관련된 요소들을 항상 내포하고 있다 할 것이다.

5. 사회복지현장에서 프로그램(프로포잘)의 이해

1) 사회복지현장의 한계적 상황

(1) 사회복지 실무현장과 학교의 분리

① 사회복지현장에서 느끼는 이론의 한계

사회복지현장에서 느끼는 이론의 한계의 의미는 사회복지행동지침을 제공해 주는 이론에 있어, 사회복지실무현장에서는 현재 그 실무적 차원에서 실천할 때 많은 어려움이 있다. 그 이유는 학자들이 각종 사회문제에 대해 그 예상되는 문제점과 원인을 밝혀내고 있으나 이를 해결할 수 있는 구체적인 프로그램과 접근방법을 제시해 주지 못한 점도 있다. 예를 들면 앞으로 노인인구가 늘어 여러 가지 노인문제가 대두될 것이라는 점과 청소년들의 비행이나 미혼모 문제들을 예견하고 있으나 이에 대한 정책적 미비점과 적절한 프로그램을 제공해 주지 못하고 있다.

② 사회복지현장의 한계

사회복지현장의 한계의 이유는 사회복지현장은 재정적 취약성으로 인해 전문적인 노력부족과 평가를 위한 평가 그리고 양적 증가에 몰두하고 있는 것, 부족한 인력과 과중한 업무, 이론적 취약성을 극복하기 위한 노력부족, 이러한 원인이 예산이나 인력이 많이 필요로 하는 평가는 진행에 문제가 있을 뿐더러 계획하는 것조차도 어려움이 있다. 따라서 지역사회에 유휴인력을 활용한 공동작업장의 필요성을 인식한 프로그램을 개발 하고자 하여도 예산의 부족으로 계획조차 하지 못하는 경우가 많다.

2) 사회복지사로서의 자각과 전문성에 대한 인식의 결여

사회복지사는 일반적으로 사회복지에 대한 확고한 가치와 윤리를 바탕으로 전문가로서의 자질 즉 대상자들이 당면하고 있는 욕구나 문제에 효율적이고 효과적인 서비스를 제공하여야 한다. 따라서 문제를 분석하고 계획하여 이를 실천하고 평가할 수 있는 전문가로서의 자질을 함양하여야 한다. 그리고 현재 양적인 성장에 만족하고 시대의 변화나 대처에 노력을 등한시하며 단순히 자격증을 취득한 것으로 전문가로서 인정받으려 하고 있다. 예를 들어 사회복지사가 방과후 공부방 교사, 장애아동 치료교사로 업무분담을 받았을 때 이것이 바람직한가? 이 문제에 대해 자문자답해 볼 필요가 있다.

3) 시대의 변화에 대처할 수 있는 자질 함양이 필요

사회복지현장의 한계인 재정적인 취약성은 기업의 사회복지재단(삼성복지재단, 아산재단, LG복지재단, 아이들과 미래들 등), 사회복지공동모금회, 비정부관련단체, 그리고 정부의 국민기초생활보장법상의 수급권자를 활용한 자활지원사업이나 재활사업 등이 우수 프로그램을 공모하여 지원하는 방식(프로포잘)을 사용하므로 재정적인 취약성이 다소 해소되고 있는 시대적 변화에 이론의 접목을 통한 전문적 서비스를 계획하고 운영할 수 있는 자질이 필요하다.

제 3 장

사회복지 프로포잘 작성의 실제

1. 프로그램 개발의 이론

1) 전통적 이론의 의의

① 1980년대 중반까지 계속되었던 이론적 풍요로, 프로그램 개발을 하나의 기술적 과정으로 간주하고, 교육의 효율성, 효과성, 효용성을 증진시키기 위해 프로그램 개발의 절차에 관한 기술적 지식을 제공하는 데 중점을 두는 이론들이 포함된다.

② 타일러(Tylor)의 이론에 토대를 두고 교육목표, 학습경험, 학습체계의 조직, 학습경험의 평가 등으로 이어지는 절차적인 과정을 따른다는 점에서 타일리언 모델이라고도 한다. 타일러의 모형은 평생교육분야의 전문가들도 적용할 수 있는 프로그램 개발에 대한 표준적인 과정을 제시한 점에서 의의가 있다.

2) 타일러의 프로그램 개발 모형의 4요소

① 기관이 추구해야 할 교육목적과 목표

☞ 목표를 규정하기 위한 세 가지 자료
㉠ 학습자 자신의 표준적인 학습체계, 지역사회의 요구와 비교하여 볼 때 생기는 학습격차, 개인의 흥미와 욕구가 충족되고 있는지의 여부
㉡ 현대사회에서의 생활환경
㉢ 교육전문가와 교육과제

② 기관의 목적과 목표를 달성하기 위한 경험적 요인

☞ 학습경험 선정 시 필요한 다섯 가지 일반 원리
㉠ 기대된 행동을 실천할 수 있는 기회가 제공되는가?
㉡ 산출된 행동에서 만족감을 얻을 수 있는가?
㉢ 기대된 반응을 얻을 수 있는가?
㉣ 많은 학습경험이 교육목표를 충족시킬 수 있는가?
㉤ 하나의 학습경험이 다수의 학습목표를 달성할 수 있는가?

③ 효과적인 교수활동을 위해 선정된 교육경험들의 효과적 조직 기준

☞ 학습경험 조직 준거
㉠ 일관성(continuity) ㉡ 계열성(sequence) ㉢ 통합성(integration)

④ 교육활동의 결과 학습경험의 효과적 평가 기준

☞ 평가에 대한 관심사
㉠ 기대된 결과의 선호 ㉡ 교육과정의 장단점

3) 타일러 모형의 장단점

① 장점 : 프로그램 개발에서 합리적인 틀을 세워주었음. 이 합리적인 틀은 목표와 수단에 대한 결정에 앞서 목표의 결정을 내세

운다. 이 때문에 타일러 모형이 그 후 모든 교육과정개발이나 프로그램 개발 작업에서 모범적인 전형이 되어 왔다.

② 단점 : 학습경험에서 내재적인 경험보다는 외면적인 활동에 초점을 두는 데 치우친다.

4) 전통적 이론의 전통적 특징

타일러의 합리적인 개발절차에 영향을 받은 전통적 이론들은 바라는 결과(목표)와 그 결과에 도달하기 위한 수단(학습경험)과 이 수단이 결과를 성취했는지에 대해 결정하는 과정(평가)을 주로 기술하고 있다는 데 그 특징이 있다.

* 자료; 한국방송대 프로그램개발 및 평가인터넷 학습자료, 2013.

2. 상호작용이론(interaction theory)

1) 상호작용의 이론적 특징과 그 내용

① 프로그램의 개발과정상의 상호작용을 중시한다. 그래서 프로그램 개발이 단계별 과정에 따라서 이루어지는 것이 아니라, 개발 상황을 강조한다는 점에서 상황이론이라고도 한다.

② 프로그램 개발은 표준화된 순서에 따라 이루어지는 것이 아니라 프로그램 개발과정상의 프로그램 개발자, 학습자, 조직 간의 합의가 필수적이다. 따라서 프로그램은 한 사람이 프로그램 개발을 하여 만들어지기보다는 오히려 서로 영향을 주고받는 구체적인 조직 상황에서 다양한 이해관계를 가진 많은 사람들을 통해 만들어진다.

2) 카파렐라(Caffarella)가 제시하는 상호작용이론

① 교육 프로그램은 참가자들이 실제로 무엇을 배우는가와 학습한 내용이 참가자와 조직, 사회적 이슈와 규범들을 어떻게 프로그램화하는가에 초점을 맞추어야 한다.
② 프로그램 개발은 체계적으로 사전에 계획된 과업은 물론, 때에 따라서는 순간적으로 의사결정을 해야 하는 경우를 포함한다.
③ 프로그램개발은 조직의 우선순위, 과업, 사람, 이벤트의 복합적인 상호작용이다.
④ 프로그램 개발은 조작적 노력이라기보다 협동적 노력이다.
⑤ 프로그램 설계는 실제적인 실행이다.
⑥ 보다 유능한 프로그램 개발자는 실습을 통해서 프로그램 개발방법을 배울 수 있다.

3. 실천이론(practical theory)

1) 실천이론의 이론적 배경과 그 특징

① 실천이론은 전통적 이론이나 상호작용이론이 프로그램 개발을 가치개념으로 파악하고 프로그램 개발과정상에 나타나는 권력관계나 정치적인 요소를 간과했다는 점에서 특징이 있다.
② 실천이론은 프로그램 개발에서 하나의 절차나 순서보다는 프로그램 개발을 총괄적인 과정으로 파악해야 한다.
③ 대표적인 모형으로는 프레이리(Freire)의 해방교육 모형과 서베로와 윌슨(Cervero & Wilson)의 협상 모형이 있다.

2) 프레이리의 해방교육 모형

① 프레이리의 중심적인 가치는 억압으로부터의 자유와 인간화, 인간주의적 해방에 깊이 관련된다. 따라서 해방교육 모형은 억압받는 사람들의 관점 속에 내재되어 있는 모순을 해결하는 데 초점을 둔다. 프로그램 개발이 교육을 위한 준비 과정이 아니라 그 자체가 하나의 해방과정이다.

② 프락시스(praxis)라고 불리는 반성적인 유형(reflective pattern)의 분석과 적극적인 대화 모형을 강조한다. 주된 내용은 해방교육 즉 분석교육에 집중되어 있다.

③ 문제제기식 교육이다. 즉, 학습자가 그들의 세계에 대해 의문을 제기하고 분석하여 그에 따라 행동하게 됨으로써 결과적으로 억압에서의 해방을 가져오게 한다.

3) 서베로와 윌슨의 협상 모형

① 프로그램 개발자의 정치적인 행동과 책임에 관심을 둔다는 데에서 협상 모형이라 불리우고 있다.

② 프로그램 개발자는 프로그램 개발의 정치성과 다양성을 이해하고, 프로그램 개발과 관련된 의사결정과정에서 정치적 협상능력을 지니고 있어야 한다. 즉, 프로그램 개발자의 윤리성과 책임성을 제기해야 한다.

(방송대 인터넷 보충자료 평생교육프로그램 개발과 평가, 2012)

4. 사회복지 프로그램 개발의 이론과 모형

1) 사회복지 프로그램 개발 이론

사회복지 프로그램은 사회복지 기관이나 조직의 목적 달성을 이루기 위해 개인이나 지역사회 내에 존재하는 사회문제를 해결하고 취약계층과 일반시민의 사회복지적 욕구를 충족시켜 주기 위해서 자원과 기술이 동원되어 서비스 이용자 체계의 변화를 촉진시키는 매개체이다(김종명 · 구재관, 2013).

(1) 사회복지 프로그램 개발이론에서 협의적 개념

사회복지에 관련된 새로운 프로그램을 만들 때 기존의 프로그램을 수정 보완해서 효과적인 프로그램으로 개선시키고자 노력하는 과정을 프로그램 개발이라 한다. 새로운 프로그램을 기획하거나 설계하는 데 초점을 맞추어 욕구조사나 문제의 분석, 목적 및 목표 설정 또는 개입 전략의 선택 등 주로 사회복지프로그램 발전과정에서 초기단계의 활동이 강조된다. 사회복지 프로그램 개발의 협의의 개념은 새로운 프로그램을 기획(plan)하거나 설계(design)한다는 의미이기도 한다.

(2) 프로그램 개발에서 광의의 개념

새로운 프로그램을 창시하는 것은 기존 프로그램의 수정과 보완을 위한 노력도 포함하여 단계적으로도 프로그램의 기획과 설계 단계에만 그치는 것이 아니라 실행, 평가 등 전 단계를 망라하여 프로그램을 개선시키는 과정이다(황성철, 2005).

Forester(1989)는 계획가가 수행해야 하는 주요 과업을 다음과 같이 지적한다.

① 문제해결, ② 정보처리, ③ 계획을 지지할 수 있는 협동체계의 구축 그리고 정치적 결정을 하는 사람들과의 관계수립이다. 특히, 사회복지 기관이나 시설은 사회 구성원이 필요로 하는 서비스를 국가나 사회로부터 위임받아 전달하는 공익집단으로서 사회구성원의 욕구를 파악하여 이를 해결하기 위한 서비스를 책임감을 가지고 전달하는 것은 매우 중요하다. 사회복지사들이 실행하는 프로그램의 궁극적인 목적은 다양한 사회문제의 해결에 있다. 즉, 책무성 확보와 기술 혁신을 위한 전략으로 다음과 같은 단계를 거치는 것이 일반적이다.

① 문제 확인, ② 욕구사정, ③ 목적수립, ④ 실행(또는 수행) ⑤ 평가의 단계를 거치는 것이다. 목적을 선택하는 단계 또는 대중에게 알리는 단계와 대중의 지지와 정당성을 확보하는 단계 등이 포함되기도 한다(Gilbert and Terrell, 1998).

2) 이성적 모델

프로그램 개발자는 문제나 욕구를 갖는 대상자의 다양한 의견을 조정하고 프로그램을 기획한다. 그리고 실행할 때 조직이나 기관 안팎에 관련되는 이해관계와 당사자의 부단한 의견조율과 견해 차이를 조절하기 위한 협상의 정치사회적 과정을 거치면서 특정한 문제 해결을 모색하는 특정한 해결책을 결정하게 된다. 이와 같은 방법에 의해 형성하는 모델을 이성적 모델이라고 한다.

3) 점진주의적 모델(점증모델)

Lindbloom(1959)에 의해서 이론화된 것으로 하나의 계획이 이익집단들 사이의 협상에 의해서 적당히 수립된다는 점이 강조된다. 점진주의적 모델에 기초한 계획은 정책이나 프로그램이 이익집단들 사이의 협상(타협)을 통해서 결정된다고 보는 모델이다.

프로그램 개발자는 프로그램을 기획하고 실행할 때 사회복지 기관이나 시설 그리고 정부에 의해서 주도된 타협으로 이해관계 당사자와의 부단한 의견 조율과 협상의 정치사회적 과정을 거치게 된다. 이러한 과정 속에서 개발자는 본질적으로 점진적이고 그리고 이전 정책에서의 약간의 변화를 나타내는 정책결정을 간과할 수 있다(Lindbloom, 1959).

이 모델에서의 프로그램 개발자나 계획가의 역할은 고도의 숙련을 통한 자원을 개발하고, 사회적 연결망을 사용하며 조직의 경계를 극복할 수 있는 정보를 모아서 프로그램을 개발한다.

4) 지지기획 모델

지지(advocacy)기획 모델은 Pattie(1968)의해 주창되고 Forester (1989)에 의해 발전 된 이론이다. 이 모델의 특징은 특정 집단의 이익만을 대변해서 기획을 수립한다. 이 모델에서 프로그램 개발자와 계획가는 특정집단을 대신해서 그들의 이익을 지지하는 역할을 담당한다. 이 모델은 정책과 기획이 집단들의 상호 행동을 통해서 이익이 결정된다는 전제를 기초로 하여 형성된 이론이다.

Pattie(1968)는 모든 계획들은 특정집단의 이익을 반영한다고 하며 지지모델을 따르는 계획가들은 계획과정에 개입되어 있는 특정집단에 대신해서 일을 하는 것으로 비쳐지고 그리고 그들은 특정집단의 관점을 가장 잘 대표하는 방법들을 사용한다고 하였다.

사회복지 프로그램 개발과 관련한 광범위한 지식과 기술을 통합하여 체계적으로 프로그램을 개발하고자 하는 목적, 과업, 관련 이슈를 선행연구의 경험적 토대 하에 제시한 모델이다.

5) 전환기획 모델

이 모델은 결정에 의해 영향을 받는 사람들과의 일 대 일 접촉을 통해서 계획이 수행되는 것으로서, 이 모델은 기본적으로 계획에 가장 큰 영향을 받는 당사자들이 계획과정에서 가장 소외받고 있다는 것을 기초로 하여 그것을 기본 가정으로 하여 출발한다.

이 모델에 따르면 계획과정에 참가하는 자들은 지역사회가 안고 있는 억압의 조건과 이에 대한 비판적 의식을 획득하는 것 뿐만 아니라 직접적 행동으로 개입하는 방법을 학습해 나가야 한다. 결국 프로그램 개발자, 계획가들과 지지자 또는 지역주민도 상호학습의 과정에 개입해야 한다.

기획을 수립하는 과정에서 주민들의 경험을 통해서 획득된 지식들은 매우 중요하다. 그리고 기획은 주민들과 프로그램 계획가 사이의 협상과 조정 그리고 대화의 과정을 통해 수행하게 된다. 따라서 계획가와 주민들은 기획의 개발에 있어서 동반자라는 점이 특징이다.

6) Marx주의 기획모델

Marx주의 기획모델의 주요원리는 국가가 사회의 조화를 증진시키기 위해 그리고 경제적 배열(자본주의 경제체제)을 유지하기 위해 행동하는 제도들을 구성한다는 것에 있다.

이 모델은 이데올로기적 기조 하에 ① 지금의 상황에서 현재의 상황을 비판하기 위해서, ② 지역주민들을 동원하고 해결책을 찾기 위해서, ③ 그들과 함께 일하기 위해서, ④ 변화전략을 발전시키기 위해서, ⑤ 정보를 모으기 위해서, ⑥ 해결책의 상세한 기술들을 세련되게 만들기 위해서, ⑦ 집단과 함께 일하기 위해서, ⑧ 이론적 그리고 이데올로기적 지식과 가치를 여과하기 위해서 전환모델(transformative model)을 사용한다. 그 결과 집단은 그 자신의 경험으로부터 배우게 된다.

특히, 경험적 지식을 개발하고 프로젝트(또는 프로그램)를 위한 효과적인 방법을 사용하기 위해서 경험적 지식을 퍼트린다. 또한 집단과 힘의 구조 사이의 대화를 중개하기 위해서 모든 집단의 구성원들의 참여를 보장한다. 그렇기 때문에 집단이 사회행동을 지지하기 위해서 자긍심을 개발하는 것을 돕는다. 자긍심을 고취시킨 후에는 사회행동에 참여하고 그 결과 계획가는 지식을 행동에 연결시킬 수 있다.

그러나 Marx주의 기획모델의 한계점은 너무 명백해 계획이 너무 장기적이고 거시적이라는 단점이 있다. 왜냐하면 단기적 계획을 통한 혜택들이 장기적으로 얻어질 수 있는 것을 위해 희생될 수 있기 때문이다. 이 모델을 통해 제안된 해결책들은 정치적으로 그리고 경제적으로 실행 불가능할 수 있다. 특히, 억압당하고 있는 집단구성원들이 가지고 있는 억압을 인식하지 않으려고 할 수도 있다는 점과 체계를 변화시키기 위한 행동을 취하지 않을 수도 있다는 점이 무시된다는 점은 한계점으로 지적되고 있다.

7) 합리적인 모델

사회복지프로그램 개발과 기획과정에서 합리모형은 사회문제나 표적집단의 욕구나 관련된 사실, 이론, 가설 등의 분석을 기초로 문제의 진단과 행동에 이르는 전 과정이 조직적이고 논리적인 순서에 따라 진행된다고 가정하는 모델이다. 이 모델에서 주목할 점은 프로그램 개발자나 계획가들이 문제를 찾아내어 문제를 정의하고 그 욕구를 측정하여 문제해결과 욕구충족의 방안을 제시하여 효과적인 개입방법을 활용하여 프로그램이 진행된다.

따라서 합리적인 모델은 사회복지 프로그램 개발에서 이상적 접근방법으로 간주된다 하더라도 인간의 능력으로 완전하고 종합적인 정보

수집과 처리가 쉽지 않고 문제의 정의와 해결 방안을 찾는데 현실적으로 실행하는 이익집단의 정치사회적인 과정을 완전히 배제 하기는 어렵다는 점에서 한계를 가지고 있다.

8) 선형적 모델

선형적 모형은 프로그램 개발을 위한 접근방법 중에서 가장 일반적으로 활용하고 있는 모델이다. 이것은 사회복지현장에서 주로 사용되어 온 전통적인 방법이다. 이 모형은 프로그램 개발을 단도직입적으로 일어나는 현상으로 전제하고 그 과정을 단계별로 세분화하여 프로그램을 개발하는 방법이다. 사회복지현장에서 이 모형이 가장 많이 활용되는 이유는 단계마다의 과업이 명확하고 단순하여 접근성이 용이하기 때문이다.

〈그림 3-1〉 선형적 모형

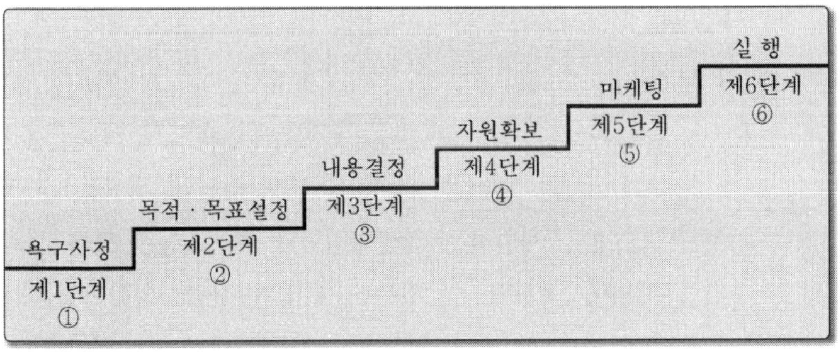

자료: 김종명 · 구재관(2013), p. 32.

특히, 프로그램 개발자는 잠재적 서비스이용자의 욕구들을 사정하여, 우선순위에 의한 최종 욕구를 확정지은 후, 그것을 목적 및 목표로 전환시켜 실행한다는 점이다. 그리고 이러한 목적 및 목표를 달성하는데 필요한 구체적인 내용들을 선정 · 조직하는 등의 설계를 담당하게 된다. 따라서 그 내용들을 전개하기 위해 필요한 인적 · 물적 자원과 시설을 확보하며, 지역사회에 프로그램에 대한 홍보를 하고 대상자를 확보한 후 그 프로그램을 실행하게 된다.

9) 비선형적 모형

비선형적 모형은 선형적 모형이 각 단계마다 하나의 절차가 수행되는 것에 비해 동시에 몇 개의 절차를 수행하는 시간계열상의 제약을 받지 않으며 각 단계가 계속적으로 순환되는 특징을 가지고 있다.

이 모형의 장점은 선형적 모형에서처럼 프로그램을 획일적인 절차에 의해 진행하는 것이 아니라 개발자의 풍부한 경험을 통해 얻은 독특한 특별기법이 적용된다. 이 모형은 다른 모형들에 비해 시간과 자원배분이 개발자의 재량에 의해 조정될 수 있기 때문에 시간과 자원의 분배측면에서 융통성이 많다는 장점을 가지고 있다.

반면에 이 모형은 개발자의 전문적인 능력을 특히 중시하기 때문에 다른 모형들에 비해 사용하기 어렵다는 단점이 지적되기도 한다.

10) 통합적 모형

통합적 모형은 체제분석모형이라고도 하는데 체제분석과정을 활용하여 프로그램을 개발하는 접근방법이다. 이 모형은 모든 사회복지 프로그램 개발에 적용될 수 있는데 투입과 산출, 외부환경과의 상호작용 등을 주변요인으로 설정하여 프로그램을 개발하는 것이 특징이다.

장점으로는 총체적이고 분석적이기 때문에 개발과정이 복잡하기 때문에 전문적인 능력이 요구된다. 따라서 다른 모형에 비해 개발오류를 최소화시킬 수 있다. 또한 프로그램 개발에 있어 우선 서비스이용자를 중심으로 그들과 관련된 다양한 요인, 즉 그들의·욕구 및 문제 등을 충분히 고려할 뿐만 아니라, 사회복지프로그램의 목표와 자원, 정책 등도 충분히 반영할 수 있다.

통합적 모형은 여러 형태의 사회복지프로그램에서 활용이 가능하며, 프로그램 개발자가 새로운 프로그램을 개발하거나 기존의 프로그램을 보완 개선하는 데 효율적으로 사용할 수 있다. 이러한 접근방법은 과학적인 분석을 근거로 프로그램을 개발하기 때문에 비통합적 모형에 의해 개발된 프로그램보다 그 실현성이 높다.

11) 비통합적 모형

비통합적 모형은 가장 보편적으로 사용되고 있는 방법이다. 이 모형에서는 프로그램이 새로 개발된다기보다는 다른 사회복지의 프로그램을 참고하여 그대로 벤치마킹하는 방법을 취한다. 그렇기 때문에 프로그램 기획과정에서 잠재적 대상자를 참여시키지 않는다. 또한 이 모형은 대상자들의 욕구나 의견을 따로 수렴하지 않고, 사회복지프로그램에 의해 일방적으로 프로그램이 개발되고 제시된다. 이 모형의 가장 뚜렷한 특징 중에 하나는 고립성이라고 할 수 있다. 이는 잠재적 대상자의 참여와 집중을 제한시키는 형태로 프로그램 개발이 진행된다는 것을 의미한다. 뿐만 아니라 대상자의 욕구와 가치를 조직과 환경의 요구 및 가치와 결합시키려는 의식적인 노력을 기울이지 않는다.

이 모형의 장점은 ① 프로그램 개발에 대한 깊은 지식이 없는 사람도 쉽게 프로그램을 개발할 수 있다는 것과 ② 시간과 비용 및 노력을 절약할 수 있으며, ③ 지역사회와 주민들의 특성 및 제반조건이 유사한 경우에는 프로그램 결과를 예측할 수 있다는 것이다.

그러나 이 모형은 참여자를 배제한 프로그램 개발이기 때문에 대상자들의 욕구가 무시되며, 이로 인해 그 현실성이 부족하고 장기적으로 지속되기 어렵다는 단점이 있다.

12) Kamerman의 모형

카멀만(Kamerman, 1975)은 사회복지 프로그램 개발에 관해서 최초로 체계적인 이론적 모형을 제시한 학자로서 사회복지기관이나 시설에서 전반적인 기관의 정책이나 목적이 반영되고 목적을 달성하기 위한 구체적, 집단적 활동 과정을 프로그램으로 정의하고 있다. 따라서 프로그램의 진행 과정을 프로그램 기획, 프로그램 시작, 프로그램 실행의 3단계로 나누어 프로그램 개발의 개념적 틀을 완성하였다.

카멀만은 1973년 미국 Columbia 대학에서 지역사회중심의 아동복지 프로그램 평가에 관한 실증적 연구를 기반으로 한 박사학위논문을 통해서 당시 프로그램 개발 분야에서 널리 사용되고 있던 Kahn(1969)의 모델은 소규모의 사회복지 프로그램 개발보다는 정부의 복지정책기획과 개발에 역점을 둔 모델이었다고 비판하였다.

뿐만 아니라 Brager와 Specht(1973)의 모형 역시 지역사회 프로젝트를 추진하고 실행하는데 다루어야 할 요소를 설명하는 데는 유용하다고 볼 수 있지만 조직이나 기관차원에서 새롭고 체계적인 사회복지 프로그램 개발하기에는 부적합한 모델이라고 비판하면서 사회복지 이론과 실천을 연계시키는 새로운 모델이 필요함을 역설하였다.

13) 토마스의 디자인 개발모형

토마스(Thomas, 1984, 1988)에 의해 개발된 이 모형은 사회복지 실천에서 개입이라는 과정을 사회적 테크놀로지로 과학적이고 체계적으로 실천해 나가는 방법을 사용한다. 따라서 조사방법의 지식과 기술을 사회복지실천에 통합한 개입조사이론의 핵심내용을 그 근간으로 한다. 기존의 사회과학적 경험적 지식을 활용하여 사회문제분석, 개입방법 설계, 개발, 평가하는 것을 포함하여 광범위하게 활용하는 방법을 주로 강조하였다. 이 모형에서는 프로그램 개발단계에서 실제 시범적 사용, 프로그램을 테스트하는 작업 등이 요구되는 특성을 포함하고 있다. 이 모형에서 적용하는 개입조사 이론은 과학기술적 개념과 조사기법을 활용하여 사회복지실천의 개입방법으로 활용한 것으로 후에 학자들에 의해서 좀더 구체화된 접근방법을 제시하고 있다.

〈그림 3-2〉 토마스의 디자인 개발모형의 단계와 절차

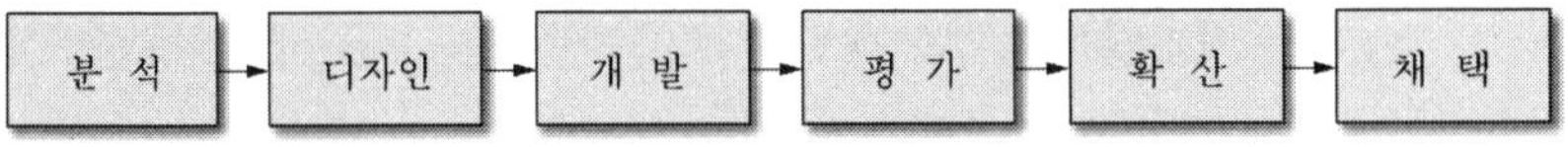

자료: 김종명 · 구재관(2013), p. 37. 재인용.

〈표 3-1〉 디자인 개발모형의 단계와 절차

단계	절차 활동	물리적 조건
분석(analysis)	*문제확인과 분석 *기존 및 현 상황 검토 *개발. 실행 가능성 조사	*문제가 되는 상황 존재 *기존의 개입방법 프로그램 *관련된 정보 및 지원 *개발. 실행 보고서 작성
디자인(design)	*혁신목표의 확정 *혁신을 위한 요구사항 확인 *설계문제의 확인 *자료 및 정보원천 선별 *자료수집 및 처리 *해결대안개발 및 선정 *종합 *현장적용의 대표적 형태결정	*목표 및 설계문제 진술 *관련된 자료와 정보 *혁신의 대표적 청사진 *개입혁신 *혁신의 절차
개발(development)	*개발계획 수립 *조작화 준비 *시범적 사용과 개발 테스트	*개발계획 *시범적 실행 *시범적 실행자료 *테스트한 개입혁신
평가(evaluation)	*평가계획수립 *평가자료 확보 및 평가	*평가계획서 *평가자료
확산(diffusion)	*미디어를 통한 전파와 확산준 *사용자에 의한 사용	*간행물. 보고서 등 미디어물
채택(adoption)	*광범위한 활용	

출처: 황성철(2005), 『사회복지프로그램 개발과 평가』, 공동체. p.56.

14) 라프와 퍼트너의 설계모형

라프(Rapp)와 퍼트너(Poertner, 1992)는 사회복지 프로그램 관리에서 가장 중요한 가치는 대상자 중심의 서비스 전달에 있다. 성과 중심의 프로그램 관리 모델, 즉 설계단계를 중심으로 프로그램 개발의 이론적 모형을 개념화하였다. 이 모델에서 강조되는 대상자 중심의 성과는 ① 대상자, ② 생산성, ③ 자원획득, ④ 효율성, ⑤ 직무만족 등 다섯 가지 영역에서의 주요 지표에 의해 결정된다고 보았다.

〈그림 3-3〉 라프와 파트너의 8단계

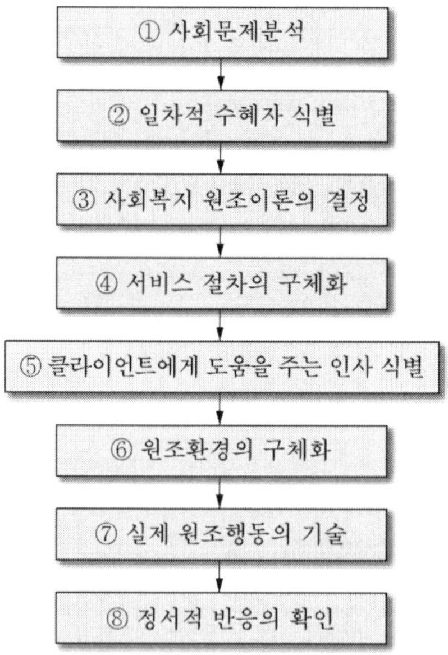

자료: 김종명 · 구재관(2013), p. 39. 재인용.
〈황성철(2005) 8단계〉

15) 케트너, 모로니, 마틴의 설계관리 모형

케트너(Kettner), 모로니(Moroney), 마틴(Martin)에 의해 주창된 이 모형은 사회복지기관의 관리자가 프로그램의 효과성을 향상하기 위해서 관리적 측면에서 프로그램의 기획과 설계단계에 중점을 두어 프로그램 개발의 원리와 구체적 지침을 제공한다. Kettner와 함께한 학자들은 사회복지 프로그램을 개발하는데 있어서 사회문제를 분석하고 욕구사정은 물론 전략적 선택과 목표수립에 중점을 두고 있다. 따라서 프로그램 설계를 하는 것은 물론 정보관리체계 및 예산 수립과 프로그램 평가까지 어느 한 부분도 소홀히 해서는 안 된다는 것을 명시하고 있다. 주료 원리를 살펴보면 다음과 같다(김종명 · 구재관, 2013).

① 문제분석

문제분석에서는 사회문제가 어떻게 규정될 것인지를 실제적으로 보여주고 문제분석을 위한 개념적 틀을 활용하여 프로그램으로 다루어야 할 사회문제를 이해하고 활용하는 방법을 제시한다.

② 욕구사정

기획에서 욕구사정의 의미를 강조하고 욕구이론에 따라 규범적, 비교적, 인지적, 표출된 욕구 등이 각종 욕구조사의 방법에 따라 어떻게 추출할 수 있는지를 실례로 통해서 보여준다.

③ 전략선택과 목표 수립

기획단계에서 개입전략을 세우기 위해서는 전략선택과 목표수립, 즉 프로그램 가설을 수립하여 결과를 예측하는 노력이 중요하다. 프로그램의 목표는 기관의 사명헌장으로부터 논리적으로 유추되며, 또한 목표는 세부목표로 분화될 수 있는데 이때 강조되는 기준이 성과 목표달성의 여부를 결정하는 측정기준이다.

④ 프로그램 설계

프로그램 설계는 개입계획을 수립해 세부목표달성을 위한 프로그램 구성요소를 체계적 관점에서 투입, 진단, 산출, 성과로 나누어 작성하도록 요구한다.

⑤ 정보관리체계

효과성에 기초한 관리정보시스템을 구축하는 작업도 투입, 전환, 산출 성과로 나누어 서비스이용자와 프로그램 목표달성에 관한 유용한 저오를 관리하고 활용하도록 한다.

⑥ 예산 수립

프로그램의 예산수립을 하기 위해서는 프로그램 예산과 항목별 예산을 작성하고 비용과 수입을 추계하고 관리하는 구체적 방법을 제시한다.

⑦ 프로그램 평가

프로그램의 수행과 성과를 측정하고 관리하는 방법을 효율성, 효과성, 과정, 영향 등 각종 프로그램 평가 방법에 따라 과학적이고 체계적인 평가의 방법을 강조한다.

각 단계별 주요 내용과 과업을 자세히 살펴보면 유사한 측면이 많이 있다. 순차적으로 문제파악과 욕구조사가 실행되고 목적 및 목표설정, 자원 확보, 개입전략 및 방법선택, 실행과 정보관리, 평가 등의 프로그램 개발에 필요한 핵심요소는 순차적으로 서술되고 비록 명칭은 다르더라도 내용적인 면에서는 유사성을 포함하고 있음을 알 수 있다. 따라서 사회복지 프로그램 개발 모형은 과학적인 이론과 현실성을 매개하는 구실을 해야 할 것이며 과학성과 실용성이 반듯이 고려되어야 한다.

5. 프로그램 개발의 원리

사회복지활동이 어느 정도 효과적으로 이루어지고 있는가의 실제적인 여부는 결국 어떠한 프로그램을 개발하느냐에 달려 있기 때문에 프로그램 개발의 의미는 매우 중요한 문제이다. 그러나 일정한 목적과 목표를 달성하기 위한 수단으로서의 프로그램의 개발은 보다 체계적이고 과학적으로 이루어져야 하기 때문에 그렇게 용이한 일이 아닐 수 없다. 특히, 프로그램의 내용과 형식에 있어서 상당히 다양하고 융통성이 많은 프로그램의 개발에서는 어떠한 일정한 원리나 기준이 없기 때문에 더욱 어렵다고 할 수 있다(김종명 · 구재관 외, 2013).

1) 프로그램을 개발하는 데 있어서 기본적으로 지켜야 할 원리

① 프로그램 개발은 참여자들의 욕구와 특성에 적합하여야 한다.

프로그램은 대상자들의 욕구들을 바탕으로 그 목적과 목표가 결정되고, 이를 성취할 수 있도록 구체화되어야 한다. 프로그램은 어디까지나 대상자들의 욕구는 물론, 그들이 지니고 있는 특성과 상황적 요소를 고려하여 개발되어야 한다. 무엇보다 중요한 것은 대상자들을 동일한 성격을 지닌 하나의 집단으로보다는 개별적인 독특성을 소유한 인격체로서 인식하여, 개개인의 다양성에 따라 프로그램이 보다 탄력적으로 운영될 수 있도록 프로그램을 개발해야 한다.

② 프로그램 개발은 그 프로그램이 원활하게 수행하는데 관련되는 제반 여건들을 충분히 고려하여 이루어져야 한다. 프로그램은 의도한 목적과 목표를 달성하기 위한 기능을 다하기 위해서는 추상적이고 이론적인 방향만 프로그램에 반영하면 안 되며, 그 적용과 활용을 위해

반영되어야 하는 여러 가지 요소들을 고려하여 실질적으로 적용되고 일반화될 수 있도록 개발되어야 한다.

특히, 프로그램 운영자의 수행 능력과 기술, 재정적인 여건, 자료와 시설의 상황, 행정적 지원, 지역사회의 욕구와 기대, 대외적인 협력관계 등의 현실적 여건(상황)을 바탕으로 개발되어야 한다.

③ 프로그램 개발은 가능한 그 개발의 전 과정에 대상자들의 폭넓은 참여가 있어야 한다. 대상자들의 욕구반영과 자발적인 참여를 전제로 하는 프로그램의 개발이 되어야 한다.

프로그램은 대상자들의 최대한의 상호협력 및 상호 작용을 촉진하는 방향으로 개발되어야 한다.

④ 프로그램 개발은 참여자들의 발달 단계를 참고로 활용가능성을 포함한다.

대상자들은 계속 변화하기 때문에 특정한 발달 수준에만 국한시킬 것이 아니라, 그들의 전 발달단계를 포함할 수 있는 프로그램의 개발이 필요하다.

프로그램은 어떤 문제가 발생할 때만 그 문제를 해결하기 위해 개발될 것이 아니라, 참여자들의 전반적인 성장·발달을 도모하고 제반 문제를 사전에 예방할 수 있는 관점에서의 프로그램 개발이 적극 활용되어야 한다.

⑤ 프로그램 개발은 참여자들의 전체 생활과 통합할 수 있도록 포괄적으로 이루어져야 한다.

프로그램은 참여자들의 균형 있는 성장·발달을 위해서 그들의 생활 영역의 일부보다는 전체 활동과 통합될 수 있는 관점에서 개발될 필요가 있다.

프로그램의 범위는 특정한 활동 영역에만 국한시킬 것이 아니라, 다양한 활동 영역을 포함하여 그 내용의 질과 양을 합리적으로 고려하여 균형 있게 개발해야 한다.

⑥ 프로그램 개발은 항상 변화하는 상황에 신축성 있게 대응할 수

있도록 활용되어야 한다.

프로그램이 겨냥하고 있는 개인, 가족, 집단 또는 지역사회는 정체 상태에 있는 것이 아니기 때문에 변화하는 상황을 포함할 수 있도록 개발되어야 한다.

프로그램을 개발하는 조직의 내부 및 외부환경도 부단히 변하기 때문에 이에 대하여 충분히 대응할 수 있는 신축성 있는 프로그램의 개발이 필요하다.

6. 사회복지 프로그램 개발에 필수요인

1) 프로그램 개발 시 고려해야 할 사항

프로그램 개발에 앞서 다음과 같은 질문을 점검해야 한다.

① 프로그램 개발 시 고려해야 할 사항은 무엇인가?
② 기대하는 결과는 무엇인가?
③ 프로그램 개발의 한계상 어쩔 수 없이 얻게 되는 결과는 무엇인가?
④ 대상자에 대한 서비스를 실행하기 위한 프로그램은 최소한 어떤 영역에서 활동을 수행하고 있는가?

기관을 조직하거나 예산을 마련하고 위원회나 관련단체 등에서 조직을 대표하고 자금을 확보하여 지불하거나 직원들을 고용하고 관리하고 프로그램 기록을 통해서 일관성 있는 조직적 절차를 설정하고, 직원간의 분쟁을 해결할 필요가 있다. 또한 대상자들에게 필요한 프로그램을 실행하기 위하여 사회복지사들이 프로그램 개발 시에 점검해야 할 사항들이 무엇인지 좀더 구체적으로 살펴보면 다음과 같다.

① 사회복지의 가치(사회복지사 윤리강령 참조)를 존중한다. 프로그램 관여 자들에 대한 가치반영 여부에 따라 성패가 좌우된다.

② 사회복지 프로그램의 실현가능성 여부 확인: 프로그램 실행에 따른 사회적, 경제적 동원 여부. 프로그램 실행에 따른 사회적 요소는 권력, 지위, 이득, 손실, 편의, 통제 및 생존과 같은 사항들에 대한 배려를 하는 것이다. 계획된 프로그램의 주어진 결정을 우리가 실제로 수행할 수 있는 것이 무엇인가? 또는 무엇이 옳은가? 그리고 "무엇이 우리의 사회복지의 가치와 이념에 맞는가?의 측면에서만 보는 것이 아니라 정치적 요소는 "이 프로그램을 실행함으로써 조직이 무엇을 얻는가? 무엇을 잃게 되는가? "누가 이 프로그램을 진행하게 되면 누가 불평을 하게 되는가? 누가 만족을 얻을 것인가? 우리가 어떤 영향력을 가지는가?와 같은 생각을 하는 것이다. 사회복지 프로그램을 실행하면서 정말로 전문사회복지사가 서비스 이용자들을 변화시킬 수 있는 것인가?와 같은 것들을 생각하며 프로그램을 개발하는 것이다. 정치적 요소는 그것이 조직 내부에서 생겨나건 외부에서 생겨나건 간에, 조직의 의사결정 기능에 심대한 영향을 미치지 않는 경우가 드물기 때문이다.

③ 준비성으로 프로그램 주관기관 또는 조직의 진행 준비이다. 프로그램을 개발하는 주체로서 사회복지기관이나 조직은 프로그램 개발이 이루어진 연후 프로그램을 진행하기 위한 준비가 되어 있어야 한다.

④ 합리성으로 프로그램의 객관적 사실에 의한 준비2)를 확인한다. 프로그램 개발을 객관적 사실에 기초하여 실시한다.

2) 프로그램과 설계 시 필요한 정보

효과적인 사회복지 프로그램을 설계할 때 프로그램 설계자는 다음의 네 가지 장애물을 극복할 수 있어야 한다.

① 사회복지 프로그램의 이론적 근거는 가장 최신의 이용 가능한 지식에 기초를 두어야 한다.

② 한창 이슈화되고 있는 이념에 바탕을 둔 개입을 선호하는 경향은 바람직한 것이 아니다.

③ 현재 기관에서 적용하는 방법을 새로운 문제나 새로운 대상 집단에 적용하려는 경향이 있으나, 이것은 다른 접근이나 방법이 강구되어야 할 때 고수된다면 좋지 않은 결과를 초래하게 된다.

④ 프로그램 담당자가 당면하는 주요한 제약은 이미 알려진 사실에만 기초하여 접근한다는 점인데, 가장 최근에 발표된 연구를 면밀히 검토하는 실무자는 그리 많지 않다.

3) 개입의 수준

서비스이용자는 다양한 단계의 사회조직체 — 개인, 집단, 조직, 공공기관, 지역사회, 사회 — 로부터 제공되는 개입들을 통해서 도움을 받음. 우리가 직면하고 있는 문제의 복잡성으로 인해 합리적인 성공을 거두기 위해서는 다양한 단계의 개입이 요구됨. 대체로 다양한 수준으로부터 집중해서 이루어진 개입은 보다 쉽게 서비스이용자의 이익을 만들어내고 프로그램의 목적도 원만하게 달성할 수 있다.

☞ 프로포잘 개념화 작업표

대상선정 및 문제파악	해결책 탐색
무엇이 문제인가 왜 그것이 문제인가 누가 이 문제를 겪고 있는가 1. 대상과 문제의 이해 대상 : 인간의 성장발달과정 중의 특정단계에 위치한 사람들을 지칭하며, 연령이나 사회적 성숙도에 따른 의미를 갖고 있는 것 예 : 영유아, 아동, 청소년, 성인, 노인, 장애인 등 문제 : 개인이나 사회관계에서 부적응, 부조화, 갈등의 상태를 표현하는 것 예 : 폭력, 비행, 약물남용, 학습부진, 실직, 빈곤 등 2. 대상과 문제의 세분화 유형 및 세분화 대상 ㅇ구조 결손 가정의 청소년 - 편부모 가정 청소년, 가장세대 ㅇ기능 결손 가정의 청소년 - 부모의 기능장애(정신, 신체, 사고) ㅇ정신장애 청소년 ㅇ신체장애 청소년 ㅇ일반 청소년 문제 ㅇ비행, 흡연, 약물남용, 학습부진, 이성관계, 성적욕구, 가출, 왕따, 혼숙, 임신, 미혼모	1. 자료수집 - 관찰을 이용하는 방법 - 면접을 이용하는 방법 - 기존 자료를 활용하는 방법 2. 기관의 관점 3. 기관의 능력 4. 프로그램 협력 5. 지역사회의 관점 6. 기금제공자의 관점
발달지체아동 주간보호 지역에 주간보호센터가 없다 조기교육을 통한 정상화의 기회를 제공받지 못하고 있다. 부모의 경제적 활동에 제약을 받아 빈곤화되고 있다 사회적으로 보호대상자가 양산될 수 있다.	**주간보호센터의 필요성 대두** -개별교육을 통한 정상화 -부모교육을 통한 통합교육 모색 -그룹지도를 통한 사회성 개발 -참여 관찰을 통한 적절한 교육 프로그램 지원

해결책 확정	예상되는 결과 및 이익
확인점검표 1. 프로그램의 아이디어가 기관의 사명과 일치하는가 2. 지역사회가 필요로 하는 측면을 다루는가 3. 이 필요성을 자료로 제시할 수 있는가 4. 서비스 대상집단을 잘 규정하고 있는가 5. 프로그램의 아이디어가 기관이 수용할 수 있는 범위내에 있는가 6. 다른 기관에서 이 용구를 다루고 있는지 알고 있는가	변화내용 클라이언트의 인식, 태도, 신념, 기술습득, 행동 등 클라이언트의 물질적, 경제적, 사회적 조건이나 환경(보건 서비스 전달 체계 등)의 변화 ㅇ아동차원 -전체적인 아동의 정상화 -지능의 향상 -사회성향상(사회성숙도 검사)

7. 기관장을 고무시키는 아이디어인가? 8. 클라이언트들은 이 서비스를 이용하거나, 좋아하거나, 혹은 비용부담을 할 것인가? 9. 기금주의 욕구를 충족시키고 있는가? 10. 미래 기관의 발전을 촉진하고 지지하고 있는가? **최종 검검** 1. 이 프로그램이 다루는 욕구는 클라이언트도 욕구로 간주하는 것인가 2. 참가자들이 이 프로그램에 강제로 동원될 여지는 없는가? 3. 이 프로그램이 지역사회의 여러 대상층의 평판이나 지위에 나쁜 영향을 미칠 여지는 없는가? 4. 이 프로그램이 대상집단이 지닌 가치와는 다른 특정한 가치를 강요하지는 않는가?	-언어구사능력 향상 ㅇ부모차원 -사회활동가능 -경제적 활동을 통한 가계안정 -장애아동에 대한 인식변화 ㅇ사회적 차원 -아동의 장애예방 -장애아동의 감소화 -지역사회 장애인에 대한 인식의 변화
이상과 같은 프로그램의 운영이 절실히 필요하다.	

이행과업	자원산정	
	인적자원	물적자원
실행 프로젝트 활동 방법론 프로그램 참가지모집 자료준비 홍보활동 준비되어야할 사항들 체크	실무진 자원봉사자 동원가능한 지역자원	장비 설비 예산 자료
주간보호센터 구성 수요조사 사업홍보 운영계획작성 장. 단기 계획 수립 주간보호 및 부모교육 - 연간. 월간		-공간(장소) -기자재 : 교구, 수납장, 놀이기구 -분야별 교재 -시설 : 냉난방 -도배, 장판, -칸막이 -컴퓨터. 사무용책걸상 등

결과측정도구	
평가방법 검토 만족도조사, 효과성평가, 효율성평가 설문지 계량화된 측정도구	자체평가 대상자만족도 및 효과성평가 사회의 인식변화 척도 개발

자료: http://cafe.daum.net/license-NO.1/NAyI/725?docid=3777998345&q=%BB%E7%C8%B8%BA%B9%C1%F6%20%C7%C1%B7%CE%B1%D7%B7%A5%20%B0%B3%B9%DF%20%C0%CC%B7%D0&re=1 우수사례 사회복지프로그램(보건복지원격평생교육원)

4) 문제의 제기

(1) 문제의 제기 목적

문제제기는 프로포잘이 부분적으로나마 해결하려고 하는 그 사회 혹은 조직에 존재하는 욕구나 문제를 낱낱이 설명하는 것이다. 그것은 연구 결과물, 인구통계 자료, 기타 과학적 자료 등에 입각한 사실적 정보에 근거를 두고 있어야 한다. 문제를 제기하는 것은 제출된 프로그램이 제시하는 개입의 근거를 제공할 뿐만 아니라 기금주에게 제출자가 목표하고 있는 큰 그림을 제시하여 주는 것이다.

(2) 문제의 개념화에 대한 이해

문제제기는 대부분 프로포잘의 첫 부분에 서술된다. 그것은 사회문제의 내용과 크기를 설득력 있게 보여주고 직·간접적으로 그 문제를 겪고 있는 사람들과 호흡을 같이 하면서 쓰여진다. 또 지역사회 차원의 문제를 보여주면서 전국 차원의 문제와 비교하거나 대조하여 작성한다. 그리고 문제가 점점 악화되고 있는지? 아니면 호전되고 있는지, 아니면 일정하게 유지되고 있는지를 보여주며 지역사회 차원에서 나타나는 특이점을 밝힐 필요가 있다. 또한 문제를 겪고 있는 인구층은 얼마나 되는지 그들은 어떤 사회·경제적 집단인지, 또한 문제가 사회에 미치는 영향은 무엇인지, 개입하지 않을 경우 어떤 미래의 잠재적 영향을 가져올 것인지, 그 문제가 개인 뿐 아니라 사회에 어떤 재정적, 정서적, 심리적 비용을 치르게 하는지를 제시하여야 한다. 그리고 이러한 다양한 요소를 파악함에 있어 전문성을 보여주어야 하며 이 문제가 기금주의 사회적 책임 및 사명과 어떻게 연결되어 있는지를 부각시킬 필요가 있으며 어떤 접근법이나 해결 방안이 그 문제들을 성공적으로 다룰 수 있는지를 보여주며, 끝으로 지역사회의 현실을 잘 부각시킬 있도록 하는 것이 중요하다.

① 개념적 틀

A라는 특성과 배경을 가진 클라이언트들이 B라는 조건/환경에서 살고 있고 D에 의해 생긴 C라는 문제/요구를 가지고 있다. 클라이언트들은 E때문에 문제를 해결하지 못하고 있다. 이 문제는 다른 문제들 F와 관련되어 있으며 적절히 다루어지지 않는다면 G라는 장·단기적 영향을 가져올 것이다. 그 욕구/문제들이 지역 사회에 미치는 영향은 H이다. 다른 사람들은 이 문제를 다룰 때 I라는 방법을 사용했다. 그들이 개입한 결과는 J였다. 지금 가장 유망한 개입 전략은 K이다.

② 문제의 분석

-바람직하지 못하다고 여겨지는 사람 혹은 그들의 환경상태, 조건은 무엇인가?
-누가 그 문제로 고통을 받고 있나?
-누가 그 문제로 이득을 얻나?
-누가 그 문제를 문제로 규정 하는가?
-누가 그 문제를 문제로 보지 않는가?
-문제의 원인이 무엇 때문인가?
-그 문제를 다루는 현 프로그램들은 어떤 것들이 있나?
-이 프로그램들을 중단할 경우 예상되는 결과는 어떤 것일까?
-사회변화의 목표는 무엇인가?
-욕구와 자원간의 격차를 줄이는데 도움이 되는 또는 장애가 되는 것은 무엇인가?

(3) 클라이언트 선정 방법(표적집단 추정 방법)

① 일반집단

일반집단은 해당문제를 가질 수 있다고 판단되는 가장 포괄적인 대상인구집단이다. 보통 일반집단은 대상지역 내 거주하는 그리고 그 문제의 속성과 관련 있는 전 인구 집단을 말한다.

② 위험집단

위험집단은 일반집단 중 이 문제에 특히 노출 위험이 있는 집단이다. 위험집단을 결정하기 위해서는 사회조사 결과를 원용하여 지역별, 연령별, 분포 등 기타 변수와 관련된 분포의 특성을 파악하는 것이 중요하다.

③ 표적집단

표적집단은 수행하려고 하는 프로그램이 직접 구체적으로 대상으로 하는 인구 집단이다. 표적집단은 프로그램 계획에서 필수적인 정보이며, 해결하려는 문제의 위험집단의 전체규모와 각 변수별 분포도, 이와 더불어 표적집단의 규모와 분포현황을 가능한 한 정확히 파악해야 한다.

④ 클라이언트 집단

클라이언트 집단은 해당 프로그램이 실시될 때 실제 그 프로그램을 이용할 수 있는 프로그램 소비자들이다. 이는 서비스 전달 방법(주간/야간, 교통수단여부 등)에 따라 결정된다. 대부분의 경우 기관에서 실제로 프로그램을 이용하는 대상자의 수로 추산한다.

구분	치매노인 가족기능강화프로그램		청소년 상담 프로그램	
	대상인구	인구수	대상인구	인구수
일 반 집 단	여수지역 65세이상 노인	2만명	여수지역 10대 청소년	1만명
위 험 집 단	일반집단 중 치매노인 가족	500명	일반집단 중 저소득 청소년	2천명
표 적 집 단	위험집단 중 여서동 인근 치매노인 가족	50명	위험집단 중 문제가정 청소년	200명
클라이언트집단	표적집단 중 프로그램이용이 가능한 가족	10명	표적집단 중 프로그램 이용가능자	30명

(4) 자료 찾기

문제를 가장 객관적이고 사실적으로 기록하고 있는 것은 자료다. 질적이고 신빙성 있고 믿을 만한 글이나 사례를 인용하는 것이 도움이 된다.

예) 활용가능자료

-기존에 운영되었던 유사 프로그램

-잡지, 신문, 책, 정기간행물, 기관지

-인터넷

-시에서 작성한 통계자료(또는 통계청)

-해당 분야 전문가와의 인터뷰

-실행가능성 조사 및 욕구사정 자료

(5) 자료수집의 범주

-문제의 발생률에 관한 자료 : 문제의 감속, 지속, 증가여부, 클라이언트의 현재 신체적, 정서적, 사회적, 경제적 지위

-문제를 일으키거나 그에 기여하는 요소들을 나타내 주는 자료와 연관된 문제에 대한 자료

-대상지역의 욕구와 다른 도시, 지역, 다른 주와의 욕구 비교 자료

-개입하지 않았을 때 나타날 수 있는 장·단기적 결과에 관한 자료(비용분석가능)

-동일하거나 유사한 욕구에 대한 다른 조직의 활동이나 결과에 대한 자료

-서비스 수요를 입증해 주는 자료 : 대기자 목록, 서비스 신청, 문화적으로 적절한 서비스의 결여, 비용 등

-효율적인 개입 전략과 평가결과에 관한 조사 연구 등 그 분야 전문가들로부터 나온 자료

(6) 목적 및 결과목표, 하위목표

① 목적(Goal) : 프로그램이 궁극적으로 달성하고자 하는 것으로 포괄적이고 추상적이다.

② 결과목표(Objectives) : 프로그램을 통해 달성하고자 하는 것으로 프로그램이 잘 진행되면 결과적으로 달성되어야 할 것. 그래서 효과 평가는 그 목표의 달성 여부를 평가하는 것임. 따라서 목표는 실현 가능하도록 구체적이고 현실적인 언어로 표현되어야 하며, 또한 프로그램 시행 후 목표달성 여부를 평가할 수 있도록 측정 가능한 언어로 표현되어야 한다.

③ 하위목표 : 각 결과목표들이 달성되기 위해 수행되어야 하는 구체적인 과업이며, 그 과업을 수행하는데 필요한 내용이 프로그램의 내용이 되는 것이다. 이와 같이 목적, 목표, 하위목표는 프로그램 내용과도 아주 긴밀히 연관되어야 하며 프로그램 내용이 목적, 목표, 하위목표와 연관되지 않으면, 논리적으로 프로그램이 해결하고자 하는 문제가 해결될 수 없다.

예) 치매노인 가족기능 프로그램

- 목 적 : 치매노인 가족기능 강화 프로그램 - 치매노인을 부양하는 가족의 기능을 향상시켜 가족내 부정적 갈등관계를 해소하도록 하고 사회적 지지를 통하여 보호자에게 치매노인의 보호에 있어 필요한 자원을 연결해 주어 육체적, 정신적 부담을 감소시켜 치매노인을 효과적으로 보호하고 가족의 해체로 인한 사회문제를 예방한다.
- 결과 목표 1. 가족 구성원에게 치매에 대한 교육을 실시하여 인식을 변화시킨다.
- 하위 목표 1. 가족구성원에게 5회의 치매에 관한 일반 교육을 실시하여 치매를 바르게 이해토록 한다.

※ 자료 : http://cafe.daum.net/license-NO.1/NAyI/725?docid=3777998345&q

제 4 장

프로그램 기획이란 무엇인가?

1. 프로그램 기획의 개념 및 중요성(방송대 인터넷 보충자료, 2012)

1) 프로그램 기획(program planning)의 의미

기획이란 사전적으로 '무엇인가를 하기 위해 계획을 세우는 것'을 뜻한다. 기획이 무엇인가 계획을 수립하는 과정이라면, 기획과정을 통해 얻어진 결과와 산출을 계획이라고 할 수 있다. 이러한 개념적 의미를 평생교육 프로그램 기획에 덧붙이면 프로그램 개발과정에서 구체적인 프로그램의 형태를 결정하기 위한 기초적인 창조과정이라 할 수 있다. 즉, 평생교육자가 프로그램을 개발하기 위해 행하는 사전적 준비과정을 의미한다고 할 수 있다

2) 프로그램 기획 단계에서 수행되는 작업

프로그램 기획 단계에서 수행되는 작업은 평생교육기관과 조직체의 상황분석, 프로그램 개발의 기본 방향설정, 프로그램 개발 모델의 설

정, 잠재적 학습자에 대한 파악, 학습자의 교육요구와 필요분석, 확인된 요구와 필요의 교육목표로의 전환 등이 요구된다.

3) 프로그램 기획의 중요성

프로그램 기획의 중요성은 한마디로 그것을 함축하기가 쉽지 않으나 프로그램 개발 전체를 조율하는 방향타로서의 의미를 지닌다. 즉, 프로그램 기획 단계에서 설정한 목표는 프로그램에 있어서 그 프로그램의 내용 및 방법의 조직원리, 시행과 평가에 이르기까지 일관성 있게 반영되어야 하며, 평가결과는 다시 차기 프로그램의 개발과 전개과정에 재투입되어 순환되어야 한다. 이에 대해 코왈스키(Kowalski)는 기획은 ① 마스터 플랜으로서 미래지향적 평생교육의 목표나 목적수립에 필요한 근거를 제공해 줄 수 있고, ② 다른 조직의 기능과 발생 가능한 갈등의 소지를 줄여줄 수 있으며, ③ 교육기관 경영 시 필요한 판단의 잣대와 지표 역할을 해줄 수 있다고 지적하였다. 그는 프로그램 기획을 얼마나 철저히 했는가에 따라 "프로그램의 질"이 결정되고, "체계적, 논리적, 객관적 프로그램 개발의 토대"가 마련된다고 강조하였다.

2. 프로그램 기획의 원리와 성격

1) 프로그램 기획의 성격

① 프로그램 기획은 미래지향적이다.

→ 프로그램 기획은 기획을 통해 그 기관의 목적과 이념을 실천해 나가기 위한 교육 프로그램을 사전에 미리 준비하고, 현

재 계획하여 추진하는 프로그램 개발이 바로 미래를 위해 준비하는 과정임을 의미한다.

② 프로그램 기획은 적극적이고 능동적인 행위이다.

→ 프로그램 기획은 각 기관이 변화하는 사회에 대해 기관의 생존과 발전을 위해 적극적으로 취하는 조치이다.

③ 프로그램 기획은 프로그램을 진행하는 각 기관의 효율성 증대 기제이다.

→ 프로그램 기획은 평생교육기관이 미래에 수행할 프로그램에 대해 철저한 준비과정을 거쳐 자원의 배분과 운영의 합리화를 통해 기관의 효율성 증대된다.

④ 기획은 관련 정보를 수집, 분석하고 요구를 확인, 사정, 분석하는 연속적이며 단계적 과정이다.

→ 기획은 많은 관련 정보와 학습자의 요구가 단계적으로 반영되는 과정을 거쳐 고안된다.

⑤ 프로그램 기획은 협동적 성격을 지닌다.

→ 프로그램 기획은 프로그램 개발과정에 많은 사람의 공조적 · 협동적 참여가 이루어지게 된다.

3. 프로그램 기획 시 고려해야 할 원리와 요소

① **계획된 변화(planned change)의 원리** : 프로그램을 통해 학습자에게 어떠한 변화가 일어날 것을 기대하고 있는가 하는 점을 목적으로 명확히 설정해야 한다.

② **연계성(linkage)의 원리** : 각 기관과 기관의 다른 요소들, 기관을 둘러싼 환경 간의 상호 관련성 유지와 연계를 강화하여야 한다.

③ **민주성(democracy)의 원리** : 학습자의 자유로운 참여를 통한 민주적 의사결정을 강조하여야 한다.

④ **전환성(translation)의 원리** : 교육자의 가치관이나 지식, 방법론 등이 교육기관과 관련된 학습자 집단을 통해 해석되고 전이될 수 있도록 고안되어져야 한다.

4. 성공적인 프로그램 개발을 위한 프로그램 기획의 기본 원리

① 성취되어야 할 성과적 태도와 그 행동을 구체화하고 세밀하게 나타내 주어야 한다.
② 체제적 접근의 원리를 취하는 것이 옳다.
③ 가급적 많은 사람의 공동 참여를 선호하여야 한다.
④ 협동과 공동의 노력에 기초한다.
⑤ 불확실 · 모호한 내용을 명백히 하고, 이에 방해되는 요소를 제거하여야 한다.
⑥ 과에 얽매이지 않고 미래지향적 역할을 수행하여야 한다.
⑦ 인간주의적 관점에 입각해서 추진하는 것이 바람직하다.

5. 성공적인 프로그램을 위한 선행 조건과 제요소들

좋은 프로그램을 위한 선행 조건	성공적인 프로그램을 위한 제요소
프로그램에 대한 높은 호응도 / 참여자들의 만족도 / 지역사회에서의 가시성 · 신뢰성 · 신용도 / 참여학습의 중요성 / 참여자의 높은 관심과 참여 / 경제적 후원자들의 만족도 / 재정적 목표의 달성 / 후원자들을 위한 부수적인 이익 증대 / 참여자들을 위한 부수적인 이익 증대 / 계획자 또는 교수자의 만족도	시간상 적절하고 혁신적인 주제 / 효과적인 교수기술 / 훌륭한 프로그램 개발과 효과적인 개발자 / 훌륭한 교수설계: 과정과 내용 / 효과적인 교수자: 인성, 삶에 초정을 둔 실제적인 학습내용 / 우호적이고 편안한 학습 분위기 / 학습자의 욕구 충족 / 적극적인 교수지원

6. 좋은 프로그램을 위한 기획절차와 그 방법

〈프로그램 기획과 그 절차〉
① 프로그램 개발 요구 및 필요의 확인 ☞ ② 프로그램 개발을 위한 브레인스토밍 ☞ ③ 평생교육 기관의 조직 상황 및 환경 분석 ☞ ④ 프로그램 개발의 기본 방향 설정 ☞ ⑤ 프로그램 개발 모델 설정 ☞ ⑥ 학습자 특성 분석 ☞ ⑦ 교육요구 및 필요 분석 ☞ ⑧ 교육요구의 프로그램 목표로의 전환

각 단계마다 필요한 내용을 구체화하면 다음과 같이 전개될 수 있다.

1) 프로그램 개발요구에 따른 확인 절차

(1) 프로그램 실태분석을 통해 프로그램의 주제와 목적을 보다 구체적으로 명료화해야 한다.

① 기존 프로그램 분석을 통해 차기에 개발하고자 하는 프로그램의 필요성을 확인하여야 한다.

② 타기관 프로그램을 참고 및 검토함으로써 그것에 기초하여 프로그램 개발의 필요성 및 기획의 타당성을 고려하여야 한다.

(2) 이러한 작업은 유사 프로그램과의 근본적인 차별성을 찾고, 프로그램 실행 시 예상될 수 있는 각종 장애요소를 극복할 수 있게 하여 준다.

2) 프로그램 개발을 위한 브레인스토밍

① 자문위원회를 구성하거나, 프로그램 아이디어를 창출하고, 프로그램의 주제 및 명칭을 잠정적으로 결정해야 한다.

② 성공적인 프로그램 개발을 위해서는 브레인스토밍에서 학습자의 적극적인 참여가 요구되며, 프로그램 개발에 도움을 줄 전문가 또는 자문위원회가 구성되어야 한다.

3) 기관의 조직상황과 환경분석

① 기관과 조직체의 이념과 철학, 조직구조, 가용자원 등을 보다 구체적으로 분석하는 것이 필요하다.

② 기관의 목적과 임무에 따라 프로그램의 그 성격을 달리 할 수 있으며, 기관의 제반 자원들에 따라 프로그램 개발의 범위와 방향에 따라 다르게 설정될 수 있음을 인식해야 한다.

조직분석	-프로그램 실행 기관의 외부적 환경과 내부적 조직 특성 등을 분석함 -기관의 ① 설립과 운영목적, ② 주요사업, ③ 시설현황 등을 파악함
환경분석 (SWOT)	-SWOT분석이란 기관의 강점(Strength), 약점(Weakness), 기회(Opportunity), 위협요인(Threat)을 분석하여 기관운영을 위한 전략적 방안을 찾거나 프로그램 마케팅의 기초 작업을 하는 것임. 여기에는 외부, 내부환경평가가 포함됨. -외부환경평가: 향후 5~10년 간 현조직에 의미있는 변화를 주게 될 외부환경 변화요인과 흐름을 파악하고, 대응방안을 모색하는 것을 말함. 이를 위해 경제적·정치적·기술적·사회적 변화양상, 생활양식과 인구 특성의 변화, 평생교육의 사회적 풍토 등을 분석함. -내부환경평가: 기관내부의 환경에서 인적·물적 자원의 장단점을 분석하는 것을 말함. 이를 위해 기관의 인사관리, 재정운영, 시설, 기술력, 교육매체, 관리행정, 협의회 운영, 교육프로그램·사업·서비스, 시장에서의 위치 등을 분석하여 조직의 강약점을 파악함.

4) 프로그램 개발의 기본 방향 설정

① 프로그램 개발 결과물 결정 : 교육체계 수립인가? 교과과정 편성인가? 교재개발인가? 교수요목 개발인가를 결정해야 한다.

② 프로그램 개발 범위 결정 및 프로그램 개발 참여자 결정하여야 한다.

③ 프로그램의 구체적 실체(프로그램 이미지)를 명료화하여야 한다.

기관 차원의 교육체계화, 교육 프로그램 내용과 방법의 구체화, 교육활동계획서 작성 등을 통해 프로그램이 기본방향을 구체적으로 파악해야 하는 것이 필요하다. 이를 위해 교육체계도, 교육코스별 프로그램, 교육과정안, 교육프로그램 안내지도 등을 구체적으로 개발하는 것이 필요하다.

5) 프로그램 개발 모델 설정

① 프로그램 개발 모델이란 프로그램 개발의 단계적 진행 절차들을 일목요연하게 제시해 주는 개념적 틀을 의미하는 것으로서 사전에 프로그램 참여자들의 역할을 효율적으로 배분하고, 그에 따라 예상되는 제반 자원들을 예측함으로써 프로그램의 개발을 보다 효과적이고 합리적으로 이루어지게 하여야 한다.

② 프로그램 개발 모델의 설정단계

-개발될 프로그램의 성격을 보다 명료화하는 것이 필요하다.

-프로그램의 성격에 맞는 프로그램 개발의 거시적 접근방법을 찾아서 그것에 맞게 결정하여야 한다.

-프로그램 개발의 구체적인 접근방법을 찾아서 고안하여야 한다.

6) 프로그램 수혜대상자 특성분석

수혜대상자 분석이란 각 기관의 프로그램 개발 대상 즉, 개발될 프로그램에 참여 예상되는 대상자가 누구이며, 이들은 어떠한 특성을 지닌 집단인지 등을 파악하는 것이다.

대상자 분석 시 고려해야 할 사항을 구분하면 다음과 같다.

① 대상자의 생물학적 특성 : 학습자의 연령과 성별 등

② 대상자의 교육적 배경 : 학습자의 교육수준이나 선행지식, 선행경험 등

③ 대상자의 정의적 특성 : 학습자의 태도, 가치, 견해, 신념, 흥미, 선호도 등. 학습 동기, 불안감, 학습 유형 등과 관련됨

④ 대상자의 지각 및 운동적 특성 : 학습자의 시각과 청각적 채널

7) 교육요구와 필요분석

① 대상자의 교육요구(educational need)란 자신의 '현재의 상태'와 '희망하는 상태' 사이의 간극을 의미한다. 이는 인생주기, 주요 사건, 생활태도, 가족의 생활주기에 따라 당면하는 사회에 적응하기 위한 욕구이다.

② 대상자의 개인적 배경을 분석하기 위해서는 연령, 교육수준, 교육성취도, 문화적 배경, 문해수준, 경제적 상황, 사회교육 참가기록, 거주지역 등의 분석이 필요하다.

③ 교육필요에 대한 분석은 개인적인 상황과 아울러 사회적 여건 등을 고려하여 분석해야 한다.

④ 교육요구의 파악방법에는 설문조사, 면담, 교육 이수 소감문, 직무분석, 능력분석, 결정적 사건분석, 델파이법 등이 있다.

⑤ 파악된 요구는 교육목표로 전환되며, 교육내용 선정의 준거자료

로 활용된다.

*자료: 한국방송대 프로그램개발 및 평가 인터넷 자료, 2013)

7. 사회복지 프로그램의 기획

1) 기획의 개념 및 그 내용

기획의 개념은 미래에 있어서 어떤 일을 하기 위해 계획을 세우는 것이다. 그런데 일반적으로 기획과 계획을 혼용하는 경향이 있다. 이 둘을 구분해 보면 기획은 계획을 세워나가는 활동과 과정으로 계속적 행동과정으로 이해할 수 있으며 계획은 이러한 과정을 통해서 얻어진 결과의 의미한다. 따라서 사회복지에 있어서 사회복지 프로그램의 기획은 사회문제해결과 욕구충족을 돕고자 하는 것으로, 개인・가족・집단 및 지역사회의 변화와 발전을 도모하기 위한 구체적인 수단이며, 매개체이다. 즉, 사회복지기관이나 조직의 정책의 방향에 따라 목적을 세우고 그 목표를 달성하기 위한 전반적인 활동이다.

Gilbert & Specht(1977)는 "통찰력, 계획적인 사고, 조사를 통해서 문제를 해결하고 앞으로 발생할 문제를 해결하기 위한 의도적인 시도이며 다양한 행동 노선 중에서 어떤 노선을 취할 것인가에 대한 가치선호를 행사하는 것이다."

Dror(1967)는 "적절한 수단을 통해 목표를 달성하기 위한 미래의 가치에 대한 일단의 결정을 준비하는 과정이다." 미래의 가치에 대한 핵심과제는 무엇인가? 주어진 어떤 문제를 해결하기 위해 미래를 예측하고 상황을 파악하는 것은 물론 일정 기간 동안 현재 상황에서 해결할 수 있는 핵심 과제를 분별하여 방안을 제시하였다.

정무성(2005)은 다음과 같이 종합적으로 정리하여 제시하였다.

첫째, 기획은 일회적으로 종결하는 것이 아닌 계속적인 활동으로 지속적인 과정.

둘째, 기획은 무엇을 해결할 것인지, 개선 목표는 물론 목표를 명확하게 제시하여 인증받을 가능성에 대한 지향점을 가져야 한다.

셋째, 기획은 목표를 달성하기 위한 수단을 분명히 하는 것으로 목표 지향적이다.

넷째, 기획은 미리 정해진 목표를 달성하기 위해 사용하는 과정으로서 미래지향적이다.

다섯째, 기획은 서비스 이용자와 전문사회복지사와의 상호작용으로서 현장을 중심으로 이루어져야 한다.

여섯째, 기획은 프로그램이 수행되는 과정 속에서 역동성과 가변성을 갖춘 제반 활동으로서 개방성을 지녀야 한다.

일곱째, 기획은 다양한 대안들을 탐색하는 과정으로서 프로그램의 목적과 목표를 어떻게 정하고 예측할 것인지, 동일한 목표일 경우 어떻게 해결해 나가야 할 것인지에 대한 다양한 방법들을 고려한다.

여덟째, 기획은 의사결정 과정으로서 정책결정에 초점을 두고 정책결정 과정을 용이하고 합리적인 방법과 체계적인 절차를 부여하여 정책이나 사업을 결정하는 것이다.

아홉째, 기획은 인증의 조건은 타당성, 예산과 자원, 재원을 지원하는 기관과 정부로부터 의 특성과 가치를 부여받은 프로그램 실현 가능성을 인증받아야 한다.

열번째, 기획은 지역사회문제를 검토하고 해결하고 기존 사업의 개선을 검토하는 것은 물론 프로그램 실행을 통하여 전문성 향상과 같은 학습과 성장을 지향해야 한다.

열한번째, 프로그램 기획은 사회복지의 가치와 인권을 보호하는 차원에서 개인이나 지역사회 내에 존재하는 문제를 해결하기 위한 프로그램을 설계하기 위한 기초적인 과정이다.

열두번째, 프로그램을 개발하는 과정에서 거쳐야 할 기획과정으로서 전문사회복지사들이 기획을 통해 현재 발견한 문제를 어떻게 어떠한 방식으로 해결해 나갈 것인가를 구체적으로 기술하는 행위이다.

열세번째, 문제 해결 방법과 기술, 활동 전략 등 문제가 있는 서비스이용자의 변화를 위한 구체적인 실천 기술을 설명하고 평가를 위한 도구를 개발하는 것과 연관된 제반 활동이다.

따라서 기획과 계획은 다음과 같이 두 가지 의미로 정리될 수 있다.

기획(planning)

기획은 계획을 세워가는 활동과 과정을 말하며 초점을 두는 계속적인 행동으로서의 의미가 강하다. 기획의 특징은 미래지향적, 계속적인 과정, 의사결정과 연결, 목표 지향적, 목표를 위한 수단이라는 점이다.

계획(plan)

반면에 계획은 어떤 구체적인 사업에 대한 연속적인 의사결정이라는 의미가 있으나 기획에서 도출된 결론, 이미 결정된 행동노선을 가리키는 경우가 많다.

① 프로그램 기획은 사회복지조직이 현재 그 상황을 기초로 그 조직의 목적과 이념을 실천해 나가기 위한 미래의 활동들을 사전에 준비하는 활동이라고 말할 수 있다.
② 사회복지조직이 변화하는 사회에 대해 보다 적극적이고 능동적으로 이끌어 나가는 성격을 갖는다.
③ 프로그램에 대해 사전에 철저한 기획과정을 통하여 자원의 배분과 운영의 합리화를 이끌어 냄으로써 조직의 운영·관리 면에서의 효율성을 제고시키고자 노력한다.
④ 사회복지 프로그램은 서비스이용자의 욕구 등에 관련된 많은 정보들을 종합하여 연속적이고 단계적인 절차에 의해서 기획되고

마무리된다.

⑤ 프로그램 기획은 주어진 제번 요소들을 반영하여, 조직 내외의 관련자들의 협동적인 노력에 의해서 이루어진다.

⑥ 특정한 목적과 목표를 가진 프로그램을 기획하는 것은 곧 그 목적과 목표를 달성하기 위한 내용과 방법 등에 대한 의사결정과정이라 할 수 있다.

⑦ 조직이 프로그램을 운영하는데 필요한 활동지침들은 포괄적인 사고과정에 의해서 이끌어 낼 수 있다.

⑧ 프로그램 기획은 특정 목적과 목표의 달성을 지향하는 전략을 마련하는 활동인데, 이러한 과정은 일정한 규칙과 원리에 의해서 이루어진다.

2) 프로그램 기획의 필요성(최성재, 남기민, 2004)

(1) Skidmore의 프로그램 기획 및 과정

Skidmore(1995)는 프로그램 기획의 필요성과 그 과정에 대해 다음과 같이 강조하였다.

① 합리성의 증진, ② 책임성의 증진, ③ 효율성과 효과성 증진, ④ 동기부여와 사기진작, ⑤ 불확실성 감소, ⑥ 프로그램 관련자들의 이해와 욕구 충족, ⑦ 사회복지 실무자들의 사기 진작 등으로 강조하였다.

아울러 프로그램의 기획과정은 ① 문제분석, ② 욕구조사, ③ 목적 및 목표수립, ④ 대상자선정, ④ 사정, ⑤ 개입전략 등으로 분석될 수 있다.

(2) Lauffer의 프로그램 기획 및 과정

Lauffer(1978)는 프로그램 기획의 필요성과 그 과정에 대해 다음과 같이 강조하였다.

① 문제의 정의와 개념화, ② 인간관계의 구조와 네트워크의 수립, ③ 정책의 형성과 대안전략의 서술, ④ 계획안 및 프로그램 설계에 대한 감독으로서의 집행, ⑤ 환류 및 평가 등으로 분석될 수 있다.

(3) York의 프로그램 기획 및 과정

York(1982)는 프로그램 기획의 필요성과 그 과정에 대해 ① 행동범위 설정, ② 문제의 분석, ③ 욕구의 사정, ④ 목적 및 효과목적, ⑤ 우선순위 수립, ⑥ 대안의 확인, ⑦ 대안의 선택, ⑧ 자원요구의 확인 및 결과, ⑨ 목표의 정의 집행, ⑩ 평가 등으로 분석된다.

(4) Kettner, Moroney & Mart의 기획 및 과정

Kettner, Moroney & Mart(1999)는 ① 문제 분석, ② 욕구 측정, ③ 전략 선택, ④ 목표 설정, ⑤ 프로그램 설계, ⑥ 정보관리체계 구축, ⑦ 예산 수립, ⑧ 프로그램 평가로 구성 등으로 구분된다.

3) 프로그램 기획에 필요한 정보

① 사전조사(기획의 타당성 탐색)
② 사전조사 또는 타당성조사에서 필요한 정보
③ 지역사회와 서비스이용자 상황에 관한 정보
④ 가동될 자원과 인력에 관한 정보
⑤ 조직 내외의 승인에 관한 정보
- 사회복지 프로그램의 필요성에 대한 정보
과거의 맥락에서 현재를 조명하는 것이 현재 상황을 가장 살

설명하는 방법이다. 사회복지사는 기관의 정책에 부합하는 사명, 비전 및 목적을 정확히 인식하여야 한다. 즉, 지역사회 내에 존재하는 문제, 이슈 등을 파악하여 분석하고 어떻게 프로그램 개발을 통하여 변화할 수 있는가를 점검해야 한다.

- 기대하는 결과에 대한 정보

기대되는 결과는 현실적이고, 실현가능하고, 바람직한 것이어야 한다.

이용자의 미래 상태가 과거 상태보다는 나을 것이라는 것에 대한 확신하거나 문제나 이슈를 가지고 있는 지역사회 주민들뿐만 아니라 프로그램 대상자로 선정된 서비스이용자들의 욕구 해결하기 위한 시도를 통하여 변화를 기대하는 것에 대한 결과를 예측하고 변화를 가져올 수 있도록 하는 것이다.

- 기존 서비스에 대한 정보

프로그램의 중복과 남용을 방지하고, 동원할 수 있는 다른 자원에 대한 구체적인 자료를 획득하여야 한다. 동시에 타사회복지기관이나 시설에서 실행하고 있는 프로그램을 중복해서 실행하는 것보다는 과학적인 조사를 거쳐 문제 해결을 위한 이론적 검증과 효과적으로 실행할 수 있는 프로그램이 되도록 한다.

- 자원(인적, 물적)에 대한 정보

필요한 자원 및 동원 가능성을 파악한다. 국가나 지방자치정부, 기업 등에서 지원하는 자원뿐만 아니라 활용 가능한 자원봉사들 할 수 있는 인적 자원을 발굴하거나 물적 자원을 동원할 수 있는 계획안을 세워야 한다.

- 관련체계 파악

이용자체계, 목표체계, 행정체계, 복지관 체계 등을 파악하고 간접적인 혜택을 받는 집단도 포함되어야 한다. 또한 사회네트워크를 적극적으로 활용해야 한다.

- 기관 내·외의 승인 획득

기관 내의 의사결정기구의 승인을 획득하고 법적인 절차, 행정적 지원 절차, 정치적 요소에 하자는 없는지 파악한다. 문제의 소지가 되는 요소를 찾아내어 프로그램 진행에 어려움이 없도록 준비해야 한다.

- 프로그램 근거이론 정리

제시된 문제의 분석 및 문제의 원인과 해결방안을 보다 타당성 있게 설명할 수 있는 핵심적인 근거이론을 제시할 수 있어야 한다. 즉, 실질적인 조사를 실시하여 획득한 자료 분석을 철저히 하고 대상자 선정 이후에 발생하게 될 어려운 사항이나 결과를 예측하여 해결 방안을 제시하되 선행연구를 토대로 이론적인 근거를 마련한다.

제 5 장

사회복지 프로그램 설계

1. 사회복지 프로그램 설계

사회복지 프로그램 설계란 프로그램을 만들기 위한 계획을 수립하는 과정이며 프로그램 개발과정에 있어 하나의 성과인 동시에 방법이다. 즉, 누구를 위해서 설계할 것인가? 어떻게 프로그램을 실행할 것인가? 프로그램을 실행하는 데 따르는 제반 비용은 얼마의 재원을 필요하고 재정은 누구를 위해 제공할 것인가?

예를 들면 집이나 건물을 짓기 위해 설계도면인 청사진을 만드는 것과 같이 프로그램을 설계하기 전에 디자인을 하는 것은 물론 프로그램을 실행하기 위해서는 무엇보다도 먼저 프로그램을 설계한다. 즉, 사회복지 프로그램은 궁극적으로 서비스 이용자들의 문제나 이슈들을 해결하기 위해 도움을 제공하는 행위로서 그들이 당면한 문제해결에 급급하기보다는 서비스이용자들을 포함하여 복지대상자들을 위하여 보다 나은 삶을 영위할 수 있도록 지원하는 대책을 마련하는 것이다. 일정한 자격 요건을 갖춘 대상자들에게만 혜택이 가는 한계점이 있다. 따라서 사회복지프로그램 설계를 통해 프로그램이 필요한 요소들을 파악하고 외국의 학자들이 주장하는 다양한 모델들을 적용하여 설계에 필요한 구성요소를 살펴보면 다음과 같다.

미국에서는 전통적으로 빈민층을 돕는 것이 개인의 자선이나 지방 정부의 일이었다. 이민자들은 대개 같은 나라 출신자들의 도움을 받아 새로운 삶을 시작했다. 19세기 말에서 20세기 초에 일부 유럽 국가에서 공공복지 프로그램을 실시하기 시작했다. 그러나 급격한 산업화와 풍족한 농지로 일할 의지만 있다면 일자리를 찾을 수 있을 것이라는 통념이 자리 잡은 미국에서 그와 같은 움직임이 정착되기에는 그 진행 속도가 너무 느렸다.

1929년에 시작된 대공황은 기존의 믿음을 무너뜨렸다. 은행과 기업이 파산하면서 역사상 처음으로 수많은 실직자가 발생했다. 프랭클린 루즈벨트 대통령은 1932년에 취임한 직후 회복 및 개혁 법안을 미 의회에 제의했다. 공황기에 시작된 이들 프로그램은 대부분 임시적인 구제 조치에 불과했으나 이 중 사회 보장 프로그램은 제도화되었다. 노동 인구의 임금에서 차감한 자금으로 운영되는 사회보장제도는 퇴직자에게 적절한 월수입을 보장하고 실업 보험, 장애 보험, 기타 지원 등을 제공한다.

최근 들어 사회 보장 기금이 고령 인구가 급격하게 성장할 것으로 보이는 21세기에는 충분한 자금력이 뒷받침되지 않을 것이라는 우려가 있다. 정책 입안자들은 예상 적자의 해소를 위해 다양한 방법을 고안하고 있으나 장기적인 해결책은 아직 검토 중이다.

루즈벨트를 비롯한 다른 미국의 대통령들, 특히 1960년대의 린든 존슨 대통령은 다양한 지원 프로그램을 수립했다. 여기에는 "보건" 코너에서 다루고 있는 의료 보장 제도인 메디케이드(Medicaid)와 의료 보험 제도인 메디케어(Medicare)를 비롯해 식품 구입 시 사용할 수 있는 식량 배급표, 연방 정부의 비용으로 지어 저소득자에게 제공되는 공영 주택 등이 있다.

2001년 미국 기준에 따르면 연간 소득이 $17,960 이하인 4인 가족이 빈민층으로 분류되었고(미 인구센서스국, 2001 빈민 계층) 미국 가정 중 9.2%가 이 항목에 속하면서 1993년의 12.3%에 비해 감소한 수치를 보였다(미 인구센서스국, 역사적 빈민 관련 도표). 많은 빈민 가정은 앞서 언급된 혜택 이외에도 정부가 의식주와 같은 필수 사항을 해결할 수 없을 정도의 저소득자에게 매월 일정 금액을 제공하는 복지 수당을 받고 있다.

Shelter The Star of Hope homeless shelter in Houston, Texas has provided food, clothing, and shelter to homeless people since 1907.
(Courtesy of the U.S. Department of Housing and Urban Development website,
http://www.hud.gov/local/tx/community/slideshow houston.cfm?album=0&pic=3)

가장 일반적인 형태의 복지 수당은 아동 부양 세대 보조(AFDC, Aid to Families With Dependent Children)라는 프로그램을 통해 지원되고 있다. 처음에는 아버지가 사망한 가정의 아이들을 지원하도록 고안되었던 AFDC는 수백만 빈민 가정의 정기적인 주요 수입원으로 발전했다. AFDC 보조금과 같은 복지 시스템이 1980년대와 1990년대에 비판의 대상이 되면서 제도 자체가 선거의 쟁점이 되기도 했다.

예를 들어 1992년 대선 캠페인 당시 주지사였던 빌 클린턴은 "우리가 알고 있는 복지는 없애겠다"는 공약을 내세웠다. 사회 복지 프로그램은 빈곤층의 의존도를 높일 뿐이라는 비난은 1996년 일부 연방 프로그램의 재편으로 이어졌다. 새로운 법률이 통과되면서 AFDC는 주 정부가 연방 보조금의 재정 지원을 받아 운영하는 지원 프로그램인 빈곤가족 한시 지원(TANF-Temporary Assistance for Needy Families)으로 대체되었다. 또한 기존의 평생 복지 지원을 5년으로 제한했고 신체에 이상이 없는 성인이라면 2년 간 지원을 받은 후에는 일을 하도록 하고 미국 시민권이 없는 합법적 이민자에 대한 복지 혜택을 중단했으며 무직자에게는 식량 배급표를 3개월로 제한하고 있다.

사회보장제도, 메디케어, 메디케이드, 기타 복지 프로그램 등을 포함한 모든 연방 지원 프로그램의 총 비용은 연방 정부가 지출하는 총 비용의 절반 수준에 이른다. 이는 1960년대에 비해 두 배로 뛰어오른 수치이다. 빈민층은 정부 이외에 다른 단체의 도움을 받을 수도 있다. 다양한 개인 자선 단체와 자원 봉사 조직이 활동하고 있다. 미국에서는 자원 봉사가 증가하고 있으며 퇴직자들이 특히 활발한 활동을 펼치고 있다. 18세 이상의 미국인 중 50퍼센트 정도가 자원 봉사 활동을 하고 있으며 미국 가정 중 75퍼센트가 자선 단체에 기부하고 있는 것으로 집계되었다

http://terms.naver.com/entry.nhn?cid=3278&docId=1714550&mobile&categoryId=3281

2. 프로그램 설계방법의 종류

1) 산출물과 방법으로서의 프로그램 설계

특정한 목적을 달성하기 위해 다양한 수행자들에게 요구되는 최소한의 행동양식을 규정하는 문서라고 주장한다.

프로그램을 진행하면서 지속적인 지침이 되고 개선되어야 하는 상시적 효력을 갖는 문서 서비스이용자에게 도움이 되면서 동시에 정치적인 지지를 얻기 위해 정확하고 논리적으로 일관성 있게 작성한다.

2) 방법으로서의 프로그램 설계

프로그램 진행상의 중대한 결정을 내리는 데 필수적인 기준이라 할 수 있는 설계는 구체적으로 사회복지사를 선발하고 진행상의 결정을 내리는 데 필요한 분석적인 도구를 제공하는 과정이며 틀에 해당된다. 실제로 사회복지 프로그램 설계과정은 외부 영향력의 작용을 집합시키고 직원을 결집시키기 위한 하나의 메커니즘으로 작용된다.

3. 프로그램 설계에 필요한 정보

1) 사회복지 프로그램과 가치

사회복지 프로그램은 사회문제 및 욕구조사와 사회 문제분석과 욕구 조사 및 분석 문제를 유발하는 다양한 요소가 개개인에게 나타나는 여러 가지 원인 및 가족환경 및 사회 환경 요소와 원인으로 분석되고 문제를 가지고 있는 개인. 가족 및 그룹을 치료. 변화시켜 지역사회로 복귀할 수 있도록 하는 것으로 사회를 통제하는 목적과 전략, 그리고 사회복지 프로그램을 제공하는 경우이다.

특히, 사회복지의 가치가 반영되고 개입을 위한 지원과 승인을 얻어야 하기 때문에 사회 환경적 요소에 책임을 두는 시각으로서 빈곤 및 빈곤세습, 교육 부재, 주택부족, 정보 소외, 지역갈등, 경제양극화, 사회화의 동등한 기회 부족 등 사회문제가 직접적 원인이다.

따라서 사회문제들은 국가적인 차원에서 개입하는 것 중요하며 국가는 공적부조 대상자나 차상위 계층에 접근하는 한계가 있으므로 프로그램 설계는 사회복지기관이나 조직에서 근무하는 전문사회복지사가 사회복지의 가치를 인식하고 받아들여 대응할 수 있는 프로그램을 개발하고 설계하는 것이 필요하다.

무엇보다 자원에 대한 정보를 파악하고 지역사회 내에서 활용 가능한 자원은 무엇인가? 인적 자원 물적 · 자원을 어떻게 확보할 것인가? 이와 같은 관련체계를 파악하여 이용자, 목표, 행정, 복지관 등에서 활용 가능한 것으로 접근하여야 한다. 아울러 사회복지실천의 중요한 목표인 서비스이용자들의 역량을 강화하여 프로그램, 직업의식 및 자립의식 경제적인 지원 및 사회연계망 이용하는 것도 빼놓을 수 없는 중요한 요소라 할 수 있다.

2) 설계의 주요내용

(1) 책임성 증진, 효과성 증진, 효율성 증진

전문사회복지사들은 서비스 이용자들의 사회문제에만 국한할 것이 아니라 다각적인 측면에서 복합적으로 접근하여야 한다.

(2) 재정 또는 자원 공급자에게 확실한 행동계획 제시해야 한다.

타기관과의 연계를 통하여 사회복지 프로그램의 목적과 목표를 분명하게 이해하도록 정보를 제공해야 한다.

3) 설계의 구체적 개입방법

개입방법을 선택하게 될 때 현재 이슈화되고 있는 이념에 바탕을 둔 개입으로서 가장 바람직한 개입방법을 선택하는 것이 중요하다. 즉, 이론적인 근거와 연구 성과를 토대로 개입방법을 결정하여 다각적인 장애요인을 검토하여 이러한 장애 요인을 극복하기 위하여 우선, 개입이론을 검토하여야 한다.

특히, 개입에 대한 불확실성 감소를 하기 위한 정보 수집하여 효과성이 입증된 기존의 개입방법들을 비교 분석하여 최선의 것을 선택하여 사용하도록 한다.

4. 사회복지 프로그램의 구성요소

사회복지 프로그램은 특정한 욕구를 가진 사람들의 욕구를 충족시키고 변화시키기 위한 것으로서 대상자의 사회적 여건에 따라서 특별한 문제를 다루게 되며, 서비스이용자들의 삶의 질을 향상시키는데 보다 중요한 목적을 둔다. 그렇기 때문에 경제적인 사회보장은 물론 사회적으로 볼 때 가족 내에 발생하게 되는 각종 다양한 문제에 개입하는 것이다(김종명 · 구재관, 2013).

1) 사회복지 프로그램 설계의 구성요소는 무엇인가?

사회복지 프로그램의 설계는 최소한의 구성요소를 갖출 때 의미있는 프로그램이 된다. 사회복지 프로그램에 대하여 올바른 이해를 하고 이러한 구성요소들이 각각 무엇이며, 그것들의 본질에 대한 올바른 인식이 있어야 한다. 거시적인 관점에서의 사회복지 프로그램 구성요소와 체계적인 관점에서의 프로그램 구성요소가 있다. 여기에서는 사회복지 프로그램의 구성요소를 체계적(system) 접근에 관해서 살펴볼 때 프로그램은 투입(inputs), 전환(throughputs), 산출(outputs), 결과(outcomes)로 구성되며 유기적으로 연관성을 가지고 있다.

이 때 특히 프로그램의 재정자원의 관점에서의 구성요소를 살펴보면 다음과 같다.

① 일반조세

지방세, 국세 등 정부 차원의 일반조세는 국방, 건설, 치안, 사회복지서비스 등의 다양한 사회적 기능을 위한 기금에 할당한다.

② 목적세

지방정부나 특별세, 세금, 모금 프로그램, 특별한 목적을 위한 세금을 징수할 수 있다. 또한 특정한 기관을 위하여 기부금을 지정하여 제공할 수도 있다.

③ 근로자와 고용주에 대한 세금 갹출금

사회보험과 같이 수입 중에서 보험료를 내고 보험 청구를 할 때에 적립된 금액을 상환하는 것이다.

④ 서비스 수혜자에 의한 요금

서비스는 수혜자의 급여에서 일부분을 공제하거나 사용료를 지불한다.

⑤ 제3자 지불방식과 서비스 구매

점차 증가하고 있는 현상으로 기존의 기관이나 사회복지기관으로부터 서비스를 구매하는 방식이다. 예를 들면, 아동주간보호서비스나 방문간호서비스, 미국의 Medicaid Program을 들 수 있다. 제3자 지불방식의 문제점은 가격봉쇄, 즉 비용을 내릴 동기는 없이 계속 올라가는 것이다.

⑥ 혼합된 형태의 다양한 재정지원 방식

사용료, 보험금, 개인의 기부금, 정부, 민간단체 등 다양한 재원이 배합되어 있다. 그리고 프로그램 설계요소 여덟 단계는 다음과 같다.

1단계 사회문제 분석

2단계 프로그램의 직접적 수혜자 결정

3단계 사회사업 원조이론의 결정

4단계 서비스 제공자 명시

5단계 클라이언트의 이익을 산출하기 위해서 필요한 핵심인물 확인

6단계 지지적 환경의 구체화

7단계 실제적인 원조 행위 서술

8단계 감정과 반응 확인

2) 프로그램 구성요소의 체계적 접근 방법

(1) 프로그램의 설계의 구성요소

① 주체가 누구(who)인가? 주체를 강조하였다.

② 대상자(whom: 서비스이용자 또는 수혜자, 참여자)를 분명히 밝히는 것으로 수혜자가 누구인지? 참여자는 누구인가? 이러한 것을 명확히 하는 것이 중요하다.

③ 왜(why) 이런 목적과 목표를 세웠는지에 대한 명확성

④ (what) 무슨 활동 내용을 기대할 것인가?

⑤ (how) 어떻게 실행할 것인지에 대한 방법 및 공학 매체를 분명히 해야 한다(김영숙 외, 2003).

⑥ (evaluation activity) 평가 활동을 어떻게 할 것인가?

⑦ (where, places) 프로그램을 실행할 장소와 프로그램 진행시 필요한 시설, 설비는 어떠한 것들이 있는가?

⑧ 욕구조사 및 분석이 마친 이후 실행시기와 기간은 얼마가 적당한가?

⑨ 프로그램을 실행하기 위한 예산 확보이다.

(2) 프로그램 구성요소의 체계적 접근방법

① 프로그램에 무엇을 투자할 것인가?

② 프로그램을 실행함으로써 얻을 수 있는 실행 과정은 무엇인가?

③ 프로그램 실행을 통하여 전환할 수 있는 변화는 무엇인가?

④ 프로그램 설계자와 실행자가 기대하는 결과와 프로그램 참여자가 기대하는 결과는 무엇인가?

(3) 프로그램 실행을 위해 필요한 것은 무엇이고, 무엇을 투입(Input) 활용할 것인가? 프로그램 투입의 5대 요소

① 서비스이용자 ☞ 원재료

② 직원

③ 인적 · 물적 자원

④ 시설

⑤ 장비

※ 서비스이용자와 관련된 투입되는 요소

서비스이용자와 관련된 요소는 대상자로서 적격성 여부, 인구통계학적(연령, 수입, 교육 정도 등) 요소 및 기술적 요인, 사회적 경험, 서비스이용자의 문제의 유형과 심각성 등 투입하는 과정에서 전문사회복지사와 프로그램 개발자와의 상호작용은 물론 전문가로서의 자격 여부, 자원 봉사자로서의 가능성 여부를 보다 주도면밀하게 파악하여 물적 자원 및 이용 가능한 시설, 설비, 장소, 등 기타 재원이 필요하다. 따라서 사회복지사는 이러한 과정을 통하여 이 프로그램의 가설과 관련하여 어떤 서비스이용자들이 무슨 혜택을 보게 되는가? 기대되는 서비스를 제공하기 위해 어떤 전문사회복지사들이 담당할 것인가? 필요한 자원이 무엇인가를 충분히 고려하여 결정하여야 할 것이다.

(4) 무엇을 전환(Throughput) 또는 변화(change)시킬 것인가?

개입이나 프로그램 실시를 의미하는데, 투입된 자원을 적극적으로 사용함으로써 서비스이용자가 서비스과정을 완료(산출)하고, 그것을 궁극적으로 자신의 문제로 해결(결과)하게 하는 중간단계로 변화와 매개체의 개입이 중요하다. 예를 들면, 상담, 직업훈련, 주간보호, 시설치료, 쉼터, 음식의 배분, 정보·의뢰 서비스 등이 있다. 이와 같은 요인들은 전환을 구체화시키는 요소이다. 즉, 행동으로 옮기는 단계로서 어떠한 활동을 준비하고 있는가? 어떤 프로그램의 서비스, 방법론을 구성하는 전략과 기법을 활용할 것인가? 치료 기법은 무엇을 활용 할 것인가 점검이 필요하다. 명확한 기술이 요구된다. 제공할 서비스를 명확하게 규정할 필요가 있다. 간단명료한 문장으로 서비스를 명확하게 규정하고 진행해야 할 과업과 관련하여 제공되는 서비스의 활동 규정을 정의하고 이론적 근거를 토대로 개입방법을 제시해야 한다. 담당사회복지사는 프로그램 실행 및 활동 과정 중 프로그램 기획에서 규정한 구체적인 내용을 서비스이용자와 그 문제에 적합한 서비스 종류를 논의하고 그 서비스의 업무내용 및 개입방법이 무엇인가를 충분히 설명하여야 한다.

특히, 사회문제규정 정책과정의 출발점과 사회문제 분석 정책결정 과정, 정책결정 과정을 거쳐 정책문제로 인정 이 정책문제를 받아들여 정책결정 활동 등을 전개하고 그러한 활동 결과로서 정책 형성하는 것이 필요하다.

예를 들면 프로그램 개발 또한 사회문제를 해결하기 위해 프로그램을 기획, 설계와 실행을 거쳐 전문사회복지사들의 개입 활동을 통하여 사회문제를 해결하는 것이 필요하다.

☞ 정책결정 과정(최성재 · 남기민, 2004)

정책 결정 과정의 단계
문제의 확인 ➡ 정보의 수집 및 분석 ➡ 공중 홍보 ➡ 정책목표의 개발 ➡ 공중지지의 형성과 정당화 ➡ 프로그램설계 ➡ 수행➡ 평가와 사정

① 문제의 확인

직접적 서비스를 담당하고 있는 일선 직원들이 클라이언트의 욕구를 충족시켜 주기 위한 정책형성 과정의 초기 단계이다.

② 정보의 수집 및 분석

문제가 명확해지면 정보 · 자료와 지식을 광범하게 수집하고 분석한다. 이러한 정책정보는 정책문제의 해결을 위한 각종 정책대안을 입안 · 예측 · 평가 · 선택하는데 필요한 지식을 제공함으로써 정책결정자가 합리적이고 효과적인 정책을 채택할 수 있게 한다.

③ 공중 홍보

공중은 과정의 진전에 따라 문제에 관해 정보를 제공받아야 하는 지역사회 내의 다양한 하위체계로서 정의할 수 있다. 전체 지역사회나 혹은 행정 당사자들로 하여금 문제의 성격을 제시하고자 할 때 조직화하는 기술과 매체의 활용이 필요하다. 예를 들어 자원봉사 대원들에 이루어지는 주민조사는 충족되지 않은 욕구에 관한 정보 수집과 동시에 공중에게 홍보하는 방법인 것이다. 문제가 존재하는 것을 공중이 인식할 때까지 정책결정 과정에서 홍보가 필요하다.

④ 정책목표의 개발

공중에게 문제 또는 충족되지 않은 욕구가 존재한다는 것을 인식시키고 그 문제의 정도에 관해 정보를 제공한 다음에는 문제해결과 욕구충족의 방안이 모색되어야 한다. 이 단계에서 많은 해결안들이 문제

해결을 위해 제시될 수 있으나 그것들은 취사선택되고 분석이 이루어져 일반적인 정책목표로 개발되어야 한다. 이 단계에서의 주요한 전문적 기능은 기획과업과 밀접한 관련을 맺고 있다. 기획과업은 관련된 문제의 평가와 관계 지역사회의 선호사이에 지속적인 상호작용을 통해 이루어진다. 특히 사회기획 같은 경우는 이 두 가지 요소의 통합의 결과를 많이 따른다.

⑤ 공중지지의 형성과 정당화

목표설정 과정중이나 목표설정 후에는 관계되는 공중을 포함시키고 제시된 일반적인 행동방침에 대한 공중의 지지를 얻어내기 위한 노력이 이루어져야 한다. 정책을 주도하는 사람들은 정책목표에 지지와 정당성을 제공하고 그러한 목표를 행동수단으로 전환하는데 도움이 될 수 있는 집단을 동원해야 한다. 이 단계에서 주요한 과업은 리더십의 발휘, 연합형성, 잠재적 지지자들로부터 합의를 이끌어내기 위한 교섭 등이다. 이 단계에서 무엇보다도 중요한 것은 정당, 전문가협회, 시민조직, 사회복지 조직, 클라이언트 등으로 구성된 지지집단들의 목표에 부합되는 강령을 채택하는 것이다.

⑥ 프로그램 설계

일단 전반적인 방향이 결정된 이상, 실제로 프로그램을 설계하는 과업은 기획담당의 손에 달려 있다. 이 시점에서 정책목표는 입법기관이 고려하도록 법규의 형태로 되었든 또는 조직의 이사회가 참작하도록 프로그램 제안의 형태로 되었든 일련의 행동방침으로 전환된다. 이 단계의 산물인 행동방침 또는 정책은 제안된 프로그램에 대한 책임의 배분을 기술하며 조직구조, 자금조달, 프로그램 운영의 양상을 다룬다.

⑦ 수행

이 단계에서는 행동방침을 프로그램으로 구체적으로 이행하는 일이 프로그램 실천을 통해서 이루어진다. 프로그램을 조직화하고, 정책을 명확히 하고, 서비스 또는 급여를 산출하고, 산출된 서비스 또는 급여를 클라이언트 집단에 전달하는 일들은 행정 및 직접적 서비스 기능과 밀접한 관련을 맺고 있다.

⑧ 평가와 사정

이 단계에서는 정책의 영향에 관한 평가, 즉 정책이 얼마나 문제해결에 이바지하였고 또 프로그램이 얼마나 정책을 이행하였는가에 관한 평가를 필요로 한다. 사실상 이 단계는 마지막 단계가 아니라 새로이 시작되는 첫 단계이다. 왜냐하면 정책형성의 과정은 계속적인 것이며 분명한 시작도 끝도 없기 때문이다.

☞ 정책에 있어서 서비스 전환 과정

① 서비스 정의

정책결정을 하기 위한 서비스의 정확한 이해를 기하기 위해 하나 또는 두 개의 문장으로 서비스를 정의하는 것으로 서비스이용자의 문제와 욕구를 구체적인 측면으로 좁힐 수 있다. 성인주간보호/성인주간건강보호의 서비스 정의를 예로 들 수 있다. 이 서비스는 하루 24시간 중 일부 시간에 집단 세팅에서 계획된 보호, 감독, 활동, 개별 보호, 개인생활기술훈련, 식사제공, 건강검진을 제공한다. 또한 예방·치료·회복의 건강 서비스가 제공된다.

② 서비스과업

절차의 표준화. 이는 서비스 제공시 수행하는 세부 활동들을 파악하는 데 도움이 되며, 서비스이용자에게 제공되는 서비스의 시간적 순서에 따른다.

서비스과업을 통해 과제의 세부내용들을 정밀하게 정의할 수 있으며, 특정 서비스에 대한 어느 정도의 동질성 확보가 가능하고, 이에 대한 책임성 및 효과성을 규명하는 데 도움이 된다.

③ 개입방법(서비스 내에서의 동질성 확보)

서비스 전달방법을 규정하는 것이다. 예를 들면, 지역복지봉사회 '노인(독거 노인 포함)을 위한 식사제공'을 어떻게 할 것인가 논의? 식당에서 집단으로 제공할 것인가, 각 가정으로 배달할 것인가를 결정하는 것이 요구된다.

3) 서비스 활동을 통한 산출과정(Output process)의 기대

산출은 서비스의 중간단계와 종료단계에 프로그램 활동의 직접적인 결과물이다.

따라서 담당사회복지사가 서비스이용자의 문제에 개입하여 전환 과정을 거쳐 변화 결과를 나타낸다. 이러한 과정에서 산출의 목적은 서비스이용자가 실제로 제공받은 서비스가 얼마이며, 프로그램설계에 명시된 것처럼 서비스를 종료하였는가를 측정하는 것이 중요하다.

특히 '얼마나'인가라는 질문에는 '서비스단위'로 답하며, 이는 '중간산출'로 정의한다. '서비스종료'라는 질문에는 '종료의 유무'로 답하며, 이는 '최종산출'로 정의한다. 이 때 제공된 서비스의 질(quality)도 고려대상이 될 수 있다.

☞ 세부 산출 과정(중간산출)

(1) 서비스단위: 서비스 산출에 있어서 어떤 단위로 표시할 것인가를 결정

예를 들면, 상황 내지 접촉단위는 사회복지사와 서비스이용자의 접촉건수의 정의로 접촉이 이루어지는 실질적인 시간은 고려되지 않는다. 물적 단위는 서비스이용자에게 제공된 뚜렷한 하나의 자원으로 음식 · 의복 · 현금 · 처방 등이 포함된다(가장 정확성이 낮은 단위이다). 여기에 시간단위는 개별 서비스의 필요에 따라 시간 · 일 · 주 · 월 등으로 나타낸다(가장 정확성이 높은 단위이다).

(2) 서비스종료(산출)

서비스이용자가 서비스를 종료하는 시점을 기준으로 프로그램 활동의 직접적인 생산물과 완성된 업무량이다. 예를 들어 사회복지 현장에서의 실적과 같은 경우 교육한 강의수, 실시한 상담 회기 수, 나누어 준 교육자료의 수, 서비스를 받은 서비스이용자 수가 그 한 예이다.

(3) 서비스 질(Quality)의 정도

양적 측면에 치중된 관심은 서비스 질에 대해 간과하는 결과를 가져올 수 있다.

서비스 질의 평가는 매우 모호하며, 특히 사회복지 서비스의 경우 서비스이용자의 관심뿐만 아니라 기금제공자 및 의사결정자들도 질 구성의 결정에 관여하게 된다. 때문에 프로그램에 사용될 수 있다. 서비스 질의 척도는 반드시 현실적으로 정의되어야 한다.

4) 최종적으로 기대하는 결과(Outcome)

프로그램에 참여하는 동안 혹은 그 이후 개인 혹은 인구집단에게 일어난 결과나 변화의 결과는 중간결과와 최종결과를 구분하기도 하는데, 중간결과는 서비스 이용자가 프로그램이나 서비스를 종료한 시점에 할 수 있는 것과 성취해 냈어야 할 것을 규명하고, 최종결과는 규정된 서비스제공 후 규정된 경과시간이 지난 후에 서비스이용자에게 기대되는 결과를 규명하는 것이다. 예) 행동, 기술, 지식, 가치, 상황, 외부요인

(1) 수량집계

서비스이용자 이동과 관련된 명목측정('예', '아니오'로 대답)

예) ① 직업훈련을 종료하고 서비스이용자가 취업을 했는가?

② 비행 상담 프로그램을 종료 후 서비스이용자가 범죄를 저질

렀는가?

※ 비교적 쉽게 정의되고 해석되며 많은 프로그램에서 사용된다.

(2) 표준화된 척도

전문적 연구에 의하여 이미 정리되어진 척도

예) 표준화된 지능검사, MMPI1), 일반만족도 척도 등이다.
주로 임상실천가들에 의하여 널리 사용되고 있다.

(3) 기능수준척도

특정집단이나 문제에 익숙한 직원 및 전문가들에 의해 개발된 도구로서 실천가들이 몇몇 기능적 측면으로 서비스이용자를 평가한다.

예) 만성적 정신질환자에 대한 측정 : 자기보호, 의사결정 능력, 대인관계 등 발달장애에 대한 측정 : 일상생활, 기능적 의사소통, 대인관계 기술 등

(4) 서비스이용자 만족도

수집이 용이하기 때문에 평가 초기단계에서 많이 선택되는 도구이다.

주의하여야 할 것은 서비스이용자의 만족도와 개선된 삶의 질 사이에 필연적 상관관계가 인정되는 것은 아니기 때문에 이 척도를 맹신하거나 남용해서는 안 된다.

5. 프로그램과 설계의 구성요소(김종명 · 구재관 외, 2013)

1) 프로그램의 구성요소

(1) 내용: 활동 내용 세분화, 참가자, 실시주체, 활동 내용

(2) 실시방법: 목표 달성에의 효과성, 적절성, 적합성 등을 강조
(3) 장비/도구
(4) 실시기간
(5) 환경/장소
(6) 프로그램 담당자
(7) 경비/예산

2) 프로그램 설계의 구성 요소

(1) 참가자

사회복지 프로그램의 성공여부를 참가자에 달려 있다고 하였다. 참가자에 대한 적절한 이해가 필요하고 참가자의 배치와 편성 문제를 다루어 신중하게 배려할 필요가 있다고 지적하였다. 참가자는 주로 서비스를 이용하는 이용자 측면에서 언급한 것이라 할 수 있다. 그렇기 때문에 프로그램의 참가 대상을 명확하게 할 필요성이 있다. 예를 들면 참가자의 속성 체계분석 중요하다.

따라서 세 가지 측면에서 참가자를 세분화하여야 한다.

첫째, 개체의 성별, 발달 단계별 등과 유사한 성질이나 면을 강조

둘째, 가족, 직업, 시민 등과 같은 생활의 장과 공간적인 면을 강조

셋째, 경험 유무, 참가 유무, 활동 수준 등과 같은 프로그램 참가의 경험적인 면을 구분하여 강조. 참가자는 프로그램 대상자로서 직접적인 서비스 대상이다.

(2) 실시주체

실시 주체와 관련하여 사회복지 프로그램을 실시하는 주체는 과연 누구인가? 어떠한 의도를 가지고 무슨 프로그램을 진행하는 것일까? 이렇게 두 가지 질문을 할 수 있다. 프로그램을 진행하는 주체는 전문 사회복지사들이 종사하는 사회복지 기관이나 조직 및 국가 기관이다.

(3) 활동내용

사회복지전문가에 의해 수행되는 활동으로서 프로그램 활동내용 구성 기준과 중복되는 부분으로 계획된 프로그램의 실질적인 설계를 통하여 계획되어진 기간 내에 프로그램의 실행을 위한 행동을 계획하고 목표에 도달하기 위한 중심과정이다. 이에 대해 특별히 유의해야 할 활동 내용은 다음과 같다.

① 서비스 대상자들의 욕구를 충족시켜 줄 수 있는 중요한 수단이다.

② 서비스 이용자들이 서비스를 이용한 후 양과 질적인 변화결과에 대한 예시를 제시한다.

③ 프로그램 내용의 활동성을 보장할 수 있는 여러 매개변수를 구체적으로 제시한다. 내용의 긴급성 정도 판단

④ 프로그램 활동의 연속성이나 발전을 고려하여 서비스 이용자들의 욕구충족을 위한 전략이나 방향성을 제시한다.

⑤ 프로그램 활동에 필요한 장소나 사용하게 될 장비와 도구 등이 서비스 이용자들에게 적절하고 유용한 도구로 활용할 수 있는 장소가 되어야 한다.

⑥ 프로그램 활동 내용은 계획되어진 대로 진행하며, 프로그램 담당자들은 기획된 대로 실행하도록 최선을 다한다.

⑦ 프로그램 활동 목표에 맞게 효과적인 지도는 물론 서비스이용자들이 부담이 되지 않도록 각별히 주의하여야 한다.

(4) 실시방법

프로그램 기획 시 설계된 진행 방법에 따라 실시하며 여러 가지 교육적인 효과를 고려하여 효과적인 방법을 선택한다.

① 프로그램 목표 달성의 효과성을 고려한다.

② 프로그램에 의해 제공되는 내용의 질과 양에 대한 적절성을 고려한다.

③ 사회복지전문가 및 참가자의 경험 능력에 대한 적합성을 고려한다.
④ 적절한 장비와 도구의 이용 가능성 고려한다.
⑤ 참여를 높이기 위한 활동 전략을 세워야 한다.
⑥ 프로그램 지도 방법을 고려한다.

(5) 장비 및 도구

사회복지 프로그램의 목적을 적절하고 효과적으로 달성하기 위하여 장비 및 도구가 필요하다. 서비스이용자들의 욕구조사를 토대로 이들에게 실제적으로 필요한 장비와 도구를 준비한다. 참가자들의 경험 유무에 따라 준비물이 달라질 수 있겠지만 참가자들의 일상생활을 수행하는데 필요한 것들을 고려하여 준비한다. 방법에 대한 적절성이 요구된다.

(6) 실시 기간

프로그램 기획 시 진행하는 시간을 분명히 고려할 필요가 있다. 프로그램 실행의 시기, 시간대, 총 진행할 수 있는 횟수 등 프로그램이 실시되는 기간은 서비스이용자들과의 계약 조건에 따라 달라질 수 있다.

특히, 프로그램의 내용 및 방법에 따라 필요한 기간을 정하고 쌍방간의 계약을 통하여 정할 수 있어야 한다. 서비스이용자들이 가능한 시간대에 프로그램을 편성하고 실시하는 기간이 지나치게 길거나 짧게 된다면 참가자의 참여 및 활동 의욕에 지장을 초래할 수 있으므로 적절하게 배분하는 것이 중요하다

(7) 환경 및 장소

사회복지 프로그램을 진행할 수 있는 적합한 주변 환경이나 장소를 고려하여 실시한다. 실시하는 장소가 프로그램 내용과 방법 그리고 목적에 부합하는 적절한 장소인가? 이러한 점을 고려하여 서비스이용자들이 이용할 교통수단을 정한다. 중요한 것은 이용자들이 근접한 장소를 활용하는 것이 효과적이다.

(8) 프로그램 담당자 또는 제공자

프로그램 진행자 또는 제공자는 프로그램의 성패를 좌우하는 중요한 요소라고 할 수 있다. 즉, 프로그램 담당자의 전문적인 교육, 자격, 실무적 성향을 고루 갖춘 전문사회복지사들이 프로그램을 담당하여야 한다. 기본적으로 프로그램을 진행한 경험이 있는 전문사회복지사들을 전문적으로 활용하되 그들의 특징이 무엇인가를 파악하고 분석하여 그들의 전공분야에 맞게 임무를 수행하도록 하는 것이 바람직하다 할 수 있다.

(9) 경비 예산

프로그램 개발을 담당하는 전문사회복지사는 프로그램을 실행하는데 필요한 제반 경비에 대해 상세하게 기술하여야 한다.

프로그램을 진행하기 위한 비용은 어디서 어떻게 확보할 것인가? 지원방식, 지원주체, 지원내용 등을 명확하게 조사하여 언급할 필요가 있다(김통원, 2003).

그래서 프로그램은 어떠한 방식으로 어디로부터 지원을 받을 것인가? 물론 공공기관, 민간기관, 중앙정부기관 및 지방정부로부터 지원받을 수 있는지의 여부 등을 충분히 감안하여 진행하게 될 비용 전체 금액을 명확하게 하여 사회복지공동모금회와 같은 기관에 사업계획서를 제출하여 지원받는 등 다양한 방법을 활용하여 지원금을 확보해야 한다.

※ Taber and Finnegan(1980)의 8단계 구성요소

① 사회문제 분석

② 프로그램 직접 수혜자 결정

③ 사회사업 원조이론의 결정(활동내용)

④ 서비스 제공자 명시

⑤ 서비스이용자의 변화결과 산출(핵심인물 확인)

⑥ 지지적 환경의 구체화

⑦ 실제적인 원조행위 서술

⑧ 감정과 반응 확인

예) 보건복지부(2008). 청소년활동프로그램 지원 사업 공모 공고

6. 프로그램설계와 체계구성요소와의 관계

① 프로그램 체계의 세부목표와 구성요소들은 어떠한 관계를 가지고 있는가?

② 전환과 산출은 프로그램 진행 과정 세부목표와 관련된 것으로 전환과 산출이 목표달성을 위해 도입된 활동이라는 점에서 중간·최종결과는 증감 및 최종 성과 세부목표와 어느 정도 관련이 된다고 할 수 있는가?

③ 어떤 유형의 서비스이용자가 이 프로그램으로부터 혜택을 받을 것인가?

④ 어떤 유형의 직원이 서비스를 제공하는가?

※ 프로그램 설계는 특정한 목적을 달성하기 위한 사회복지 전문가들에게 요구되어지는 최소한의 행동양식들을 규정하는 문서라 할 수 있다.

⑤ 전환단계와의 관계

어떤 유형의 서비스과업·개입방법이 서비스이용자의 문제를 해결하는 데 가장 적절하다고 판단할 수 있는가?

⑥ 산출과의 관계

- 명시된 프로그램 기대치에 대하여 완전한 서비스를 의미하는 것은 무엇이며, 이루어낼 것으로 기대되는 서비스의 규모 및 양은 얼마인가?

- 전문사회복지사들이 생각하는 결과물과 기관이나 조직의 산출물의 결과의 차이가 존재하는가?

⑦ 최종결과로서 관계

프로그램의 한계를 고려하여 어떤 결과가 성취되고 어떠한 결과가 발생하지 않기를 바라는가?

7. 프로그램요소의 규명

서비스 이용자와 관련된 변수	사례	목적
대상 자격 여부	연령, 거주여부 소득	서비스를 제공받는 사람들이 프로그램에 적합한가?
인구학적 통계 설명요인	인종, 성별, 소득, 종교, 교육, 고용, 인구조사 표준지역	표적집단에 서비스가 제공되는 것을 보장하고, 프로그램의 성공 또는 실패 여부와 관련된 것으로 보이는 서비스 이용자들의 특성을 규명하여 후에 서비스 대상 집단을 설명하는데 도움이 될 요소를 기록하기 위한 것이다.
사회환경적 배경 및 요소	약물남용 경험, 정신건강치료 경험, 폭력경험 등 이와 관련된 모든 사회환경적 배경 및 요소	프로그램을 진행한 후에 프로그램에 효과적인 서비스 이용자 유형을 평가하는데 유용하게 될 요소들을 규명하기 위한 것이다.
서비스 이용자의 장점 및 문제 프로필	알코올 남용 경험, 유・무, 마약 남용 유・무, 부모양육기술 여부, 재정 관리 기술 여부 등	개입의 초점이 되는 관심 영역을 규명하기 위한 것이다.
직원과 관련된 변수	사례	목적
인구 통계학적 설명요소	성별, 인종, 연령, 전문교육 이수여부, 프로그램 진행 경험 여. 무	어떤 유형의 사회복지사가 무슨 유형의 서비스 이용자 또는 문제에 가장 효과적인지를 규명하는데 사용될 직원의 변수를 규명하기 위한 것이다.
자격증 요소	사회복지사 자격증 소지 여부,	인증기관에서 요구할 때 쉽게

	학위여부, 다양한 치료사 자격증 여부, 면허증 등	이용될 수 있는 자료를 수집하기 위한 것이다.
물리적 지원	사례	목적
물적자원	서비스 이용자에게 직접적으로 제공되는 현금, 음식, 의복, 장난감 등	서비스 이용자의 변화 또는 개선을 이루는데 어느 요인이 가장 영향을 미칠 것인지를 규명하는데 도움이 되는 자료를 수집하기 위한 것이다.
설비	서비스 이용자에게 제공되는 주거시설, 서비스 이용자 치료에 사용될 사무 설비	다른 치료세팅과 비교하여 특정 유형의 주거치료 세팅과 같은 설비가 서비스 이용자의 개선에 영향을 미치는가에 대한 여부를 이해하는 데 도움이 되는 자료를 수집하기 위한 것이다.
장비	서비스 이용자에게 직접 제공되는 서비스에 사용되는 차량, 컴퓨터, 의료기 및 기타 장비	치료과정에서 도움이 되는 서비스 이용자 직접서비스에 사용될 장비에 관한 자료를 수집하는 것이다.

출처: Kettener, P.M. Moroney, R. M. & L. L. Designing and Managing Programmes: An effectiveness-Based Approach (2nd ed.) sage, 1999.

<u>서비스이용자에 대한 서비스 과업</u>

① 초기 면접 및 심사

② 문제규명 및 사정평가

③ 사례 기획

④ 사례 기획의 수행

⑤ 서비스 준비과정의 모니터

⑥ 서비스이용자 서비스에 대한 효과성 평가

⑦ 서비스이용자 서비스의 종료

⑧ 사후관리이다.

이러한 과정을 거쳐 과제를 규정하고 확대되는 정밀도에 따라 개입의 수준이 이루어진다.

※ 평가 척도의 예

다음은 표준화 척도의 예

Hudson(1982)이 개발한 일반만족척도(General Contentment Scale)에서의 한 질문이다.

나는 남들로부터 인정받고 있다고 느낀다(　　　)

1 = 거의 그런 적이 없다.

2 = 약간 그렇다

3 = 어느 정도 그렇다

4 = 자주 그렇다

5 = 거의 대부분 그렇다

기능 수준 척도에 관하여 학습

1_____ 2 _____3 _____4 _______5 _______

사회적 고립이 사회적 연결망이 사회적 강점인지도 접촉이 문제이다.

문제도 아니다

강점이다.

이 유형의 척도에서 2와 4는 서비스이용자가 이러한 설명들 사이의 어느 중간에 위치하고 있을 때 적용할 수 있다.

서비스이용자들의 만족도 측정

처음에 이 기관을 찾게 된 동기인 문제를 해결하는데 있어서 얼마나 만족하십니까? (　　)

1 = 매우 만족

2 = 다소 만족

3 = 만족도 불만족도 아님

4 = 다소 불만족

5 = 매우 불만족

8. 프로그램의 유형

1) 개발 주체에 따른 유형

이 유형은 국가수준에서 다루고 있는 프로그램과 기관 수준에서 다루고 있는 프로그램을 분류하여 설명하고 있다.

전자는 국가에서 사회복지실천의 활성화를 위해 다양한 프로그램을 보급하는 것을 주요 목표로 개발하는 정책적인 프로그램을 말한다. 국가 프로그램들은 국민들의 기본욕구를 충족시키는 데에서 출발하기 때문에 사회복지 활동에 필수적이거나 바람직한 것으로 간주되는 내용을 중심으로 개발한다. 후자는 기관수준에서 실행하는 것으로 독자적인 사회복지기관들이 사회복지활동을 구체적으로 실현하기 위한 수단으로 개발하는 프로그램을 의미한다. 이 프로그램들은 특정 기관이 가지고 있는 목적과 목표를 달성하기 위한 기본수단으로 활용되기 때문에 각 기관의 기본이념을 중심으로 한다.

2) 구성범위에 따른 유형

구성범위에 따른 유형은 프로그램을 실행하는 기준에 따라 결정되는 프로그램으로서 일반적으로 활동시간을 기준으로 일정한 편성에 따라 구성된 프로그램이다. 이 프로그램은 다양하다. 1회성으로 끝나는 프로그램이 있는가 하면 연속적으로 진행되는 프로그램이 있으며 두 프로그램을 통합하여 진행하는 프로그램을 의미한다. 종류에는 단일 프로그램, 연속 프로그램, 통합 프로그램, 종합프로그램 등을 예로 들 수 있다.

3) 활동내용에 따른 유형

활동내용에 따른 유형의 프로그램은 일회성인 경우 연속적인 경우 통합적인 유형도 포함된다고 할 수 있다. 주로 체험 활동을 중심으로 이루어지는 프로그램들을 예로 볼 수 있다. 특히 청소년들을 위한 다양한 프로그램을 예로 들 수 있다. 자연체험활동 프로그램, 체육활동 프로그램, 예능활동 프로그램, 과학활동 프로그램, 봉사활동 프로그램, 예절 수양활동 프로그램, 전통문화활동 프로그램, 자아계발활동 프로그램 등이다.

※ 프로그램의 유형

(1) 개발 주체에 따른 분류 : 파머와 블레니

① 내용 중심의 프로그램 : 조직에 의해 형성됨
② 학습자 중심의 프로그램 : 개인에 의해 형성됨
③ 문제 중심의 프로그램 : 개인과 조직에 의해 공동으로 형성됨

(2) 개발목적에 따른 분류 : 보일

① 정보형 프로그램

가. 목적 : 특정한 대상에게 필요한 새로운 정보제공이 목적이므로 평가가 없는 것이 특징

나. 에너지 절약, 에이즈 퇴치, 각종 질병예방 안내, 신용카드 사용 권장 등 국가적인 프로그램

② 제도형 프로그램

가. 교육 참여를 제도화하는데 목적

나. 프로그램이 어떤 기관에 의해 독자적으로 제공되므로, 학습자의 역할은 수동적이고 그 내용도 지식전달에 초점을 둠

예) 각종 교육프로그램, 회계사, 간호사, 변호사, 약사들의 재교육을 위해 개발된 프로그램

③ 개발형 프로그램

프로그램이 어떤 문제를 해결하기 위해 특정한 상황에서 개발된 것으로 사회적 요구나 문제가 프로그램 목표로 전환되고 프로그램의 전 과정에 대상자의 참여가 중시된다.

*자료 : 한국방송대 프로그램 개발 및 평가, 2013

제 6 장

프로그램 기획을 위한 사회문제와 욕구조사, 분석의 이해

1. 사회를 바라보는 관점

21세기와 더불어 현대사회는 급격한 변화 속에 매우 복잡하고 다양하게 진전되어 왔다. 세계화 추진과 더불어 신금융자본주의가 유입되고 신 빈곤층이 등장하는가 하면, 사회양극화 현상이 더 한층 두드러져가고 있다.

사회문제는 우리의 생환과 밀접한 관련이 있으며 그 사회의 특성과 시대적 흐름에 따라 변화하고 있다.

예를 들어 빈곤문제의 복잡성과 본질에 대한 새로운 해석을 할 수 밖에 없다. 이러한 빈곤문제는 개인적 문제와 사회 구조적 문제를 해결하는 복잡한 내용을 지닌 빈곤퇴치 프로그램을 마련하기도 하였다.

사회복지의 실천현장에서 개인, 가족, 집단 등의 변화를 유도하기 위해 여러 가지 요인들이 필요하듯이 이러한 문제를 해결하기 위해 개입을 하고자 전문사회복지사들은 사회복지 프로그램을 계획하고 과학적인 방법으로 체제의 변화를 촉진하기 위한 중요한 매개체가 되는 것이다.

따라서 우리사회에서의 가족관계, 나아가 가정이라는 개념은 행복수단의 절정이라고 할 수 있다. 가정을 어떠한 관계로도 설명할 수 없는 가족관계의 중심으로 꼽는 것은 당연한 이치이다.

그러나 가정이 행복의 보금자리라고 말하면서도 의무적이고 전통적인 관습이 가부장제적 전통이 강한 한국사회에서 가정폭력은 대부분의 경우, 남편의 아내에 대한 폭력행사로 나타났다. 한국인 남편들의 폭력성향이 여타 민족에 비해 비교적 강하게 나타나고 있음은 김재엽(1995)의 미국에 거주하는 한인가정에 대한 연구를 통해 알 수 있다. 김재엽에 따르면 1990년 LA경찰국의 보고에서 아시안 가정의 배우자폭력으로 인해 접수된 사건중 절반가량이 한국인 가정이었다고 한다. 이를 통해 알 수 있는 것은 한국사회에서 존속돼온 가부장적 문화와 폭력적인 갈등해결방식이 가정폭력으로 나타나고 있음이다.

가부장적 규범이 가정폭력을 강화시킨다는 연구는 외국학자들에게서도 보여진다. Strauss(1973)는 부인이 지배적인 관계에 있을 때도 역시 신체적 폭력사용이 증가한다는 연구결과를 보고하였다. 그는 남편이 가족의 가장이어야 한다는 가족의 은밀한 규범이 위반됐기 때문인 것으로 판단했다. 이는 여성학적 관점에서 바라보는 '권력'의 문제로 사회의 다른 부분에서와 마찬가지로 가족내에서 성별을 통한 사회계층화가 중요하게 작용하고 있음과 통한다.

가족내 권력의 문제는 가족에 대한 경제적 기여도와 불가분의 관계에 있으며 여성들이 가정 밖의 노동시장에 진출하면서 사회적 관심을 받기 시작했다는 주장을 긍정적으로 받아들일 수 있다. 여성학적 관점에서는 부부간 권력관계에 보다 광범위한 사회적 의미를 적용시키고 있으며 권력의 양과 관찰될 수 있는 행위의 결과보다 권력의 질과 권력과정에 초점을 둔다(Osmomd and Throne, 1993). 즉 부부관계에 실질적인 영향을 끼치는 것을 권력의 질과 권력과정으로 파악하고 있기 때문이다.

여성학적 관점에서는 부부관계를 포함한 가족관계에서 사회적 의미가 보다 광범위하게 작용하고 있으므로 결혼을 통해 남성이 지배적인 것은 단순히 상호관계나 개인적 자원의 유무에 기인한다고 보기보다 남성들이 사회구조나 문화적 관념에서 남성들의 지배에 더 익숙해 있기 때문이라고 해석한다. Osmomd와 Throne(1993)에 따르면 이러한 가족내 권력관계가 '가부장적 테러리즘'으로 명명되고 남성들이 자신들의 여성을 통제하는 권리로서 아내통제를 위해 폭력과 경제적 종속, 위협, 소외, 기타 다른 통제수단을 체계적으로 사용함으로써 가부장제를 존속시키고 있다(윤경자 · 최규련, 1999에서 재인용).

가족관계에서 남편이 아내를 통제하는 수단으로 남편의 아내구타를 간주해온 한국사회에서 매 맞는 아내에 대해 '당연히 맞을 짓을 했으니까 맞는 것'이라는 식의 사고가 만연돼 왔다. 이는 우리의 사회 문화적 태도를 보여 주는 것이다(변화순 외, 1993). 그동안 우리사회에서는 가정내 폭력이 일반적인 유형의 폭력과 다르게 인지되어 왔음 또한 사실이다. 이에 대해서는 일반폭력이 피해당사자나 사법기관에 의해 보다 민감하게 통제되고 있는 빈면, 가정폭력은 가해자는 물론 피해자, 일반인, 그리고 사법기관에 의해서조차 '가정내 사적인 문제'로 인식돼 왔음을 알 수 있다(형사정책연구원, 1992). 어떤 면으로 보나 수긍이 가는 내용이며 오늘날 우리 가족의 한 단면을 잘 지적하고 있다. 어쩌다가 우리 가족이 이렇게 되었으며 그 원인은 무엇이고 해결책은 무엇인가를 생각하지 않을 수 없다.

우리 가정의 모습은 그야말로 아무도 행복하지도 만족하지도 못하면서 모두가 힘든 삶을 꾸려가고 있다. 전통적으로 그리고 지금까지도 한국인은 다른 나라 사람들에 비해서 가족에 대한 헌신과 집착이 강한 것으로 알려져 있다. 서양에 비해 동양이 가족유대가 강하지만 동양권 중에서도 한국은 더욱 강하다. 그럼에도 불구하고 한국의 가족에도 많은 변화가 일어나고 있다. 이러한 변화는 산업화 과정을 거치면서 우리의 생활양식 전반에 걸쳐 급격한 변화가 일어났으며 여기에 더해서 현대 사회에서는 재해의 빈발과 이혼의 증가 등으로 인해서 가족해체가 늘어나고 있다.

사회복지는 전통적으로 가족의 기능으로 여겨져 오던 가족원에 대한 보호기능과 상부상조의 기능을 대신해 주거나 보완해 주는 방향으로 발달하였다. 그러므로 가족의 문제와 사회복지의 발달과는 불가분의 관계를 지닌다(김종명 · 구재관 외, 2013).

2. 사회문제의 정의

사회문제는 바람직하지 못한 사회적 조건 또는 상황이 존재하고 많은 사람들이 그러한 사회적 조건이나 상황이 개선될 필요가 있다고 생각하는 상태이다.

요약하면, 사회문제란 사회제도나 사회구조의 결함 · 모순에서 생기는 문제이다. 그 종류는 일정한 사회문제가 발생한 시대적 · 지역적 조건이 가지각색이기 때문에, 사회문제 자체로서 분류하고 유형화하기가 곤란한 경우도 있다.

사회문제를 보다 구체적으로 볼 때 사회문제로 취급되는 것으로는 노동문제, 통지문제, 실업문제, 인구문제, 인종문제, 도시문제, 농촌문제, 주택문제, 청소년문제, 여성문제, 노인문제, 가정문제, 범죄문제, 비행문제, 매음문제 등이 있다. 또한 평화문제, 식민지문제, 학원문제 등도 사회문제로 볼 수 있다.

이처럼 사회문제라는 것은 그 어느 것이나 발생원인은 개인적인 것이 아니라 제도의 결함이나 모순 때문에 생긴다는 점에 특징이 있다. 즉, 사회문제는 게으름이나 무능력과 같은 당사자의 개인적 책임으로 생기는 것이 아니라 사회구조의 모순에서 생기는 것으로 이해하는 것이 타당하다.

따라서 사회문제를 해결하려면 당사자에 대한 개인적 차원의 원조가 아니라, 사회정책적 견지에서 결함이나 모순을 시정하여야 한다. 사회문제의 해결에는 사회의 변혁이나 개량이 생각되는데, 그 방향에는 현체제의 테두리 안에서 해결·완화하려는 것과 체제 자체를 변혁함으로써 해결하려는 것이 있다. 체제 내에서의 사회사업·사회보장·사회정책 등에 의한 사회문제의 해결은 개량주의적 성격을 띤다. 한편, 사회문제를 체제의 변혁으로 해결하려는 입장은 대중적인 사회운동과 결부되기 쉬우며, 대중이 구체적인 사회문제의 배후에 있는 정치적 지배관계를 자각하도록 하는 데 역점을 둔다. 이 경우, 대중의 일상적 이익·요구와 직접 관계되는 사회문제의 당면적 해결은, 체제변혁이라는 궁극적 정치목표 중의 한 단계로서 파악된다. 그리고 사회문제를 경제문제로서만 보느냐, 정치문제와 결부해서 보느냐에 따라서 사회문제의 해결방향이 2가지로 나누어진다.

앞의 입장을 사회개량의 입장, 뒤의 입장을 체제변혁의 입장으로 해석할 수 있다. 사회문제 중에는 앞서 말한 바와 같이, 인구문제·청소년문제·민족문제 등, 체제변혁과 직접적인 관계가 없는 문제들이 많다. 사회주의자들은 이러한 것들이 사회문제로 취급되는 것은 자본주의 체제와 불가분의 관계가 있기 때문이며, 계급대립·모순이 지양(止揚)된 경우에는 그 성격이 크게 바뀐다고 본다. 그러나 사회주의 체제에서도 계획경제에 무리가 있고, 지도자와 대중 사이에 불일치가 있는 경우에 갖가지 사회문제가 생긴다는 것은 알려진 사실이다.

출처: [네이버 지식백과] 사회문제 [social problems, 社會問題] (두산백과)

사회문제에 대해 학자들은 다음과 같이 정의하였다(김종명·구재관 외, 2013).

① Merton과 Nisbet(1966)은 사회문제란 사회질서의 상당부분이 일반적으로 받아들여지고 있는 하나 혹은 그 이상의 규범을 위배하고 있다고 간주되는 행동양식이라고 정의하였다.

② Horton과 Leslie(1970)는 사회문제란 바람직하지 않은 방식으

로 많은 사람들에게 영향을 주는 조건 그리고 집합적 사회행동을 통해 해결되어져야 한다고 느끼는 것이라고 정의한다.

③ Barker(1991)에 따르면 사회문제는 사람들의 가치와 규범을 침범하여서 사람들을 사회적 대응으로 이끌고, 사람들을 감정적, 경제적 어려움으로 이끄는 조건이다.

④ Moony, Knox 그리고 Schact(2002) 사회구성원의 일부가 사회에 해가 된다는 판단하여 치료가 필요하다고 생각하는 조건이라고 정의하였다.

3. 사회문제의 정의와 사회복지와 관계

1) 사회문제의 개념적의 의미

사회적(social)과 문제(problem)의 합성어

① 사회적 의미

- 문제의 영향을 받는 범위: 사회의 다수에게 영향을 준다.
  다수의 의미: 숫적 의미만은 아니다.
- 문제의 성격: 사람에 의해 만들어진 현상이다.
- 일시적 현상이 아니라 규칙적이고 구조적인 현상이다.

② 문제라는 의미

- 부정적: 가치, 규범, 윤리

사회문제: 사회의 가치, 규범, 윤리에 비추어 사회적 다수가 바람직하지 않다고 판단하거나, 이들의 삶에 부정적 영향을 미치므로, 시정이 요구되는 현상이다.

◉ Rubington & Weinberg(1981)의 정의

다수의 사람들의 가치와 양립할 수 없는 상태로서 다수의 사람들이 그러한 상태를 변화시키기를 동의하는 상태로 규정하였다.

① 상황 단정: 사람들이 그 상황이 존재한다고 단정하는 것이다(주관적인 인식)

② 가치(≒이해관계)와의 양립 불가능함(매우 주관적인 판단): 자신들이 가지고 있는 특정의 가치와 관련지어 규정하는 것이다.
☞ 여러 사람들이 제각기 다른 가치를 가지고 있고, 동일인물이 가지고 있는 가치들이 상호 모순되는 경우가 있다.

③ 다수의 사람들을 가리킨다.

④ 조치의 필요성: 상황을 개선하기 위한 조치가 요청된다.

◉ 최성재(1995)의 정의

어떤 사회적 현상이 사회적 가치(규범)에서 벗어나고 대다수 사람들이 가진 가치관(법률적 규정 등)에서 벗어난 상태를 가리킨다. 즉, 누구의 기준으로 판단하느냐의 문제이며 다수의 사람들. 지배 집단, 사회적 영향력있는 사람들에 의해 영향을 받는다. 즉, 가치는 시대, 사회에 따라 변화하는 특성: 아동폭력, 남편 폭력, 장발, 짧은 치마-유신시대와 현재를 가리킨다.

따라서 상당수의 사람들이 그 현상으로 인하여 부정적인 영향을 받고 있으며 상당수 절대적인 개념이 아니다. 그래서 부정적인 영향을 받고 있기 때문에 물리적인 영향 뿐만 아니라 심리적, 정신적 영향을 받게 된다. 이러한 관점에서 보면 그 원인이 사회적인 것이며 자연재해는 사회문제가 아니며, 인간이 만든 현상으로 다수의 사람들이나 영향력 있는 일부의 사람들이 문제로 판단하고 있다. 그런데 이 다수는 절대적인 개념이 아니라 정치, 사회적으로 영향력있는 정치인, 언론인, 시민단체, 학술단체, 대통령, 종교인 등을 가리킨다. 즉, 사회가 그 개선을 원하고 있고 개선이 가능하고, 원할 때, 예를 들면 기아, 여성차

별 등이다.

특히, 개선을 위하여 집단적 사회적 행동이 요청되는 것은 개인이나 가족의 노력만으로 해결될 수 있으면, 사회문제가 안된다. 개인이나 가족의 힘으로 해결할 수 없는 것, 예를 들면 빈곤, 왕따 현상이 여기에 해당된다. 만일 A라는 사람이 과음하여 술주정하는 경우나 B라는 사람이 일을 하지 않으려 하여 빈곤한 경우는 여기에 해당되지 않는다. 그렇기 때문에 사회문제의 정의에는 시간적(남편 폭력, 인구문제(시간), 공간적(동성애(공간) 차이가 존재(상대성)한다(최성재・최일섭, 2004).

◉ 사회문제의 특성

① 사회문제는 그 원인이 사회적인 데에 있는 문제이다.

사회문제는 문제발생의 원인과 특성에 있어서 철저히 사회적이어야 한다. 만일 사회문제가 불완전한 사회체계에 의하여 발생한다면 이러한 사회체제의 결함은 개선의 여지가 있고 문제의 예방과 대책이 있을 수 있게 된다.

② 사회문제는 사회 구성원이 지배적인 사회가치나 규범에서 벗어난 것이라고 판단하는 현상이다.

사회문제는 가치 지향성을 가진다. 지배적인 규범이 사회적으로 중요한 집단이나 계층 사이에 커다란 차이를 보일 때, 사회문제는 규범적 갈등으로 나타나며 흔히 집단 사이에 갈등을 일으키고 따라서 중요한 사회적 쟁점으로 부각된다.

③ 사회문제는 사회적인 관심을 불러일으킨 문제이다.

사회문제는 문제가 되는 객관적 상황이 존재한다. 즉, 사람들이 사회문제라고 생각하여야 한다. 따라서 사회의 소중한 가치들에 대한 위협이라고 구성원들이 인식하고 관심을 가질 때 비로소 사회문제가 되는 것이다.

④ 사회문제는 국가적 개입 혹은 사회운동을 불러일으킨다.

사회문제로 인식되어진 문제들은 적극적 개입의 차원에서 국가적 개입 혹은 사회적 운동을 불러일으킨다.

2) 사회문제를 바라보는 관점

(1) 객관적 관점

사회문제를 보는 객관적 관점은 특정사회나 지역에 존재하고 있는 상황으로서의 사회문제를 의미한다. 즉, 이론적인 입장에 본다면 사회문제는 사회나 지역의 상황으로 그리고 요구를 수립하는 행동으로 볼 수 있다(Hardcastle, Wenocur & Power, 1997).

문제에 대한 예방, 문제를 촉진시키는 요소, 문제의 원인, 나아가 해악의 본질, 인구통계학적 변화와 심각성과 발생빈도에 기초한 우선적으로 해결되어야 하는 것들이 있다.

(2) 주관적 관점

주관적 관점에서의 사회문제는 요구수립에 따른 문제의 건설을 의미한다.

문제를 주관적 관점에서 본다면 보편적으로 인식된 문제는 존재하지 않으며, 주관적 요소들에 의해서 사회문제가 형성된다고 본다. 이 관점에 의하면 사회복지사의 역할은 영향을 받은 사람들이 어떻게 사회문제를 형성하는가를 도울 수 있도록 인식하는 것이다

4. 문제분석을 위한 지침과 문제 확인의 실제

1) 사회문제의 분석방법

사회문제가 복잡해짐에 따라 그에 대한 분석도 다양하고 복잡한 구조를 갖게 되었다. 문제 분석표는 최소한의 프로그램 설계에 관련된 중요한 결정을 내리는데 지표가 될 핵심요소들로 정의되고, 조직화될 필요가 있다. 사회복지서비스 설계를 위한 문제분석의 세 가지 요소와 하위 특성을 파악할 필요가 있다.

사회에 대한 문제	개인에 대한 문제	문제의 존재 또는 만연과 관련된 요소들
*사회에 대한 자원비용 *사회구성원들의 건강과 안전에 대한 위협 *사회통합과 같은 사회가치에 대한 위협	*최소한의 건강과 품위의 박탈 *학대와 착취 위협 *모든 사회적 참여로부터의 소외	*생물학적/물리적 *개인적 *행동상의 *가족 *사회적 또는 *지역사회 *심리학적 *사회적 *경제적 *역사적 *정치적

자료: 정무성(2005). 『사회복지프로그램 개발론』, 학현사.

2) Heus & Pincus의 문제분석 방법

(1) 클라이언트에 대한 진단(diagnosis)과 분류(labeling)는 가급적이면 피해야 한다.

(2) 문제를 정의함에 있어 폐쇄형보다는 개방형의 문제정의를 선호해야 한다.

(3) 통합적인 사고(whole-mind thinking)에 의한 정보를 수집해야 한다.

(4) 자원을 인식해야 한다.

3) 사회문제해결을 위한 단계

프로그램을 설계하는 데 있어 사회복지사들은 문제를 명확히 정의하고, 문제에 개입하는 방식을 이해하는 것이 중요하다. 따라서 문제를 해결하기 위한 구체적인 단계로서, 사회복지사들은 다음의 과정을 밟아야 한다(조운희, 2004).

① 현상이나 조건을 문제로 정의

② 해결되어야 하는 문제규정

③ 문제를 공식화

④ 문제가 존재하는 사회적 현실에 대해 인식

⑤ 사회문제를 해결단계

5. 문제해결을 위한 실천기술

1) 준비단계의 기술

① 초기 접촉 이전에 기관이나 사회복지사에게 주어진 정보를 검토하고 점검하는 기술을 중요한 기초정보를 파악하도록 도와주며 클라이언트에게 이미 제공된 정보에 대해서는 반복적으로 제공하지 않도록 함으로써 시간을 절약하게 한다. 특정 클라이언트에게 요구되는 시설이나 장비 등에 관해서도 준비를 가능하게 한다.

그러나 사전의 불완전한 정보로 클라이언트에 대한 선입견을 갖게 할 가능성도 크게 때문에 기초적인 자료로써 제한적인 활용을 할 필요가 있다.

② 초기 면접자나 의뢰인, 이전에 사례를 담당했던 직원 등으로부터 클라이언트(이름, 연령, 연락처, 주소, 기타 인적사항 등)와 문제상황(문제의 특성, 심각성, 위급성, 활용 가능한 자원 등)에 관해 알아보는 기술이 필요하다. 이러한 초기의 탐색을 통해 타인으로부터 얻은 정보는 클라이언트의 견해와는 다를 수 있으며 객관적인 정보이기보다는 의견이라는 것을 인식하며 선불리 선입견이나 가정을 하지 않도록 주의할 필요가 있다.

③ 클라이언트와의 첫 만남이 이루어지기 전에 슈퍼바이저나 동료로부터 조언을 구하는 기술이 필요하다. 잠정적으로 면접의 목적을 설정하고 관련된 실무적 사항들에 관해 논의를 하는 것은 면접의 효과를 높이는 데 중요하게 작용할 수 있다.

④ 면접을 방해하는 요소를 사전에 차단하고 의사소통을 원활히 하기 위해 첫 만남을 구체적으로 준비하는 것이 필요하다. 사회복지사는 약속시간을 정하고, 적절한 시간과 장소를 확정지으며, 면접장소의 분위기나 가구배치뿐 아니라 자신의 외모 등도 점검한다. 기관 외부에서 면접이 이루어지는 경우 분위기를 비롯한 장소의 적절성을 확인해야 하며, 클라이언트의 가정을 방문하는 경우에도 세심한 주의가 필요하다.

⑤ 예상되는 클라이언트의 직접적인 대면접촉이 일어나기 전에도 클라이언트의 문제와 상황에 대한 공감적 이해가 가능하다.

서비스를 찾게 된 배경이나 클라이언트의 동기, 초기에 느낄 수 있는 클라이언트의 생각이나 감정, 관련된 이슈 등에 대해 클라이언트의 입장에서 생각하는 기술이 필요하다. 예를 들자면 사전 공감은 직접적인 만남 이전에 이루어지기 때문에 잠정적이며 클라이언트와의 직접적인 의사소통에 의해 바뀔 수 있다.

⑥ 효과적인 면접을 위해 사회복지사는 클라이언트와 만나기 이전부터 면접의 목적이나 동기, 방향성, 예상되는 결과, 전문가의 역할과 질문의 내용과 과정 등에 관한 임시 계획을 세우게 된다. 이러한 잠정

적인 계획은 면접을 일관되게 이끌 뿐 아니라 면접에서 클라이언트와 함께 목적을 세워나가는 데 도움이 되는 준비단계의 기술이다.

2) 초기단계와 탐색단계의 기술

클라이언트와의 첫 만남으로부터 시작되는 초기단계에서는 모임이 긍정적으로 생산적이라는 확신을 들게 하는 기술이 필요하다.

초기 만남에서 서로의 소개가 이루어지고, 모임의 목적이나 방향이 설정되고, 클라이언트의 기대가 확인되고, 기관의 정책이나 규정, 윤리적 원칙들에 대한 검토가 이루어짐으로써 클라이언트는 서비스가 제공되는 맥락을 이해하고 참여할 수 있다.

이때 클라이언트의 피드백은 매우 중요하며, 클라이언트가 혼란스럽거나 복잡하게 느끼는 내용들을 명확히 밝혀주는 것이 필요하다.

초기단계와 연결되는 탐색단계에서는 필요한 정보를 수집하고 클라이언트-문제-상황에 대한 보다 많은 이해를 얻는 것이 필요하다. 탐색단계에 있는 사회복지사는 클라이언트의 사고나 감정, 서비스를 요청하게 된 주요 관심사나 상황 등에 탐색, 명확화, 반영, 세분화, 이해와 공감 등의 구체적인 탐색기술이 활용될 수 있다.

3) 사정단계의 기술

탐색단계를 통해 많은 양의 정보를 얻은 후, 사정단계에서는 개인과 문제, 상황과의 연관성에 대한 이해를 구한다. 사정단계에서 요구되는 기본적인 기술은 기술적 정보를 정리하는 것으로서, 클라이언트의 상황을 명확히 이해하고 실천과정에 대한 개입의 초점과 방향을 구체화함으로써 클라이언트에 관해 수집된 자료에 대한 체계적인 이해가 가능하도록 하는 기술이다. 그 다음으로는 임시적인 사정틀을 구성하는 것인데 사정을 통해 사회복지사와 클라이언트는 문제상황에 영향을 주는 요소들에 대해 이해하게 된다. 문제를 정의하고, 주요 클라이언트 체계를 결정하고, 개입과정에 참여하게 되는 체계들을 명확히 하고, 변화목표를 설정하고, 변화결과를 예측하기도 한다. 또한, 변화과정에 발생할 수 있는 위험요소나 장애요소, 자원이나 강점을 찾아보고, 문제해결에 활용될 수 있는 전략을 살펴볼 수 있다. 아울러, 사정단계에 필요한 과제들을 체계적으로 기술하기 위한 다양한 양식들을 기관이나 사례의 성격에 알맞게 선택하여 활용하는 기술도 필요하다.

4) 계약단계의 기술

계약단계에서는 클라이언트의 상황과 관련된 문제들에 대한 사정을 기초로 구체적인 목표와 개입 프로그램, 방법 등에 대한 실행과 평가 계획을 세우고 합의하는 데 필요한 기술을 요구한다. 계약단계에서는 문제에 관한 상호이해를 통해 문제를 구체화하고, 목표를 설정하며, 효과적인 접근방법을 개발하며, 단계적 행동방법을 구상하고, 평가계획을 세우는 실천기술을 필요로 한다.

5) 개입단계의 기술

개입단계의 기술이란 문제해결을 위한 접근시 필요한 실천과정의 기술이다. 개인 대상의 사회복지실천에서는 주변체계에 대한 개입보다는 클라이언트 개인에 대한 직접적이며 지시적인 표현기술을 많이 활용하는 특징이 있다. 클라이언트의 문제해결 능력을 향상시키고 회복시키기 위해 개인에게 적용되는 구체적인 개입기술에는 모델링, 인지적 재구조화, 연습 등의 상담기술이나 조언, 교육 등의 기술이 포함된다. 상담과 지지적 기술 이외에도, 사회적 기능을 향상시키는데 필요한 자원, 서비스, 정보 등을 제공하는 체계들을 연결시키는 사례관리의 기술, 권리를 잃고 소외된 약자들의 기회를 얻고 서비스체계가 이들의 욕구에 적절히 반응하도록 옹호하는 기술, 기존의 지역사회서비스 및 자원체계의 개선과 향상을 위해 개입하는 기술 등이 개인을 위해 개입하는 사회복지사에게 필요하다. 이러한 개입기술은 전문가로서의 지식과 신념, 경험 등에 영향을 받으며, 이때 특정한 개입방법을 선택하는 데 따르는 명확한 근거와 전문가적인 판단이 중요하게 된다.

6) 평가와 종결단계의 기술

평가기술은 실천의 효과성을 평가함으로써 서비스를 제공받는 사람들과 서비스 전달체계, 사회에 대해 책임을 진다는 측면에서 전문가에게 매우 중요한 실천기술, 평가단계에서는 목적달성을 위해 진행해 온 지금까지의 과정을 다양한 평가방법을 통해 검토하게 된다. 만일 평가를 통해 변화가 없거나 부정적인 결과를 보이는 경우, 이전의 사정이나 계약단계, 개입단계에 대한 점검이 필요하다.

특히, 과정에 대한 검토와 최종평가를 통해 사회복지사와 클라이언트는 함께 진행과정을 돌아보고 앞으로의 방향에 대해 논의하여야 한다. 종결단계에서는 최종평가와 함께 원조관계를 끝내는 데 대한 클라이언트의 반응과 종결소감을 공유하는 것이 중요하며, 종결이 된 후 종결기록을 남기는 것이 필요하다.

6. 전문적인 임상지식과 기술(류종훈, 2004)

1) 인간행동과 사회환경에 관한 이해

개인이 겪는 문제를 전문적으로 이해하고 돕기 위해서는 인간행동과 발달에 관한 기초이론과 이상심리, 병리 등에 관한 전문지식이 필요하다. 또한, 외부조건으로 인한 스트레스를 파악하기 위해서는 사회 경제적 조건이나 문화적 다양성 등과 관련된 사회 환경적 특성을 이해하는데 도움이 되는 지식이 중요하다.

2) 실천이론과 임상기술

사례진행과정에서 파악되는 개인의 정서, 인지, 행동의 변화와 상호작용 패턴이나 과정에 대해 분석적으로 이해할 수 있는 지식과 기술이 필요하다. 면접과정에서 제시된 언어와 행동의 다중적 의미나 전이, 역전이 문제를 다루며 전문적으로 자아를 활용할 수 있는 숙련성을 갖추어야 한다.

3) 기타 전문활동과 관련된 기술

개인대상의 실천에서는 개인을 변화시키기 위한 임상적인 지식과 기술 이외에도 사회복지전문가가 실천현장에서 업무를 수행하는 데 필요 한 사회복지실천의 기반적 요소들이 동반되어야 한다.

7. 개인대상의 실천모델 : 사례관리

1) 사례관리의 개념

사례관리란 복합적인 문제나 만성적인 장애를 가진 개인을 대상으로 한 통합적 실천모델이다. 사례관리의 특징을 살펴보면, 사례관리는 사례관리자와 클라이언트의 긴밀한 상호관계를 강조하는 클라이언트 중심의 개별화된 접근이다. 사례관리는 문제의 초점과 원인에 대한 임상적 시각의 변화를 전제로 한다. 문제의 원인에 대한 피해자 비난의 시각으로부터 클라이언트 중심의 시각으로 변화하면서 사례관리자는 클라이언트를 행동의 주체로 보고 강점, 잠재력, 성장가능성, 능력 등을 확인하고 개발하는 데 역점을 둔다. 사례관리는 클라이언트의 변화를 위한 직접적 개입에 한정하지 않고 자원의 조정을 포함하는 환경적 개입으로까지 전문가의 개입역할을 확대한다. 생태체계이론에 기초한 사례관리는 사회적 기능에 영향을 주는 다양한 사회체계와의 상호작용을 강조하며 문제를 상황적 맥락에서 분석하고 개입한다. 사례관리자는 복합적인 문제를 가진 클라이언트가 필요로 하는 서비스와 사회자원을 효과적으로 연계하고 조정하는 기능을 수행하기 위해 간접적인 서비스 기능(지역사회 내의 기관이나 비공식적인 지지망의 지지체계를 활성화시키며 자원을 개발하는 기능)을 활성화시킨다.

2) 사례관리의 과정

사례관리의 과정은 사례관리자가 일정한 서비스목표의 달성을 위해 합리적으로 과업을 수행해 나가는 절차로서 일반적인 사회복지실천의 문제해결과정 단계와 유사하다.

그러나, 클라이언트 중심의 체계적이며 포괄적인 서비스를 지역사회 기반으로 제공하는 사례관리의 특성으로 인해 실천과정에서 사례관리자 보다 다양한 개입역할이 요구되며 결과적으로 개입영역도 확대되는 특징이 있다.

다음은 개별 클라이언트를 대상으로 진행되는 사례관리의 과정을 단계별로 나타내면 ① 사례개발 및 접수, ② 사정, ③ 계획, ④ 개입, ⑤ 점검, ⑥ 평가로 나타낸다.

8. 문제분석을 위한 지침

1) 클라이언트에 대한 진단(diagnosis)과 분류(labeling)는 가급적 이면 피해야 한다.

진단은 구체적인 진단의 범주와 관련된 특성에 따라 분류하기 때문에 효율성은 높지만, 각각의 문제 상황에 대해 클라이언트 개개인의 문제에 대한 접근에는 한계가 있다. 따라서 클라이언트체계를 하나의 표적으로서 집단적인 진단과 분류를 하기보다는 클라이언트 자체의 개별적인 존재로서 인식한다.

2) 문제를 정의함에 있어 폐쇄형보다는 개방형의 문제정의를 선호해야 한다.

폐쇄형 질문은 "당신은 지금 경제적인 문제를 가지고 있습니까?"와 같은 질문 형태로 답이 고정되어 있거나 단답의 형태로 문제를 정의해 나갈 수 있다. 이는 보다 효율적이고 짧은 시간에 저렴한 비용을 바탕으로 문제를 확인할 수 있지만, 질문자의 예견이 용이하고, 질문자가 선호하는 이론이나 방법으로 대답이 나올 수 있다. 따라서 이러한 귀납형 형태의 폐쇄형 질문을 지양하고 응답자가 문제에 대해서 이해한 후 자신의 생각을 자유롭게 말할 수 있는 "당신이 지금 겪고 있는 어려움들에는 어떠한 것들이 있습니까?"와 같은 질문을 통해 문제를 함께 정의해 나갈 수 있는 연역적인 문제인식 과정이 요구된다. 이러한 과정에서 문제에 대해서 예상하지 못한 참신하고 다양한 결과가 일어날 수 있다.

3) 통합적인 사고(whole-mind thinking)에 의한 정보를 수집해야 한다.

사회복지사의 "자기발견(finding you)"이 밑바탕이 되어야 하며, 자료수집 방법은 가정방문 등에 광범위하게 적용될 수 있다. 이는 마치 자료를 수집함에 있어서 전체적인 맥락을 파악하는 것, 즉 개개인의 나무들이 어떻게 숲을 이루고 있는가를 파악하는 것과 같다.

〈표 6-1〉 특정 중심의 문제 진술 예시

문제중심의 목록	특정 중심의 목록		구조화에 따른 유형
* 고독 * 이동수단 * 건강문제 * 방문간호 * 가사원조 * 재정지원	* 항상 집에 거주 * 사람들과의 접촉 필요 * 활용되지 않는 재능 * 전화를 받을 수 있는 능력 * 시간적 여유 * 단거리 이동능력 없음 * 독서를 즐김	⇨	* 전화응대전담서비스 * 전화망을 통한 신문 기사스크랩 서비스

자료 : 조운희, 2004.

9. 욕구의 개념적 의미와 욕구조사

1) 욕구란 무엇인가?

욕구는 무엇인가? 일반적으로 표현하자면 무엇인가 부족한 상태를 의미한다. 욕구는 무엇이 부족한 상태의 결과로 여러 가지 어려움을 겪고 있는 것을 의미 한다. 개인이 느끼고 있는 결핍상태로서 개인이 절대적으로 필요한 결핍상태를 충족시키기 위하여 필요로 하거나 원하는 상태 또는 상황을 의미하기도 한다. 욕구는 결국 '인간의 생존과

성장. 발달을 위해 필요로 하여 구하는 것'인데, 예를 들면 적절한 음식, 주택, 소득, 지식, 사회참여, 개인의 자유 등이 여기에 해당된다. 이러한 것들이 특정 개인 또는 소수의 개인들에 국한될 때는 개인적 욕구가 되고, 그것이 사회의 다수인에게로 확대되면 사회적 욕구가 된다. 이러한 욕구는 충족되어야 할 문제로 볼 수 있기 때문에 많은 경우 욕구는 사회적 문제와 같은 의미로 사용되고 있다. 그렇기 때문에 욕구의 개념은 서비스이용자 중심의 사회복지실천으로 욕구보다는 요구에 가깝다고 할 수 있다.

사회복지프로그램 개발자의 입장에서는 개별 서비스이용자의 요구보다는 수많은 서비스이용자가 갖는 집합적이고 사회적인 개념의 욕구에 더욱 관심이 많다. 즉, 욕구는 인간이 개인 또는 가족구성원으로 기능하기 위한 잠재력을 충분히 발휘하는 것을 제한하는 확인될 수 있는 조건으로 정의할 수 있다.

따라서 요구(want)와 욕구(need)의 상호구별이 필요하다.

요구는 무엇이 필요하나 그것을 가지지 못할 때 생기는 개인의 의지, 정서상태로서 요구를 갖는 당사자인 서비스이용자 개인차원에서 절실히 필요한 무엇이다.

그렇다면 요구(want)와 욕구(need)의 상호구별은 어떻게 구분될 수 있을까 하는 문제이다. 무엇보다 욕구는 어떤 사람이 필요한 그 무엇을 다른 사람의 판단과정을 거쳐 확인된 것으로서 개인적 요구를 바탕으로 다른 사람의 평가와 판단과정을 거친 사회적 차원의 개념이다.

Gates(1980)는 욕구의 대상을 보다 구체화하고 욕구를 갖는 집단을 더욱 명확히 한다는 차원에서 객체와 주체로 나누어 설명한다.

Gates(1980)에 의하면 욕구의 객체는 의식주를 비롯한 의료, 재활, 취업, 보육, 양로 등과 같은 재화나 서비스가 있으며, 욕구의 주체는 주로 빈민, 아동, 노인, 장애인과 같은 사회적 약자로 구분한다.

Kettner와 동료 학자들(1999)이 제시한 욕구의 세 가지 특성에서 욕구는 탄력적이고 상대적이고 욕구는 정치사회적 환경변화에 따라 달라질 수 있다. 또한 자원의 정도나 기술 발전에 따라 변화한다.

George(1988)는 욕구는 절대적이라고 주장한다. 즉 절대적 욕구는 사회적 상황과 조건과는 상관없이 개인에게 절대적으로 필요한 부분 의미한다.

Spicker(2000)도 종종 박탈이나 또는 문제로서 표현되기도 하지만 사실 욕구란 인간들이 인간답게 삶을 영위하기 위해 반드시 가지고 있어야만 하는 것 또는 해결되어야 하는 조건을 나타낸다고 정의한다. 이와 반대로 Townsend(1993)는 상대적 욕구에 대하여 언급하며 상대적 욕구의 기준은 사회에 의존해서 결정된다고 주장하였다.

(1) 심리적인 욕구

심리적인 욕구는 개인 안에서 생겨나는 결핍현상이나 과잉현상이 원이 되어 일어나는 것으로 이는 행동의 장애를 일으킬 수 있는 잠재력으로 작용할 수 있다. 여기서 직접적으로 행동을 일으키게 하는 것을 충동 또는 동인이라고 한다. 이러한 심리적 욕구는 크게 생리적 욕구와 사회심리적 욕구로 구분한다. 전자는 생리적 욕구는 신체적·유기체적·일차적 욕구라고도 한다.

(2) 사회적 욕구

다음은 사회적 욕구에 대해서 간단하게 언급하고자 한다. 사회적 욕구는 Bradshaw(1972)의 욕구라 칭하기도 한다. 사회구성원의 생존과 성장, 발달을 위해서 필요한 기본요건들을 의미한다. 이러한 요건들은 적절한 주거, 영양, 보건, 지식, 소득, 사회참여, 정치활동, 개인의 자유와 같은 것을 포함한다. 즉, 차별과 불이익 그리고 사회적 배제의 사회구조적 욕구 분석이 중심이다.

특히, 개인적 수준의 욕구를 해결하기 위해서는 개인들의 경쟁력 강화 그리고 개인적 문제해결의 기술적 기법들이 강조된다.

예를 들면 생존을 위한 기본적 욕구의 개념의 의미로 보자면 최저생활수준의 박탈(deprivation)은 빈곤문제, 자유박탈, 인권유린 등으로 볼 수 있으며 학대와 착취는 아동학대, 청소년 착취, 노동력착취, 부녀폭행, 노인학대 등으로 볼 수 있다. 사회활동 참여장애(participation barrier)는 학벌이나 성별에 따른 차별, 장애인 차별 등으로 구분되기도 한다.

이와는 달리 사회적 수준의 욕구 문제에서는 사회적 불이익 차별, 즉, 사회적 배제의 사회 구조적 욕구분석을 중심으로 하는 것이다. 사회적 수준의 욕구 문제는 구체적으로 언급하면 다음과 같다.

사회적 자원 비용(resource cost)은 청소년 비행문제 등 사회구성원들에 대한 건강 및 안전의 위협으로서 마약, 범죄, 교통사고, 각종 사회폭력 등으로 구분된다. 즉, 사회가치(social values)위협은 주민들의 평등권 침해, 동성애, 인종 및 인권차별 등이다.

(3) 사회적 욕구 유형

첫째, 적절한 소득과 경제적 기회 제공은 고용, 소득유지, 소비자 보호 등이다.

둘째, 기본적인 물질적 욕구를 충족하는데 필요한 적정한 환경조성=음식, 영양, 의복, 주택, 교통, 안전, 사회적 법질서유지 등이다.

셋째, 적절한 지식과 기능=교육, 도서관, 특수교육 등이다.

넷째, 적절한 개인적, 사회적 적응 개발=가족상담 및 가족지원, 아동보호, 가족계획, 위기개입, 휴양, 집단의 복지활동, 문화 및 종교 활동 등이다.

다섯째, 적절한 사회조직체를 통한 충족=지역사회 및 정치적 조직, 인간 및 경제적 개발, 커뮤니케이션, 조사연구 등이다.

2) 욕구조사란 무엇인가?

욕구사정(needs assessment) 혹은 욕구조사는 일반적으로 단순히 어떤 정보를 파악하려는 기초적인 조사와 달리, 주로 서비스제공자를 위한 조사유형으로 어떤 프로그램에 대한 의사결정을 하는데 활용된다. 즉, 욕구조사는 프로그램 평가조사와 같이 응용조사의 성격을 띤다. 그리고 지역사회의 기존 서비스와 자원에 대한 확인과 이에 대한 목록 작성을 통해 의사결정자가 무엇이 더 필요하고 또 부족한 자원을 어떻게 적절하게 배정할 것인가를 결정하는데 도움을 준다. 그런 의미에서 욕구조사는

(1) 필요하거나 바람직한 상태가 요구되는 조건을 평가하거나 추측하는 행위,

(2) 공식적 욕구조사과정은 욕구를 파악하는 절차, 파악된 욕구들의 우선순위를 메기는 절차, 그리고 그러한 내용들을 지역차원에서 교육에 연결시키는 일련의 연속적 과정으로 구성되어 있다.

(3) 욕구조사프로그램

단순히 지역사회에 살고 있는 주민의 욕구를 파악하는 시도로서 정의를 내릴 수 있을 것이다. 또한 지역의 서비스의 욕구와 이러한 서비스를 이용하는 경향을 결정하는 조사(research) 및 계획행위(planning activity)이다.

(4) 욕구조사는 프로그램에 대한 결정, 기관조직 능력을 향상시키고 자원을 할당시키기 위한 우선순위를 정하고 결정하기 위한 목적으로 진행되는 체계적인 (조사)과정이다.

그렇기 때문에 욕구조사의 목적은 클라이언트의 현재의 문제 확인 및 필요로 되는 욕구를 파악하는 것이다. 이것뿐만 아니라, 드러나지 않지만 심각하게 결핍되어 있는 욕구 그리고, 앞으로 발생될 욕구 또는 새로 개발되어야 할 욕구를 예측하여 그것을 프로그램에 적용하는 것도 포함된다.

(1) 욕구조사의 단계

첫째 단계는 문제를 제기하는 것이다. 조사연구의 결과는 이 단계에

서 설정된 문제제기에 대한 해답을 과학적인 조사활동을 통하여 검증하고자 노력하는 과정이다. 문제가 제기되면 그 문제를 어떠한 방향에서 무엇을 어떻게 다룰 것인지 정립하기 위하여 연구의 주제를 분명히 하고, 개념의 구체화, 조작적 정의 등을 통하여 연구목적에 합당하게 연구문제 또는 가설을 구체화하는 과정을 말한다. 연구주제는 다양한 경로를 통하여 아이디어를 얻게 된다. 이 아이디어를 얻는 조사가 예비조사이다

욕구사정에 포함되어야 할 내용은 크게 기초자료(조사내용, 사용목적), 욕구파악을 위한 자료 및 활용자원에 관한 자료 등이다(채구묵, 2001). 여기에서는 욕구 사정의 내용을 ① 기초자료(지역사회의 일반적 특성), ② 기존 서비스에 대한 평가 및 새로운 서비스개발에 필요한 자료(삶의 영역에 관한 현재 상태, 기존 서비스에 대한 평가, 새로운 서비스 개발), ③ 지역사회의 활용자원에 관한 자료(지역사회 정보체제, 서비스 자원조사, 정치적 자원) 등이다.

(2) 예비조사를 통한 정보 확인 방법

① 예비조사를 통해 사회복지 프로그램 기획에 필요한 욕구조사의 필요성

지역사회의 상황, 문제, 욕구, 이슈 등은 무엇이며 얼마나 오래 지속되었는가? 시간의 경과에 따라 어떤 변화를 거쳤는가? 그리고 그 역동성과 인과관계는 무엇인가 등 과거의 중대한 역사적 기록을 조명하는 것은 매우 중요하다. 과거의 맥락에서 현재를 조명하는 것이 현재 상황을 가장 잘 설명하는 방법이기 때문이다. 이렇게 수집된 자료들은 사회복지활동의 필요성, 기대되는 결과, 주민의 접근방법, 자원동원계획 수립을 가능하게 한다.

② 기대하는 결과에 대한 정보

지역사회 주민들이 기대하는 결과는 정확하게 무엇인가? 기관은 이용자의 다양한 기대를 민감하게 수집하여야 하지만 이로 인하여 비현실적인 기대가 일어나는 것은 막아야 한다. 또한 기대되는 결과는 현

실적이고, 실현 가능하고, 바람직한 것이어야 한다. 그리고 이용자의 미래 상태가 과거 상태보다는 나을 것이라는 것에 대한 확신이 있어야 한다.

③ 기존 서비스에 대한 정보

이 문제의 해결을 위해 어떤 노력이 어디에서 얼마만큼 또 얼마나 효과적으로 이루어지고 있는가? 등을 조사한다. 이것은 프로그램의 중복과 남용을 방지하고, 동원할 수 있는 다른 자원에 대한 구체적인 자료도 획득할 수 있다.

④ 관련 체계 파악

프로그램의 수행과 관련된 이용자체계, 목표체계, 행정체계, 복지관체계 등을 파악하며 이용자체계인 경우는 직접적으로 혜택을 받는 개인, 집단, 조직뿐만 아니라 간접적인 혜택을 받는 집단도 포함되어야 한다.

⑤ 프로그램의 근거이론 정리

제시된 문제의 분석 및 문제의 원인과 해결방안을 보다 타당성 있게 설명할 수 있는 핵심적 근거이론을 제시하여야 한다. 이 때 욕구의 4가지 성질을 살펴보면, 욕구는 개인 또는 가족이 갖는 확인 가능한 사회적, 경제적 또는 건강관련 문제를 나타낸다. 이러한 문제들은 유사한 특성을 갖는 개인(가족)과 그 밖의 개인(가족)을 구별하는 근거로 작용한다. 문제로부터 영향을 받거나 욕구가 있는 개인(가족)들은 한정된 지리적 범위 내에 있을 수 있다. 확인된 문제나 욕구는 개인 또는 조직이 지금 제공하는 서비스나 앞으로 제공할 서비스에 의해서 직접적으로 해결되거나 충족될 수 있다.

정무성(2005)은 다음과 같이 욕구 조사 시 점검해야 할 사항을 소개하고 있다.

특정 프로그램이 역점을 두고 해결하고자 하는 문제는 무엇인가? 프로그램이 서비스를 제공하려는 표적 집단은 누구인가? 프로그램에 의해서 서비스를 받는 집단의 지리적인 지역경계가 분명하게 있는가? 그 지역에 표적 집단이 얼마나 산재되어 있는가에 대한 공신력 있는 자료가 있는가? 프로그램에 참여하는 직원들 간에 문제의 원인과 결과의 관계 그리고 욕구의 범주에 대한 이해에 합의가 이루어져 있는가? 규범적 욕구를 측정하기 위한 기준은 마련되어 있는가? 인지적(감촉적) 욕구는 측정하고 있는가? 서비스를 받기 원하는 사람들 가운데 몇 %가 수혜를 받고 있는가?

[종합사회복지관의 실전 설문지작성의 예]

[설문조사] 기본조사의 예

※ 다음 해당사항에 ∨표 혹은 응답해 주세요.

1. 귀하의 성별은? ① 남 ② 여
2. 귀하의 연령은?(만 세)
3. 귀하의 최종학력은?
   ① 무학 ② 국(초)졸 ③ 중졸
   ④ 고졸 ⑤ 대졸 ⑥ 대학원 이상
4. 귀하의 직업은?
   ① 경영/관리직(중소업체사장, 대기업, 은행간부, 공무원 등)
   ② 전문직(의사, 약사, 변호사, 교사 등)
   ③ 기술직(건축사, 엔지니어 등)
   ④ 서비스/영업직(음식점, 미용실, 청소부, 경비, 외판 등)
   ⑤ 자영업(직접 점포 및 시설을 운영)
   ⑥ 사무직(회사원, 은행원, 군인, 경찰)
   ⑦ 생산/단순노무직/기능직(공장근로자, 운전자, 일일근로자 등)
   ⑧ 주부
   ⑨ 기타

5. 귀하 가족의 월평균 소득(봉급, 보너스, 부업, 사업소득 등 모든 소득 포함)은 얼마입니까?

① 100만원이하 ② 100만원 - 150만원 ③ 150만원 - 200만원
④ 200만원 - 250만원 ⑤ 250만원 - 300만원 ⑥ 300만원 - 350만원 ⑦ 350만원 - 400만원 ⑧ 400만원이상

6. 귀하의 주거 형태는 어떠합니까?

① 자가 ② 전세 ③ 월세 ④ 기타 ( )

7. 귀하의 가정이나 이웃에 신체적, 경제적 어려움을 겪는 어르신, 장애인, 지역주민이 있습니까?

① 우리 가정에 있다 ② 이웃에 있다
③ 어려운 분이 없다 ④ 잘 모르겠다

8. 현재 귀하 또는 가족의 가장 어려운 문제는 무엇이라고 생각하십니까?

우선순위대로 2가지만 선택해 주십시오. (1. 2.)

① 실직, 퇴직 등으로 생긴 소득감소
② 저소득으로 인한 경제적 어려움
③ 환자의 간병 및 치료
④ 사녀의 양육 및 교육
⑤ 가족 간의 갈등이나 대화단절
⑥ 삶의 의욕 상실. 좌절감
⑦ 여가 및 문화활동 부족
⑧ 주택 및 주거 관련 문제
⑨ 기타

9. 귀하가 현 거주지에 살면서 가장 먼저 해결되어야 할 문제가 있다면 무엇입니까?

우선순위대로 2가지만 선택해 주십시오. (1. 2.)

① 편익시설 (병원, 백화점 등)부족
② 교통관련 문제(주차, 대중교통 등)

③ 불량한 (자녀)교육환경

④ 불우한 이웃 문제(도움 필요)

⑤ 문화/체육시설의 부족

⑥ 열악한 주택(생활)환경

⑦ 사회복지 시설(노인, 장애인 등)부족

⑧ 학교폭력, 범죄, 밤거리 불안

⑨ 녹지 및 근린공원 부족

⑩ 실직문제, 결식하동 문제

⑪ 향락유흥업소의 범람

⑫ 환경오염, 생활쓰레기 문제

⑬ 지역주민들의 공동체의식 부족

⑭ 불편한 것이 별로 없다

⑮ 기타(구체적으로,)

10. 미래복지관에 대해 알고 계십니까?

① 전혀 모르고 있다.

② 들어본 적이 있다.

③ 가본 적이 있다.

④ 과거에 프로그램이나 서비스를 이용해 본 적이 있다.

⑤ 현재 프로그램이나 서비스를 이용하고 있다.

11. 귀하께서 미래복지관을 이용하신 경험이 있다면 그 계기는 무엇입니까?

① 포스터, 팜플릿 등의 홍보매체

② 이웃이나 친구의 권유로

③ 스스로 찾아서

④ 기타 ( )

12. 귀하께서 미래복지관을 현재 이용하고 계시면 그 이유는 무엇입니까? 하나만 선택해 주세요.

① 사설학원에 비해 이용료가 싸다

② 시설환경이 쾌적하다

③ 선택할 수 있는 다양한 프로그램

④ 교통이 편리하다

⑤ 기관의 직원들이 친절하다

⑥ 유능한 강사가 있다

⑦ 기타

13. 미래복지관의 물리적 환경에 대한 개선사항은?

① 없다.

② 편의 시설(계단, 화장실 등)

③ 냉·난방 시설

④ 청소 및 관리의 청결함

⑤ 프로그램실 기자재

⑥ 공간이나 시설배치의 이용

⑦ 기타 ( )

14. 프로그램 이용 기간은 어느 정도 되십니까?

① 1년 미만 ② 1-2년 미만

③ 2-3년 미만 ④ 3-4년 미만

⑤ 5년 이상

15. 귀하가 이용하고 계시는 프로그램이나 서비스에 대해 얼마나 만족하십니까?

① 매우 만족스럽다. ② 만족하는 편이다. ③ 그저 그렇다.

④ 불만족스럽다. ⑤ 매우 불만족스럽다. ⑥ 이용한 적 없다.

16. 미래복지관 프로그램을 이용하지 않았다면 그 이유는 무엇입니까?

( )

17. 미래복지관의 불편사항이 있으시다면?

① 거리가 너무 멀다.

② 복지관에서 하는 프로그램을 몰라서 참여를 하지 못한다.

③ 시설이 좋지 않다.
④ 프로그램의 내용 미흡
⑤ 홍보가 되어 있지 않다.
⑥ 기타 (   )

18. 미래복지관 운영과 관리 중 불만족 사항은?
① 프로그램의 안내 및 접수 방법
② 프로그램의 이용시간
③ 프로그램에 대한 홍보 및 안내
④ 불만이나 건의 사항 등 이용자들의 의견반영 노력
⑤ 기타 (   )

19. 미래복지관 홍보방법 중 강화시켜야 될 부분은 어느 것인가요?
① 소식지를 통한 프로그램 및 서비스 소개
② 본 기관 게시판 및 현수막 부착
③ 인터넷 PC 통신을 위한 홍보
④ 지역사회 소식지
⑤ 학교, 주민센터, 구청 등의 관공서를 통한 홍보
⑥ 기타 (   )

20. 귀하는 미래복지관이 다음 중 어떤 일을 해야 하는 곳이라고 생각하십니까? 중요 순서대로 2개만 선택해 주세요. (1. 2.)
① 지역주민이 편리하고 쉽게 이용하는 휴식시설
② 지역주민들을 위한 교육프로그램, 독서실을 제공하는 곳
③ 지역주민들의 심리적 문제나 어려움 등을 해결해 주는 상담을 주로 하는 곳
④ 지역의 가난한 사람들을 위해 물질적 지원을 해주는 곳
⑤ 지역주민들의 취미교양 프로그램을 제공하는 곳
⑥ 지역주민들의 취업이나 직업훈련 교육을 시켜 주는 곳
⑦ 지역사회의 현안 문제들을 해결하고, 살기 좋은 동네 만들기에 노력하는 곳

⑧ 기타 ( )

※ 마지막으로 귀하께서 미래복지관에 바라는 점이 있다면 적어 주세요.

( )

3) 욕구의 유형

(1) 매슬로우의 욕구이론

① 매슬로우(Maslow)의 욕구단계

욕구의 8단계	욕구의 내용과 그 의미
① 초월욕구	· 타인의 자아실현과 잠재력 발견을 원조
② 자아실현의 욕구	· 가장 상위 차원의 욕구로서 4가지 욕구가 충족된 후 일어남. · 인간의 잠재적인 능력에 대한 실현의 욕구
③ 심미적 욕구	· 균형, 질서, 아름다움
④ 인식적 욕구	· 지식, 이해, 탐험의 욕구
⑤ 자아존중의 욕구	· 다른 사람으로부터 인정받고 존중받고 싶어하는 욕구 · 충족되면 자신감이 생기지만 결핍되면 열등감이 생긴다.
⑥ 소속과 애정에 대한 욕구	· 정서적인 민족을 얻고 싶어하는 욕구 · 집단에 소속되어 관계를 맺어 사랑 받고 싶어하는 욕구
⑦ 안전에 대한 욕구	· 신체적으로 안정을 유지하려는 욕구 · 외부의 위험으로부터 안전을 보호받으려는 욕구
⑧ 생리적/신체적 욕구	· 인간의 가장 기본적이고 필수적인 욕구 · 의식주와 관련된 생존의 욕구

(2) ERG 이론

상위욕구가 좌절될 때 낮은 하위욕구의 중요성이 커진다는 좌절-퇴행 접근법에 기초한다.

욕구의 3단계	욕구의 3단계와 그 내용
① 존재 욕구	· 의식주와 관련된 생리적 욕구와 급여와 같은 물질적 욕구 · (Maslow) 생리적 욕구, 안정의 욕구와 유사
② 관계 욕구	· 가족을 비롯한 타인과의 관련되는 욕구를 포함한다. · (Maslow) 안전의 욕구, 소속과 애정의 욕구와 유사
③ 성장 욕구	· 자시의 능력을 최대한 발휘하고 새로운 능력개발을 필요로 하는 일에 종사함으로써 충족 가능 · (Maslow) 자아실현의 욕구와 자아 존중의 욕구와 비교

(3) 브래드쇼(Bradshaw)의 욕구유형

① 규범적 욕구 : 전문가의 판단에 의해 규정된 욕구

관습이나 권위, 일반적 여론의 일치로 확립된 표준을 의미하는 이 욕구는 기존의 자료나 유사한 지역사회 조사나 전문가들의 판단에 의해 제안된 욕구이다. 장점은 이 목표는 기존의 서비스 수준과 비교 가능한 비율로 표시되는데 실제 비율이 특정 기준에 미치지 못하면 욕구가 존재한다고 본다. 이 욕구의 강점은 계량화가 쉽고 구체적인 변화의 표적을 만들어 낼 수 있다는 것이며 약점은 여러 욕구단계가 지식, 기술, 가치 변화에 따라 변화하기 쉽다는 것이다.

② 인지적 욕구 : 개개인이 느끼는 욕구

사람들이 욕구로 생각하는 것, 선호하는 것으로 주로 사회조사를 통해 응답자에게 그들이 선호하는 것을 물어 보는 방식으로 욕구를 파악한다. 단, 응답자가 인지하고 있는 욕구와 실제 욕구가 같은가에 대한 균형이 유지되어야 한다. 이 욕구의 단정은 사람의 기대에 따라 각각 기준이 불안정하고 수시로 변경될 수 있다는 점이다.

③ 표출적 욕구 : 서비스의 수요에 기초한 욕구

사회복지 서비스에 가장 많이 이용되는 욕구의 개념으로 수요에 의해 느껴진 욕구가 행동으로 표출된 것이다. 개인이 서비스를 얻기 위해 실제로 노력을 했는가에 대한 여부가 핵심적인 변수이기 때문에 경제학자들에게 인기가 있다. 이 욕구의 강점은 인지한 욕구를 실제로 행동에 옮기게 되는 상황을 강조하는 것이며, 단점은 욕구를 가진 모든 사람이 서비스를 원하는 것은 아니다.

④ 상대적 욕구 : 다른 사람이나 타 지역과 비교해서 정해지는 욕구

이 욕구는 특정한 기준에 의해 발생하는 것이 아니라 한 지역의 욕구와 유사한 다른 지역에 존재하는 서비스와 차이에서 측정되는 비교 욕구로서 비슷한 다른 지역에서 서비스가 제공되지만 해당 지역에서 제공받지 못한 욕구를 파악하는 데 도움이 된다. 지역의 특성을 고려한 상태에서 두 집단의 욕구를 비교하는 것이 바람직하다.

4) 욕구조사의 의의와 그 필요성

욕구조사는 사람들이 갖는 욕구를 파악해 내는 것으로, '한정된 지역 안에서의 사람들의 욕구 수준을 확인해 내고 이를 수량화하는 방법'으로 정의된다.

(1) 욕구조사의 의의

사회복지 실천의 과학화를 위해서는 일차적으로 사회복지가 대상으로 하는 문제들에 대한 정확한 분석이 필요하다. 욕구사정 조사란 보통 그러한 분석에 필요한 방법들을 가리키는 것이다. 욕구사정을 통해 도출된 자료들은, 프로그램의 기획, 집행, 평가의 과정에서 기초적인 근거로서 활용된다. 욕구사정의 의의는 다음과 같다.

① 욕구의 유형을 파악함으로써 정책대안이나 프로그램이 필요한지를 파악한다.

② 주민들이 필요로 하는 각종 서비스 또는 프로그램을 식별해 우선순위를 정한다.

③ 프로그램 운영에 필요한 예산 할당 기준을 마련한다.

④ 현재 수행중인 프로그램 평가에 필요한 보조 자료를 마련한다.

⑤ 프로그램을 수행하는 지역사회 내에 기관들 간의 상호의존 및 협동상황을 파악한다.
⑥ 욕구조사를 통해 기관의 정체성을 확인한다.
⑦ 욕구조사를 통해 기관의 활동과 프로그램을 대상 집단이나 지역사회에 홍보한다.

(2) 욕구조사의 필요성

① 정보 획득 : 클라이언트의 욕구나 문제를 판단할 수 있는 정보의 획득과 클라이언트 자신의 변화를 위한 욕구와 가능성에 대한 정보의 획득이 중요하다.
② 객관성 확보 : 정보의 획득과정은 체계적이고 과학적인 조사 방법을 적용하여 객관성을 인정받아야 한다. 이때 설득력 있는 정보는 생태학적, 개별화적 오류에 의해 왜곡되지 않도록 획득되어야 한다.
③ 실증적 방법 : 욕구조산 실제 상태를 측정하여 욕구를 증명하는 것이므로 계량화, 자료화될 수 있는 실증적 방법으로 측정되어야 한다.
④ 이용자 중심의 비전 및 프로그램 개발 : 욕구 조사의 궁극적인 목적은 이용자의 욕구를 파악하여 이용자 중심의 프로그램 개발에 있으며 조직의 중, 장기적인 사업비전을 마련할 수 있다.
⑤ 체계적이고 전문적인 기관운영 수행 : 프로그램을 집행하기 전에 욕구를 파악하고 얼마나 충족시켰는지 평가함으로써 기관운영의 체계를 확립하고 전문성을 제고할 수 있다.
⑥ 자원의 효율적인 운영 : 욕구의 우선순위를 파악하고 상대적 우선순위를 정하여 인력과 예산을 배정함으로써 기관의 자원을 효율적으로 운영할 수 있다.
⑦ 환경변화에 적극적인 대응 : 욕구조사를 통해서 대상 집단의 욕구변화를 파악하고 정책운영에 반영함으로써 다변하는 사회적

환경과 클라이언트의 욕구에 부응한다.

⑧ 책임성에 대한 평가와 발전의 기초 : 욕구조사와 평가의 상관관계를 통해 프로그램의 효과성을 검증할 수 있으며 욕구조사의 결과는 서비스의 필요성에 대한 객관적인 자료가 되므로 사회복지 서비스의 책임성 평가와 관련된다.

⑨ 정보의 공유와 네트워크로서의 기능 : 클라이언트의 복합적인 문제를 해결하기 위해 문제에 다각적인 접근이 가능할 수 있도록 지역사회 네트워크가 형성되어야 하며 이를 위해서는 클라이언트 정보의 공유가 필요하다.

⑩ 홍보와 참여 기회 제공 : 욕구조사는 서비스 제공 기관과 지역주민의 직접적인 접촉이 가능한 점을 이용하여 사업과 프로그램에 대한 홍보는 물론이고 참여를 유도할 수 있는 좋은 기회가 된다.

(3) 욕구의 확인과 추산

욕구사정은 크게 두 가지로 분리될 수 있는데, 욕구를 확인하는 과정과 확인된 욕구를 추산해 내는 과정이 있다.

① 욕구확인

욕구의 확인은 개인과 사회의 안녕에 중요한 것으로 간주되는 인간적·사회적 존재의 질적인 상태를 확인해 내고 표시하는 것이다. 이러한 상태는 박5탈 혹은 장애 등으로 규정될 수 있고, 정치적 과정과 문제해결의 기술이 가능할 때 기대될 수 있는 결과에 대비된다.

인간 욕구가 확인되는 과정은 사회 문제가 규정되는 과정과 유사하다. 사회 문제에 대한 규정이 사회적인 것과 마찬가지로 욕구의 확인도 사회적으로 이루어지는 측면이 강하다는 것이다. 사회적인 욕구 확인의 과정에서는 다음과 같은 요인들이 존재한다.

첫째, 자원과 기술의 존재 여부이다. 기존의 자원과 기술 수준 안에서 변화 가능한 조건들이 욕구로서 확인될 수 있다.

둘째, 정치적 과정이 존재한다. 특정 조건들이 사회의 조직적 개입을 요구하는 것으로 확인되기 위해서는, 다원화된 정치적 결정 과정을 거쳐야 한다.

셋째, 객관적인 정의와 측정이 필요하다. 자원의 조달과 할당을 담당하는 사회 제도로서의 책임성을 확실히 하기 위해서는, 욕구로서 규정될 상태나 조건들은 객관적인 정의와 측정이 가능한 것들이어야 한다.

② 욕구 추산

욕구 확인이 문제의 규정과 관련한 질적인 단계라면, 욕구 추산의 과정은 추상적인 문제 규정을 조작화하여 수량화하는 단계이다. 이 단계는 박탈과 소외와 같은 문제들의 적정선을 긋는 작업과 같다. 이러한 선은 자연적, 생물학적으로 규정된 것이 아니라 인위적으로 판단, 결정되는 것이다.

추상적인 문지들을 조작화, 수량화하는 욕구 추산의 과정은 많은 어려움을 내포하고 있다. Maslow 인간 욕구 위계의 최상위 단계인 자아실현의 기회 상실에 따른 욕구를 추산하는 데 어떤 어려움들이 따르지 가상해 볼 수 있을 것이다.

욕구 추산의 과정에는 조사방법론의 다양한 기법들 — 예를 들어, 표본 추출, 측정, 통계분석 등 — 이 적용된다. 그러나 이러한 기법들만으로 개인이나 집단에 대한 객관적인 욕구가 산출된다고 보아서는 안 된다. 조사방법의 기법들은 단지 욕구사정의 과정에서 요구되는 자료들을 정확하게 도출하는 방법들 뿐이며, 어떤 자료들을 필요로 하며 어떻게 그것들을 해석할 것인지는 결국 정치경제학적 과정의 합리성에 많이 의존하게 된다.

(4) 욕구조사의 종류

① 수혜자 중심적 욕구조사

아동, 청소년, 노인, 장애인, 여성 등 특정 인구집단을 대상을 서비스를 제공하거나 프로그램을 운영하는 기관에 의하여 실시되는 조사이다.

② 서비스 중심적 욕구조사

의료서비스, 재활서비스, 고용서비스 등과 같은 특정한 서비스를 제공하고 있는 기관에 의해 실시되는 조사이다.

③ 지역사회 중심적 욕구조사

수혜자 중심의 욕구조사와 서비스 중심적 욕구조사의 통합모델로서 지역 사회주민의 전반적인 욕구와 서비스에 대한 욕구도 파악하는 방법이다.

사회복지 욕구에 대해 포괄적이고 많은 정보를 얻을 수 있지만 조사 대상이 광범위할 경우 실시에 어려움이 있다. 이런 경우 모집단을 대표하는 표본을 통해 전체 모집단(지역사회)의 욕구를 추정할 수 있다.

(5) 욕구사정 조사의 기법

주어진 상황에 가장 적합한 기법들을 취사선택할 수 있기 위해서는, 각각의 기법들에 대한 성격을 사전에 이해하고 있어야 한다. 자료가 도출되는 원천에 따라서 욕구사정의 기법들은 다음과 같이 나눌 수 있다.

① 기존 자료의 활용

각종 사회조사들이나 예전에 수행된 연구 자료들을 활용하여, 지역사회의 욕구를 추정할 자료를 얻는 방법이다.

- 장점 - 신속하고 저렴하다.(이미 존재하고 있는 자료들을 토대로 욕구사정에 필요한 것들을 추출해 내기 때문에, 자료 수집을 위한 비용 부담이 낮은 편이다.)
- 문제 - 특정한 욕구사정의 구체적 상황에 적합한 자료들을 얻기가 쉽지 않다.(자료가 존재하더라도 그것에 대한 소재 파악 또한 쉽지 않기 때문이다.)

보통 장기적인 관점에서 지역사회의 욕구 변화 등을 파악하는 데는 이러한 자료들이 유용하게 사용될 수 있다. 사회복지 소식과 프로그램들을 둘러싼 일반 환경의 변화를 이해할 수 있게 하고, 서비스 프로그램의 장기적인 목적 설정 등을 위한 유용한 자료들을 제공할 수 있다.

가. 자료의 출처

기존 자료들에서 많이 활용되는 것이, 각종 기관이나 연구 기관들에서 고정적으로 발표하는 다양한 사회 지표들이다. 사회 지표란 한 지역사회나 전체 인구의 어떤 차원들을 특징적으로 나타내는 비율이나 평균값 같은 수치들을 말한다. 욕구사정에서 중요하게 다루어지는 사회 지표들은, 주로 지역사회와 관련한 사회인구학적 특성들을 반영하는 지표들이다.

나. 자료처리

가장 쉬우면서도 기본적인 자료의 활용은, 지역의 지도 위에다 각종 자료들을 투입하고 이를 비교해 보는 것이다. 비록 단순하지만 이것을 통해 지역사회의 욕구에 대한 인식을 갖게 하는 데는 매우 유용하다. 자료들을 통계학적으로 처리한다면, 변수들 간의 분포와 상관관계들을 주로 살펴보는 것이다. 각종 도표나 통계학적 비교들을 수행하는 데 있어 컴퓨터를 활용하는 것은 수작업과는 비교할 수 없는 효율성을 준다. 최근에는 비전문인들도 쉽사리 활용할 수 있는 통계 패키지 프로그램들이 많이 존재함으로써 각종 사회자료들을 분석하거나 처리, 해석해 내는 것이 쉬워지고 있다.

다. 기존 자료 활용의 주의점

기존 자료를 활용하는데 있어서는 그 자료들이 갖는 한계점들을 이해하고 그 안에서 적절한 용도를 찾는 것이 중요하다. 문헌연구의 문제점들을 참고하면, 기존 자료의 활용에 따르는 한계와 문제들을 파악해 볼 수 있다.

첫째, 간접적 욕구 추정 : 사회 지표들은 그 자체로서 욕구를 나타내지 않는다. 이혼율이라는 사회지표의 수치가 증가하고 있다고 하자. 이혼율의 증가는 단지 이혼에 의해서 발생될 것으로 예상되는 문제들을 추정하게 하는 간접적인 방법일 따름이다. 예를 들어 아이들의 양육 어려움 문제라든지, 개인들의 정서적 불안정, 개인적 사회적인 경제적 손실 등의 문제들이 보다 실제로 욕구를 일으키는 것들이다. 사회지표들은 이처럼 간접적인 추정도구이기 때문에, 직접적으로 욕구가 측정되지 않는다는 한계를 갖는다.

둘째, 자료의 성격과 한계에 대한 정확한 인식 : 자료의 한계를 벗어난 결과들이 유추되는 경우들이 흔히 있다. 그 대표적인 경우가 '생태학적 오류'인데, 욕구사정 조사가 기존 자료를 활용하는 경우에 자주 등장하는 문제이다. 조사자의 관심에 직접적으로 들어맞는 자료들은 찾기 힘들고, 그래서 대개는 집단화된 자료를 구하여 그것으로 개인들에 대한 성향을 유추하는 경우들이 많다.

이러한 것이 생태학적 오류가 되며, 기존 자료를 활용하여 욕구사정 조사를 하는 경우에 특히 조심해야 할 부분이다.

셋째, 자료의 정확성에 대한 관심 : 기존 자료의 정확성에 대한 의심이 필요하다. 흔히 수량화되어 있는 자료들을 사용하다 보면, 자려들이 어떻게 수집되고 손질되었는가를 떠나서 마치 그러한 자료들이 스스로의 객관성을 띠고 있는 것처럼 간주되는 경우가 많다. 그러나 사회 현상에 대한 어떤 수량화된 자료들도, 수량화 과정의 이해를 전제하고 보면 수량화에 따른 위험성이 많음을 쉽게 알 수 있다. 따라서 이차적 자료의 올바른 활용은 정당한 의심을 전제로 하여야 한다.

② 서비스 제공자의 정보

지역사회에서 현재 서비스를 제공하고 있는 기관들에서 자료를 획득하는 방법이다. 기관의 관리자나 개별 업무자들로부터 직접적인 방법을 통해 자료를 수집한다는지, 혹은 기관이 축적하고 있는 기존 자료들을 자료 수집의 대상으로 한다. 이 방법은 클라이언트의 수와 특성, 서비스 성격과 분포, 서비스 활용의 특성, 서비스 전달 체계의 적합성과 충분성, 미충족된 욕구에 대한 추정, 비서비스 지역 등에 관한 정보를 얻는 데 유용하다.

서비스 제공자로부터 자료를 수집하기 위해 사용되는 기법들은 크게 다음과 같이 나눌 수 있다. 수집될 자료의 성격과 자료 수집의 상황을 고려한 적절한 선택이 필요하다.

가. 구조화되지 않은 인터뷰 : 구조화란 질문 내용들을 사전에 정해 두는 것이다. 인터뷰를 하기 전에 질문과 응답을 예상하여 정형화된 인터뷰의 틀을 갖춘다. 구조화되지 않은 인터뷰는 이와 반대로 대략적인 주제만을 결정하여, 정형화된 질문과 응답 없이 자유롭게 인터뷰를 수행한다. 장점은 비용이 적게 들고 신속하게 마칠 수 있다는 것이다. 또한 심도 있게 규명해 들어가면서, 예상치 못했던 자료들을 획득할 수 있는 재량도 갖게 된다. 단점은 자료의 일관성이 부족할 경우가 많다는 것이다. 어떤 인물들을 선택하는가와, 이들이 필연적으로 가지고 있을 편견을 어떻게 발견하고 배제해 낼 것인지도 문제이다.

나. 구조화된 서베이 : 구조화된 설문지나 인터뷰를 사용하여 기관들로부터 정보를 수집하는 것이다. 개별화된 자료 수집 상황의 문제가 배제되어 있기 때문에, 수집된 자료들이 종합적인 관점을 유지할 수 있다는 것이 장점이다. 이 방법의 단점은 높은 비용에 있다. 설문 제작이나 인터뷰에 드는 시간, 우편 비용, 후속 조사, 자료 분석 등에 드는 비용이 만만치 않다. 또한 구조화되지 않은 인터뷰와는 달리, 심도 있고 내밀한 정보를 얻기가 어렵다.

다. 서비스 이용 자료 조사 : 서비스 조직이 서비스 이용자들에 관해 축적해 놓은 자료를 사용하는 것이다. 모니터링과 인테이크 절차를 위해서 축적된 자료들, 사회인구학적 자료, 문제와 욕구, 제공된 서비스, 서비스 빈도 및 지속 기간, 의뢰기관, 개입 성과 등에 대한 자료들이다. 이러한 정보들은 지역사회의 욕구사정 뿐만 아니라, 건전한 경영 통제와 프로그램 평가를 위해서도 도움이 된다. 그럼에도 서비스 이용 자료를 사용하는 데는 몇 가지의 문제점들을 사전에 예상해야 한다. 첫째, 클라이언트 정보에 대한 기밀 보호성 때문에 외부 기관의 입장에서 이러한 자료들에 접근하기가 쉽지 않을 수 있다. 둘째, 서비스 이용 자료들은 대개 경영 통제와 책임성 등의 목적으로 만들어지므로, 그것을 욕구사정의 목적으로 활용하기는 힘든 경우가 많다. 기관이나 업무자들 사이에 표준화된 자료 작성에 대한 합의가 부재하므로, 자료의 범주들이 일정하지 않다는 것 등이 이런 문제들에 속한다. 셋째, 서비스 이용 기록들은 명백하게 클라이언트 인구에 한정된 것이다. 서비스를 받으러 온 사람들의 성격과, 서비스를 받지 않은 사람들이 포함된 전체 인구의 성격과는 많은 차이가 있을 수 있다. 따라서 서비스 이용 자료만으로는 일반 인구의 성격을 파악하기가 어렵다. 만약 서비스 이용 자료들에서 예상되는 이러한 장애들을 극복할 수만 있다면, 이것들은 매우 귀중한 자료 원천이 될 수 있다. 특히 다른 기법들을 통해 수집된 자료들과 서비스 이용 자료들을 합쳐서 비교 대조하는 수렴식 접근방법을 택한다면, 욕구사정의 정보에 대한 전반적인 타당성과 신뢰도를 향상키는 데 기여할 수 있다.

③ 지역사회서베이

욕구사정을 위한 일차적인 자료 수집방법으로서, 해당되는 개인들에게서 직접적으로 자료를 획득하는 것이다.

장점으로는, 첫째, 사회 지표들과 같은 이차적 자료의 활용에 따른 한계들이 극복될 수 있다. 둘째, 서비스 이용자료 활용시 우려되는 특정 서비스 제공자들의 공급자적 편견과, 특정 서비스를 염두에 두고 하는 욕구 산출 등과 같은 치명적인 오류들을 피할 수 있다. 셋째, 적절한 목적과 표본, 자료 수집도구 등이 갖추어진다면, 지역사회 서베이는 욕구사정을 위한 자료 수집방법으로는 최선의 선택이 된다.

단점으로는, 첫째, 시간과 비용이 많이 들고, 연구조사와 관련한 전문적인 능력을 필요로 한다는 것이다. 우편 설문지나 전화 인터뷰 등을 사용하면 직접 인터뷰에 비해서는 비용이 적게 들 수 있으나, 낮은 응답률 혹은 정보의 손실 등이 낮은 비용에 따른 대가로서 존재한다. 둘째, 장기간에 걸친 서베이는 시작과 끝의 시점이 상당한 차이를 보이게 되므로, 이 시간 격차에 따라 욕구의 성격이 변화할 수 있다는 것이다. 셋째, 서베이를 통해 프로그램에 대한 지역사회의 기대감을 상승시키는 부정적인 효과를 초래할 수도 있다. 그래서 지역사회 서베이 기법을 사용할 경우에는 신중한 주의가 필요하다.

서베이의 실질적인 유용성을 높이는 데는 조사연구에 대한 전문적 지식을 갖춘 인력의 확보가 중요하다. 측정도구로서의 설문지나 인터뷰 스케줄을 작성하거나, 표본 선택, 자료 수집 과정, 자료 분석 등을 수행하려면 조사방법론에 대한 적절한 이해가 반드시 필요하다.

④ 지역사회포럼

지역사회의 다양한 구성원들로부터 가치나 태도, 의견 등을 직접적으로 청취하여 자료를 수집하는 방법이다.

가. 수집될 정보의 내용이 사전에 결정되어 있지 않으므로, 자유로운 지역사회의 의견들이 포럼을 통해서 도출될 수 있다는 것이 가장 큰 장점이다. 이에 따라 지역사회 서베이의 문제인, 서비스 공급자의 시각에서 미리 욕구의 범위를 설정해두고 그 안에서 욕구를 선택하게 하는 식의 문제들이 줄어들 수 있다.

나. 개별적인 인터뷰에서 알아내기 힘든 지역사회의 분위기를 파악할 수 있게 한다는 것도 포럼의 장점이다(지역 주민의 개별적인 느낌들과 지역 주민 전체로서의 감정들이 각기 다를 수 있는데, 서베이가 전자를 파악하는 데 유리하다면 포럼은 후자에 유용하다).

다. 지역사회 포럼은 비용이 적게 든다는 경제적 측면의 장점도 있다.

라. 단점으로 대표성을 고루 갖춘 참석자들을 확보하는 것이 어렵다.

마. 의사 진행의 어려움이 작용할 수도 있다.

포럼의 활용은, 욕구사정을 통해서 만들어질 프로그램이 지역사회에 성공적으로 받아들여지는 여건을 조성하는 데도 유용하게 쓰여진다. 지역사회에서 프로그램의 실행과 협조를 구하기 위해서는, 지역사회의 리더십을 갖는 사람들의 도움이 필요하다. 포럼의 과정은 자연스레 누가 리더십을 가지고 있는지를 파악할 수 있게 하고, 새로운 프로그램을 잠재적인 클라이언트들에게 직접적으로 널리 알리는 역할도 한다.

⑤ 델파이기법

전문가들에게 우편으로 의견이나 정보를 수집하여 분석한 결과를 다시 응답자들에게 보내 의견을 묻는 식으로 만족스러운 결과를 얻을 때까지 계속하는 방법인데 어떤 불확실한 사항에 대한 전문가들의 합의를 얻으려고 할 때 적용될 수 있다.

장점은, 첫째, 전문가를 한 자리에 모으는 수고를 덜고 응답자의 시간을 효율적으로 사용할 수 있다. 둘째, 전문가가 자유로운 시간에 의견을 말할 수 있다. 셋째, 익명이므로 참가자의 영향력을 줄일 수 있다.

단점은, 첫째, 반복하는 데 시간이 많이 걸린다. 둘째, 반복하는 동안 응답자의 수가 줄어드는 데 문지가 있다.

⑥ 욕구사정 기법의 결정

욕구 확인의 많은 과정이 정치경제적 작용에 대한 질적인 이해를 필요로 하는 데 반해, 욕구 추산의 기법들은 구체적인 자료들의 확보와 그로부터 욕구를 산출해 내는 고도의 기술적인 능력들을 요구한다. 따라서 욕구사정을 진행하는 전문가는 자료 수집과 분석에 관한 기술적인 지식들도 반드시 갖추어야 한다. 그러한 지식이 있어야만, 주어진 상황에 가장 적합한 욕구사정 기법들을 취사선택할 수 있게 된다.

어떤 기법을 선택하는가에 대한 결정은, 욕구사정의 목적, 욕구사정이 수행되는 기관의 성격, 특정 자료들의 가용성, 측정의 명확화가 요구되는 정도 등을 복합적으로 고려하여 선택한다. 이상적으로는, 하나 이상의 다양한 기법들을 복합적으로 사용하여 비교를 통해 욕구사정의 정확성을 높이는 방법이 있다. 비록 제한된 비용이라는 현실을 고려하더라도, 동일한 비용으로 하나의 기법에 투자하기보다는 둘 이상의 기법에 분산하는 것이 가능한지를 반드시 확인할 필요가 있다.

10. 욕구분석

1) 욕구분석의 개념

욕구를 다양한 조사방법론에 의해 조사를 실시하는 단계가 욕구조사단계이다. 욕구조사는 자원할당, 프로그램 계획 및 개발, 지역사회 욕구자료 관리, 지역사회 교육 등 다양한 필요성을 갖고 있다. 이 필요성을 전제로 하여 이들 욕구 조사 자료들을 분석하는 단계가 욕구조사 분석의 단계이며 욕구 조사 분석은 지역사회에 필요한 서비스의 수요를 측정하고 기존의 프로그램을 수정 또는 보완하여 객관적이며 효과적인 평가도구를 개발할 수 있도록 돕는다.

2) 욕구조사의 분석방법

① 기존연구로부터의 추정(조사에 의한 분석)
② 자원목록 활용
③ 서비스통계 활용
④ 서비스조사 분석방법의 특징

지역사회에 거주하는 사람들로부터 정보를 수집하는 일과 관련되기 때문에, 문제에 처한 지리적 영역의 특수한 욕구에 부합하는 본질적인 자료를 제공한다. 더욱이, 이것은 소비자와 잠재적인 소비자의 태도에 관한 정보를 이끌어내는 한 가지 전략이 되기도 한다.

3) 욕구중심의 사례관리 분석(류상열, 1999)이 제시한 사례관리 모델 중심)

제1단계: 인테이크 과정: 욕구 발견의 단계

재가복지의 대상 중 노인이 혼자 사는 경우나 노인을 모시는 가족의 욕구를 발견하는 단계이다.

제2단계: 욕구 검토 및 해결

욕구 검토의 목적은 첫째, 서비스이용자의 욕구 내용이나 정도, 둘째, 욕구에 대응하는 서비스이용자의 능력, 셋째, 그 욕구에 대응하는 비공식적 지지체계의 역량, 넷째, 그 욕구에 대응하는 공식적 지지체계의 역량 등을 사정하는 것이다.

제3단계: 서비스 대상자 선정 단계

서비스이용자 욕구중심 사례관리에서 서비스 대상은 지역사회 복지관의 서비스이용자 대상이거나, 서비스 대상임에도 서비스를 받지 못하고 있는 사람으로 복합적인 욕구로 인해 여러 가지의 서비스를 필요로 하고 있는 사람이다. 이때, 연령은 노인이이건, 아동이건 관계가 없는데, 가장 중요한 대상자 선정 기준은 욕구의 복합성이라 할 수 있다.

〈그림 6-2〉 서비스 이용자 사례 개입과정

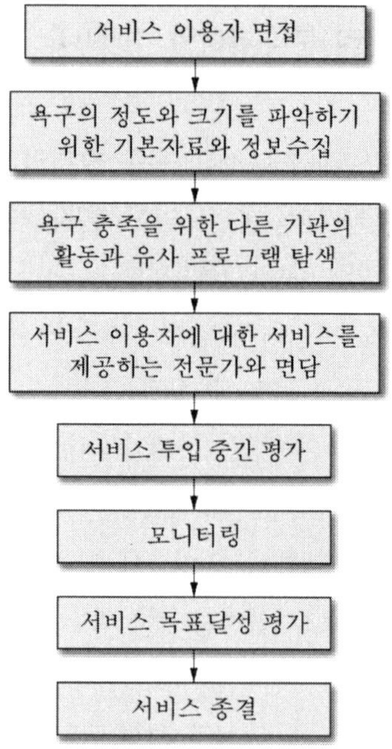

출처: 정순돌(2005). 사례관리실천의 이해-한국적 경험을 중심으로-, p. 218.

제 7 장

사회복지 서비스 대상자 선정

1. 사회복지서비스 대상자의 선정

사회복지 프로그램의 대상자 결정이란 잠재적 서비스이용자 집단에 대한 선정 사회복지 프로그램 개발과 관련하여 잠재적 서비스이용자 집단 선정이란 사회복지조직이나 사회복지사가 앞으로 개발될 프로그램의 대상자로 예상되는 집단의 윤곽을 분류하여 정하는 것이다.

중요한 과제 중의 하나는 누구를 프로그램 및 서비스의 대상자로 삼을 것인지에 관한 결정한다.

누가 서비스의 대상자가 되고 누가 제외될 것인지에 관한 결정은 신중하고 체계적인 판단과정을 통해서 이루어져야 한다.

서비스 대상자 집단 또는 표적 집단의 선정과 관련해서는 우선 서비스이용자 욕구의 정도와 프로그램 이론에 적합한 대상인지를 고려해야 하고 그 다음 법률과 규정에도 적합한지를 검토해서 일정한 원칙이다.

프로그램 개발에 있어서 항상 그 프로그램의 수혜자가 어느 지역 또는 어느 계층이나 부류의 사람들인가를 파악해야 한다.

실질적인 서비스이용자 집단의 욕구를 프로그램에 제대로 반영시키기 위해서는 자격 규정이나 원칙 필요하다.

프로그램을 통하여 누가 무엇을 어떻게, 얼마만큼, 어떤 조건하에서 얻을 수 있는가?(who gets what? how much? and under what conditions?)를 분석하는 것이라 할 수 있다(Glenhurst, 1991; Chambers, 2000).

문제의 성격과 규모를 측정하는 틀은 다음과 같다.

① 문제집단의 분포를 분석해 표적집단을 찾아가는 "표적집단 사후 계산법" = 표적집단 사후 확인법(사후 계산법)에 따르면 문제에 대한 개념정의가 이루어진 후, 그 문제나 욕구가 어느 정도로 심각하게 지역주민들 사이에 퍼져 있는가를 파악하는 것이다.

문제를 가진 주민 전체를 한 집단으로 보고 피해주민의 규모를 조사할 수도 있지만, 그 전체 주민 중 어떤 성격의 주민들이 가장 피해를 입었는지를 표를 작성하여 그 대상 집단을 찾아내는 것이 바람직하다.

② 반대로 표적집단을 먼저 정하고 그 분포를 분석하는 "표적집단 사전계산법"은 여러 가지 조사방법과 문제집단의 구분을 통해 프로그램의 대상 집단이 곧 바로 파악될 수도 있으나, 때로는 자료가 없이 문제의 위기집단이 얼마나 있는가를 추정해 나가야 할 때가 있다. 이러할 경우, 단순히 인구학적 정보만을 바탕으로 다른 사회조사 자료를 이용해 문제집단의 규모를 추정하는 방법이 "표적집단 추정방법"이다. 이 추정방법은 사후 결론보다는 이성에 의한 논리성에 바탕을 두어 사전에 표적집단의 개념을 정하고 그 분포와 규모를 대략적으로 추정하면서 범위를 좁혀 가는 접근방법이다.

집단을 분석하는 것은 누구에게 서비스를 제공할 것인가를 결정하는 과정이다. 이 과정은 일련의 관리 및 프로그램 결정들에 따라 적격의 집단으로 좁혀 가는 것이다. 뒤따르는 절차들은 관리자가 프로그램 결정을 만들도록 도와야 한다. 프로그램은 어디까지나 지역사회 내의 특정 집단의 문제해결, 즉 욕구 충족을 돕는 활동으로 구성되기 때문에 그 대상자 집단이 명확하게 선정되어야 한다. 이것은 바로 서비스의 형평성과 적절성에 관한 문제를 야기시킨다.

Rapp와 Poertner(1992)에 의하면 누가 서비스를 받을 것인지가 부정확한 경우 발생하는 문제이다.

① 조직 간에 그리고 주민자치센터 사회 서비스 국과 서비스이용자들 사이의 갈등 원천이 된다.

② 서비스이용자가 받아야 하는 서비스의 복지수당이 줄어들게 된다. 따라서 프로그램이 제공하는 서비스를 누가 받을 것이고, 누가 제외되어야 하는지에 대한 결정, 즉 대상자 선정은 프로그램이 목적하는 바를 성취하기 위해서 반드시 심사숙고해서 결정해야 한다.

1) 일반집단(general population)

여기에서 일반집단은 서비스 이용자가 속한 관할지역 또는 행정구역 내에 있는 모든 사람을 포함하는 것으로 프로그램에 관련되는 전체 대상을 지칭한다.

서비스를 제공하는 행정관할 구역 내의 일반 사람들을 포함한 집단이다. 일반집단은 사회복지 프로그램의 대상자 집단 가운데 가장 포괄적 인구집단으로 문제나 욕구를 갖고 있다고 판단되는 해당지역의 전체 대상 집단이다.

어떤 사회복지 프로그램이 아동복지 프로그램 이라면 일정한 지역 내에 있는 문제나 욕구를 갖는 전체아동이 이에 해당한다.

2) 위기집단(at-risk population)

위기집단은 일반집단 중에서 특정 문제에 노출되었거나 문제를 겪은 경험이 있는 사람들을 대상으로 한다. 이들은 사회문제에 더욱 취약성을 보이거나 문제나 욕구차원에서 심각한 상태에 있는 인구집단으로 이 집단은 사회복지 프로그램으로 특정한 개입이 필요한 사람들을 추정하여서 산출해야 한다. 위기집단을 기술하는데 있어서 전형적으로 가장 영향 받기 쉬운 사람들의 특징을 포함하고, 이러한 문제를 경험하고 있는 사람들의 집단을 제시하여야 하며, 개입이 필요한 사람들을 추정하여 산출해야 한다.

3) 표적집단(target population)

표적집단은 프로그램의 제공을 통해 문제 해결의 대상으로 삼는 집단으로서 프로그램을 통하여 관련 서비스를 받아야 할 대상을 지칭한다. 그런데 위기집단의 하위집단으로 프로그램의 대상자로 일차적 자격요건을 갖춘 사람들이라 하지만 특정지역에 있는 모든 위기집단에 속하는 대상자가 표적집단으로 프로그램의 대상자로 될 수는 없다. 표적집단을 추출할 때는 특정의 기준을 정하여 문제의 심각성이 높은 집단을 선정하되, 프로그램이 접근할 수 있는 지리적 경계 내에 있는 사람들로 한정해야 한다. 프로그램 이론이나, 기관의 자원 등이 프로그램의 표적집단으로 한계를 정하는 데 영향을 미친다. 다시 말해서 법률이나 정부의 지침과 프로그램 이론이나 가설에 적합한 대상집단을 선정할 수 있고, 기관의 인력과 재원으로 커버할 수 있는 범위의 대상자로 한정할 수 있다. 재원을 공급하는 기관의 요구로 특별히 위기집단 가운데 일정한 특성을 갖는 사람으로 범위를 축소할 수 있다는 것이다. Rapp와 Poertner(1992)는 위기집단에서 프로그램의 수혜를 받을 자격 집단으로 표적집단으로의 대상을 좁히는 것은 일반적으로 프로그램 이론과 기관후원에 의해 영향을 받는다고 한다. 이유인즉, 프로그램 이론은 프로그램을 실행하기 위해 필요한 활동을 설명해 주는 또는 프로그램에 대한 전체적인 설명을 해주는 밑그림이다. 일련의 프로그램의 활동들은 분명 결과와 연관이 있다. 이는 프로그램이 욕구에 있는 사람들에게 욕구를 해결하기 위한 서비스나 서비스를 제공하는 일련의 활동들을 구성하고 있기 때문에 이러한 프로그램 활동들은 다분히 욕구의 해결을 위한 결과와 연관이 있음을 의미한다. Chamber(2000)에 따르면 프로그램 이론은 원하는 결과를 성취하기 위해 수행된 일련의 활동들에 대한 대강의 밑그림이다. 프로그램 이론이 기대하는 결과를 성취하기 위한 일련의 활동을 어떻게 준비할 것인지를 설명하는 것이다. 따라서 프로그램 이론에 따라 서비스를 제공 받는 대상자의 숫자가 많아질 수도 있고 적어질 수도 있다. 따라서 지역사회로부터 분리된 위기집단이 모두 다 특별한 개입의 대상이 되는 것은 아니다. 프로그램 이론과 기관의 자원은 그 모든 집단을 해결할 수 있는 것은 아니기 때문에 프로그램 이론과 기관의 자원은 표적집단의 한계를 정하는 두 가지 중요한 요인이 된다. 프로그램이 제공하는 서비스의 성격과 개입선략 등이 표직집단을 선정하는데 중요한 기준이 되기도 한다. 예방프로그램은 대개 치료 프로그램보다 더 넓은 표적집단을 갖는다. 예방 프로그램은 이미 프로그램을 경험했던 사람을 제외한 전체 인구가 대상이 되기 때문이다. 반면에 치료 프로그램은 뚜렷한 문제를 필요로 한다. 알코올남용 개입과 치료 프로그램이 좋은 예다.

4) 서비스이용자 집단(Service User Group)

표적집단의 하위집단으로 프로그램의 직접적 대상자인 서비스이용자가 되는 사람들이다. 예를 들어 프로그램에 실제로 참여할 대상자로 자격요건을 갖춘 모든 표적집단의 사람들이 서비스이용자가 될 수는 없다. 현실적으로 서비스에 접근성의 문제로 인하여 표적집단 전체가 서비스이용자 집단이 되기는 어렵다. 자격이 되는 사람들 중의 부분적인 사람들만이 서비스를 제공받게 된다.

사회복지 프로그램의 관리자나 프로그램 설계자가 결정해야 할 가장 중요한 과제는 누가 서비스를 받고 누가 받지 못할 것인지를 결정해야 한다. 결정을 내리기 위한 기준 세 가지 요인을 고려해서 서비스이용자 집단을 확정한다(Rapp & Poertner, 1992: 46).

(1) 실용적 수용성(pragmatic capacity)

서비스이용자 집단을 선정하는 가장 보편적 방법이 사회복지기관에서 특정 프로그램의 수행 인력과 재정의 여건을 감안한 적정한 서비스이용자 집단의 규모를 결정하는 요인이 된다.

과도한 사례의 수와 예산의 범위를 초과하는 서비스이용자 집단의 선정은 결과적으로 프로그램의 질적 수준을 저하시킨다. 프로그램의 진행 도중 이러한 문제에 직면하여 담당 사회복지사의 자의적 판단이나 후원자 또는 지역사회 영향력 있는 인사의 입김으로 결정되어서는 안 된다.

사회복지기관의 입장에서는 적정한 서비스이용자 수를 실용적 수용성의 관점에서 정해야 한다.

이러한 기준이 프로그램의 설계단계에서 미리 정해져야 한다는 것이 중요하다.

프로그램의 한계가 정해지면 담당자는 어떤 사례가 우선시 되어야 하는지를 결정하여 대기자 리스트에 의해 먼저 온 사람이 먼저 프로그램을 참여할 수 있도록 결정해야 한다.

우선순위를 대기자 리스트에 의해 먼저 온 사람이 먼저 프로그램을 제공 받도록 할 것인지(first come first serve) 혹은 문제의 심각성을 고려하여 우선순위를 결정할 것인가?

중요한 것은 이러한 결정이 프로그램의 진행 중 관리자나 다른 결정권자들, 즉 후원자나 지역사회 유지들에 의해 결정되는 것이 아니라, 프로그램 담당자에 의해 프로그램 설계 단계에서 이루어져야 한다.

(2) 윤리성(Ethical Principles)

사회복지 프로그램의 대상으로 충분한 자격요건을 갖춘 서비스이용자라 하더라도 본인의 자발적 동의에 의해서 프로그램에 참가할 의향을 보이는 사람만을 서비스이용자 집단으로 선정할 수 있다. 윤리성은 서비스이용자가 특정 프로그램에 참가함으로써 갖게 되는 의무를 수행하고 그 프로그램으로 일정한 서비스나 복지수당은 있을 것을 인지하고 자발적으로 동의하는 원칙을 지키는 경우 보장된다. 서비스 대상자로 선정된 자신이 서비스를 받는 것을 선별할 수 있는 지각이 있어야 한다. 대표적인 예로 젊은 만성정신질환자에게 전통적인 사후 관리 프로그램을 실시하여 수행성과가 좋지 않고 실패한 적이 있다면 이들 프로그램은 젊은 만성질환자들의 자발적인 참여를 이끌어내고 유지할 능력이 없었던 것과 관련이 있으므로 자발적인 참여가 이루어지지 않을 경우에 이러한 사항들을 고려해야 한다.

(3) 서비스이용자 능력(Service User capabilities)

프로그램에 참가하여 일정한 복지수당을 얻기 위해서는 서비스이용자에게 기본적으로 자신의 능력과 자원이 갖추어져야 한다.

예로 자격요건은 갖추었지만 거리가 멀거나 또는 날짜, 시간 등이 맞지 않아 프로그램의 대상자로 선정되지 못하는 서비스이용자 등을 들 수 있다.

서비스이용자가 특정 프로그램에 참가하기 위해서는 일정 수준 이상의 인지, 정서, 행동적 측면에서 자신의 능력감을 보여야 한다.

예를 들면 정신장애인 사회재활 프로그램에서는 기본적으로 약물복용으로 증상관리가 가능하고 인지, 정서, 행동적 차원에서 문제행동을 보이지 않아야 집단 활동으로 사회재활이 가능할 수 있다.

서비스 이용자는 반드시 특정한 날짜와 특정한 시간을 할애할 수 있어야 한다. 그들 집단에 참여하고 싶어해야 하고, 참여할 수 있는 의지와 능력이 있어야 한다. 프로그램을 담당하는 전문사회복지사는 서비스이용자가 프로그램을 참여하여 적절한 변화를 기대하는 최소한의 능력이 있어야 한다.

2. 프로그램의 적용대상의 표적 효율성 결정

표적집단이 합리적으로 선정되었다 하더라도 사회복지서비스를 위한 자원은 한정적이기 때문에 서비스를 가장 필요로 하는 집단에 서비스를 제공하는 것이 무엇보다도 중요하다.

Bebbington 외 공동연구자(1983)는 "표적효율성이란 서비스를 받는 것이 가장 비용효과적이라고 판단되는 대상에게 자원을 할당하는 것이다.

① 수평적 표적효율성이란 서비스가 필요한 사람 또는 우선적 욕구를 가진 사람 중에서 실제로 서비스를 받는 대상자의 비율로 서비스를 필요로 하는 사람들에게 얼마나 보편적으로 서비스가 제공되고 있는지에 관한 것이다.

일정 지역 내에서 서비스가 필요한 인구수에서 현재 서비스를 받고 있는 인구수를 산출하여 비율로 나타나는 수치이므로 전국적으로 특정 서비스의 제공의 분포도를 알려 줄 뿐만이 아니라 지역 또는 기관차원에서 비교적으로 사회복지 서비스 욕구의 상호비교는 물론 욕구충족의 수준을 가늠케 해 주는 정보를 제공한다.

② 수직적 표적효율성은 현재 사회복지서비스를 받는 사람 가운데 우선적 욕구의 기준을 충족시키는 수혜자의 비율로 욕구의 기준을 충족시키는 대상자에게 얼마나 서비스가 집중적으로 제공되는지에 관한 문제이다.

수직적 표적효율성을 파악하기 위해서는 현재 재가복지서비스를 받고 있는 노인 중 어느 정도가 우선적 욕구를 갖고 있는지를 분석한다. 일정 지역이나 특정 기관 내에서 기준에 적합한 욕구를 갖는 대상자에게 어느 정도 서비스가 집중되고 있는지에 관한 중요한 정보를 제공해 준다.

3. 프로그램의 적용대상 결정

잠재적 서비스이용자집단에 대한 매핑(mapping)을 말한다. 구체적으로 일정한 기준에 의해 경계를 정하여 구획하는 것이다. 사회복지 프로그램 개발과 관련하여 사회복지조직이나 사회복지사가 앞으로 개발될 프로그램의 수혜가 예상되는 잠재적 집단의 윤곽을 정하는 것이다. 프로그램의 수혜자가 어느 지역 또는 어느 계층이나 부류의 사람들인가를 파악한다. 개발될 프로그램에 참여가 예상되는 대상이 누구이며 이들의 거주지는 주로 어느 곳이고, 그곳에 거주하는 사람들의 특성은 어떠한가?

사회복지사가 매핑을 수행하는데 어디에서부터 출발해야 하며, 매핑을 할 수 있는 원리나 기법들을 반드시 알고 있어야 장차 개발될 프로그램에 참여가 예상되는 직접적인 프로그램 수혜자, 즉 실질적인 서비스이용자집단의 욕구를 프로그램에 제대로 반영시킬 수 있다.

자격규정으로 프로그램을 통하여 누가 무엇을, 얼마만큼, 어떤 조건하에서 얻는가를 분석하는 것이다(사회체제분석, 사회계층화, 사회차별화, 문화분석)(Chambers, 2000).

① 사회체계분석

사회체계란 인간의 사회적인 관계를 형성하는 네트워크와 이것에 함께 연결된 모든 사회구성원의 총수를 말한다.

사회체제의 구성요소인 신념, 감정, 목표 등을 통해 서로 이해될 수 있다.

사회체제분석은 사회체제 속에 소속된 인간집단의 사회적 구조를 일정한 기준에 의해 분석하여 유형화시키는 것을 말한다.

프로그램을 개발하는 과정에서 사회복지사가 잠재적 서비스이용자집단을 매핑하기 위해 사회체제분석에서 제시하는 준거를 이용하여 구획하는 것은 서비스이용자집단을 이해하는데 많은 도움을 준다.

② 사회계층화

특정 사회구성원의 사회경제적 지위와 관련된 변인들을 토대로 우등-열등의 척도로 서열화하는 것을 말한다.

실제로 사회복지사가 프로그램을 개발함에 있어 서비스이용자집단을 소득수준, 직업, 교육수준 등에 의해 분류하여, 이들 집단들을 향후 프로그램에 참여시킬 수 있는 전략을 수립하는 데 도움을 얻을 수 있다.

③ 사회차별화

사회계층화와는 달리 사회구성원을 특정 기준에 의해 서열화 시키는 것이 아니라 사회구성원이 가진 고유한 특성에 의해 차별화 시키는 매핑기술이라고 할 수 있다. 차별화시키기 위한 요인들은 연령, 성별, 사회적 역할, 사회경제적 지위, 생활방식, 교육경험 등이다. 프로그램을 개발하는 초기단계에서부터 차별화시키는 매핑기법을 실시한다면 보다 더 효과적인 프로그램을 운영할 수 있다.

④ 문화분석

문화는 한 사회집단의 거의 모든 것이 통합된 포괄적인 개념으로 언어, 신념, 태도, 생활방식 등을 포함한다. 문화요소들은 개인들에게 독특한 경험을 가지게 하고, 그들이 가진 다양한 경험들은 그들의 행동에 영향을 미치게 된다. 문화분석은 원래 문화인류학자들에 의해서 가장 널리 사용되는 개념적인 틀로 대규모적인 범사회집단을 분류하고, 그 속에 소속된 사회구성원을 이해하는데 매우 유용한 기법 중의 하나이다. 기법은 사회복지사들로 하여금 신념과 생활방식 등에 의해 잠재적 서비스이용자집단을 이해할 수 있는 통찰력을 갖게 해준다. 프로그램은 어디까지나 지역사회 내의 특정집단의 문제해결 즉, 욕구충족을 돕는 활동으로 구성되어 있기 때문에 그 수혜자 집단이 명확하게 선정되어야 한다. 이러한 과정이 제대로 이루어지지 못하면 프로그램의 정체성이 약해지게 된다. 이것은 바로 서비스의 형평성과 적절성에 관한 문제를 야기 시킨다. 서비스이용자집단의 선정을 적절하게 하기 위해서는 프로그램의 기획과정에서 일반집단에서 위기집단으로, 표적집단에서 서비스이용자집단의 순으로 서비스 수혜자를 확정지어 나가는 것이 바람직하다고 사료된다.

4. 대상자 선정의 자격기준의 유형

사회복지 분야에서 대상자들에게 사회복지 서비스를 제공하는데 있어서 다양한 자격 기준을 가지고 분류하고 있다. 사회복지 기관이나 공공기관에서 제공하는 서비스가 다양하다.

Chambers(2000)가 주장하는 다양한 자격 기준 유형화에는 사전 기여금, 행정규칙 또는 규정, 사적인 계약, 전문적 분별, 행정적 분별, 법원의 결정, 자산조사, 노동능력에 대한 부착(노동현장에 대한 소속)으로 나눈다.

1) 사전 기여금

제도적인 측면에서 사회복지 프로그램들 중에 기여도에 따라 서비스 대상자로 선정한 후에 복지를 제공하는 프로그램들이 있다. 이러한 프로그램 분류에 속하는 가상 대표적인 프로그램으로는 국민연금이나 퇴직연금 등이 있다. 프로그램은 누가 복지수당을 받을 것인지 얼마나 얻을 것인지 그리고 어떤 조건하에서 복지수당을 받을 것인지를 결정하는 자격기준은 앞선 기여금 즉, 복지수당을 받기 전 미리 납부한 기금이 된다. 물론 앞선 기여금이 인구 통계적 변화에 민감하게 반응하지 못한다는 결점을 가지고 있지만, 얼마나 기여를 했는가에 따라 서비스나 복지수당이 결정되는 앞선 기여금이라는 자격기준은 유용하게 사용될 수 있는 자격기준 중에 하나임이 분명하다.

2) 행정 규칙이나 규정

전 국민을 대상으로 하는 거시적 사회복지프로그램들은 국가가 정한 다양한 복지 법에 근거해서 제공되는 경우를 말한다.

예를 들면, 저소득층을 위한 생계보호 프로그램은 자격기준이 국민기초생활보장법으로 규정되어 있다. 즉, 자산조사를 통해 소득과 재산을 평가 받은 후 자격기준을 부여받게 된다. 하지만 모든 상세한 규정들이 법안에 규정되어 있지는 않기 때문에 행정적 규정(administrative rule & regulation)이 필요하다.

예를 들어, 자산을 기준으로 자격기준을 결정하는데 친척이 준 중고피아노 또는 낡은 자동차를 자산으로 평가해야 하는지 등 행정적 규정 즉, 내규가 자격기준을 결정하는데 있어 필요한 경우가 종종 발생하게 되는 것을 의미한다.

3) 사적인 계약

사적인 계약(private contract)의 조항에 의해서 자격기준이 결정되는 경우가 종종 있다. 민간단체와의 사적인 계약을 통해 자격기준을 결정하는 것을 의미한다. 복지 서비스나 복지수당의 제공이 계약을 통해서만 민간단체에 이양되는 경우 국가나 지방정부는 계약자가 누구에게 그리고 얼마 동안 어떤 조건하에서 서비스를 제공할 것인지 등에 관한 조건을 계약의 내용에 삽입하는 것을 원하게 되고 자격기준을 위한 조항으로 명시하게 된다. 예를 들면, 장기요양보험 제도를 들 수 있다. 계약에 따라서 정부나 지방정부가 노인들의 장애 등급에 따라 차등하여 지불하지만 서비스는 국가나 지방정부가 직접 제공하는 것이 아니라 일반 계약자가 서비스를 제공하고 있다.

4) 전문적 분별

가장 일반적으로 많이 사용되고 있는 자격기준 유형 중 하나로써 전문적인 분별을 들 수 있다. 예를 들면, 의료서비스를 받을 수 있는 자격기준은 의사의 진단에 의해서 결정될 수 있다. 사회복지사나 변호사 등의 전문가들의 사정과 평가에 따라 집단의 성원에 의해 특정한 복지서비스나 복지수당의 자격이 결정되는 것을 의미한다. 정신상태의 안정을 위한 프로그램이 필요한지 아닌지에 대해 정신보건 사회복지사가 결정, 학대받는 아이를 부모로부터 격리시켜 보호해야 될지에 대한 결정도 사회복지사를 포함하여 의사, 간호사, 교사 부모 등 위원회를 구성하여 위원회가 최상의 조건에 따라 결정을 내릴 수 있다. 개인적 전문지식에 근거한 자격기준의 결정은 또한 개인적 편견이나 선입견 등의 개입으로 왜곡될 수 있음을 지적한다.

5) 행정적 결정

행정적 결정은 국가나 시군구 등이 전문 사회복지사 또는 복지행정가들에게 복지 서비스나 복지수당을 제공할 수 있는 자격을 결정하도록 하는 것을 허락하는 것을 의미한다. 전문적 판단은 행정적 판단의 차이점을 살펴보면, 전문적 판별은 전문가들이 자격기준을 결정하는 권위를 가져다준다는 것이다. 행정적 판별은 사회복지사들이 국가나 시군구 등으로부터 자격을 결정할 수 있는 자격을 부여받는다는 점이다.

6) 법원의 결정

서양에서 주로 발생하는 문제로 우리나라에서는 드물지만 법원의 결정도 자격기준을 결정하는 중요한 하나의 유형이다. 법원의 판정은 자격기준에 대한 새로운 법률적 해석을 낳게 하는 경우 프로그램을 제공받는 자격이 있는 사람들의 범위를 확대 내지는 축소시키는데 있어 결정적인 영향력을 행사한다.

수혜대상자들이나 시민들이 법원에 행정적 규정이나 규칙 등에 대한 의의 신청을 하고 법원이 이에 대한 판결을 내림으로써 합리적이고 객관적이지 않다고 생각되는 프로그램의 자격기준을 수정하고 프로그램의 수혜자를 늘이거나 줄이는 역할을 하게 된다.

7) 자산조사

가장 일반적으로 많이 알려져 있고 많이 사용되는 자격기준의 유형으로서 사회복지프로그램들 중에는 자산조사를 통해 특정 프로그램에 복지수당을 받을 자격을 획득한 사람들은 다른 프로그램에서도 동등한 자격을 갖게 되는 경우가 많다.

소득과 재산을 평가하는 자산조사는 어떤 사람들이 욕구를 가지고 있는지 알기 위해 특정기준을 사용해서 기준보다 이하에 있는지 아닌지를 평가하는데 도움을 준다.

만약 자산조사 결과 기준을 초과하는 자산을 소유하고 있는 사람들에게는 복지수당이나 서비스가 제공되지 않으며 조사 결과 기준에 도달하지 않는 사람들에게는 기준에 미달되는 양만큼 복지 수당과 현물이 제공된다. 가장 대표적인 예로 국민기초생활보장 프로그램을 들 수 있다.

8) 노동현장에 대한 소속감 : 노동력에 대한 부착

노동력을 일차적인 목표로 한다면 노동현장에 소속되어 있는 사람들이라는 조건이 복지수당을 받을 자격기준으로 중요한 역할을 담당할 수 있다.

노동자들은 최소의 기여금을 각출하고 이러한 프로그램에서 복지수당을 받을 수 있는 자격을 획득하게 된다. 이러한 프로그램들은 자격기준으로서 사전 기여금을 적용하지만 단순히 사전 기여금이 아니고 사전 기여금이 특정 기간 동안의 서비스나 복지수당을 결정하는 자격기준으로 역할을 할 수 있음을 의미한다. 대표적으로 이 자격기준을 사용하는 사회복지 프로그램은 실업급여제도(고용보험)을 들 수 있다. 실업급여의 자격기준은 일정 기간 동안 노동현장에서 고용되어 있었던 노동력을 보유하고 있었던 노동자로서 실직했을 경우 실업 급여를 일정 기간 동안 받았던 임금의 60~70%를 급여로 지급받게 된다.

5. 자격기준을 평가하기 위해 고려해야 할 점

1) 사회문제화의 적합성

대상자 선정을 위한 자격기준이 사회문제의 해결에 적합한가는 다시 말해, 자격기준의 설정이 사회문제의 분석에 기초해야 한다는 것을 의미한다. 지은구(2005)는 사회문제와의 적합성을 크게 두 가지로 분류하여 설명하고 있다.

① 사회문제 분석의 표적 구체화

② 사회문제 분석의 이데올로기와 자격 기준 사이의 일치성

사회문제분석의 표적구체화와 자격기준 사이의 일치성에서 자격기준은 프로그램의 서비스나 복지수당을 받을 수 있는 표적집단이 포함될 수 있는 조건이다. 예를 들어 사회복지 프로그램이 사회문제의 해결과 직접적인 연관이 있기 때문이다. 즉, 자격기준이 이러한 기준에 부응하지 못한다고 한다면 서비스나 복지수당이 표적집단으로부터 벗어나는 현상이 일어나게 된다.

따라서 기관의 입장에서 보았을 때 발생되는 문제점은 사회문제와 직접적인 연관이 있는 표적 집단을 대상으로 자격기준을 정했을 때 기준에 적합한 모든 사람들에게 서비스를 제공할 수 있냐는 것이 중요하다.

만일, 표적집단을 너무 확대했을 경우 프로그램 비용이 증가하게 될 것이고 반대로 표적집단을 좁게 했을 경우 해당 프로그램 자격기준에 미치는 수가 적어져 전체 프로그램 설계를 재조정해야 하는 경우가 발생할 수도 있다. 따라서 사회문제분석에 기초해서 표적집단을 일치시키는 것과 함께 기관의 능력을 고려해서 표적집단의 범위를 조정하는 것도 중요하다.

사회문제분석의 이데올로기와 자격기준 사이의 일치성의 자격기준은 단순히 표적집단의 구체화만을 반영하는 것이 아니라 사회문제를 정의하는 관점과도 깊은 연관을 맺고 있다.

Chambers(2000)는 좋은 자격기준이란 사회문제분석과 이데올로기적 일치성을 가지고 있어야 한다고 주장한다.

예를 들어, 빈곤의 원인이 개인적 결함과 실패에 있다는 관점을 가지고 있는 프로그램의 자격기준으로는 개인의 결함과 실패를 설정할 것이며 빈곤의 원인이 사회구조적인 데 기인한다는 관점을 가지고 있으면 이에 대한 자격기준은 적은 소득, 실업 등을 적용할 가능성이 크다고 할 수 있다.

2) 자격기준을 평가하는데 사용할 수 있는 평가기준

낙인화의 자격기준은 본래 복지수당을 제공하기 위해 프로그램이 의도한 사람들이 수혜자에 포함되도록 하기 위함을 목적으로 하나 이러한 순기능 외에도 대표적으로 낙인화와 배제라는 부정적인 기능을 가져다주기도 한다.

배제는 자신들이 거주하는 주류사회로부터 벗어나 있다고 하는 주관적인 의식을 의미하며 낙인화는 더 낮은 또는 열등한 가치를 가지고 있는 것으로 인식되는 것이다(Chambers, 2000).

낙인화와 배제가 자격기준을 위한 다양한 유형들에 의해서 나타나는 자격기준의 부정적 효과이지만 자격기준이 일으키는 낙인화와 배제가 자살, 사회적 일탈, 범죄, 약물 중독 등에 빠지게 할 수 있기 때문에 대상자 선정에 있어서 어떠한 자격기준을 설정할 것인가를 결정할 때 심사숙고해야 한다.

복지프로그램의 대상자나 서비스를 제공받기 위해서는 사람들은 자신들이 대상자로 선정될 자격이 있음을 증명하기 위해서 노동능력이 없음을 입증하거나 최저생계비 이하의 소득을 주급이나 월급 명세서를 제출하여 지급받고 있음을 입증해야 한다. 이러한 행정적인 절차를 통해서 서비스대상자들은 스스로를 낙인찍게 되는 상황을 연출하게 되기도 한다.

표적을 벗어난 복지수당이나 서비스가 표적집단을 벗어나 제공되는 경우 즉, 욕구를 가지고 있으면서 직접적 복지수당의 대상이 되는 표적집단에 속해 있는 서비스이용자들에게 돌아갈 복지수당이 다른 곳으로 흘러가게 될 경우 정작 복지수당을 받아야 할 사람들이 받지 못하는 현상이 발생하게 된다.

이는 곧 전반적인 프로그램의 평등성과 효과성 그리고 적절성에 영향을 미치게 된다. 욕구를 가지고 있으면서도 직접적 복지 수혜 대상이 되는 표적집단에 속해 있는 서비스대상자들이 수혜를 받지 못하는 현상이 일어나게 된다. 프로그램의 효과성, 효율성, 평등성, 충분성, 적절성 등 다양한 문제를 유발하게 한다.

만일, 자원의 희소성이 경제학의 기초라고 한다면 사회복지학도 이로부터 자유로울 수 없다. 특히 물질적 자원을 필요로 하는 프로그램의 실행에 있어 대부분의 자원은 국민의 세금에 기인해서 정부로부터 오는 자원이기 때문에 자격기준을 설정할 때 책정된 예산에 대한 고려도 필수라고 할 수 있다.

표적집단의 자격기준을 평가함에 있어 자격기준이 과도한 비용을 초래할 것이 분명할 경우 올바른 자격기준이라고 할 수 없다.

사람들이 서비스나 복지수당을 너무 많이 사용하는 경우 자격기준을 엄격히 해야 할 것이고 너무 적게 사용하는 경우 자격기준을 느슨하게 해야 함을 의미한다. 사람들이 너무 많이 복지수당이나 서비스를 사용하게 되면 과잉사용의 문제가 발생하여 비용초과라는 재정문제에 직면하게 된다.

반대로 자격기준을 너무 엄격하게 적용하여 자격기준에 맞는 서비스이용자의 숫자가 줄어들어 서비스의 사용이 저조하게 되는 문제가 발생할 수 있다. 이는 결국 전체 프로그램에 대한 저평가의 기초를 제공하게 된다.

사회프로그램의 모든 측면에서 정치적 영향력이 영향을 미친다. 프로그램에 대한 법안입법과정이나 자격기준에 대한 법원결정과정 등에 정치적 영향력이 미치며 프로그램은 정치적인 영향력에 민감하게 반응한다. 정치적 영향력이 프로그램을 본래의 의도에서 벗어나게 함을 의미한다고 볼 수 있다.

프로그램은 정치적이라 말할 수 있고 이는 프로그램의 결정과 실행이 정치적 의도에 의해서 결정될 수 있음을 의미한다.

미국의 경우 사람들이 출산장려금이라는 현금급여의 자격을 얻기 위해서 아이를 출산하는 경우와 더 많은 복지수당을 받기 위해 노부부가 서류 상 이혼하는 경우가 발생하고 있다. 결국 서비스이용자들에 대한 복지의존성의 강화라는 부정적인 결과를 초래하게 되고 나아가 자원이 적절하고 균등하게 배분되지 못하고 법이나 제도적 결점을 통해 왜곡 분배된다는 것을 의미 한다. 사회적 비용의 증대를 가져와 결국 일반시민들이 더 많은 세금을 납부하게 됨으로써 그 책임을 떠맡게 되는 상황이 발생하게 된다.

프로그램작성의 위한 예시(1)

프로그램명: 저소득 치매노인의 일상생활 수행능력 향상 프로그램

1) 목적

이 프로그램은 일상생활과 관련된 활동들을 반복적으로 훈련하여 동작 적응기능을 습득하고 생활감각을 회복함으로서 경증 치매노인이 일상생활 또는 수단적 일상생활 수행능력을 향상시키는 것을 목적으로 한다.

가설 : 만일 과제중심 모델을 이용한 일상생활 수행능력 향상 프로그램이 제공된다면, 저소득층 경증치매노인의 일상생활 수행능력이 향상될 것이다.

2) 목표 1 : 2001년 12월 7일까지 참여한 치매노인의 일상수행 능력에 유의미한 향상을 보인다.

세부목표 1 : 2001년 12월 7일까지 참여한 치매노인의 70%가 혼자 힘으로 보행하기가 가능하다.
세부목표 2 : 2001년 12월 7일까지 참여한 치매노인의 70%가 혼자 힘으로 식사하기가 가능하다.
세부목표 3 : 2001년 12월 7일까지 참여한 치매노인의 70%가 혼자 힘으로 옷입기가 가능하다.
세부목표 4 : 2001년 12월 7일까지 참여한 치매노인의 70%가 혼자 힘으로 배뇨, 배변관리
하기가 가능하다.
세부목표 5 : 2001년 12월 7일까지 참여한 치매노인의 70%가 혼자 힘으로 목욕하기가 가능하다.

목표 2 : 2001년 12월 7일까지 참여한 치매노인의 수단적 일상생활능력에 유의미한 향상을 보인다.

세부목표 1 : 2001년 12월 7일까지 치매노인의 70%가 혼자 힘으로 식사준비하기가 가능하다.
세부목표 2 : 2001년 12월 7일까지 치매노인의 70%가 혼자 힘으로 방 청소(정리)하기가 가능하다.
세부목표 3 : 2001년 12월 7일까지 치매노인의 70%가 혼자 힘으로 차 타고 외출하기가 가능하다.
세부목표 4 : 2001년 12월 7일까지 치매노인의 70%가 혼자서 힘으로 전화 받기가 가능하다.
세부목표 5 : 2001년 12월 7일까지 치매노인의 70%가 혼자서 힘으로 돈 관리하기가 가능하다.

프로그램작성의 위한 예시(2)

시기	절차 또는 목표	세부목표	프로그램내용 및 수행방법
프로그램 실시전	홍보	프로그램 홍보와 대상자 자원 봉사자 모집	프로그램 홍보와 대상자, 자원 봉사자모집을 위한 자료발송과 홍보물 배포
	Intake	프로그램 참가들이 긴장을 줄이고 서로 익숙해질 수 있도록 한다.	프로그램 소개Intake를 통한 목표설정 및 규칙과 계약 확인, 직원소개 등
프로그램 실행 중	1.2001년 12월 7일까지 참여한 치매노인의 70%가 일상수행 능력에 유의미한 차이가 있도록 향상시킨다.	2001년 12월 7일까지 참여한 치매노인의 70%가 혼자 힘으로 보행하기가 가능하도록 한다.	도로에서 안전하게 걸을 수 있도록 반복 연습한다.
		2001년 12월 7일까지 참여한 치매노인의 70%가 혼자 힘으로 식사하기가 가능하도록 한다.	도움 없이 식사 할 수 있도록 식기도구를 익히고 식사하기를 연습한다.
		2001년 12월 7일까지 참여한 치매노인의 70%가 혼자 힘으로 옷 입기가 가능하도록 한다.	클라이언트들끼리 옷을 바꾸어 입는 연습을 한다.
		2001년 12월 7일까지 참여한 치매노인의 70%가 혼자 힘으로 배뇨, 배변관리하기가 가능하도록 한다.	재활 치료사의 지도하에 배뇨와 배변관리를 익히도록 하고 도움을 요청하는 방법을 터득한다.
		2001년 12월 7일까지 참여한 치매노인의 70%가	목욕도구의 용도를 익히고 목욕하는 순서를 연습한다.

		혼자 힘으로 목욕하기가 가능하도록 한다.	
프로그램 실행 중	2. 2001년 12월 7일까지 참여한 치매노인의 70%가 수단적 일상생활능력 유의미한 차이가 있도록 향상시킨다.	2001년 12월 7일까지 치매노인의 70%가 혼자 힘으로 식사준비하기가 가능하도록 한다.	가열기구나 요리도구의 용도를 익히고 식사 준비하는 순서를 연습한다.
		2001년 12월 7일까지 치매노인의 70%가 혼자 힘으로 방 청소(정리)하기가 가능하도록 한다.	청소도구를 올바로 사용하도록 하고, 청소, 정돈하는 순서를 연습한다.
		2001년 12월 7일까지 치매노인의 70%가 혼자 힘으로 차 타고 외출하기가 가능하도록 한다.	차를 타고 센터내 주변을 왕래하는 것을 연습하고 교통카드 사용법을 익힌다.
		2001년 12월 7일까지 치매노인의 70%가 혼자서 힘으로 전화 받기가 가능하도록 한다.	전화 받는 연습을 반복하고 사용법을 익힌다.
		2001년 12월 7일까지 치매노인의 70%가 혼자서 힘으로 돈 관리하기가 가능하도록 한다.	돈의 단위 개념을 익히고 사용하는 방법을 반복 연습한다.
프로그램 종결과 평가			처음 설정한 목표의 달성정도 확인, 평가서 작성

제 8 장

사회복지 프로그램 작성을 위한 목적과 목표설정

1. 프로그램 목표의 개념과 유형

사회복지 프로그램은 기관의 정책과 목표를 달성하기 위한 활동들로 구성된다.

목표를 어떻게 설정하는가 하는 일은 프로그램의 방향을 결정하는 매우 중요한 과제이다. 프로그램의 목표는 프로그램이 변화시키려고 하는 상황이나 문제에 대한 기준을 설정하는 것이다.

목표는 좀 더 구체성을 가진 개념으로 사용하여야 한다. 목표는 관찰 가능한 바라는 결과에 대한 구체적이고 조작적인 진술이 되어야 한다.

Chambers(2000)는 목적은 보다 포괄적이고 궁극적이며 일반성을 갖는 개념이어야 한다고 했다. 특히, 목표는 이보다 구체성을 가진 개념으로 목적은 바라는 결과에 대한 추상적이고 일반적인 진술이고 목표는 바라는 것에 대한 관찰이 가능한 결과에 대하여 구체적이고 조작적인 진술이 되어야 한다.

York(1982)는 목적이 문제의 해결을 향한 장기간의 선호하는 진술

즉, 프로그램이 성취하려는 것을 보여주는 하나의 진술이다.

목적을 설정해야 하는 가장 중요한 이유로서 프로그램의 노력을 이끌어주기 때문이다. 목적은 문제의 해결을 의도하는 프로그램의 노력들이 올바로 수행되는지를 결정하는데 등대의 역할을 해 준다는 것이다. 목적의 성취가 프로그램 평가에 있어서 중요한 기준이 될 수 있음을 시사하는 것이다.

Kettner, Moroney & Martin(1990)은 목적은 기관의 소명과 일치되는 것으로 프로그램을 개선시키고, 예방하고 그리고 제거하려고 노력하는 문제를 다루는 기대되는 결과에 대한 진술로 프로그램의 방향을 제시하는 것이라 정의하였다.

목표와 세부목표를 설정하는 것은 프로그램 기획 과정에 앞서 제시된 문제분석, 욕구사정, 프로그램 가설 수립 다음으로 중요한 요소로서 이 과정에서 문제와 관련된 자료와 정보를 수집하고 인과 관계에 관한 창조적인 조사를 하는 것으로 프로그램 기획가들이 무엇을 달성하려고 하는지와 어떻게 그것을 성취하려는지를 명료한 용어로 기술하게 함으로써 활동하기 위한 틀을 제공하는 것이라 설명하였다.

서비스 목표는 프로그램의 구성요소인 상담, 치료, 교육, 재활, 보호, 정보제공의뢰 등 각종 사회복지서비스들이 서비스이용자 에게 제공되어 개별서비스이용자 개별서비스이용자가 바람직한 미래상태로 전환됨으로써 갖는 변화되어 개별적으로 제공되는 서비스의 결과를 초래한다.

2. 챔버스(Chambers)의 목적과 목표 수립 방법

1) 목적(Purpose)의 수립

대부분 기관의 정책과 목적, 사명에 일치 한다. 이는 거시적이며 포괄적이다.

추상적이며 장기적인 방향의식으로서 먼저 설정된다. 포괄적인 서비스의 사명에 대한 의도적인 표현이며, 프로그램의 실천의 이념적 틀을 제시한다. 관념적, 철학적, 이상적 요소가 강하다. 바라는 결과에 대한 추상적, 일반적 진술이다(치매 노인의 예를 들면: 치매노인의 일상생활 능력을 향상시킨다는 명제처럼 목적이 지향하는 바가 거시적이고 포괄적이다. 또한 어느 정도 추상적이고 장기적인 성격을 내포한다).

2) 목표(Goal)의 수립

Kettner, Moroney & Martin(1999)은 기관의 소명과 일치되는 것은 물론 목표는 방지, 제거, 개선되어야 할 문제를 다루는 프로그램의 결과에 대한 기대치를 기술하는 것이어야 한다. 목표가 반드시 측정 가능하거나 성취 가능할 필요는 없지만 단지 프로그램의 방향을 제시하는 것에 무게를 두는 것으로 전문사회복지사가 프로그램을 통하여 서비스이용자를 변화시키려고 노력하는 상황이나 문제에 대한 기준을 설정하는 것으로 프로그램 활동의 결과로서 기대되는 변화의 정도가 포함되어야 하는 것이다. 이는 보다 미시적이며 부분적이고, 구체적이며 단기적인 방향의식으로서, 설정된 목적을 근거로 보다 세분화된 차원에서 설정된다. 바라는 결과에 대한 추상적이고 일반적인 진술이고, 목표는 바라는 관찰 가능한 결과에 대한 구체적이고 조작적인 진술이다(Chambers, 2000). 설정된 목적을 근거로 세분화된 차원에서 설정된다.

3) 세부목표(Objectives)의 수립

Kettner, Moroney & Martin(1999)은 효과성에 기초한 프로그램 기획에 있어서 달성해야 할 결과 결과의 규정은 프로그램의 '목적'이나 '기대치'를 기술하고 프로그램 기획 문헌에는 이러한 목적이 결과 세부 목표로 표현되는 것이다. 서비스 제공에 관한 지침은 목표를 달성하는데 사용되는 '수단'의 명료한 표현으로 과정 세부목표이다. 프로그램 기획가들이 이러한 세 가지 수준을 구분하는 데에는 전략, 중대사건, 운영 세부목표, 프로그램 세부목표를 포함한 다양한 용어가 사용된다.

3. 목표설정의 필요성(최일섭 · 이창호, 1993)

1) 목표설정 조건 및 이유

① 일반적인 프로그램 기획과 조정을 원활히 하기 위해서 설정한다.
② 서비스 전달의 책임 실무자에게 지침을 제공하기 위해 설정한다.
③ 프로그램의 성패에 대한 평가기준을 제시하기 위해 설정한다.

2) 프로그램 목표가 갖추어야 할 조건

① 프로그램의 목표는 지역사회와 대상자들의 복지를 향상시키는

것이라야 한다.

② 목표는 계획할 수 있는 구체적 행동, 활동으로 표현할 수 있어야 한다.

③ 목표를 어느 정도(질, 양, 빈도)로 성취해야 하는지 기준을 설정할 수 있어야 한다.

④ 성취해야 할 상태/조건이 어떠한 상황 또는 환경적 조건하에서 발생해야 하는가를 규정해 놓은 것이다.

3) 목표설정에 영향을 미치는 요인

① 우선시해야 할 활동으로 확인된 문제의 정의, 인과관계에 대한 설명, 개입수준을 정한다.

② 문제의 정의 및 원인-해결의 모형화와 함께 중요한 변수는 해결 대상으로 삼을 표적 집단의 성격과 범위에 의해 영향을 받는다.

③ 중요한 변수는 기관의 정책, 자원상태 등에 따라서 목표가 달라질 수 있다.

〈목표설정의 예시〉

예 1 : 의료사회사업가가 제시한 목표

부적절 : 사회복지 직원의 새로운 의뢰에 대한 반응성을 향상시킨다.

적　절 : 서비스이용자나 가족원과의 첫 면접의 80% 이상을 의사나 간호사의 의뢰 후 4시간 이내에 실시한다.

예 2 : 아동지원 프로그램에서 제시한 목표

부적절 : 아동들에게 보다 많은 지원자를 만들어 준다.

적　절 : 8월 1일 이전에 35명의 새로운 자원봉사자를 모집하여 훈련하고 결연한다.

목표 진술 4요소(표준모델)

누 가(Who) : 참여자(반드시 서비스이용자 입장에서 진술되어야 함)

무엇을(What) : 변화의 내용과 정도 (문제와 관련된 핵심요소)

어떻게 한다(How to do) : 행위 또는 결과(~한다, ~된다 등으로 표현)

도구(how) : 주된 매개체(~을 통해서) 등으로 표현한다.

목표에 의한 관리(Management by Objectives)

목표는 무엇보다도 측정이 가능하도록 표현되어야 한다.

"언제까지, 무엇을, 얼마나, 달성하겠다."라는 식으로 구체적으로 표현되어야 한다.

측정 가능한 좋은 목표는 어떤 식으로 기술되어야 하는가?

4. 목표 관리(MBO)에 관한 방법

목표는 욕구와 목적에 연결되어야 하며, 기관의 활동범위에 맞아야 한다.

결과목표는 과정보다 결과 지향적으로 표현한다. 목표는 어떻게(how)가 아니라 얼마나(how much)의 형태로 표현하는 것이 바람직하다. 결과목표의 설정은 언제까지 서비스이용자 집단을 어떤 상태로 도달(변화)시키겠다는 식으로 표현한다. 포함될 내용은 목표항목(무엇을), 달성기준(얼마만큼), 시기(언제까지), 어떻게(올린다, 내린다) 등이다. 목표는 변화의 방향과 수준을 산술적으로 측정이 가능하게 서술한다. 목표달성 여부가 확인 가능해야만 한다. 목표는 시간의 제약을 받는다. 어느 일정 기간 동안에 그 목표가 달성될 것인가가 표현되어야 한다. 1개의 목적에 2-3개의 목표 설정이 적절하다. 각 목표는 단문으로 된 1개의 목표만 명확하게 표현한다. 목표는 구체적인 행동으로 이어지고, 현실적으로 달성 가능한 것이어야 한다. 목표의 수준은 본인의 능력수준보다 조금 높게 잡고, 자발적으로 정한다. 목표는 이해하기 쉽고, 간단명료하게 표현되며, 강력한 동사를 사용한다. 단일목표와 단일 최종 결과물을 동시에 명시한다.

1) 목표 설정 시 제기되는 문제

(1) 목표 갈등의 원인

목표와 수단의 구분이 불명확 목표를 궁극적인 목표로 볼 것인가, 목적을 행하는 수단으로 볼 것인가?

① 가장 대표적인 원인 어느 목표를 궁극적인 목적으로 삼을 것인가 자체에 대한 의견 충돌이다. 서로 다른 의견을 조정하는 것 또한 중요하다.

② 한정된 자원이다. 한정된 인적·물적 자원 확보는 어떻게 마련하는 것이 바람직한가?이다. 공동금회와 같은 지원기관을 물색한다.

③ 개인의 목표와 조직의 목표의 차이에서 발생하는 경우이다.

(2) 목표 전환

① 조직체 내외의 사정에 따라 발생하는 원인이다.

② 주민들의 욕구가 달라질 때

③ 상대적 세력의 반항

④ 자원의 사정

⑤ 환경적인 변화

⑥ 업무의 원칙과 기관정책에 강요할 때

(3) 목표설정의 체계화

갈등, 전환에 대한 사태를 막고 하나의 목표를 통합하는 방법이다.

〈표 8-1〉 이상적 목표설정의 원칙

이상적 목표설정의 원칙 :SMART
*S: 명료성 (Specific)-구체적, 명료하게 *M: 측정의 기준(Measurable)-측정 가능하게 *A: 변화의 표저 (Attainable)-실현 가능하게 *R: 산출물 및 결과물(Result-oriented)-결과 지향적으로 *T; 시간적 준거 기준 (Time-frame)-시간구조를 갖도록

*출 처: 정무성 · 정진모(2001), 『사회복지 프로그램 개발과 평가』, 공동체, 재구성.

제 9 장

사회복지 프로그램의 활동내용 구성

1. 사회복지 프로그램의 활동내용 구성

사회복지 프로그램의 활동내용 구성은 지역사회에 존재하는 사회문제를 파악하고 분석하여 문제해결을 하기 위한 목적과 목표를 선정한 이후에 그 다음 과정으로 기관의 이념과 정책, 그리고 목적에 맞추는 것은 물론 서비스이용자와 사회복지사가 기대하는 결과와 달성하고자 하는 프로그램의 목적과 목표를 구체적으로 선정한 이후에 프로그램 내용에 따라 실행에 옮기기 위한 활동 작업이다.

프로그램 활동내용 구성은 프로그램 목표를 설정한 이후와 프로그램을 실행하기 전 단계로서 전문사회복지사들의 활동을 구체화 하도록 돕는데 있다.

정무성 · 정진모(2001)는 프로그램 개발과 평가에서 다음과 같이 제시하였다.

대안 선택 단계는 매 계획 단계에서 수시로 해야 하는 필요한 작업으로 규정한다. 목표를 상위목표와 하위 목표로 분류하고 하위목표는 세부목표별로 진술하되 어떤 단위의 프로그램을 제공할 것인가기 정해지면, 다음 과제로서 서비스 대안들의 전달방법을 정하는 것이라고 서비스 대안들의 전달방법은 프로그램을 구성하는 활동의 대안들에 대해 전문사회복지사들이 목표 달성을 위해 선택하는 세부목표를 다양하게 표현한다. 다양한 세부목표들 가운데 가장 적합한 대안을 선택하여 프로그램을 실행하는 것을 의미한다. 활동 내용을 구성하는 4가지 최종 대안은 꼭 필요한 활동을 제시하고 사회복지사는 프로그램 활동 내용을 구성하고 서비스이용자의 의견을 수렴하여 프로그램을 전개하는 과정에서 꼭 필요하다고 생각되어지는 활동들을 제시해야 한다.

1) 프로그램 활동상의 문제점

프로그램 활동내용상 사회복지사는 제시된 활동을 전개할 때 당면하게 될 예상되는 문제를 나열한다. 이때는 여러 사람들의 공통적 문제들을 우선순위별로 나열하며, 이를 해결하면 필요한 활동을 용이하게 전개할 수 있다.

2) 문제의 원인을 해결하기 위한 해결책

사회복지 프로그램 활동 내용 구성 시 사회복지사는 사회문제 분석에서 나타난 문제들이 발생하는 이유와 원인을 생각하고, 그 원인을 제거할 수 있는 적절한 해결책들을 제시한다.

3) 활동 및 해결책의 우선순위 결정

활동 내용 구성 시에 사회복지사는 활동 및 해결책들을 한꺼번에 해결할 수 없기 때문에 우선순위를 결정하여 추진한다.

우선순위를 결정하여 추진하는 방법은 다음과 같다.

① 서비스이용자가 지닌 문제와 욕구에 대한 개념을 정의한다.

② 문제해결을 위한 목표를 설정한다.
③ 설정한 목표에 대한 아이디어를 구별한다.
④ 구별된 아이디어의 실현가능성을 검토한다.
⑤ 수용 가능한 프로그램 내용을 선정한다.
⑥ 활동 프로그램을 실행한다.

2. 사회복지 프로그램 활동 대안선택 모형과 기준

1) 프로그램 대안선택 모형

사회복지 프로그램 활동 내용을 구성하기 위한 방법으로 대안을 선택하게 되는 과정 속에서 이론적인 모형과 기준에 대하여 구체적으로 제시하면 다음과 같다.

기존 사회복지 행정이나 정책에서 활용하는 모형들을 선별하여 검토하면 다음과 같다.

(1) 점증수의 모형

기존 프로그램을 기준으로 이용할 가치의 기준이 불분명할 경우 기존 프로그램의 부분에서 소폭적인 변화를 시도하고자 할 경우 및 여러 사회 외부적 압력에 의해 필요해진 변화만을 고려해 대안을 구상하여 선택하는 것이다.

① 점증주의 정책결정은 부분적으로 이루어지고 조사 범위가 한정되어 있어 사회복지 프로그램 기획가는 현 상태와 약간의 차이가 나는 소수의 대안만을 검토하여 각 대안에서 대하여 한정된 범위의 예측결과만을 검토한다.
② 일련의 입시적인 소규모 조정을 하는 것으로 문제가 있는 부분을 수정하여 문제가 발생하면 수정해 나가는 것이다.

③ 대안은 분산적으로 이루어지는 것으로 기관장이나 외부 정부기관의 요청에 의해 정책이 형성되므로 외부의 지원에 변화를 받게 되는 것을 고려해야 한다.

(2) 포괄적-합리주의 모형

Khan이 주장한 모형으로 욕구와 목표에 대한 정의 과정에 사회적, 경제적 대가를 계산하는 기획가와의 가치판단이 개입되어야 한다고 주장한다.

합리모형은 정책결정자가 이성과 고도의 합리성에 따라 결정하는 것을 의미한다.

목표달성의 극대화를 위한 합리적 대안의 탐색 선택을 추구하는 규범적 이상적 접근이론이다.

합리모형은 비용편익분석을 통해 정치적인 압력에 상관없이 가장 객관적인 대안을 선택하는 과정이라 할 수 있다. 이모형은 점증주의와는 반대로 정해진 목표를 달성하기 위한 “모든” 가능한 대안들을 열거하고 체계적 분석방법을 통해 그들을 선택하는 방법이다.

(3) 제한적-합리주의 모형

제한적-합리주의 모형은 포괄적-합리주의 모형을 취하지만 욕구와 선택의 범위를 제한하는 점에서 차이가 있다. 이 방법은 포괄적 방법이 지역문제 전체를 대상으로 삼아 한 번에 문제 및 욕구를 파악하고 프로그램을 구상하는데 반해, 제한적 모형은 해결해야 할 문제를 몇 개의 하위 분석단위로 나누고 각 단위 별로 가능한 대안의 확인과 선택작업을 하는 것이다. 이 제한적 방법은 지역사회 문제해결의 목적/목표를 미리 알고 있다는 전제하에서 문제 파악의 논리적 틀을 만들고, 그를 바탕으로 조사문항을 구상하며 서비스 대안들을 찾는 것이다.

“모든” 대안들을 비교 검토하지 않고, 세부목표별로 비현실적인 대안이나 수용 가능한 대안들은 제거해 가면서 남은 대안들을 중심으로 우선순위를 비교 검토하는 것이다.

2) 사회복지 프로그램 대안선택 기준

(1) 타당성 기준

효과성(effectiveness)은 목표 달성의 총량에 기여한 정도를 의미한다. 즉, 투입된 비용에 관계없이 성취한 양이 많을수록 더 바람직한 대안이라고 할 수 있다. 대안선택에 있어서의 효과성은 목표달성의 총량에 기여한 정도를 의미하며, 투입된 비용에 상관없이 성취한 양이 많을수록 더 바람직한 대안이라고 할 수 있다.

(2) 실행 가능성 기준

① 기술적 실행 가능성 : 만일 어떤 대안이 채택된다면 과연 그 대안의 집행이 기술적으로 가능한가를 검토하는 것이며, 기술은 조직, 시스템, 담당자(전문가)의 수급 및 자질 등이 포함된다.

② 경제적 실행 가능성: 그 제안된 대안의 집행에 얼마나 비용이 들며 누가 그 비용을 부담할 것인가 그리고 물적 자원 동원능력을 측정하는 기준이다. 여기서는 어느 서비스 전달대안이 지나치게 비경제적인가 아닌가의 경제적 실행 가능성 등을 검토하면 된다.

③ 이용자 확보 여부: 이 프로그램을 이용할 사람들을 얼마나 확보할 수 있는가를 점검하는 것이다.

④ 사회윤리적 실행 가능성: 어떤 대안이 기술적으로나 경제적으로 실행 가능하다 할지라도 사회윤리적인 이유로 실행하기 어려운 경우가 있다. 즉, 그 대안이사회 윤리적으로 얼마나 건전하고 수용 가능할 것인가를 생각해야 한다.

⑤ 정치적 실행가능성: 그 제안된 대안이 이해관계 집단들로부터 정치적 지지를 받을 수 있는가를 측정하는 기준이다. 이처럼 각

대안은 앞서의 기준들과 더불어 이해관계 집단의 정치적 지지를 얼마나 확보할 수 있는 대안인가도 검토, 채택되어야 한다.

3. 프로그램 활동내용 선정방법 및 조직원리

활동내용 구성기준이라 할 수 있는 계획된 프로그램은 서비스대상자들의 욕구 만족과 직접적인 관련성이 있는 것으로 그들의 욕구를 만족시켜 줄 수 있는 주요한 수단이 될 수 있다는 것을 항상 숙지하여야 한다.

계획된 프로그램은 상대적으로 긴 시간동안 서비스이용자가 프로그램의 실행 후 서비스이용자의 주요한 행동 변화에 대한 청사진을 제시할 수 있도록 설계되어야 한다. 참가하는 진행인력들의 배치, 전개 그리고 활용에 대한 정당성을 제공할 수 있어야 한다. 서비스이용자들의 행동을 치료하는데 구체적으로 방향성을 제시할 수 있어야 한다. 대인관계를 형성할 수 있는 적절한 활동장소가 필요하게 되며 활용할 수 있는 장소가 되도록 설계한다. 활동 계획에 대한 설계는 설계된 프로그램 안에서 설정한 목적과 목표들을 비교적 단시간에 만족할 수 있도록 변화전략을 체계적으로 개발하도록 한다. 전문사회복지사들이 동기화된 서비스이용자들에게 활용할 수 있는 수단을 제공하여야 한다.

프로그램을 실제적으로 실행할 수 있도록 인력자원들을 확보하고 편성할 수 있는 기본적인 자료를 제공한다. 또한 효과적인 지도-활동 전략들을 개발할 경우에는 서비스 대상자들의 확인되고 분석되어진 요구들을 반영할 수 있도록 설계하는 것도 매우 중요하다. 전문사회복지사가 효과적인 개입전략들을 세우고자 할 때 서비스이용자들의 욕구들을 반영하는 것을 원칙으로 한다.

1) 프로그램 활동내용의 선정방법에 대한 기준

사회복지 프로그램의 내용을 선정하는 단계에서 프로그램의 내용에 구성될 다양한 개입전략과 방법에 관한 이해를 전제로 프로그램 설계자가 어떠한 개입전략과 방법을 선택하는 것이 적절한 것인지?

구체적인 내용 선정을 하고 프로그램의 내용을 어떠한 순서로 배열하는 것이 바람직한 것인가에 관한 사항을 검토할 필요가 있다.

(1) 합목적성을 내포한 프로그램 내용 선정의 원리

프로그램 내용은 목표가 제시하는 내용으로서 참여자로 하여금 협동심을 고취시킨다는 목표를 세워 놓는 것은 물론 프로그램 내용이 설정된 목적과 목표 달성에 부합되는 내용이어야 한다.

프로그램의 내용으로 선정된 활동들은 그 목적과 목표의 성취와 직접적인 연관성이 있어야 한다. 아울러 구체적인 활동을 통하여 서비스 이용자들이 실제로 자아정체감을 정립하는데 도움이 되는 내용을 선정해야 할 필요가 있다.

프로그램 내용을 선정하는 가장 중요한 원칙으로서 서비스이용자가 프로그램에 참여하여 변화하고자 하는 동기 유발은 물론 자신들이 가지고 있는 잠재적인 능력을 고취하여 치료 받을 수 있는 기회를 제공하는 것이다.

(2) 능력 수준과 흥미에의 적합한 동기유발의 원리

프로그램 내용 선정에 있어 가장 중요한 것은 서비스 대상에 대한 고려, 서비스 대상의 필요와 흥미 그리고 능력 수준을 고려하여 선정해야 한다.

참여자들의 내적 욕구와 목적의식에 직접적으로 일치하는 것을 선택한다는 원칙으로 프로그램 참여자들이 자발적으로 그 활동에 적극적인 자세로 참여할 수 있도록 동기유발의 원리를 적용한다.

(3) 서비스 가능성의 원리

아무리 좋은 내용이 선정되었다 하여도 서비스의 실현 가능성이 없으면 좋은 내용이 아니다. 이상적 견지에서 선정된 내용이 현실적으로 서비스가 가능하도록 하는 문제를 검토한다.

(4) 포괄성 및 다양성의 원리

포괄성은 한 가지 목표를 달성하기 위하여 꼭 한 가지 경험 내용을 선정하는 것이 아니라 몇 가지 내용과 연관지어 선정할 수 있어야 한다. 다양성의 원리는 프로그램 참여자 개인들이 갖고 있는 욕구, 특성, 관심, 흥미 그리고 능력 등이 충분히 발휘될 수 있도록 한다.

(5) 실용성 및 현실성의 원리

사회적 특성과 상황을 고려하여 선정한다는 것을 원칙으로 하여 사회에서 적용될 수 있는 내용 및 활동이어야 한다. 모든 서비스는 지역적, 시대적, 사회문화적인 현실 속에서 적합한 것이어야 한다.

특히 사회복지대상자 활동은 현실과 생활과의 관련 속에서 현실에서 직접 부딪치고, 구체적으로 실생활에 적용할 수 있는 방법이어야 한다.

활동의 결과는 실제 생활에 도움이 되어야 한다.

(6) 지역성을 고려한 원리

프로그램이 실행되는 지역적 특수성을 반영하는 내용이 선정되어야 함은 물론 지역여건을 고려하여 프로그램의 효과적인 목적을 달성하는 것은 물론이고 어떤 지역의 문화 전통의 계승이라는 점에서도 중요한 원리이다.

(7) 적절성 및 효율성의 원리

아무리 다양한 방법의 도입이 바람직하고 또 좋다고 하더라도 이러한 방법의 채택이 얼마나 능률적이고 시간적, 경제적으로도 효과가 있느냐를 따지지 않을 수 없다. 그러므로 적당한 선에서의 최적성 또는 효율성을 찾아 여러 가지 방법들이 선택되어야 한다.

프로그램이 얼마나 그 프로그램에 참여하는 서비스이용자들의 욕구를 잘 충족시킬 수 있는가를 평가하는 기준으로, 목적 달성과 긴밀성, 이용자 수준, 기관의 정책과의 적합성, 지역의 문화적 배경과 지역적 특성에의 적합성, 프로그램이 지향하는 가치에의 적합성도 검토되어야 한다.

(8) 자발성의 원리

서비스 대상자 스스로 자기의 활동 목표를 달성하여 가는 과정에 임의로 선택하기도 하고 활동의 진전에 따라 여러 가지 방법을 조합하여 전체적인 성과를 높일 수 있는 방법들의 선택이 이루어져야 한다. 따라서 서비스 제공의 모든 방법에는 동기부여의 원칙과 함께 자발성의 원칙이 적용되어야 한다.

(9) 연속성과 계열성의 원리

연속성의 원리는 프로그램 내용의 조직에 있어서 활동과 참여자의 경험이 계속 반복적으로 일어나야 한다는 것을 의미한다. 프로그램의 중요 내용을 한 번에 끝내지 않고 계속 반복하면 강화의 효과를 얻을 수 있다.

프로그램의 목적과 목표를 효과적으로 달성하기 위해서는 동일한 내용을 반복하여 조직화하는 방법을 취한다. 교육이나 훈련 프로그램의 내용을 조직화할 때 보편적으로 적용되는 원리중의 하나이다.

계열성의 원리는 프로그램 내용이 일정한 순서에 따라 조직화되어야 한다는 것이 원칙이다.

선행내용을 기초로 하여 프로그램 내용 선정에 있어 계열성을 확보하기 위한 것으로 단순한 것에서 복잡한 것으로, 쉬운 것에서 점차 어려운 과정으로, 구체적인 것에서 추상적인 것으로 이미 알고 있는 것에서 좀더 전문적인 것으로, 세부적인 것에서 좀더 포괄적인 내용으로 조직화할 필요가 있다.

2) 프로그램 내용의 선정방법

프로그램의 내용을 선정하는 방법은 다양한 원칙에 따라 달라질 수 밖에 없다.

목표중심의 내용선정방법과 우선순위에 의한 내용선정방법으로 구분하여 살펴보면 다음과 같다. 목표중심의 내용선정방법은 가장 일반적인 방법 중의 하나로 프로그램의 목정과 목표를 달성하는 데 직접적으로 관련된 내용을 선정하는 다음과 같은 방식을 말한다.

① 프로그램 개발의 타당성 확인 자료를 검토하는데 서비스이용자의 욕구, 조직의 욕구 및 사회적, 시대적 욕구 등이 포함된다.
② 욕구사정 내용 중에서 스크린과정을 걸친 결과를 검토한다.
③ 설정된 프로그램의 목적과 목표를 확인한다.
④ 프로그램의 목적과 목표를 성취하기 위한 아이디어와 프로그램 내용을 나열한다.

(1) 프로그램 내용선정을 위한 적절한 기준을 제시

① 프로그램 개발의 필요성 확인 자료를 검토하는데 역에는 서비스 이용자의 요구 조직의 욕구 및 사회적 시대적 욕구 등이 포함된다.
② 욕구사정 내용 주에서 스크린 과정을 걸친 결과를 검토한다.
③ 프로그램의 목적과 목표를 성취하기 위한 내용을 나열한다.

④ 나열된 프로그램 내용의 우선순위 결정을 위한 기준 제시한다.
⑤ 제시된 기준들에 가중치를 부여한다.
⑥ 가중치를 적용하여 프로그램 내용에 점수를 부여한다.
⑦ 가중치를 적용하여 총점을 산출하여 그것에 따라 서열화한다.
⑧ 산출된 총점을 근거로 우선순위에 따라 프로그램 내용을 선정한다.

(2) 수직적 조직방법

수직적 조직방법은 가장 일반적이고 친숙한 접근방법으로 사회복지사는 기초프로그램으로 시작해 중간수준 프로그램, 고차적인 프로그램 등의 점진적인 순서로 내용을 조직하게 된다. 여기서는 서비스이용자가 각 수준을 선택하는 과정에 직접 관여하지 못한다.

(3) 수직적 효율성

현재 사회복지서비스를 받는 사람 가운데 우선적 니드의 기준을 충족시키는 수혜자의 비율을 의미한다.

(4) 수평적 조직방법

수평적 조직방법은 기초프로그램과 중간수준 프로그램 그리고 고차적인 프로그램이 동시에 조직되는 방식으로 여기서 서비스이용자는 세 가지 수준에서 내용을 동시에 수용하고 접촉할 수 있고 프로그램의 내용을 선택하는 과정을 제외하고는 프로그램에 대한 약간을 선택을 가진다.

(5) 수직적 조직방법

조직구조는 각 구성 요소들의 활동, 권한 분배, 업무흐름의 통제, 지원활동 및 규모에 따라 결정되며 조직의 구성요소와 구성원들의 활동 및 업무수행이 상호 관련되어 조직이 움직여 나가는 과정을 알려준다. 실제 기업에서는 조직도에 이러한 관계가 나타난다. 조직계층상의 틀을 효율적으로 설계하고 구성원들 간의 상호작용을 촉진할 수 있도록 하여 전체 조직의 운영에 필요한 정보교환과 조정이 용이하도록 수립은 학자에 따라 강조하는 관점에 따라 다른 절차들이 제시되고 있으며, 이무근(1994)은 여러 학자들의 이론을 종합 정리하여 다음과 같이 제시하고 있다.

① 1단계 : 문제의 정확한 파악
② 2단계 : 목표 설정
③ 3단계 : 꼭 필요한 활동의 제시
④ 4단계 : 활동상의 문제점 나열
⑤ 5단계 : 문제의 원인을 해결하기 위한 해결책들의 제시
⑥ 6단계 : 활동 및 해결책의 우선순위 결정
⑦ 7단계 : 우선순위별 구체적 목표의 설정
⑧ 8단계 : 목표달성을 위한 단계별 활동계획의 수립

로퍼(Lauffer)는 ① 문제의 정의와 개념화, ② 인간관계의 구조와 네트워크의 수립, ③ 정책의 형성과 대안전략 수립, ④ 계획안 및 프로그램 수행 감독, ⑤ 환류 및 평가의 5단계로 나누고, 정규서 · 강태룡은 일반적 계획과정을 다음과 같이 10단계로 나누고 있다.

① 사회내에 존재하는 문제점을 인지한다.
② 목표를 설정한다.
③ 목표에 관련된 자료와 정보를 수집한다.
④ 기획의 전제, 즉 장래의 가정을 설정하는 단계로 여기는 사태의 개연성(蓋然性), 예측 또는 전망 등이 포함된다.
⑤ 목표달성을 위하여 필요한 모든 대안을 탐색한다.
⑥ 이 대안들의 장/단점 및 문제점들을 분석하고 이들을 비교/검토한다.
⑦ 분석/비교/검토된 여러 대안들 중에서 가장 바람직한 대안, 즉 최선의 방안을 선택/결정한다.

⑧ 선택된 최선안을 중심으로 효과적인 집행을 하기 위한 부수적인 세부계획을 수립하고, 기타 집행에 필요한 준비를 한다.

⑨ 집행계획에 예산이 책정되면 상부에서 내리는 기획의 해석에 따라 지시와 조정 및 통제 과정을 거치면서 집행을 하게 된다.

⑩ 사업이 진행되거나 또는 집행이 완료되면 심사/분석 등에 의하여 계획을 평가하며, 평가에서 나타난 결과는 시정조치로 이어짐과 동시에 목표에 환류된다.

3) 프로그램 개발 과정에 대한 학자들의 제견해

(1) 국외 학자들의 프로그램개발과정

학자	York(1982)	Skidmore (1990)	Lewis et al.(1991)	Kettner, Moroney Martin (1999)	Lauffer (1978)	Meenaghan et al.(1982)
용어	기 획	기 획	기 획	설 계	개 발	개 발
개발과정	·영역의 설정 ·문제의 분석 ·욕구 사정 ·목적과 실질적인 목표의 설정 ·우선순위설정 ·대안의 확인 ·대안의 선택 ·필수자원의 결정 및 산출 목표의 결정 ·실행 ·평가	·구체적 목표의 설정 ·관련 정보 수집 및 가용자원 검토 ·목표 달성을 위한 대안지 방법 모색 ·대안의 실시 조건 및 기대 효과 평가 ·최종대안의 선택 ·구체적 실행 계획 수립	·욕구 사정 ·목적 선정 ·상급기관의 목적 고려 ·프로그램의 목적 결정 ·대안방법의 설정 ·기관 제한 조건의 확인 ·서비스방식의 선정 ·세부절차의 개발	·프로그램 정의 ·문제 분석 ·욕구 사정 ·전략선택 및 목표 수립 ·프로그램 실시 ·관리정보시스템 ·예산수립 ·프로그램 평가	·문제의 정의와 개념화 ·인간관계의 구조와 네트웍의 수립 ·정책의 형성과 대안 전략의 서술 ·계획안 및 프로그램 설계감독 ·환류 및 평가	·문제서술/윤곽 ·정책/목표 형성 ·자원분석 ·목표의 선택 ·프로그램 대안 설정 ·수행을 위한 프로그램 선택 ·평가

(2) 국내 학자들의 프로그램개발과정

학자	박경일(1998)	정진모(1998)	정무성(2000)	이팔환 외 역(2000)	김영종(2001)
용어	개 발	기 획	설 계	개 발	개 발
개발과정	· 문제와 욕구사정 · 자원체계의 확인 · 목적 및 세부목표 설정 · 자료수집과 대안 설정 · 실천계획의 묘사(표현) · 실천활동과 실행 · 측정과 평가	· 예비(준비)단계 지역사회, Client 상황과조건 파악 -정보 및 기초자료수집 · 계획(설계)단계 -문제 / 욕구측정 개입전략결정 -정보체계 · 실행(집행)단계 -Client집단과 관계 형성 -프로그램진행 확인 및 점검 · 관리 · 평가단계	· 사회문제의 분석 · 프로그램의 직접적인 주체자 확인 · 사회사업 원조 이론의 결정 · 서비스절차의 구체화 · 클라이언트의 이익에필수적인 중요한 역할을 하는 사람의 규명 · 원조환경의 구체화 · 실제 원조활동의 설명 · 정서적 반응 규명	· 사회문제의 분석 · 욕구사정 · 프로그램의 이론과 가설 형성 · 프로그램의 목적과 목표 설정 · 프로그램의 설계 (내용의 선정 · 조직) · 프로그램의 실행 · 프로그램모니터링과 평가	· 문제 확인 -문제분석 욕구사정 · 목적 설정 -목적과 영향목표의 결정 -우선 순위 결정 · 프로그래밍 -프로그램 대안들의 확인 -프로그램 선택 -자원 및 생산물 목표의 결정 · 실행 -프로그램 목표들의 실현 -모니터링, 평가 · 평가 -효과성과 효율성 확인 · 성패의 이유에 대한 확인 및 피드백

4) 종합한 프로그램 개발과정 모형

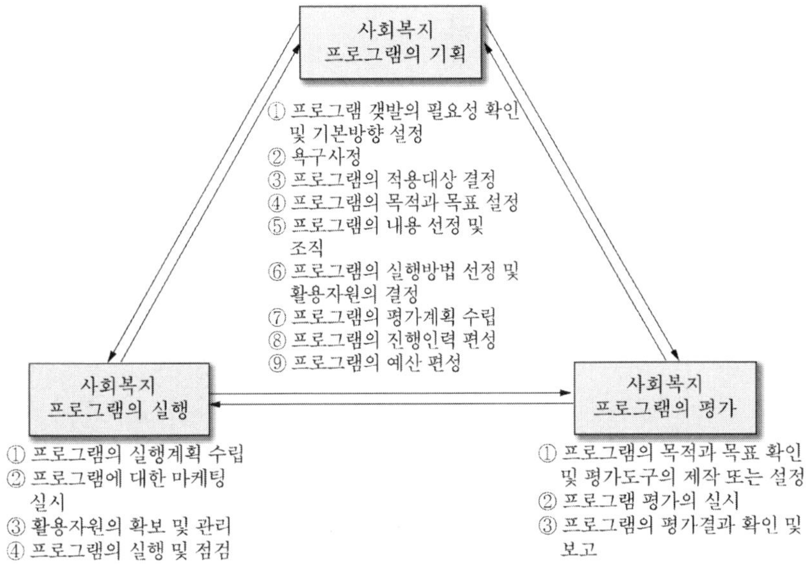

자료 출처 : 김진화 · 정지용(2000). 『사회교육 프로그램 개발의 이론과 실제』. p. 15.

4. 프로그램개발에서 고려해야 할 주요내용

*관련자원과 변수	*필요한 서비스(활동)선택 · 제공시 고려사항	*고려사항
① Client(수혜대상) ② 서비스제공자(직원) ③ 필요한 자원 ④ 조직의 구조와 성격	① 서비스에 대한 정의 ② 서비스내용 ③ 개입방법	① 기대하는 결과는 무엇인가? ② 프로그램의 한계상 어쩔 수없이 얻게 되는 결과는 무엇인가?

5. 프로그램 개발 과정모형

1) 선형적 모형

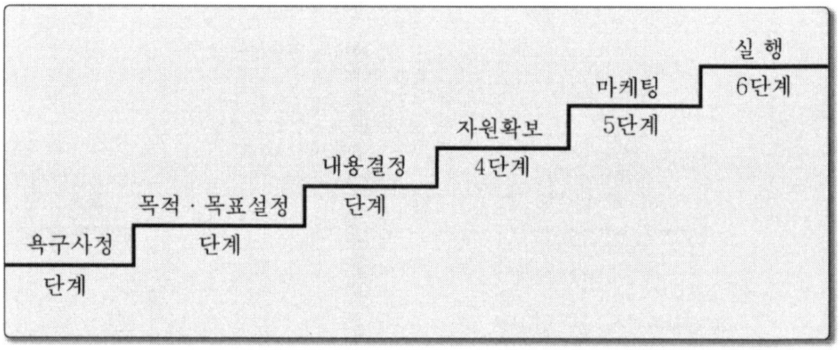

자료 출처 : 기영화(2001). 『평생교육 프로그램 개발론』, p. 80 재구성.

2) 비선형적 모형

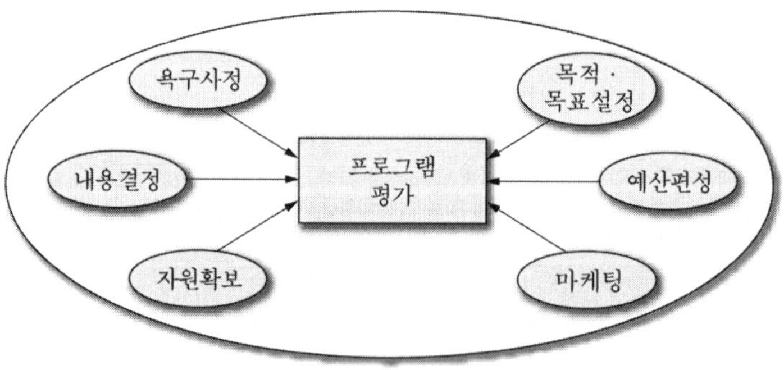

자료 출처 : 김진학(2001). 『평생교육 프로그램 개발론』, p. 92 재구성.

3) 통합적 모형

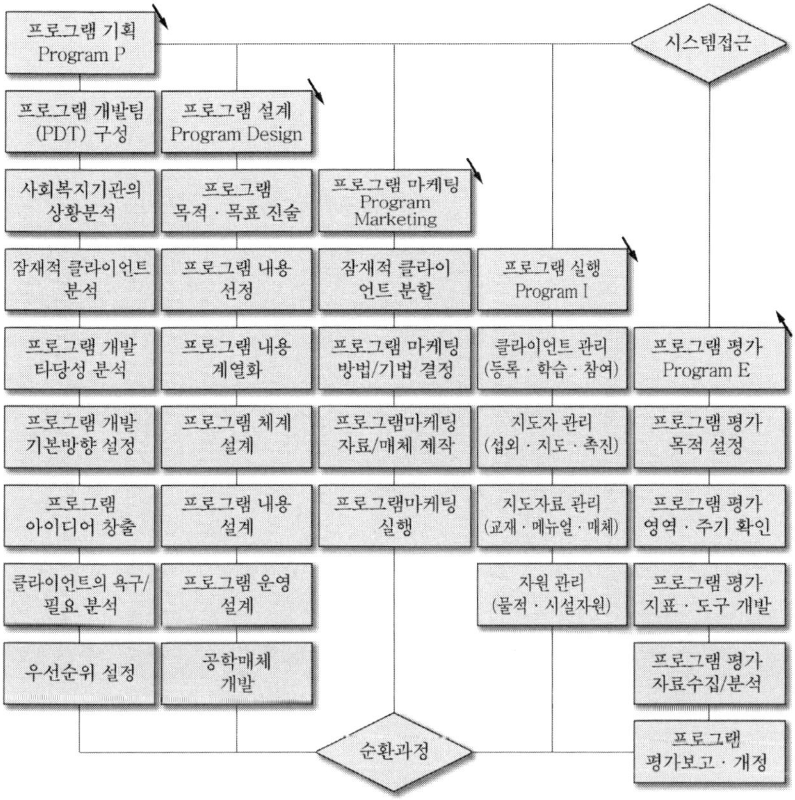

출처 : http://cafe.daum.net/k.s.f/msMr/6?docid=3540415345&q

제 10 장

사회복지 프로그램의 실행

1. 프로그램 실행에 대한 의미, 주요과업

프로그램을 실행한다는 것은 그 목적과 목표를 달성하기 위하여 계획된 프로그램을 실제로 전개하는 것을 의미한다.

실제적인 실천에서는 프로그램 기획 및 평가를 위한 시스템을 점검한다.

전문사회복지사는 프로그램의 효과가 나타나는지 아닌지에 대한 여부를 프로그램 진행 중에 알려주기 위해 설계된 개념적 도구 역할을 해야 한다.

성공을 바라보며 평범한 업무로 프로그램을 진행하게 되며, 서비스 이용자의 질적 향상을 염두에 두고 직접서비스를 제공하는 사회복지사는 성공의 판단을 한다.

Patti(1983)는 사회복지 프로그램 관리자가 수행해야 할 실행단계의 주요 과업을 자원 확보, 조직구조개발, 직원능력개발 등으로 보았다. 프로그램 실행과정에는 인적 자원과 물적 자원의 확보와 관리가 필요하고 이러한 과업은 프로그램의 성패를 좌우하는데 매우 중요한 요소이다.

프로그램 실행을 위한 새로운 과업 수행 팀을 만들거나 행렬조직의 형태로 유연한 프로그램 실행의 조직체를 구성하는 것도 중요한 과업이라 할 수 있다.

프로그램 실행과정에서 프로그램 담당자나 관리자가 적합한 지식과 기술을 습득하여 효과적으로 적용할 수 있도록 교육 및 훈련의 기회를 갖게 하고 지속적으로 동기부여하는 직원능력개발의 과업도 소홀히 해서는 안 되는 것이다.

조직구조의 개발과 직원능력 개발의 과업을 프로그램의 차원에서 접근하기에는 너무도 방대한 내용을 담고 있다.

1) 프로그램 실행의 의미

프로그램을 실행한다는 것은 그 목적과 목표를 달성하기 위하여 계획된 프로그램을 실제로 전개하는 것

프로그램 실행 또는 수행을 통해서 서비스이용자들의 욕구 또는 문제가 해결되도록 하는 것

실행은 계획을 만들고 사회복지사가 의도하는 프로그램이 효과성 있게 실행되도록 하는데 필요한 행동을 실행하는 것을 포함한다(Hardina, 2002).

(1) 광의의 실행의 의미

계획된 프로그램을 실제적으로 실행하기 위한 운영조직을 편성하는 것에서부터 실제의 프로그램 활동을 실천하고, 그 결과를 기록프로그램 실행의 의미를 넓은 의미에서 살펴보면, 계획된 프로그램을 실제적으로 실행하기 위한 운영 조직을 기록·정리하여 평가 활동에 이르기까지의 일련의 과정을 포함하는 것으로 개념화된다. 구체적인 대상자의 모집을 위한 홍보, 선정된 활동 내용의 편성 및 실행, 활동 결과의

기록 및 정리, 활동 실행후의 평가 및 그 자료의 작성. 정리까지를 포함한다(김영숙 외, 2002).

(2) 협의의 실행의 의미

프로그램의 실행의 의미를 협의의 개념으로 보면, 프로그램의 실제적인 전개를 위한 도입과정에서 정리 단계에 이르기까지의 과정이다.

프로그램의 실제적인 전개를 위한 도입과정에서 정리 단계에 이르기까지의 과정이다(한국청소년개발원, 1997; 오현숙 & 최호윤, 2010).

이 실행의 의미는 그 목적과 목표를 달성하기 위한 계획을 토대로, 사회복지사

사회복지사가 실제의 지도활동을 전개함으로써 참여자들의 경험이 축적되어 가는 과정으로서 프로그램 개발과정 가운데 가장 핵심적인 단계에 해당한다. 즉, 프로그램 실행은 목적과 목표 실현의 장으로서 지도자의 능력과 자질에 크게 좌우된다고 볼 수 있다. 사회복지사는 이론적인 지식을 축적하는 것은 물론 다양한 기술을 터득할 필요가 있다.

결국, 프로그램이 지향하는 가치와 사회복지의 이념과 가치가 포함되어야 하는 것은 물론 사회복지사가 유리강령을 준수하여 실행해야 한다는 것을 강조한다.

2) 프로그램의 실행의 원리

프로그램의 실행은 사회복지기관이 프로그램을 기획하고 실행하고자 하는 프로그램의 가치와 정책 이념에 따라 그리고 사회복지사의 능력과 자질에 의하여 영향을 받게 되는데 그 내용이 무엇이 되든 프로그램에 참여하는 서비스이용자들로 하여금 바람직한 행동의 변화를 유도하기 위해 전문사회복지사로서의 이론과 지식 및 사회복지 실천기술을 토대로 그들이 정한 목표에 따라 영향을 주어 프로그램 실행이 세대

로 이루어지도록 해야 한다.

프로그램의 실행의 기본적인 원리는 다음과 같다.

① 전문사회복지사로서 프로그램 담당자는 기획된 프로그램을 실행하는데 필요한 제반 여건을 확보·정비하는데 있어 다양한 기법과 전략을 마련하여 활용하여야 한다.

② 프로그램 실행이 보다 효과적으로 진행될 수 있도록 필요한 인적 자원을 확보·조직하여 명확한 업무분담과 동시에, 그 역할수행 활성화를 위한 제반 노력을 강구하여야 한다(한국청소년 개발원,1997; 김진화·정진모, 2001; 김영숙 외, 2002; 최호윤, 2007).

3) 프로그램의 실행을 위한 구성 요소

Hasenfeld(1979)는 프로그램이 실행되기 위하여 필요한 행동 요소들을 몇 가지로 강조하였다.

① 안정성 있는 재정기금을 찾는다.
② 서비스를 위한 서비스이용자 또는 소비자를 찾는다.
③ 프로그램을 작동시키기 위한 적절한 자원들을 확보한다.
④ 적절한 자격기준과 혜택수준을 정한다.
⑤ 제휴와 협동에 관여할 수 있는 지역조직들을 확보한다.
⑥ 프로그램에 대한 대중의 지지와 정당성을 확보한다.
⑦ 직원들에게 적당한 업무를 배분하고 권위와 책임을 명확히 한다.
⑧ 프로그램을 효과적으로 전달하기 위한 필요한 행동들을 작성한다.
⑨ 프로그램의 감독, 평가, 환류를 위한 체계를 만든다.
⑩ 직원들이 자신들의 업무를 적절히 수행하도록 보장한다.

Gilbert와 Terrel(1998)은 프로그램을 실행하는 사회복지기관들의 재정 확보와 정보에 대한 접근성이 얼마나 중요한 것인가에 대하여 당위성을 설명하고 있다. 따라서 이들은 프로그램 서비스 전달에서 서비스이용자들을 어떻게 지지할 것인지? 프로그램 진행에 발생하게 되는 문제들을 어떻게 조정 가능한지? 프로그램 진행 중에 시민 참여가 서비스를 전달하기 위해 이전 서비스를 받았던 서비스이용자들을 활용하는 방안은 물론 서비스 신청자격에 대한 소득관련을 제한 것 등을 주장하고 있다. 프로그램 진행자는 전 과정을 수시로 지도 감독하는 것은 물론 진행되는 과정에서 적절한 개입과 조치를 취해야 한다. 프로그램을 구체적으로 실행하기 위해서는 먼저 이에 대한 계획을 철저하게 수립하여야 한다.

프로그램의 실행 안을 구체적으로 작성해야 한다. 일반적으로 사회복지기관에서 전문사회복지사에 의해 설계된 프로그램 기획 안이 사회복지 기관장이나 최고 관리자들에 의해 승인된 프로그램 담당자는 세부 진행 계획서를 작성하여 시행한다. 세부목표에 대한 상세한 진술로 이루어진 세부계획회서의 내용과 프로그램 절차에 따라 기관의 목적과 목표, 그리고 서비스이용자의 목적과 목표 달성에 필수적인 제반 요소들을 포함하여 실행에 옮기기 위한 진술하는 과정이다.

4) 조직화된 아이디어 창출기법

① 개선 아이디어를 얻으려는 목적으로 공평 또는 질 좋은 서비스 제공을 하기 위하여 검토하고 탐구하려 할 때 사용한다.
② 잠재적인 문제 또는 돌파구가 될 기회를 찾으려 할 때이다.
③ 혹시 있을지도 모르는 간과한 안건이나 원인을 발견하고자 할 때 사용한다.

2. 프로그램 실행 계획 수립 및 절차

프로그램을 구체적으로 실행하기 위해서는 먼저 이에 대한 계획을 철저하게 수립하여야 한다. 프로그램의 실행안을 구체적으로 작성해야 한다. 일반적으로 사회복지기관에서 전문 사회복지사에 의해 설계된 프로그램 기획안이 사회복지기관장이나 최고 관리자들에 의해 승인된 프로그램 담당자는 세부진행계획서를 작성하여 시행한다. 세부 목표에 대한 상세한 진술로 이루어진 세부계획서의 내용과 프로그램 절차에 따라 기관의 목적과 목표, 그리고 서비스 이용자의 목적과 목표달성에 필수적인 제반 요소들을 포함하여 실행에 옮기기 위한 진술하는 과정이다. 따라서 프로그램의 실행계획안을 잘 작성하기 위해서는 고려해야 할 요소들이 있다 주로 5W1H기법을 활용한다.

이 기법은 대단히 조직화된 아이디어 창출기법으로, 준비된 문제에 대하여 질문을 하고 그 질문에 대한 답변을 함으로써 아이디어를 얻는 기법이다. 이 기법은 팀의 문제난 기회의 모든 측면을 고려하고 의문을 던져볼 수 있게 한다. 이 기법의 목적은 문제에 대한 모든 관점을 고려하여 그 해결방법을 찾는 것으로 주로 다음과 같은 경우에 사용한다.

첫째, 개선 아이디어를 얻으려는 목적으로 공평 또는 질 좋은 서비스 제공을 하기 위하여 검토하고 탐구하려 할 때 사용한다. 둘째, 잠재적인 문제 또는 돌파구가 될 기회를 찾으려 할 때이다. 셋째, 혹시 있을지도 모르는 간과한 안건이나 원인을 발견하고자 할 때 사용한다.

김영숙 외 공동학자들(2002)과 김진화(2001)는 실행주체(Who), 실행목적(Why), 실행활동(What), 실행방법(How), 실행시기 및 기간(When) 및 실행장소와 여건(Where), 목적 대상이 누구인가?(For whom)?를 예를 들어 설명한다(최호윤, 2007).

황성철(2005)은 실행계획 수립의 주요한 요소로서 예를 들어 설명하고 있으며, 실행과정에서의 문제를 확인하기 위한 요소를 표로 만들어 제시하고 있다. 즉, 프로그램 실행을 위해 고려해야 할 요소들은 다음과 같다(김영숙 외, 2002: 212-214).

[단계 1] 문제에 대한 설명문을 실행 팀에게 보여준다.
[단계 2] 5W(Who, When, Where, What, Why)와 1H(How) 각각에 대한 질문을 개발한다.
[단계 3] 개발한 질문들에 대하여 답한다.
[단계 4] 질문에 대한 답변에 의해 제안된 아이디어들을 평가한다.

※ 단계별로 질문을 적용한 사례

정부기관이나 사회복지기관 내부에서 발생하는 정보단절과 알력에 관련된 것은 무엇 때문에 발생하는가? 어떤 방법으로 우리는 일선 사회복지사들과 서비스이용자 사이의 알력이 발생하는 것을 방지할 수 있겠는가?

(Who) 관련된 사람들은 누구인가?
예답) 자신의 고용기간과 고용조건에 만족하지 않는 일반관리자들이다.
(Who) 누가 만족하지 않는가?
예답: 직접적인 감독이 되지 않는 사람들과, 자신의 급료가 적다고 생각하는 사람들
(What) 만족이란 무엇인가?
예답: 근무장에서 활동과 성취를 용이하게 하기 위한 조건을 제공하는 것이다.
(What) 대부분의 사회복지사들에게 동기부여를 하는 것은 무엇인가?

예답: 성취감과 적절한 대우 등이다.

(Where) 사회복지사들은 어디서 동기부여를 받아 열심히 일하게 되는가?

예답: 기본적인 개인욕구 및 성취욕구와 전문가로서 서비스이용자들의 변화를 소중히 하는 곳 등이다.

(When) 언제 사회복지사 와 서비스이용자들이 불만을 갖는가?

예답: 자신들의 기여한 바가 인정받지도 높게 평가되지도 못한다고 느낄 때 자신의 업무를 수행하는데 있어서 적절한 자원을 보유하고 있지 않을 때 상관들이 거만할 때 자신의 동료들이 비협조적일 때

(When) 최고관리자들이 사회복지사들과 서비스이용자들을 만족시키려고 노력할 때는 언제인가?

예답: 계획된 직무성과 평가기간 동안 사회복지사들이 실수를 할 때 서비스이용자들이 프로그램에 적극적으로 참여를 잘 할 때 최고관리자들이 성과를 높이라는 압력을 받게 될 때.

(Why) 왜 사회복지사들과 서비스이용자들을 만족시키는가?

예답: 생산성을 높이기 위해서 사회복지사와 서비스이용자들의 변화결과와 적극적인 참여를 통해 성과를 증진시키기 위해 다른 기관들에 비해 더욱 경쟁력을 갖기 위해

(How) 어떻게 하면 사회복지사들을 만족시킬 수 있는가?

예답: 보상을 한다. 직무를 개선하기 위해 필요한 것이 무엇인지 요청하라

☞ 예상된 질문

-어떻게 하면 고용기간과 고용조건에 관한 인식을 바꿀 수 있겠는가?

-어떻게 하면 특정 사회복지사들을 더 직접적으로 감독할 수 있겠

는가?

-어떻게 하면 좀더 현실적인 전문사회복지사 직무목표를 수립할 수 있겠는가?

-어떻게 하면 전문사회복지사들이 자신의 직무를 수행하는데 있어서 필요로 하는 자원을 더 잘 제공할 수 있겠는가?

-어떻게 하면 전문사회복지사들과 서비스이용자들의 기본적인 욕구를 충족시킬 수 있겠는가?

-어떻게 하면 사회복지사들의 직무를 확대할 수 있겠는가?

-어떻게 하면 사회복지사들의 업무를 수행하는 방법을 결정하는데 당사자인 사회복지사들을 참여시킬 수 있겠는가?

-어떻게 하면 기관의 전반적인 생산성을 올릴 수 있겠는가?

-어떻게 하면 전문사회복지사들과 서비스이용자간의 협력을 높일 수 있겠는가?

이와 같은 다양한 질문을 토대로 프로그램을 실행하기 위한 토대를 마련한다.

3. 프로그램 진행에 대한 관리 기법

설계된 프로그램이 성공적으로 실행되기 위해서 행동이 취해지는 실행 단계이다. 프로그램의 세부목표에 따라 진술된 그 목적과 목표를 효과적으로 달성하기 위한 진행과정을 진술하는 것은 물론 관리도 효율적으로 실행하도록 해야 한다. 서비스를 전달하는 것은 물론 행정구역의 현존 법규를 검토한다.

공적/사적 기관과 함께 문제해결을 하기 위한 행정적 영향력을 행사하는 단계로서 프로그램의 진전 상황 검토, 보고, 프로그램 진행 상황 및 프로그램 종결을 위한 구체적인 진행계획을 준비하도록 한다. 이러한 진행 계획은 프로그램이 활동적으로 실행되도록 하는데 많은 도움을 제공한다. 프로그램을 진행하는 기법에는 다양한 것들이 있다.

진행된 여러 이론과 모델을 토대로 프로그램의 진행을 효율적이고 효과적으로 관리하는 방법은 다음과 같다.

① 프로그램 평가 검토 기법(programme evaluation and review technique; PERT)

② 활동별 진행계획도표(Gant Chart)

③ 월별 진행계획카드(Shed-U graph).

④ 프로그램 실행과정에서 수행해야 할 과업을 일목요연하게 도식으로 보여주는 총괄진행도(flow chart)를 활용할 수 있다. 위에서 제시한 모델들을 중심으로 프로그램 진행기법을 학습하고자 한다(최성재·남기민 1994; 성규탁, 1998; 김진화·정지웅, 2000).

1) 프로그램 평가검토기법(Programme Evaluation Review Technique)

프로그램 평가검토 기법은 미국에서 시작한 평가검토 기법이다. 프로그램 설계 기획 내용인 프로젝트의 달성에 필요한 전작업을 작업관련 내용과 순서를 기초로 하여 네트워크상으로 파악한다.

PERT는 1958년 미 해군 군수국 특수 프로젝트부에서 폴라리스잠수함용 미사일의 개발진척 상황을 측정·관리하기 위하여 부즈알렌앤드해밀턴사(社)가 개발하였다. 미 해군의 핵잠수함의 건조과정에서 고안된 것으로 이는 우연히도 같은 시기에 미국의 한 건설회상에서 개발된 주요경로방법과 유사하다. 1962년 봄 미국 정부가 신규 프로젝트에 이 기법의 전면 사용을 결정하여 모든 계약에 첨부할 것을 조건으로 하였다. 이로 인하여 미국전역에 보급되었으며, 민간부문에서도 이 방법의 탁월성이 인정되어 기업 내에 도입되었다. 우리나라에도 1970년대 초에 도입되어 1975년 이후부터 본격적으로 실용화되었으며 건설, 기계, 화학공업, 이벤트 조사연구 등 매우 넓은 분야에서 사용되고 있다.

PERT는 하나의 관리기술로서 명확한 목표를 가진 프로그램을 조직화하고, 진행시간표를 작성하고, 예산을 세우고, 프로그램 진행상황을 추적하는데 매우 유용한 관리체계이다. PERT는 각자의 역할을 상세하게 나타내 주며, 진행되는 활동 및 사건의 진전 상황을 추적/감독할 수 있게 하는 시간의 흐름을 보여주는 지도로서 안내자의 역할을 할 수 있다.

PERT는 일정기간 동안 성취해야 할 행사들을 규정하고, 통제하는데 도움을 관리도구로서 예정대로 과업을 완료하도록 도와는 것으로 모든 활동과 행사들이 PERT 도표에 나타나기 때문에 프로그램 계획자는 시간, 자원 및 기술을 예정된 일자에 맞추어 조정할 수 있다. PERT는 많은 사람들의 활동을 통합할 필요가 있을 때, 그리고 특정한 목표를 달성하기 위해 일련의 복잡한 과업들을 완수해야 할 때 유용하게 사용할 수 있다.

프로그램 활동을 추적학고 필요한 사정 또는 통제를 가할 수 있으며, 요원들의 작업 부담량을 도표화할 수 있으므로 업무를 통제하도록 해준다. 어떤 작업에 부적당한 사회복지사가 배치된다면 그것이 PERT 나타나게 되므로 그 사회복지사를 바꿀 수 있다. 그리고 실제 소요되는 비용과 계획된 비용을 비교해 봄으로써 지출 대 수입을 추산할 수 있게 한다.

PERT는 많은 사람들의 활동을 통합할 필요가 있을 때, 그리고 특정한 목표를 달성하기 위해 일련의 복잡한 과업들을 완수해야 할 때 유용하게 사용. 프로그램 활동을 추적학고 필요한 사정 또는 통제를 가할 수 있으며, 요원들의 작업 부담량을 도표화할 수 있으므로 업무를 통제. PERT 기술은 프로그램 계획자가 시간, 사회복지사의 업무량과 적절성, 비용, 자원, 기타의 자원 사용에 대한 보다 많은 행정적 통제를 위해 사용할 수 있다.

(1) PERT의 사용 목적

목적을 달성하는데 필요한 활동들을 도표화할 수 있다.

활동들을 효율적이고 효과적인 방법으로 조정한다.

활동들을 수행하고 프로그램의 전체 목적을 달성하는데 필요한 시간을 산정한다.

계획하는 데 관여하는 모든 사람들이 그들의 노력을 어느 곳에 집중해야 하는지를 알리기 위해 연속적으로 이어지는 여러 단계에서 수행해야 할 활동들을 일목요연하게 나타내 준다.

(2) PERT의 기본 구조 및 내용

종래의 바챠트(bar-chart)에 의한 기법들은 필요한 각 작업의 관련성이 부족하다. 특히 대규모 복잡한 계획일 경우 실제 사용하는데 유효성이 결여되기 때문에 PERT가 개발된 것이다. PERT는 특정한 프로그램 활동들 간의 관계 그리고 행사와 세부행사와의 관계를 논리적 및 시간적 순서를 한눈에 보이도록 표현해 놓은 것이다. 행사/활동간의 관계는 PERT 네트워크에서 나타나는 기본적인 내용이다. PERT 사용자는 행사와 활동의 관계망을 설계하기 위하여 최종목표 또는 행사로부터 시작하여 역 방향으로 거슬러 올라가면서 작업을 한다. PERT는 주로 필요한 활동이나 사회복지사의 과업들에 의해 연결된 일련의 행사의 목표로 구성된다.

이 방법은 사회복지사가 특정한 목표들을 성취하기 위해 수행해야 할 업무들을 체계적으로 고려하도록 도와준다. 성취되어야 할 목표들, 이 목표들을 성취하기 위해 필요한 행사들 그리고 그러한 행사들을 수행하기 위해 필요한 활동들을 상세히 구별해 주는 것이다. 따라서 이러한 과정을 통해 만들어지는 PERT 네트워크는 행사와 활동들이 순서적으로 연결되어야 함을 보여준다. 어떠한 활동 이전에 완수되어야 할 행사가 끝나지 않고는 그 다음 활동을 시작할 수 없기 때문이다.

(3) PERT의 작성 순서

PERT의 작성 하는 방법으로서 순서는 주 공정(critical path)이라 칭하는데 전 일정을 지배하는 것을 의미하는 것으로 공정을 하는 중 최장 일정을 의미한다.

① 단계 12345 즉 단계를 순서대로 정하는 것을 의미한다. 일의 내용을 분석카드에 작업소요 작업의 분해와 이벤트 가번 조사 작업 등을 옮겨 적은 다음 시간을 가구분하여 호의 가입을 실시한다.

② 단계 678 즉 내용을 카드의 화살표 작성도를 그리고 작업개시 한다. 그 때 위치 결정, 종료시간의 계산을 한다. 필요한 도구는 모조지전지, 풀, 중간 굵기의 사인펜 등이 필요하다.

☞ 조립 정리하는 방법

제1단계는 일의 분석을 표시한다. 단위작업의 조사/추출, 브레인스토밍과 같은 토의 방식으로 의견을 추출한다.

제2단계는 단위작업을 카드의 상반부에 옮겨 적는다. 명함크기의 카드 중앙에 가로선을 긋고, 그 위에 적는다.

제3단계는 각 단위작업의 소요시간을 조사/추출하여 카드의 하반부 왼편에 다음과 같은 내용을 기입한다.

① 시간의 단위는 월, 주, 일, 시간, 분 중에서 그 프로젝트의 성격, 기간, 관리방침 등에 따라 가장 적절한 것으로 선택한다.

② 소요시간은 과거의 경험을 바탕으로 하여 그 작업의 상태 조건을 고려하여 산정한다.

제4단계는 프로그램의 구분과 가구분을 표시한다. 어떠한 복잡한 일정도 분해되기 때문에 다음 4가지로 구분하여 프로그램 진행 배열을 가결정한다.

① 어떠한 프로그램이든 선행해서 시행해야 할 과업은 무엇인가?
② 어떠한 과업이든 병행해서 행해지는 과업은 무엇인가?
③ 어떠한 과업이든 도중에서 행해지는 과업은 무엇인가?
④ 어떠한 과업이든 사후지도로 행하여지는 과업은 무엇인가?

제5단계는 스타트의 행사에서 차례로 이어지는 행사 가번호를 카드 왼쪽위에 기입한다. 기입된 번호는 왼편에서 오른편으로 과업의 선행/후속 프로그램의 순서에 따라 왼편 번호 오른편 번호를 구별하여 기입한다. 과업순서가 바뀌거나 추가될 것을 고려하여 2, 4, 6 ..... 하나 건너뛰어 적는다. 5, 10, 15 ... (다선 건너뛰어)로 넣어두는 것도 편리하다.

제6단계는 프로그램의 과업 카드와 가 위치를 결정한다.

① 모조지전지 위에 프로그램의 과업을 관련성에 따라 과업 카드를 배치한다. 선행 과업카드는 왼편, 뒤로 이어지는 과업카드는 오른편에 배치한다. 카드와 카드 사이에는 동그라미 화살표를 넣을 수 있도록 5cm 가량쯤 공간을 비워둔다. 세로로 카드 매수가 가장 많은 경로를 모조지전지 위에 우선 위치를 결정한다. 가로로 놓인 카드는 선행에 관련된 것으로 배치한다. 후속과업의 위치를 생각하여 위치를 결정한다.
② 배치한 카드를 살펴본다. 과업순서를 체크하고 필요하면 위치를 바꾸어 배치한다. 불필요한 과업, 중복 과업은 제거하거나 탈락시키는 작업을 한다.
③ 카드를 얇게 화살표로 이어보고 다음 것을 확인한다. 화살표 자체가 교류하지 않는가? 한 화살표가 분기하지 않는가? 만약 있다면 카드의 위치 바꿈을 생각한다.

제7단계는 화살도표의 작성을 의미한다.

① 배치된 카드를 고정하고 동그라미를 카드 왼편에 기입하고 프로그램 진행 번호를 넣으며, 카드끼리 화살표나 점 화살표로 이어간다. 카드 고리에서 다음 카드 머리로 라면 실 화살표로 그리고 카드 머리끼리는 점 화살표로 표시한다.

② 최후의 카드에서 화살표로 내어 마무리 동그라미를 그린다.

제8단계는 각 프로그램 진행 작업의 개시/ 종료 시각을 계산한다. 화살표 도상에 있는 각 작업의 가장 이른 개시시각과 가장 늦은 종료 시각을 계산하여 각각의 동그라미 가까이에 기입한다.

(4) PERT에서 사용하는 용어 및 기호

네트워크에서는 계산의 편의와 간략화를 하기 위하여 기타를 위하여 룰(rule)을 정하고 있다.

Activity 활동을 나타내는 표시는 화살표나 실선으로 표시된다. 다른 활동으로부터 독립되어 소요시간이나 비용의 견적 산출이 가능하다. 화살표의 머리는 화살표의 선단으로서 활동의 종료시점을 나타낸다. 또한 화살표의 고리는 화살표의 밑단으로서 활동의 개시시점을 나타낸다.

행사나 행사의 끝부분이나 마디부분은 동그라미로 행사를 표시한다. 개시 또는 완료 시점을 표시하며 시간적으로 영이다. 여기에서는 행사로 통일하여 한다.

Dummy는 동체모형이라 칭하는데 점 화살표로 표시한다. 이 부분은 프로그램의 의사작업이라 칭하는데 즉 프로그램 진행 시간의 순서관계를 표시하며 소요시간은 상관하지 않는다.

프로그램 진행사건 번호(Event Number) 또는 마디 번호(Node Number)를 표시한다. 진행사건 속에 넣은 번호로서 원칙적으로서 네트워크 속에 동일번호를 사용하지 않는 것을 원칙으로 한다.

Lead Time은 L자로서 특수표시로 사용한다. 주로 외주 등의 사무절차 등에 사용된다.

Dummy Job(D)자로 표시한다. Dummy 즉 마디 부문과 달라서 계획상의 중간 일정을 규제할 경우에 사용한다. 시간적 요소를 가지고 있다. 정리된 단계에서 불필요하므로 꼭 표시할 필요가 없다.

(5) PERT의 기능

문제의 명확성(Identification of Problem)

신규계획이나 전혀 경험이 없는 이미지의 계획을 다룰 때 사전 통제를 위하여 문제점을 사전에 예측하고 하나하나의 활동이 최종목표로 연결되어 있는 계획공정표를 사용하기 때문에 과업의 문제점이 어떠한 영향을 줄 것인가를 사전에 예측할 수 있다. 또한 정한 일자에 완성하도록 돕는다.

개선된 결정(Improved decision making)

대부분의 경우 계획을 세울 때 단 한가지의 계획을 세우지만 PERT에서는 여러 가지 계획공정과 시간 및 비용의 여러 방법의 계획안을 수립하여 시험해 본 후에 그중에서 가장 적합한 대안을 선택함으로써 의사결정에 큰 도움을 제공한다. 또한 PERT에서는 당초에 계획되었던 계획이 실패할 경우 다른 계획으로 바꿀 수 있도록 항상 대체안의 준비가 가능하다.

의사소통 및 정보획득(Communication and Information)

일반적인 계획보다 PERT 계획은 의사소통이 빈번하고 어떠한 문제가 발생하면 곧 결단하여 팀워크를 할 수 있으므로 이러한 충분한 의사소통으로 지도자는 집단성원으로부터 필요한 정보를 얻게 된다.

관리통제의 강화(strengthening of Management Control)

PERT는 쉽고 계획 자체를 자주 조정하여 그 순간순간의 설정에 맞도록 손질함으로써 계획을 실천하는데 큰 도움을 주고 관리 통제면에서도 강력한 힘을 발휘할 수 있다.

시간 단축 및 비용 절감(Time Saving and Expense Curtailment)

시간을 세이브하거나 비용을 늘리지 않고도 소요시간을 20~30% 정도 단축시킬 수 있으며 약 15%의 비용을 절감할 수 있다.

(6) PERT 사용의 장점

네트워크를 작성하여 분석하므로 상세한 계획을 수립하기 쉽고 변화나 변경에 대하여 곧 대처할 수 있다.

네트워크를 사용하여 활동의 전모를 파악하고, 활동착수 전에 네트워크상의 문제점을 명확히 할 수 있으며 종합적으로 파악할 수 있으며 또한 중간 관리가 가능하도록 한다.

네트워크상의 애로활동과 여유활동을 명확히 구별할 수 있다. 따라서 총소요시간의 정도가 높아진다.

인원 및 특수시설 등 사용에 제한이 있는 자원들을 주 공정(critical path)활동으로 우선순위를 결정하거나 시점이 가까운 활동 사이에 지원관계 계획의 수립 등 주공정이 들어간 네트워크는 계획내용을 상대방에게 설명하는데 유용한 자료가 될 뿐만 아니라 상호간의 유력한 의사소통의 수단이 된다.

세부계획 단계의 순위와 조립관계를 유기적으로 파악할 수 있으므로 정확한 계획분석이 가능하다.

시간을 단축하고 시간을 절감할 수 있다.

관계자 전원이 참가하게 되므로 의사소통이나 정보교환이 용이하며 아울러 정보제도가 확립되어 팀워크가 좋아진다.

경험이 적은 사람들에 대하여 계획내용을 표시하는 세획공정표는 교육적 효과에 기여하는 바가 크다. 자원의 효율화를 기할 수 있다.

2) 활동별 진행계획도표(Gant Chart)

이 방법은 1910년경 Henry Gant라는 미국 사업가가 고안해 낸 것으로 세로 형태로는 사업 활동을 위한 주요 세부목표 및 관련활동을 기입하고, 가로 형태로는 월별 또는 일별 시간을 기입한 도표에 사업의 시작 또는 완료시까지의 기간 동안 계획된 세부목표와 활동기관 및 그것의 실제 수행할 현황을 병행하여 막대도표(bar chart)로 나타낸다. 이것은 한 프로그램을 완결하기 위해 일정기간 동안 행해야 할 의도적인 활동들을 일목요연하게 정리한 것으로 여기에는 프로그램을 구성하는 각 개별 활동들에 대하여 규정하고, 각 활동을 완성하는 데 필요한 시간을 결정한다. 그 활동들의 진행일정을 도식으로 제시하는 것을 의미한다. 그러나 이 도표에서는 각 활동만을 나타내고 활동들 간의 진행과정을 나타내지 않기 때문에 각 단계의 활동과 진행사이의 상관관계를 보여주지 못하는 단점이 있다.

따라서 전반적인 계획과 진행상황을 점검하는 데는 부족함이 발견된다.

3) 월별 진행계획카드(Shed-U graph)

월별 진행계획가트 기법은 전술한 활동별 진행계획도와 비슷한 성격을 갖고 있는데, 이는 특정 활동이나 업무를 월별로 구분하여 조그마한 카드에 기입하는 방법이다. 원래 개발된 모양에는 24“×42”(61cm×107cm) 크기의 바탕종이에 3“×5”(8cm×13cm) 크기의 카드를 꽂을 수 있는 주머니가 달려 있다. 이 바탕종이에 위쪽 가로에는 월별이 기록되어 있고, 특정 활동이나 업무를 위해서 말한 카드에 기입하여 월별 아래 공간에 삽입하거나 붙인다. 이 카드는 활동의 시간에 따랄 변경되어 이동시키는 데는 편리하지만, 활동별 진행계획도표에서와 같이 과업과 완성된 활동들 간의 상관관계를 잘 알 수 없는 단점이 있다.

4) 총괄진행도(flow chart)

(1) 다음은 프로그램 진행과정별 세부내용

프로그램 점검표는 프로그램 진행 시 주요 점검 및 확인 사항을 의미한다. 프로그램 점검 내용에는 운영절차, 자원 및 서비스 전달 체계, 서비스이용자, 프로그램 진행에 대한 서비스 이용자 만족도 그리고 프로그램 운영에 변화가 필요할 경우 전문사회복지사 및 프로그램 담당자/관리자는 기획된 일정에 따라 대처하되 적절하게 대응할 수 있는 융통성이 필요하다.

① 본래의 기획대로 활동이 이루어지고 있는지 여부를 점검한다.

② 확보된 자원이 기획된 것에 의해 서비스가 전달되고 있는지 양과 질적 서비스가 실행되고 있는지의 여부, 그리고 시간에 투입되고 있는지의 여부를 점검한다.

③ 서비스이용자는 전문사회복지사가 의도했던 서비스대상자 집단을 상대로 실시되고 있는지의 여부, 서비스 대상자가 중도에 탈락할 경우 대체할 서비스 이용자가 확보되었는지의 여부 등을 파악한다.

④ 프로그램을 진행하는 동안 중간 점검을 실시하여 서비스이용자들이 만족하고 있는지의 여부를 점검한다. 프로그램이 서비스이용자들의 욕구를 해결하기에 충분한 연관성과 프로그램 참여로 인하여 목표의 달성이 되고 있는지의 여부를 점검한다.

⑤ 프로그램 진행 중 유사시 발생하게 될 문제에 대비하여 문제에 대한 인식은 물론 문제가 발생할 경우 원인과 상황을 파악 분석하여 적절히 대처한다. 또한 전문사회복지사가 의도하는 방향으로 실행될 수 있도록 목표 설정이 이루어졌는지 점검한다. 프로

그램을 진행하는 동안 상황분석을 통하여 변화가 이루어지고 있는지의 여부를 파악하고 조직 내부에서 수정을 받아들일 수 있는 가능성 여부를 점검한다. 아울러 새로 개입할 상황이 발생하게 될 것을 하여 다음 개입전략을 선택한다.

(2) 프로그램의 체계적 운영을 위한 점검사항이다.

① 초기 면접 시 서비스이용자의 문제 혹은 욕구의 범주를 규정하기 위한 점검표를 준비한다.
② 프로그램 진행 시 발생하게 될 문제의 심각성을 측정하는 방법을 준비한다.
③ 프로그램 실행하기 전 이용자의 모든 정보를 확보하고 있어야 문제 발생 시 대처가 용이하다.
④ 프로그램을 실행하는 과정에서 서비스이용자에게 제공하는 과업을 분명히 하고 시간과 진행되는 상황을 기록하도록 한다.
⑤ 프로그램 진행 시 제공되는 서비스를 유형별로 방법들을 구체화한다.
⑥ 프로그램을 성실히 수행한 서비스이용자와 중도에 탈락한 서비스이용자를 분리하여 관리한다.
⑦ 서비스이용자에게 변화를 끼친 결과에 대한 평가를 계량화할 수 있는 측정도구를 준비한다.
⑧ 서비스의 질을 측정하고 보장하기 위한 원칙과 기준을 규정한다.
⑨ 프로그램 종료 후 변화된 서비스이용자들을 위한 사후 케어플랜을 준비한다.

프로그램 실행을 통하여 제공되는 서비스의 질과 양을 측정하고 평가하기 위한 실천 방안을 마련한다.

4. 프로그램 실행과정

프로그램을 실행하는 데 있어서는 무엇보다도 효과성, 효율성 등이 확인되어야 한다. 주어진 활동목표를 실제로 달성하도록 하기 위하여 가장 적절한 방법을 동원하는 것은 물론 효율적으로 이루어지도록 시간과 노력과 경비를 최소화하는데 관심을 두어야 한다. 이러한 실행과정을 보장하기 위해 프로그램의 진행단계에 따라 평가 측면에서 관심을 가져야 할 사항들에 있어 차이가 있다. 프로그램 실행과정은 세 가지 단계를 거쳐 실행된다고 볼 수 있다(정무성 · 정진모, 2001:188-190).

1) 프로그램 실행 준비단계

준비 단계에서 점검 및 확인이 어떻게 이루어지느냐에 따라 프로그램 진행이 원만하게 이루어진다고 볼 수 있다. 실행과정이 적절하게 준비되어 있느냐에 따라 달려 있다. 이 준비 단계는 중요하다. 또한 프로그램이 원만하게 진행되기 위해서는 점검이 필수다. 즉 프로그램 운영조직과 내용에 대한 사전 점검 및 연락을 취하는 것을 의미하는 것으로 점검된 제반 상태에 대하여 재차 점검을 하고 확정하여 철저히 해 두는 것을 의미한다.

2) 프로그램 실시단계

두 번째 단계로서 실제로 프로그램을 실시하는 실행 단계이다. 프로그램의 존폐위기가 달려 있는 시기이다. 즉 프로그램의 궁극적인 목표가 실현되는 단계로서 프로그램을 원활하게 실행하기 위한 과제가 필요하다. 프로그램을 원활하게 수행하기 위해 필요한 과제는 ① 전문사회복지사들이 역할분담 내용을 확인 한다. ② 기획된 프로그램 대안에 따라 진행하도록 한다. ③ 프로그램이 진행되는 동안 참여자들의 상황 변화에 적절한 반응을 하는 것이다.

3) 프로그램 정리단계

프로그램 실행이 이루어지고 있는 동안 프로그램 실행과정과 결과를 기록하고 정리, 요약하는 것을 중점적으로 실행하는 단계이다. 세부목표 작성 시 진술한 내용을 토대로 실행이 제대로 이루어졌는지 실행한 내용을 정확하게 기록, 정리하여 프로그램에 대한 체계적인 평가를 위한 자료로 활용할 수 있도록 요약하여야 한다. 흔히 프로그램을 실행하면 그것으로 프로그램이 종료된 것으로 생각하는 경향이 있다. 하지만 프로그램의 실행 후 가져온 결과를 점검하는 것과 평가 그리고 피드백을 받는 것은 물론 사후지도를 위한 준비를 하는 새로운 시작의 단계로 봐야 한다.

〈표 10-1〉 프로그램 실행 점검표

기획된 프로그램이 기관의 정책과 이념에 부합하는가?
프로그램을 기획할 때 사회문제와 서비스 이용자들의 문제분석이 합리적으로 이루어졌는지를 점검한다.
대상자의 선정에서 위계적 특성에 따라 서비스 이용자를 선정하였는지의 여부를 검토한다.
사업의 목적 및 목표설정이 서비스 이용자중심에서 이루어졌는지의 여부를 점검한다.
프로그램 활동내용은 프로그램의 구조, 담당인력, 일정표 등으로 구성되어 있는지 점검한다.
프로그램 실행 요건을 확인한다.
프로그램이 지역사회 내에 존재하는 문제해결에 초점을 두고 설계가 이루어졌는가?
프로그램에 의해 사용된 개입전략은 적절하게 준비되었는지 점검한다.

5. 프로그램 실행을 위한 홍보전략

지역사회에 있는 잠재적 서비스이용자를 프로그램에 참여하도록 유도하고 필요한 재원확보를 위해서 홍보, 모집, 광고 등의 활동을 전개하는데, 이러한 활동을 통칭 프로그램 마케팅이라고 한다. 프로그램 실행단계에서 중요한 과업 중의 하나로서 인적 자원과 물적 자원 확보이다.

1) 프로그램의 실행

(1) 프로그램 수행을 위해서는 전체적인 준비사항을 점검하고 각 회기별, 혹은 각 작업별로 구체적인 세부사항을 점검하는 과정이 필요

(2) 원만한 프로그램 진행을 위한 항목점검표(한국청소년개발원, 1997)

① 프로그램 실행 장소 준비점검(지정된 날의 장소사용 여부, 실행 장소의 시설 및 설비 적절성, 책상과 의자 준비, 장소 안내표시 부착 등)
② 교재교구 준비상태 점검(칠판, 필요한 기자재, 마이크 등)
③ 자료준비 점검(참여자 수만큼의 자료, 필기구 등)
④ 장소의 배치적절성 검토(책상, 의자, 마이크 등의 위치와 지도자, 기록자의 위치 점검)
⑤ 기록준비 점검(기록계획, 기록용지 등)
⑥ 참석자들에 대한 통지 여부 점검(일시, 장소 등에 대해 잘 알렸

는지 등)

⑦ 참여자들에 대한 안내 점검(종료 후 모임계획 여부 등)

(3) 일반적인 프로그램 진행단계: 일회성, 연속적 프로그램 모두 도입, 전개, 종결의 과정을 거침(도입단계)

① 모든 프로그램에서 가장 주요한 단계이다.

② 첫 모임에서 도입단계는 강사(교육사)와 참석자간, 참석자들 간 라포 형성을 위해 매우 중요하다.

③ 연속적 프로그램에서는 교육과정 전체에 적용되는 기본적인 규칙을 제정하는 것이 프로그램 운영에 매우 중요하다.

④ Gross

a. 모든 사람의 자발적 참여

b. 의견이 아닌 경험을 공유

c. 참여자의 모든 기여는 가치 있게 받아들이고, 비판하지 말아야 함

d. 집단 내에서는 자유롭게 질문하고 서로에 대한 관심을 표현

e. 서로에 대한 존중과 비밀 보장

⑤ 1회 이상 교육과정에서의 도입단계는 또한 지난 모임을 다시 정리하고 오늘의 주제와 어떤 연관성을 갖는가를 설명함으로써 연속적 강좌의 흐름을 조성하는 단계이기도 하다.

⑥ 지도자의 역할 중요 : 효과적인 지도자의 특성(Leiberman 등)

a. 애정, 보호, 피드백, 지지와 격려를 통해 집단에 대한 돌봄을 실천해야 함(돌본다는 것은 단순히 따뜻하게 챙겨주는 것 이상으로 교사로서 가족을 지원한다는 헌신적 행동을 포함)

b. 집단구성원들이 계획을 세우고, 목적을 향해가는 집단과정의 중요성을 이해하도록 도와야 한다.

c. 집단성원들의 정서적 참여를 강요하는 것이 아니라 격려를 통해서 정서적 자극을 주는 것이 중요하다.

d. 목표를 세우고 모임의 과정에 대해 지도하고 필요시 제한을 설정하는 능력을 포함하는 운영자의 역할도 필요하다.

2) 프로그램 전개단계

① 지도자의 자질이 무엇보다도 중요 : 사회적 기술, 자신감과 유연성, 의사소통능력 발휘(왜냐하면 참여자들의 흥미, 욕구와 능력 수준에 따른 변화를 민감하게 받아들일 수 있도록 계획을 융통성 있게 수정하고, 프로그램 실행에 포함된 모든 사람들 간에 원활한 의사소통체계를 마련해야 하기 때문)

② 집단이 효율적으로 상호작용할 수 있도록 격려자, 공동학습자, 활동조정자, 활동촉진자 등 다양한 역할을 수행해야 한다.

③ 참여자들의 눈높이에 맞추고, 참여자를 인격체로 인정하며 언행을 일치시키는 것이 중요하다.

3) 프로그램 종결단계

① 연속적 프로그램의 경우 종결단계는 내용을 정리하고, 정리한 내용을 집에서 활용할 수 있는 방법을 제공하거나, 과제 등을 통해 다시 한 번 정리할 기회를 제공하는 시간으로 활용되어야 한다.

② 또한 다음 프로그램에 대한 소개뿐 아니라 다음 프로그램에서 활용될 수 있는 과제를 소개함으로써 자연스럽게 참여를 유도할 수 있어야 한다.

③ 일회성 프로그램에서는 프로그램에 대한 평가를 수행해야 한다.

ex) '나에게 편지쓰기', '상장주기' 등 상징적인 의식

6. 사회복지 마케팅의 이해와 활용

사회복지기관에서 기관의 정책과 이념에 따라 프로그램을 설계하게 되는데 설계되어 실행 단계로 넘어 가는 과정에서 대상자 집단을 확보하고 예산에 포함된 재원을 마련하는 일이 사회복지기관에서 최고관리자나 전문사회복지사들의 관심사이다.

특히, 프로그램 담당자인 사회복지사는 지역사회에 있는 잠재적 대상자들을 프로그램에 적극적으로 참여 하도록 권유하고 필요한 재원확보를 마련하기 위한 제반 활동 중의 하나로서 홍보, 모집, 광고 등 프로그램의 정당성을 확보를 위한 마케팅 활동을 전개한다. 이러한 일련의 전개 활동을 경영학이나 기업에서 사용하는 용어를 빌어 프로그램 마케팅 또는 사회마케팅이라 칭한다.

'세계화(Globalization)'로 상징되는 21세기 지구촌의 변혁은 지구촌 모든 사람들에게 생존의 조건으로 '변화'를 강요하고 있다. 특히 '시장(market)기능의 부활과 강화'를 목적으로 하는 신자유주의는 복지다원주의(welfare pluralism)라는 이름하에, 일찍이 예산이나 운영적인 측면에서 전근대성을 벗어나지 못한 우리나라 사회복지기관들로 하여금 위기에 직면케 하고 있다. 이러한 분위기 속에서 복지경영 혹은 복지마케팅 개념은 '민영화'와 '효율성 강화'라는 기득권층의 의도된 목적을 미화시키기 위한 도구로서 복지영역에 도입되었다. 이에 따라 한국의 복지현실은 사회복지마케팅개념을 도입했던 본래의 목적인 사회복지자원의 파이를 늘리는 순기능(자원의존의 다원화)보다는 한정된 파이를 뜯어먹기 위한 역기능(한정된 자원의 편법 혹은 불법사용)적인 결과를 경험하고 있는 것이 사실이다. 이로써 정부의 복지책임 회피와 떠넘기기는 성공하였고, 민간의 복지의식과 기부문화가 후진적인 우리현실에서 '복지경영마인드'와 '복지마케팅'의 개념은 일부 혹은 다수의 어설픈 사회복지기업가(?)들에게 '복지'를 '장사'로 대체하는 빌미를 제공하였으며, 명함에 '사회복지CEO'라는 화려한 직위를 선사하였다. 게다가 현재 제조기업에서도 마케팅을 제대로 하지 못하고 있는데, 자원의존적이며 비영리적인 사회복지조직이 마케팅을 도입, 실천하는 것은 시기상조라는 의구심과 함께 휴먼서비스를 바탕으로 하는 사회복지영역에 '마케팅' 개념의 도입이 주는 거부감 또한 만만치 않은 것이 사실이다(드러커, 2003: 154).

하지만 이러한 문제점에도 불구하고 근래에 들어 사회복지 현장과 학계를 중심으로 조직목적(Mission)의 실현과 운영의 효율성제고를 위한 방안으로 사회복지마케팅의 필요성에 대한 자생적 목소리가 나오고 있는 것도 사실이다. 이는 대단히 고무적인 일이며 사회복지의 발전에 있어서도 중요한 일이라고 본다(조운희, 2004).

1) 마케팅이란 무엇인가?

(1) 새로운 마케팅의 필요성

자본주의 사회에서 시장은 사회를 지탱하는 운영기제(mechanism)이다. 이에 따라 사회복지조직도 시장의 변화에 민감하게 반응하고 대처해야 한다. 시장의 변화에 따라 사회복지조직의 재정상태가 정해지며 사업의 방향과 내용이 결정되기 때문이다.

정보기술의 발달(IT, 인터넷)에 힘입은 최근의 시장의 변화상황은 이전 시대와는 비교할 수 없을 정도로 변화의 속도와 폭을 달리하고 있는 반면에 사회복지조직은 구태에서 벗어나지 못하고 있는 것이 현실이다. 그렇다면 현대사회의 급속한 변화의 물결에 어떻게 대응할 것인가? 변화의 물결에 참여하기 위해서는 사고의 대전환이 필요하다. GE사의 회장 잭 웰치(Jack Welch)는 '변화하지 않으면 살아남지 못한다(Change or Die).'라고 했으며 HP의 리처드 러브(Richard Love)는 '변화의 속도가 너무나 빠르기 때문에 변화의 능력이 경쟁우위가 되고 있다'라고 말하였다. 또한 삼성의 이건희 회장은 '마누라 빼고는 다 바꿔라'는 표현으로 변화가 조직의 생존과 직결됨을 강조하였다. 이처럼 변화의 속도가 너무 빠르기 때문에 기업들은 이제 기존 관행에 의존해서 과거와 같은 수익을 창출할 수 없게 된 것이다. 따라서 시장의 변화는 사고의 대전환을 요구하고 있으며 그에 따른 결과가 새로운 마케팅의 도입으로 이어지고 있다.

〈표 10-2〉 시장의 변화에 따른 기업의 변화

과거지향적인 기업	변화하는 기업
· 모든 것을 기업내부에서 만든다. · 우리가 소유한 것에 근거하여 개량을 한다. · 독자적으로 진행한다. · 기능적 부서별로 작업한다. · 국내에 중점을 둔다. · 상품중심이다. · 표준상품을 생산한다. · 상품에 초점을 둔다. · 대량마케팅을 실시한다. · 지속될 만한 경쟁우위를 찾는다. · 신상품은 천천히 신중하게 개발한다. · 다수의 공급자를 이용한다. · 상명하달 경영방식이다. · 시장에서 사업을 한다.	· 기업 밖에서 더 많은 것을 산다(외주). · 다른 기업을 벤치마킹해서 개선한다. · 다른 기업과 네트워크를 형성하여 협력한다. · 타 분야팀을 구성해 사업과정을 관리한다. · 세계와 지역에 초점을 둔다. · 시장과 고객중심이다. · 적응상품이나 맞춤상품을 생산한다. · 가치사슬(value chain)에 초점을 둔다. · 목표마케팅을 실시한다. · 지속적으로 새로운 강점을 만든다. · 신상품 개발과정 사이클을 가속화한다. · 소수의 공급자를 이용한다. · 상하 및 횡적 경영방식이다. · 시장공간(market space)에서 사업을 한다.

자료: 양용희, 2002

(2) 마케팅의 개념적 의미

오늘날 마케팅의 의미는 단지 판매에만 관련이 있는 것으로 생각해서는 안 된다. 코틀러는 마케팅을 "조직의 목표를 달성하기 위하여 표적시장(target markets)에서 자발적인 가치의 교환(voluntary exchange of values)이 이루어지도록 만들어진 프로그램의 분석, 계획, 집행, 조정이다. 그것은 크게 조직이 제공할 수 있는 물품을 표적시장의 욕구에 따라 결정하며, 사람들에게 알리고 동기를 부여하며 서비스를 제공하기 위해 효과적인 가격설정과 홍보, 유통경로를 사용하는 것에 달려 있다."라고 정의하고 있다(Kotler, 1982: 양용희 외, 1997 재인용).

코틀러는 위의 마케팅 정의를 바탕으로 몇 가지의 구체적인 내용을 덧붙여 제시하고 있다.

① 마케팅은 분석, 계획, 집행 그리고 조정을 포함하는 체계적인 과정이다.

② 마케팅은 비체계적인 활동이 아닌 욕구충족을 위해 면밀하게 짜여진 프로그램 속에서 명확하게 나타난다.

③ 마케팅은 가치의 자발적인 교환을 추구한다.

④ 마케팅은 모든 사람들에게 모든 제품을 대상으로 모든 시장을 찾아 비현실적으로 공략하기보다는 표적시장을 대상으로 해야 한다.

⑤ 마케팅의 목적은 효과적인 시장의 공략을 통해 조직의 생존과 건강한 유지를 돕는 것이다.

⑥ 마케팅은 파는 자의 입장보다는 표적시장의 욕구에 따른 조직의 공략체계에 달려 있다.

⑦ 마케팅은 소위 마케팅 믹스(marketing mix)라 불리우는 제품설계, 가격, 홍보 그리고 유통의 방법들을 이용하고 혼합하는 것이다.
이와 같은 코틀러의 마케팅 정의를 종합해 볼 때 마케팅의 저변에 깔려 있는 중심개념은 교환(exchange)이다(양용희 외, 1997: 29).

교환이란 상대방에게 무엇을 줌으로써 그로부터 무엇을 되돌려 받는 것을 의미한다. 영리조직에서 교환은 상업적인 제품이나 화폐의 교환을 의미하며, 사회복지조직에서의 교환은 사회복지기관과 후원자 간의 교환(후원금과 만족)과 사회복지 기관과 소비자와의 교환(서비스의 재생산 및 미션의 달성과 기능회복)을 의미한다.

〈그림 10-1〉 마케팅 교환

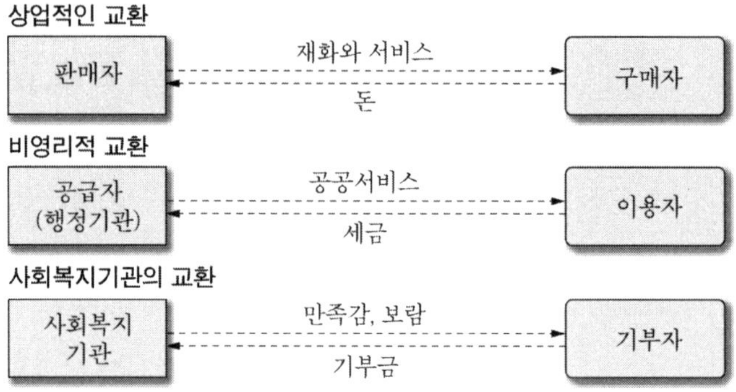

자료 : 양용희 외, 1997.

(3) 마케팅 개념의 외연적 확대

일반적으로 마케팅은 기업이나 영리단체에만 필요한 것으로 생각해 왔으나, 1960년대 이후 미국의 비영리조직들이 비용상승과 수익감소로 심한 경영난을 겪으면서 마케팅 이론의 도입이 주장되었다. 또한 조직과 재정규모가 커짐에 따라 일반기업과 같이 효과적인 재정관리를 위한 필요성이 대두되었다(드러커, 2003).

따라서 비영리부문에서 더 이상 판매자 위주의 시장이 아닌 고객중심의 시장이 되어야만 하는 상황에 직면하였다(Kolter & Zaltman, 1971 : 황성철 외, 2005에서 재인용).

1969년 2월 코틀러와 레비(Kotler & Levy)는 「마케팅 개념의 확대(Broadening the Concept of Marketing)」라는 논문에서 "마케팅이란 더 이상 기업에만 국한되는 기능이 아니라고 하였다. 즉, 마케팅은 비영리조직에도 유효한 기능이며 모든 조직은 마케팅 관련문제를 지니고 있어서 모든 조직이 마케팅을 이해할 필요가 있다."라고 주장하였다. 왜냐하면, 병원, 대학, 박물관, 종교단체, 시민단체, 사회복지조직에서 겪는 경영난은 영리부문에서 경험했던 문제와 유사한 특성을 나타내고 있기 때문이다.

1970년대에 이르러 비영리조직은 경영난을 타개하기 위해 마케팅 개념을 도입하여 운영하기 시작했고, 이로써 마케팅의 주체는 영리기업에서 대학, 박물관, 교회, 사회복지단체 등 비영리조직으로 확장되어 갔다. 그리고 단체뿐 아니라 정치인, 의사와 개인들도 마케팅을 필요로 하게 되었다. 마케팅의 객체 역시 상품이나 서비스뿐 아니라 사람, 장소, 아이디어, 경험, 조직 등도 마케팅의 대상이 되었다(황성철 외, 2005: 209). 이렇게 볼 때 마케팅의 개념은 보다 폭넓게 확장되고 있다. 상품과 서비스를 더 많이 판매하고자 하는 것뿐 아니라 그러한 소비를 줄이기 위한 마케팅도 있다. 술, 담배, 고지방 식품, 총기류 같이 소비를 줄여야 하는 제품이나 서비스에 대한 마케팅의 역할은 판매를 억제(unselling)하는 것이다. 따라서 비영리조직에서 마케팅의 중심목적은 단지 판매와 수요의 창출이 아니라 수요관리(demand management)가 된다.

우리나라의 경우 1980년대부터 몇몇 대학들과 사회복지조직들이 미약한 수준이나마 이벤트, 캠페인, 정기후원자 모집 등 마케팅에 의한 모금을 하기 시작했으며, 1990년대부터는 DM, ARS 모금, 이벤트, 정기후원자개발 등 본격적인 모금활동과 운동이 확산되고 있다. 그러나 아직 전문적인 마케팅에 의한 모금운동은 대표적인 대규모의 몇몇 비영리조직을 통해서 이루어지고 있으며, 사회복지기관에서의 마케팅 개념 활용은 아직 초기단계에 있다고 볼 수 있다(양용희 외, 1997).

(4) 마케팅 개념의 핵심요소

마케팅을 정의하기 위한 핵심요소는 소비자의 욕구(need)와 선호(want), 수요(demand), 소비자의 만족, 교환, 시장 등이라고 할 수 있는데 이를 자세히 설명하면 다음과 같다(안광호 외, 1998).

① 소비자의 욕구와 수요

마케팅은 인간의 욕구와 수요에서 시작한다. 인간의 필요는 기본적인 만족의 결핍을 느끼고 있는 상태이다. 인간은 생존을 위해 의식주, 안전, 소속감, 자존감 등을 필수적으로 갖추어야 하는데, 이 같은 것들이 결핍되었다고 느낄 때 그 사람은 욕구(need)를 가지고 있다고 볼 수 있다. 이 같은 욕구들은 사회나 마케팅에 의해 만들어지는 것이 아니라 인간이 생리적으로 갖고 있거나 인간의 조건 그 자체에 의해 생겨난다. 소비자들은 갖고 있는 욕구를 만족시킬 수 있는 구체적인 제품이나 서비스에 대한 선호(want)를 갖게 된다. 이러한 선호는 문화나 사회에 따라 다르며, 학교, 기업, 가족 등의 사회적 제도나 힘에 의해 형성되고 끊임없이 변형되어 간다. 특정 제품이나 서비스에 대한 욕구가 구매의사와 능력에 의해 뒷받침될 때 우리는 그것을 수요(demand)라고 한다. 즉 지불능력이 있는 욕구는 시장에서 수요가 된다. 소비자들은 제품이 가져다줄 혜택이나 이익을 계산하고, 지불되는 금액에 비해 가장 큰 이익을 제공하는 제품을 선택한다.

뛰어난 마케팅 기업들은 고객들의 욕구와 수요를 파악하는 데 철저하다. 즉 그들은 소비자들이 좋아하는 것과 싫어하는 것을 알기 위해 소비자조사를 수행한다. 그리고 마케팅 기업들은 고객의 요구사항, 보증 및 서비스 자료를 분석한다. 또한 기업들은 자신의 제품과 경쟁되는 제품을 사용하는 고객들을 관찰하여 충족시키지 못하고 있는 고객들의 욕구를 간파하도록 판매원들을 교육시키고 있다.

따라서 고객의 욕구와 수요를 세밀하게 이해한다는 것은 마케팅 전략을 수립하는데 중요한 투입요소를 제공한다.

② 소비자의 만족과 가치

소비자들은 제품이나 서비스를 가지고 그들의 욕구와 수요를 충족시킨다. 그리고 소비자들은 여러 대안들 중에서 그들의 욕구를 가장 잘 만족시켜 줄 수 있다고 생각하는 대안을 선택한다. 그러나 소비자들은 욕구나 수요의 충족이라는 면뿐만 아니라 어떤 대안을 얻기 위해 지불해야 하는 대가를 동시에 생각한다. 따라서 소비자들이 제품을 선택하는 데 있어 지침이 되는 개념은 각 대안이 소비자에게 제공할 수 있는 가치라고 할 수 있다. 가치라는 것은 고객이 그 제품을 소유하고 사용하여 획득한 혜택(혹은 이익)과 그 제품을 획득하는데 소요되는 비용 간의 차이이다. 대안의 가치는 가격을 고려한 대안의 고객 만족수준이다. 만족은 소비자의 기대에 비하여 가치를 전달하는 데 있어 제품에 대해 지각하는 성능에 좌우된다. 만약에 제품의 성능이 기대에 일치한다면 구매자는 만족하는 것이다.

2) 교환

마케팅은 사람들이 교환을 통해서 그들의 욕구나 수요를 충족하려고 결정하였을 때 발생한다. 교환(exchange)이란 어떤 측면으로부터 바람직한 목적물을 획득하고, 그 대신에 상대방에게 어떤 것을 제공하는 행위이다. 교환은 사람들이 바람직한 목적물을 획득할 수 있는 여러 가지 많은 방법들 중의 한 가지이다. 어떤 제품이나 서비스가 소비자의 욕구나 수요를 충족시키고 소비자에게 만족과 가치를 제공한다고 하더라도 그 제품이나 서비스를 제공하는 기업에게도 무엇인가 이득이 있지 않으면 교환은 일어나지 않는다. 교환은 가치 있는 제품이나 서비스에 대해 대가를 제공하고 획득하는 행위를 말한다. 교환이 실제로 일어나기위해서는 교환의 조건이 교환의 당사자로 하여금 교환 이전보다 더 나은 상태로 만들어 줄 수 있어야 한다. 그런 의미에서 교환은 가치를 창조하는 과정이라고 할 수 있다. 따라서 욕구나 수요를 충족시키는 수단으로서 교환은 상당히 중요한 것이다.

3) 시장

시장(market)은 어떤 제품이나 서비스의 실제 또는 잠재적 구매자들의 집합을 의미하는 뜻으로 쓰이고 있다. 이러한 구매자들은 교환과 관계를 통해 충족될 수 있는 어떤 특별한 욕구와 수요를 소유하고 있다. 원래 시장이란 용어는 구매자와 판매자가 그들의 재화를 교환하기 위해 모인 장소, 즉 마을 광장과 같은 공간성을 갖는 장소를 의미하는 것이었다. 그러나 마케팅 관리자들은 판매자들을 어떤 산업을 구성하는 것과 관련되어 있는 반면에 구매자들을 어떤 시장을 구성하는 것과 관련되어 있는 것으로 인식한다.

현대경제는 노동의 분업원리에 따라 운영되는데, 노동의 분업이 이루어지는 곳에서 각 사람들이 어떤 것을 생산하는데 전문화하고, 대금을 받고, 이러한 돈으로 필요한 것을 구입한다. 따라서 현대경제에서는 시장들이 다양하게 존재한다. 마케팅 기업들은 이들 시장에 대해 진지하게 관심을 기울인다. 기업은 마케팅을 통해 특별한 시장의 욕구와 수요를 파악하고, 최상으로 서비스를 제공할 수 있는 시장을 선정한다. 이러한 과정을 통해 기업들은 시장의 고객들에게 가치와 만족을 창출하는 제품과 서비스를 개발할 수 있으며, 그 결과로 기업은 판매와 이익을 얻게 된다.

7. 사회복지조직에서의 마케팅

1) 사회복지마케팅 개념화

마케팅은 소비자의 욕구를 발견하여 충족시켜 주는 과정이라고 할 수 있다. 사회복지조직의 입장에서는 대상자의 욕구를 정확하게 파악하여 그에 맞는 서비스를 제공하는 과정이라고 할 수 있다. 사회복지조직에서의 마케팅 개념 도입을 위해서는 우선적으로 사회복지조직의 존립당위성을 제공하는 제품(서비스)이 무엇인지가 명확해야 한다. 또한 서비스를 제공할 표적집단에 대한 정의가 구체적이고 분명해야 한다. 이를 토대로 고객인 대상자들의 행동을 분석하고 차별화된 마케팅을 시도할 수 있다.

마케팅은 판매자 위주의 생산이나 제품판매의 개념이 아니라 소비자 중심으로 나아가야 하는데 이를 위해서 ① 고객지향성 ② 관계지향성 ③ 사회지향성 ④ Y이론의 패러다임을 도입할 필요가 있다(박성연, 1998: 황성철 외 2005에서 재인용).

① 고객지향성은 마케팅 개념의 출발이 고객의 필요와 욕구를 파악해서 그 욕구를 만족시킬 수 있는 제품을 판매한다는 데서부터 시작한다고 보는 것이다. 즉 만들 수 있는 것을 파는 것이 아니라 팔릴 수 있는 것을 판매하는 것이다. 따라서 고객인 대상자의 욕구에 맞는 서비스를 제공하는 것이 사회복지마케팅의 기본이다.

② 관계지향성은 구매자와 판매자 사이의 관계를 중시한다. 마케팅의 또 하나의 특징이 구매자와 판매자 사이에서 일어나는 가치의 교환과정이기 때문에 관계지향성일 필요가 있다는 것이다. 기업의 성장은 교환관계를 지속적으로 성사시키는 데 있으며 따라서 마케팅은 관계지향적이어야 한다는 것이다. 따라서 마케팅에 성공적인 기업들은 급격한 시장의 변화로부터 기업을 지켜 줄 방파제의 역할을 고객과 기업 모두에게 이익이 되는 상생관계(win-win relationship)의 발전에서 찾고 있다. 판매위주의 판촉개념에서 벗어나 경제적·기술적·사회적 관계 강화를 통해 고객을 깊이 이해하고 고객과의 장기적인 유대를 강화한다는 개념인 관계 마케팅은 고객만족경영과 상호밀착된 관계에 있다고 볼 수 있다. 따라서 사회복지조직에서 서비스를 제공받는 대상자의 만족도에 대한 관심을 가져야 한다.

③ 사회지향성의 도입이다. 지금까지의 마케팅 개념이 고객지향성, 즉 고객의 욕구를 충족시키고 만족을 준다는 점에 강조점을 두었는데 이것이 사회전체의 장기적 이익에 위배되는 경우도 많았다. 따라서 기업의 사회적 책임을 강조하고, 기업이 생존하기 위해서는 기업외부 곧 사회와의 커뮤니케이션을 확대하여 공동의 관심사를 키워야 한다는 마케팅 개념, 즉 사회적 마케팅이 등장하게 된 것이다. 사회복지조직은 기본적으로 사회지향적 성격을 가지고 있으나 마케팅의 도입과 함께 지역사회와의 관계에 대해 더욱 충실한 조직으로 거듭나야 한다.

④ Y이론 패러다임의 도입이 중요하다. 마케팅 개념 이전의 판매 개념에서는 소비자를 소극적이고 수동적인 X이론의 관점에서 바라보았는데 정보화시대를 살아가는 소비자는 스스로 정보처리를 하고 정보 차조도 하는 능동적·주체적 존재라고 보는 관점이다. Y이론은 대부분의 고객이 지성적이고 능동적이며 자아실현과 배움에 대한 욕구가 강한 동시에 다양한 욕구를 가지고 있다고 가정하고 있다. 따라서 소비자들은 합리적인 구매활동을 하며 삶의 질을 향상시켜 줄 수 있는 신제품과 새로운 서비스에 대해서 관심이 높아 적극적으로 배우고 이용하려 한다고 본다. 이러한 원리는 사회복지의 기본가치 중의 하나인 자기결정권의 존중과 관련이 깊다. 대상자가 자신의 복지를 스스로 결정할 수 있도록 해주는 배려가 필요하다.

2) 사회복지마케팅의 목적과 특징

사회복지조직의 욕구분석은 사회복지조직의 특성에 따라 분석되어야 한다. 이는 사회복지조직이 정부나 영리조직과는 다른 가치와 다양한 클라이언트 그룹을 지니고 있기 때문이다. 사회복지조직의 클라이언트 그룹에 대한 욕구분석은 사회복지조직의 특성에 따라 이루어져야만 정확한 욕구 파악이 가능해지는 것이다.

사회복지조직의 마케팅전략 또한 사회복지조직의 특성을 고려하여야 한다. 즉 기업의 마케팅 목적이 고객만족을 통해 제품이나 서비스 판매를 최대화하여 이윤을 극대화하는 것이라면, 복지조직에서의 마케팅은 조직목적 달성을 위한 가치지향적인 마케팅이 목적이라고 볼 수 있다(정익준, 1999: 양용희 1997에서 재인용). 따라서 사회복지조직의 마케팅은 그 목적과 내용이 가치 지향적 마케팅이어야 한다. 가치 지향적인 비영리조직 마케팅의 특성은 다음과 같으며 사회복지기관 역시 마케팅 전략과 클라이언트의 욕구를 분석할 때 다음과 같은 비영리조직의 특성을 고려해야 한다.

① 비영리조직은 영리조직과 달리 다양한 다중의 대중(multiple publics)을 상대하게 된다.

Kotler &Andreasen(1991)은 이들 다중의 대중을 4가지로 구분하고 있다.

· 자원을 공급하는 후원자 그룹(donor)
· 자원을 유용한 상품이나 서비스로 변환시키는 내부 그룹(staff)
· 상품이나 서비스를 전달하는 그룹(agent)
· 공급받은 상품이나 서비스를 사용하는 그룹(client)

따라서 비영리조직은 이들 네 부류의 대중의 욕구와 만족을 위해 서비스 활동을 해야 한다.

② 다중의 대중을 대상으로 마케팅을 전개할 때 목표 역시 다중(multiple objectives)을 가져야 한다. 그런데 이들 다중의 욕구가 다르므로 목표가 상충될 수도 있는데 비영리기관은 이에 대한 조정 작업을 통해 문제를 극복해야 한다.

③ 비영리조직 마케팅은 상품중심이 아니라 서비스 중심의 마케팅이다. 서비스 중심의 마케팅은 만질 수 없으며 축적이 힘들고 서비스의 공급과 소비가 동시에 일어나는 상호성을 갖고 있다. 비영리조직들이 사업을 전개하는 데 있어서 사업의 목표를 정확히 측정하기 힘든 것은 서비스 대상이 사람이고 내용도 물질적인 변화가 아니라 사람의 변화를 목표로 하므로 그 결과를 물건과 같이 정확히 측정하기 어렵다. 비영리조직에서 서비스를 실시할 때는 이러한 점을 충분히 고려하여 클라이언트가 만족할 수 있는 가능한 결과 측정의 방법을 연구해야 한다.

④ 비영리조직 마케팅은 다양한 그룹의 초점을 받게 된다. 정부, 일반시민, 시민단체, 전문가 그룹 등 여러 분야 다양한 그룹들이 비영리조직의 모금액수, 모금방법, 모금원, 모금비용, 사용내역 등에 대하여 관심을 갖고 주시하게 된다. 비영리조직은 이들 모든 그룹들로부터 투명성과 신뢰성을 얻을 수 있는 마케팅을 실

시해야만 한다.

〈표 10-3〉 사회복지마케팅과 기업(일반)마케팅의 차이

기준	기업마케팅	사회복지마케팅
특징	기업의 내부욕구를 강조	복지조직의 외부욕구를 강조
목적	목표시장이나 사회에 이익을 부여하면서 동시에 주목적인 이윤창출	이윤추구없이 목표시장과 사회이익을 위해 봉사함
노력의 초점	기업이 보유하는 것을 사람들이 구매하도록 설득 → 기업은 목표시장이 원하는 필요와 욕구를 충족시키기 위해 노력	사람들이 원하는 활동을 조직에 위임하도록 유도 → 복지조직은 목표시장의 태도와 행동을 변화시키기 위해 노력함
마케팅 대상	기업은 아이디어를 수단으로 제품과 용역을 마케팅함	복지조직은 사회의 전반적인 이슈나 이념 등을 마케팅함
관심사	대체로 상품과 서비스에 대한 관심	상품, 서비스뿐만 아니라 사람, 장소, 조직에 관심이 있음
교환	일반적으로 화폐의 형태로 이루어질 수 있음	무형(지지, 노력, 시간 등)의 형태로 이루어질 수 있음
목표	조직목표는 일반적으로 재정적인 것이며 투자에 대한 이익, 판매, 보고의 형태로 진술됨	조직의 목표는 상당히 복합적이고, 재정적인 문제점들을 벗어남
이익, 지불	이익이 보통 고객의 지불과 관련됨	사회복지서비스의 이익은 수혜자, 후원자와 관련이 없을 경우도 있음
시장 분할	현재 또는 잠재적으로 가능성이 있는 시장분할을 하기 위해 노력함	사회복지조직에는 경제적으로 가능성이 없는 시장분할도 기대되거나 요구됨
고객	단일한 고객시장이 존재함	두 고객, 즉 수혜대상자와 후원자 시장을 보유함

자료 : 우종모 외, 2004에서 재인용.

3) 사회복지조직의 마케팅관리(Marketing Mix)

마케팅관리에서는 일차적으로 조직과 고객간에 교환이 가능한 아이디어, 재화, 서비스 등을 개념화하는 것이 중요하다. 이렇게 개념화된 교환 대상물을 기술, 생산, 관리부서와 협력을 통하여 상품으로 개발해내는 것이 그 다음 단계의 활동이다. 그리고 개발된 상품이나 서비스의 교환을 용이하게 하기 위해 고객과의 의사소통이 필요하고, 교환

에 부수되는 서비스를 제공하는 활동이 프로그램화되어야 한다. 이러한 마케팅 기획과정은 앞서 살펴보았듯이 마케팅함수(marketing mix)라 불리는 4P로 구성된다. 4P란 상품(product), 가격결정(price), 홍보(promotion), 장소(place)를 의미하며, 마케팅함수란 마케팅을 하는 주체가 4개의 각 영역에 자원을 할당하는 방식을 의미한다. 예를 들어, 사회복지기관에서 서비스의 질을 높이기 위해 상품에 많은 예산을 투자하면 홍보와 같은 분야에는 상대적으로 낮은 예산이 배정될 수밖에 없다. 이러한 과정을 통해 최적의 함수를 도출해 내는 조직이 사회복지계에서 경쟁력을 갖게 되는 것이다.

한편, 비영리기관의 마케팅에 관해 언급한 Fine(1992)는 비영리기관에서 4P만을 가지고 최적의 함수를 도출해 내는 것은 무리가 있다고 주장하면서 추가적으로 3P가 함수에 포함되어야 한다고 강조하였다(우종모 외, 2004). 즉, 마케팅을 하는 주체인 생산자(producer), 마케팅을 통해 호소를 해야 하는 대상자인 구매자(purchaser), 과학적인 탐구과정인 조사(probing) 등이 마케팅 함수에서 고려되어야 한다는 것이다. 이는 마케팅 전략을 수립하는데 보다 광범위한 틀을 제공하고 있어 사회복지기관의 마케팅전략을 제시하는데 보다 적합한 모델이라고 여겨진다. 따라서 Fine의 7P모델을 중심으로 사회복지기관의 마케팅전략을 제시하는 것이 바람직하다고 여겨지며, 이러한 맥락에서 사회복지기관의 마케팅의 기본틀은 다음과 같이 제시할 수 있다.

① 생산자(producer)

마케팅을 위해 구매자와 교환할 아이디어를 창출하고 메시지를 생산해내는 주체를 의미한다. 후원자 개발을 위한 마케팅에서는 사회복지기관이 생산자가 된다. 사회복지기관의 주된 목표는 사회복지 대상자들에게 서비스를 제공하여 삶의 질을 증진시킴으로써 더불어 사는 복지사회를 실현하는데 기여하는 것이다. 이러한 목표를 달성하기 위해 잠재적 후원자라고 할 수 있는 일반시민들이 사회복지에 대한 관심을 갖고 후원할 수 있도록 도와줄 필요가 있다.

우선 사회복지기관은 마케팅의 주체인 생산자가 되어 사회복지기관의 목표에 대한 가치를 확신시켜야 한다. 이를 위해 사회복지기관은 일반시민들로부터 믿을 만하고 의지할 만한 기관으로써 신뢰를 받아야 하고, 사회복지대상자들의 중요한 대변인 역할을 하여야 한다. 마케팅의 주체로서 사회복지기관은 교환하고자 하는 아이디어나 메시지에 책임을 질 수 있어야 한다. 신뢰할 수 있는 개인이나 조직에 의해 마케팅이 이루어질 때 그 효과가 더욱 커지기 때문이다.

② 구매자(purchaser)

기업의 마케팅에서 구매자는 일반적으로 잠재적 고객을 의미한다. 사회복지기관의 후원자 개발을 위한 마케팅에서 구매자는 잠재적 후원자들이다. 구매자인 잠재적 후원자가 될 사람들은 마케팅의 초기단계에서 반드시 파악되어야 한다. 그리고 사회복지기관은 이들에게 특별한 인상을 심어주면서 호소할 필요가 있다. 이를 효율적으로 하기 위해서 대상을 특정 기준에 따라 여러 범주로 나누는 것이 필요하다. 이러한 과정을 시장세분화라 한다.

③ 상품(product)

상품은 구매자의 욕구를 충족시키기 위한 산출물을 의미한다. 사회복지기관에서 잠재적 후원자들의 공감을 얻어낼 수 있는 가치를 구체적인 상징물로 만들어내야 한다. 예를 들어, 사회복지공동모금회의 마케팅 상품으로 알려진 '사랑의 열매' 배지(badge)는 연말 어려운 이웃을 돕기 위해 만들어진 것이다. 상품과 관련하여 중요한 것은 그것의 명칭이다. 상품의 이름에 따라 구매자의 반응이 크게 다르기 때문에 적합한 이름을 붙여주는 것은 매우 중요한데, 이를 위해서는 언어심리학적인 감각과 지식이 필요하다. 또한 상품을 개발하는데 있어 중요한 것은 생산자가 판매하려고 하는 것을 강조하는 것이 아니라 구매자가 사려는 것이 무엇인지를 파악하는 것이다. 따라서 사회복지기관의 후원자 개발을 위한 마케팅에서는 후원금 자체에 중점을 두기보다는 후원행위를 통한 사회적 기여와 소외계층의 삶의 질 향상에 중점을 두어 상품이 개발되어야 한다.

④ 가격(Price)

가격은 구매자가 그 상품을 얻기 위해 기꺼이 지불하고자 하는 대가를 의미한다. 생산자는 가격을 결정하기 전에 사람들이 그 상품에 어떤 가치를 부여하고 있는지를 반드시 파악하여야 한다. 그 상품의 가치를 지나치게 낮게 여기고 있다면, 가치를 높이는 과업이 선행되어야 한다. 그러나 가치들이 돈으로만 측정되는 것은 아니다. 상품의 거래에서 구매자들이 지불하는 것에는 시간, 노력, 생활양식의 변화, 혹은 다른 기회비용이 포함된다. 특히, 사회복지기관에서 잠재적 후원자들을 대상으로 마케팅전략을 세울 때는 이들 "사회적 가격"이 반드시 고려되어야 한다. 예를 들어 후원자가 후원금을 내기 위해 은행에 가야 하고, 또 그곳에서 긴 줄을 서서 대기해야 한다면 후원을 위해 너무 높은 사회적 비용을 지불하게 하는 것이라는 사실을 명심해야 한다. 따라서 후원절차의 단순화는 사회적 비용을 감소시키게 되고, 이는 좋은 홍보의 소재가 되기도 한다.

⑤ 홍보(Promotion)

마케팅함수의 필수적인 요소는 홍보인데, 이는 의사소통(communication)을 의미한다. 홍보는 창의성과 다양성이 요구된다. 홍보에 있어 중요한 것은 기발한 소재이다. 특히 사회복지기관에서는 창의적인 아이디어를 발휘할 것을 요구한다. 한편 상품을 홍보하는 통로는 매우 다양한데, 일반적으로 대중매체가 많이 사용되지만 광고, 대변, 로비활동, 교육 프로그램 등 사람들과의 직접적인 대면방법도 사용된다. 실제에 있어서는 다양한 방법들이 동시에 이용된다.

⑥ 장소(Place)

여기서 장소란 마케팅 상품이 구매자들이 구입하기 가장 적합한 때와 장소에 그곳에 있도록 하는 것을 의미한다. 이는 상품에 대한 구매자의 접근 용이성을 의미한다. 최근 대학들이 장소의 중요성을 인식하고 인구 밀집지역에 분교 캠퍼스를 둔다든지, 아예 산업체 안에 교육 프로그램을 설치하는 것이 대표적인 예이다. 시장조사를 통해 잠재적 후원자들이 밀집되어 있는 곳이 있다면 사회복지기관의 후원자 개발을 위한 마케팅팀은 그곳에 가야 한다. 예를 들어, 중고등학생을 대상으로 후원자 개발을 하는 경우에는 학교로, 직장인을 대상으로 마케팅을 할 경우에는 기업으로, 교인들을 대상으로 할 경우에는 교회로 방문할 수 있는 통로를 개발해야 한다.

⑦ 조사(Probing)

소비자조사는 마케팅 담당자들이 사용하는 가장 중요한 도구이지만 때로는 지나치게 남용되기도 한다. 대부분의 경우 조사가 너무 과장되거나 불충분하기 때문에 일어나는 현상이다. 오늘날과 같은 첨단 정보화사회에서는 낡은 정보나 저품질의 정보는 전혀 가치가 없다. 따라서 조사는 필요성이 매우 높을 때 행해져야 하며, 철저하고 주의 깊게 이루어져야 한다.

8. 사회복지조직에서 활용 가능한 마케팅전략

사회복지마케팅이 사회복지기관에 도입·활용되어야 하는 이유는 실제적으로 사회복지서비스는 이용자의 참여도 여하에 따라 성공여부가 결정된다고 해도 지나치지 않기 때문에, 상업적 마케팅의 분석도구 및 전략을 사회복지기관의 계획과 행정에 도입하여 클라이언트에게 미친 영향을 이익이라고 규정할 경우 사회복지분야에서도 신뢰성을 확보할 수 있는 창조적인 접근방법이 될 뿐만 아니라 서비스이용자의 욕구에 대응하고 변화하는 환경조건에 적응할 수 있게 하는 중요한 역할을 할 수 있다(Stoner, 1986). 그러므로 사회복지마케팅은 사회복지조직 내·외의 정보수집, 소비자에게 접근하는 방법 계획, 소비자의 욕구를 바탕으로 한 새로운 서비스 개발, 서비스에 대한 광고, 주민과의 관계 형성 전략, 기금획득, 클라이언트를 모집하고 등록하는 활동 등을 점검할 수 있는 도구하고 할 수 있다(조운희, 2004). 이처럼 사회복지마케팅은 현대사회의 사회복지실천영역에서 필수적인 도구이며, 이를 모르거나 제대로 활용하지 않을 경우에는 사회복지실천자체가 불가능하다.

1) 사회복지조직의 프로그램마케팅 전략

일반적으로 사회복지분야에서는 재정에 관심을 두는 자금이나 후원자 개발을 위한 마케팅 중심으로 복지마케팅이 전개되어온 것이 사실이다. 하지만 사회복지마케팅도 기업마케팅처럼 마케팅의 과정을 다양하게 전개할 수 있어야 한다. 즉 사회복지마케팅도 다양한 측면에서 마케팅 과정을 포용할 수 있어야 하며, 그 대표적인 활용방안 중의 하나가 프로그램 마케팅전략이라고 하겠다. 프로그램마케팅을 위한 마케팅과정의 설정과 접근(마케팅전략)은 아래와 같은 과정을 필요로 한다.

(1) 조직환경 분석

마케팅의 출발점은 조직 자체 분석과 조직이 속한 환경에 대한 분석부터 시작된다. 이 과정은 조직이 마케팅을 위한 준비상태를 확인하는 과정이기 때문에, 그 시점에서부터 조직이 보유하고 있는 능력을 파악해야 하고, 환경(일반환경, 과업환경)에 대한 분석을 해야 함을 의미한다. 조직의 능력과 시대의 변화를 이해하지 못한 마케팅은 실패할 확률이 많기 때문이다.

분석의 내용을 살펴보면, ① 조직의 존재이유와 관련된 것으로 조직활동의 초점이 되는 주요 사회문제 및 욕구는 무엇인지 파악하는 것, ② 조직의 프로그램 파악으로서 사회문제 및 욕구에 대처하기 위한 조직의 주요 서비스나 프로그램은 무엇인지를 파악하는 것, ③ 조직을 지원하는 개인·단체파악 사항으로서 누가 이 조직을 지원하는지를 확인해야 하고, ④ 조직을 지원하는 당위성 파악문제로 개인·집단·기업·정부가 무슨 이유로 조직을 지원하는지를 점검하는 것, ⑤ 조직을 지원하는 사람들에게 조직은 어떤 혜택을 제공하는가 하는 분석으로 나누어 볼 수 있다. 여기에 덧붙여 경재상태에 있는 복지조직들의 현황과 주요 프로그램 및 활동을 파악해야 함은 당연한 일이다.

〈그림 10-2〉 사회복지마케팅의 절차

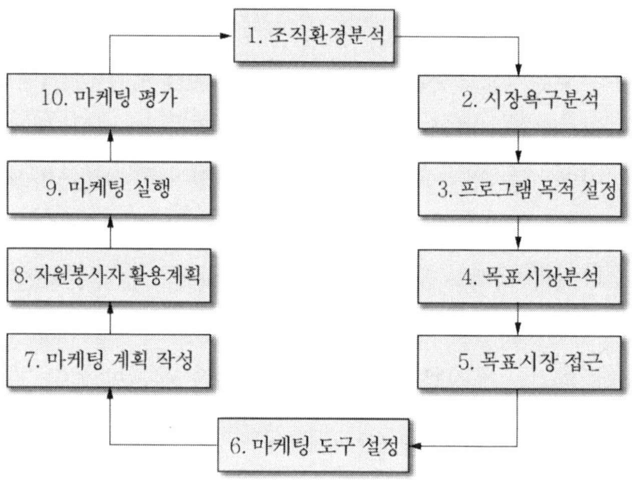

자료 : 우종모 외, 2004.

(2) 시장욕구 분석

이 과정에서는 복지조직이 관심을 갖고 있는 특정한 사회문제를 분석하는 것과 이 문제에 대하여 지역사회의 인식과 태도가 어떠한지를 분석해야 한다. 이러한 분석자료는 시장욕구분석을 반영하는 욕구문서(need statement)로 작성하여 이해관계자(재원공급자, 자원봉사자, 구성원)들에게 배포·제공함으로써 복지조직의 존재를 정당화시킬 수 있고 또한 이해관계자들이 좀더 관심을 보인다면 마케팅 성공 가능성도 높일 수 있기 때문에 중요하다.

분석은 현재 우리의 강점(좋은 이미지, 자원)과 약점(결정과정, 내부의 지원부족, 유통망)이 무엇인지, 우리 앞에 놓인 기회(상품, 새로운 시장, 새로운 기술과 방법, 경쟁자의 약화 등)와 위협(정치, 종교, 경쟁, 과정의 어려움) 등이 무엇인지 하나씩 점검해 보는 과정이다. 이를 'SWOT'(strength, weakness, opportunities, threats)라고 한다.

이 과정에서 특정한 사회문제에 대한 지역사회의 욕구는 특정한 프로그램 활동을 필요로 하는 시장의 욕구로 변화하게 된다. 여기에서 지역사회의 욕구가 ① 노인소득해결, ② 결식아동문제, ③ 청소년 인터넷 중독 해결 문제라고 가정한다면, 시장의 욕구는 ①,②는 기금조성으로 ③은 치료 및 예방으로 변화됨과 동시에 마케팅의 대상이 되는 것이다.

(3) 프로그램 목적 설정

이 단계에서는 프로그램 목적과 구체적 프로그램 목표 설정이 필요하다. 위의 예에서 ①,②의 경우에 있어서는 기획과정에서 프로그램 목적이 '주민의 소득향상'이라고 한다면, 구체적 프로그램의 목표 설정은 '○○지역 60세 이상 노인의 50% 이상을 소득 50%증가시키기 위한 직업알선센터 운영비용 ○○○만원 모금.' 또는 '○○지역 초등학교 결식아동 ○○명의 중식해결을 위한 기금 ○○○만원 모금'이라고 표시되어야 한다. 이 같이 구체적인 프로그램의 목표는 양적(숫자)으로 표시되어야 나중에 평가기준으로 활용할 수가 있고, 기부자도 기부효과에 대해서 확신과 함께 행복감을 맛볼 수 있는 교환과정이 일어날 수 있기 때문이다. ③의 청소년 인터넷 중독해결 문제라면 '중독청소년 50%이상을 6개월 이내로 치유하는 치료프로그램 시행' 또는 '3개월 간의 예방프로그램을 통한 청소년 인터넷 중독 30% 개선 및 방지'로 할 수 있다.

(4) 목표시장 분석

프로그램 목표가 ①과 ②라면 기부금 확보가 필요하므로, 목표시장 분석에서는 기부금을 제공할 수 있는 기부자를 개인·복지재단·기업·정부기관으로 세분화하여 그 현황을 파악·기록하고, 그 중에서 과거에 기부한 경험이 있는 경우와 장래에 기부 예상자를 파악하여 잠재적인 기부대상자를 선별함은 물론 조직이 바라는 기부가능 금액도 추정해야 한다.

〈표 10-4〉 목표시장의 분석 사례1

구 분	성명 (기관명)	기부관련내역
개 인	1. 000 2. ***	1. 기부한 경험이 있으면 어느 분야에(결식아동), 언제(연말), 어디에서(방문), 어떤 방식으로(현금, 지로), 어떤 이유(개인적 이유), 얼마인지를 기록함 2. 기부한 경험이 없으면 앞으로 어느 분야에, 언제, 어디에서, 어떤 방식으로, 어떤 이유로, 예상금액을 기록함.
기 업	1. 000	기록은 위와 동일하게 기록함
재 단	1. 000	기록은 위와 동일하게 기록함
정부 기관	1. 000	기록은 위와 동일하게 기록함

프로그램 목표가 ③이라면, 우선 지역 내에서 청소년의 성별, 나이, 학교재학여부, 주소 등을 파악해야 한다. 그리고 동시에 관련기관과 연계하여 중독 가능성 숫자도 파악해야 한다.

〈표 10-5〉 목표시장의 분석 사례2

성명	성별	나이	초중고여부	주소	중독여부(낮음, 보통, 심함)	비고

2) 목표시장 접근분석

①, ②의 경우라면, 세분화한 목표시장에 대해 잠재적인 기부자들이 선정되었으므로 기부자의 특성을 살피는 것이 필요한데 이것이 목표시장 접근분석이다. 이는 보통 기부자들의 복지조직에 대한 관심은 어느 정도인지, 기부자의 기부능력은 어떤 상태인지, 복지조직 구성원이나 자원봉사자들이 기부자에 쉽게 접촉할 수 있는지(접근 가능성 여부)를 파악하는 단계이다.

〈표 10-6〉 잠재적 기부자 현황

구분	성명(기관명)	기부관련 내역	기관에 대한 관심(상중하)	기부능력(상중하)	접근가능성(상중하)	예상금액
개인	1. 000 2. *** 3. @@@		중 상 하	중 하 상	상 상 하	000 00 000

위에서 살펴본 목표시장 분석은 복지조직 차원에서 나름대로의 자료를 정리한 것이라면 본 단계에서는 기부자 측면에서의 기부가능성 정도와 예상기부금 파악 및 수령에 유용하다. 예상금액은 차이가 나더라도 조직의 행동기준이 되므로 기록해야 한다.

3) 마케팅 도구 설정

마케팅 도구란 마케팅 활동을 위한 일종의 수단이다. 기업마케팅에서는 마케팅 도구를 마케팅 믹스(Marketing Mix), 즉 4p라고 부르며, 여기에는 상품(product), 가격(price), 유통(place), 촉진(promotion)으로 구성되어 있다. 복지조직 마케팅에서는 ① 이와 대응하여 마케팅 도구를 상품차별화 전략, 후원금 전략, 유통전략, 촉진전략으로 연계시킬 수 있으며, ② 마케팅 도구를 행사나 시행방법으로 구분하여 연중모금, 자본모금, 전화 및 자동응답시스템(ARS), 특별행사, 재단기부금, 대중매체광고, 직접우편(DM)으로 볼 수도 있다.

〈표 10-7〉 기업조직과 복지조직의 마케팅 도구 비교

기업의 마케팅 도구(4p)	복지조직의 마케팅 도구
1. 상품(product) -고객관점에서 보면 고객가치가 됨 -한 기업은 다른 기업의 제품과 다르게 제품을 차별화하는 전략을 구사	1. 상품(프로그램)차별화 전략 -사회적이슈·테마·시즌에 부합하는 프로그램(북한 어린이 돕기, Food Bank) -기쁨·행복·긍정적 변화를 주는 프로그램 -사회제품 개발
2. 가격(price) -고객관점에서 보면 고객측의 배용이 됨 -가격=원가+이윤(정상이윤, 추가이윤)	2. 가격 및 후원금 개발 전략 -경쟁관계 있는 타 복지조직 프로그램 가격 -시장상황 변화 고려 -후원자의 변화 추이 파악 -가격 = 지불비용+기회비용+심리적 비용 (심리적 비용 : 흡연포기에 따른 불안감)
3. 유통(place) -고객관점에서 보면 편리성임 -예: 카탈로그, DM, 홈쇼핑, 텔레마케팅, 인터넷 주문 등	3. 유통전략(장소전략) -모금도구 및 장소개발 -접근 편리성 방안 강구(운송수단, 위치 등)
4. 촉진(promotion) -고객관점에서는 커뮤니케이션 -예 : 광고, 판촉, PR, 인적판매 등	4. 촉진전략 -이벤트, 광고, 자원봉사자 활용 접근

4) 마케팅 계획의 작성

마케팅 계획 작성은 잠재적 기부자들이나 고객과의 의사소통 진행방법을 세부적으로 작성하는 것으로서 기부를 통한 보상전달 방안이나 프로그램 참여에 대한 효과성을 정확히 알리는 것이 필요하다.

5) 자원봉사자의 활용

복지조직의 인원, 자금은 한정되어 있기 때문에 복지조직에 우호적인 자원봉사자를 이용하여 마케팅을 전개하는 것이 유리하다. 자원봉사자는 조직원이 아닌 제3자이므로, 잠재적 기부자나 고객과의 의사소통이 보다 원활할 수 있어 마케팅에 도움을 준다. 따라서 마케팅 관련 사항을 자원봉사자에게 전달하거나 교육시키는 것이 필요하다.

6) 마케팅 실행

이 단계에서는 잠재적 기부자에게 기부를 요청하거나, 고객에 대해 프로그램 참여를 촉구하는 활동을 하게 된다. 따라서 조직은 기부자나 고객들에 대한 활동상황을 일자별로 파악하고 필요한 지원을 해야 한다. 그리고 기부금을 납부한 뒤나 프로그램에 참가한 뒤에도 이들과 지속적인 의사소통이 필요하며, 기부금의 사용내역과 프로그램의 효과에 대해서도 정기적으로 제공해야 한다.

7) 마케팅 평가

기부행위와 프로그램 관련 전반적인 평가를 하는 단계로서, 시행상의 문제점을 파악하여 다음 마케팅 활동에 도움이 되도록 해야 한다. 따라서 외부환경의 변화되는 욕구와 조직의 마케팅 능력한계를 알 수 있어 복지조직 목적과 목표에도 영향을 미치게 된다.

9. 후원자개발을 위한 마케팅 전략

1) 후원자개발 가능성의 분석

사회복지기관은 후원자 개발에 앞서 마케팅활동을 수행하는 데 영향을 미치는 환경적 요인을 검토할 필요가 있다. 환경적 요인은 사회제도적 환경과 조직내부환경으로 구분해 볼 수 있다. 사회제도적 환경은 모금과 관련된 각종 법규와 정부정책, 경제상황 등에 관한 내용을 포함한다. 조직내부의 환경은 조직의 경쟁력과 조직내 자원의 분석을 의미한다. 이러한 환경적 요인을 분석하기 위해 앞서 말한 SWOT분석을 통해 체계적으로 파악할 수 있다. 즉 후원자개발 가능성을 분석하기 위해 조직의 직원이 일하는 환경과 자원을 파악하고자 하는 것이다. 현재 우리 기관의 강점(예: 좋은 이미지)과 약점(예: 내부의 지원부족), 기회(예: 결식아동의 증가와 같은 사회적 욕구증가)와 위협(예: 경제난) 등이 무엇인지 하나씩 점검해 보는 일이다. 전략적인 측면에서 SWOT분석의 결과를 마케팅계획에 어떠한 방식으로 반영할 것인가가 중요하다. 후원자 개발에 대한 마케팅 전략이 부진한 사회복지기관에서는 담당자나 정책결정자의 직감적 판단에 의존할 수밖에 없다. 그러나 보다 정확한 예측을 위해서는 경험을 바탕으로 한 과거 실적들에 대한 정보의 분석이 필요하다.

2) 시장조사

사회복지기관에서 시장조사는 잠재적 후원자와 그들이 원하는 바를 찾아내는 작업이라고 할 수 있다. 이를 6하원칙에 입각하여 제시하면,

"누가 후원하기를 원하는가, 어떠한 분야에 후원을 원하는가, 언제 후원하기를 원하는가, 어디에서 후원하기를 원하는가, 어떤 방식으로 후원금 내기를 원하는가, 왜 사람들은 경쟁 기관에 후원하지 않고 우리 기관에 후원하고자 하는가"로 구성해 볼 수 있다.

3) 마케팅 목표설정

마케팅의 목표를 설정하기에 앞서 기관의 목적을 살펴볼 필요가 있다. 목적은 실행계획을 보다 더 구체적으로 제시하는 목표와는 구분이 된다. 사회복지기관의 목적은 대부분의 기관에서 소명헌장의 형식으로 제시되어 있다. 소명헌장은 기관의 기본적인 목적으로 현재의 상태와 미래의 방향을 제시해준다. 즉, 소명헌장은 "우리가 하고 있는 일은 무엇인지?" "우리가 어디로 가야 하는지?" 등의 내용을 포함하는 기관의 선언문으로서 기관의 존재 이유와 사명을 소속원들에게 명확하게 인식하도록 해준다. 사회복지기관의 사업이나 프로그램도 이 소명헌장에 근거하여 개발되게 된다. 따라서 후원자 개발을 위한 마케팅 목표설정도 이 소명헌장에 근거하여야 한다.

목표는 마케팅기획의 초기단계에서 명확하게 규명되어야 하며, 특히 하위목표는 그 중요성의 우선순위가 제시되어야 한다. 목표는 목표자체로 완성될 수 없으며 사전조사와 목표달성을 위한 프로그램 그리고 결과에 대한 평가가 항상 함께 있어야 한다. 특히 하위목표는 구체적이고(specific), 측정가능(measurable)하며, 달성가능(attainable)하고, 결과지향적(result-oriented)이면서, 시간적 한계(time-bounded)가 명확히 제시되어야 한다. 이를 영어의 이니셜을 따서 SMART목표라 한다. 그리고 목표에는 과정과 결과(달성여부)를 체크할 수 있는 지표(indicator)가 반드시 포함되어야 한다. 이러한 원칙 하에 사회복지기관에서 결연 후원자 모집을 위한 목표를 다음과 같이 설정할 수 있다. "결연 후원자의 수를 2005년 현재 1,000명에서 2005년 말까지 20%

증가한 1,200명 수준으로 올린다. 평균 입금률은 현재 65%수준에서 5%증가한 70%수준으로 높이며, 후원 중단율은 2005년 현재 월 20명 수준에서 2005년 말에는 월 15명 수준으로 낮춘다." 이 예에서 보는 바와 같이 목표가 시간적 한계를 분명히 명시하면서 구체적이고, 측정 가능하며 결과지향적으로 제시되어 있다. 모금목표액을 설정하는 데에는 다음과 같은 방법이 있다.

① 증액법이다. 이 경우 조직은 작년의 수입을 참작하여 인플레이션을 상쇄할 정도를 증액시키고 나서 예상되는 경제환경에 따라 가감하여 모금액을 수정한다.

② 욕구법으로 조직은 조직의 재정적 욕구를 예측하고 그 욕구에 따라 모금목표를 설정한다.

③ 기회법인데, 조직은 모금비용이 상이한 수준에서의 각각의 기부자 집단별로 모금할 수 있는 금액이 얼마인지를 측정하여 목표를 정하는 방법이다. 이는 각 기부자의 잠재력을 고려하여 모금전략을 세우는 것으로 가장 건실한 방법이라고 할 수 있다.

4) 시장 세분화와 표적시장의 선정

마케팅에서 시장세분화는 기본적으로 소비자들의 욕구가 동일하지 않다는 가정에서 출발한다. 즉, 사람들은 각자 다양한 욕구와 기호를 가지고 있다. 이러한 상이한 욕구를 충족시키는 상품이나 서비스도 개인별로 달라야 한다는 것이다. 이렇게 비슷한 소비자 집단을 '세분시장(segment)'이라고 한다. 마케팅에서는 모든 제품 또는 서비스와 관련된 시장은 여러 개의 세분시장으로 구성되어 있다고 본다.

시장을 다양한 부문으로 나누어 거기에 적합한 전략으로 마케팅을 하는 작업이 '시장 세분화(market segmentation)작업'이다. 그러나 전체시장을 하나의 시장으로 보고 마케팅활동을 할 것인지 혹은 각 세분시장별로 각각의 마케팅을 할 것인지는 기업이나 사업단위의 판단에 달려 있다. 아무리 욕구가 이질적이라 할지라도 각 세분시장의 규모가 사업성을 충족시킬 수 있는 수준에 미달한다면 세분화는 불가능하다.

시장 세분화 작업을 통해 시장은 동질적인 범주에 따라 구분된다. 이와 같은 동질적인 부문을 파악해서 우리 기관이 공략 가능하다고 판단하여 선택한 시장이 표적시장(target market)이다. 기관은 표적시장을 통해 거기에 알맞은 상품을 개발하며 마케팅 기회를 더 잘 발견할 수 있다. 표적시장의 선정을 통해 가장 큰 구매관심을 지닌 구매자에게 마케팅 노력을 집중시킬 수 있다. 표적시장을 선택할 때 가장 중요한 것은 선택된 표적시장에서 마케팅활동을 수행하여 이익을 남길 수 있는가 하는 점이다.

시장을 세분화하는 작업에서 구분되는 변수를 찾아내는 일은 중요하다. 어떤 변수들이 소비자의 행동을 가장 두드러지게 나타내주는지 알아야 한다. 이들 소비자 시장의 변수는 크게 지리적 변수, 인구통계학적 변수, 심리적 변수, 행동적 변수 등으로 나눌 수 있다.

지리적 변수는 지역단위, 지역의 크기, 인구 밀도 등으로 구분하여 파악될 수 있다. 그리고 어 나아가 지리적 변수 안에 인구통계학적 변수가 포함될 수 있다. 인구통계학적 변수는 고객의 나이, 성, 가족상황, 소득, 직업, 교육, 종교, 사회계층 등이 될 수 있다. 이들 인구통계학적 변수들은 효과적인 시장 공략에 매우 중요한 요소들이다.

사회복지기관의 후원자 개발에 있어서도 후원자의 소득, 직업, 나이, 종교, 성 등에 따라 후원행위의 차이를 보이게 된다. 우리나라에서 후원자들의 인구 사회학적인 특징을 보면 직업상 공무원과 회사원 등 안정된 직업을 갖고 있는 사람들의 비중이 크고, 교육수준에 있어서는 고등교육을 받은 사람들의 비중이 높은 것으로 나타났다. 연령적으로는 30대와 40대의 기혼 중년층이 중심이고, 종교적으로는 기독교인의 비중이 높은 것으로 나타났다. 따라서 이들 집단을 표적시장으로 선정하여 집중적으로 마케팅하는 전략이 필요하다.

심리적 변수는 다른 변수들에 비해 어느 정도 미묘한 점이 있으며 정확히 규정하기가 쉽지 않다. 심리적 변수에는 사람들의 개성, 생활 스타일, 소속감, 관계의 지속성 등이 있다. 예를 들어 자원봉사자나 기부자들이 기관에 시간과 기금을 제공하는 행위는 기관과의 유대감과 친밀감을 형성하게 할 수 있다. 기관에서는 잠재적 후원자들에게 기관에 대한 소속감과 참여 행위의 자부심을 갖게 함으로써 기부행위를 촉진할 수 있다.

행동적 변수에는 구매자들이 상품에 대하여 갖고 있는 지식, 태도, 사용반응 등에 기초하여 구분될 수 있다. 그러나 이들 변수들을 전부 시장 세분화에 적용할 필요는 없다. 변수들은 상품의 내용에 따라 그 중요성을 달리 나타낼 수도 있다. 그리고 너무나 많은 변수를 사용하면 오히려 과다한 목표와 복잡한 프로그램으로 비효과적인 작업이 될 수 있다.

5) 후원자개발 프로그램 수립

사회복지기관에서 후원자는 결연후원자, 정기후원자, 비정기후원자, 프로그램후원자 등으로 구분될 수 있다. 후원자개발 프로그램은 후원자의 유형에 따라 다르게 마련된다. 따라서 각 후원자 유형의 특성을 고려하여 후원자개발 프로그램이 수립될 필요가 있다.

결연후원은 후원자와 클라이언트를 연결하여 재정적, 정신적 지원을 하도록 하는 방식이다. 실제로 모금 실적이 좋은 사회복지기관들은 모금액의 2/3를 결연후원금에 의존하고 있다. 결연후원은 후원자에게 클라이언트에 관한 정보를 구체적으로 제공함으로써 클라이언트의 욕구에 맞는 후원을 하여 후원자가 직접적으로 보람을 느끼게 함으로써 장기적인 후원을 가능하게 한다. 또한 물질적인 지원뿐만 아니라 정신적인 지지도 가능하게 해준다. 그러나 클라이언트의 신상이 공개됨으로써 인격적인 손상을 가져오거나 스티그마(stigma)를 느끼게 할 우려도 있다.

정기후원자는 정기적으로 후원금을 내는 사람들로 그 방식은 결연후원과 동일하지만 궁체적인 후원대상이 정해져 있지 않은 것이 다르다. 대부분의 소규모 사회복지시설에서 후원자를 개발할 때 선호하는 방식이다. 정기후원은 결연후원과는 달리 후원금액을 소액에서부터 고액까지 다양화하여 후원자들이 기부할 수 있는 폭을 넓혀주는 장점이 있다. 그러나 구체적인 후원대상이 정해져 있지 않기 때문에 후원지속률이 결연후원에 비해 떨어지는 단점이 있다.

비정기후원은 정기 후원과 성격이 비슷하나 비정기적으로 후원금을 낸다는 점에서 차이가 있다. 비정기후원자는 결연후원이나 정기후원에서처럼 정기적으로 장기간에 걸쳐 후원금을 낸다는 것에 부담을 느끼는 잠재후원자를 대상으로 개발해 볼 수 있다. 대표적인 사례는 모금저금통을 만들어 배포하는 것이다. 그러나 관리상의 문제가 있어 대부분의 기관에서 크게 성공하지 못하고 있다.

프로그램후원은 특정 사업이나 프로그램을 홍보하여 모금하는 방법이다. 결식아동돕기 모금이 대표적인 예이다. 프로그램후원자를 개발할 때는 특정 개인의 욕구보다는 이슈가 되고 있는 사회적 문제나 욕구에 초점을 맞추는 것이 효과적이다.

6) 마케팅 실행방법

후원자 개발을 위한 마케팅방법에는 DM, 이벤트, 대중매체 광고, ARS, 인터넷, CRM 등이 있다.

① DM은 후원을 요청하는 편지를 잠재적 후원자들에 발송함으로써 후원자를 개발하는 방식으로 가장 전통적인 마케팅 방법의 하나이다. DM은 불특정 다수에게 보내기보다는 표적시장을 선정하여 지역, 나이, 사회적 지위, 소득 등에 따라 대상자 목록을 확보하여 보낼 때 효과를 발휘할 수 있다.

② 이벤트는 후원자의 특정동기를 부여하기 위하여 특정기간과 장소에서 사전계획하여 특별한 활동을 벌이는 커뮤니케이션 과정이라고 할 수 있다. 이벤트는 전달자와 수용자가 현장에서 시각, 청각, 촉각, 후각, 미각 등 오감으로 느끼고 커뮤니케이션함으로써 입체적으로 경험하고 지각하여 기억이 오래 남는 특징이 있다. 따라서 이벤트가 성공하기 위해서는 사업상품의 높은 욕구와 시기의 적절성 이외에도 이벤트에 따른 흥미유발이 반드시 따라야 한다. 이벤트는 의미(meaning)에다 흥미(interesting)가 첨가되어야지만 성공한다. 후원자개발을 위한 사회복지기관의 이벤트로는 자선음악회, 모금만찬회, 전시회 등이 있다. 그러나 이벤트는 비용이 많이 들어 모금을 하기 위한 목적만으로는 적합한 방법이 아니다. 그러나 이벤트를 통해 대중의 공감대를 형성하고, 잠재적 후원자와의 관계를 형성하며, 사회복지에 대한 대중교육의 효과를 얻을 수 있다.

③ 대중매체광고는 주로 영리부문에서 사용하는 마케팅 방법이다. 후원자 개발을 위한 사회복지기관의 대중매체활용은 아직 미진한 실정이나 라디오나 잡지 등을 통한 마케팅이 점차 활성화되고 있다. 특히 잡지를 통해 후원자를 개발하고자 할 경우에는 잡지의 판매부수, 독자층, 성격 등을 고려하여야 한다. 또한 광고의 성과를 올리기 위해서는 한 잡지에 적어도 6개월 이상 광고를 해야 효과를 볼 수 있다.

④ 자동응답시스템(ARS)은 최근 가장 활성화되고 있는 모금방법이다. 이는 모금방송 시청자들이 이 시스템을 통하여 전화를 걸면 통화당 일정 금액의 후원금이 자동으로 전화요금에 부과되어 전화요금과 함께 기부금을 제공하는 방식이다. 최근 ARS가 성공을 거두고 있는 것은 손쉽게 적은 금액으로 부담없이 후원에 참여할 수 있는 장점이 있기 때문이다.

⑤ 인터넷을 활용한 후원자개발은 IT기술의 발달을 발판삼아 빠른 속도로 증가할 전망이다. 실제로 정보화와 기부문화가 가장 앞선 미국에서는 인터넷을 통한 모금과 후원자개발이 급속하게 증가하고 있으

며, 우리나라에서도 일부 비영리기관을 중심으로 활용도가 높아지고 있다. 후원자들은 온라인상에서 신용카드 구좌를 통하여 후원금을 보내거나 기금후원을 약속한 후 자동이체를 한다.

인터넷을 통해 후원자를 개발하는 방법으로는 기관 ID를 통해 직접 후원요청하거나, 통신란의 게시판, 대화방, 동호회, 카페 등을 통해 후원요청을 할 수 있다. 또한 포털사이트에 IP를 등록하여 기관홍보와 함께 후원자를 개발하는 방법도 있고, 광고비를 지불하고 후원자를 모집하거나 기부금을 요청하는 광고를 낼 수도 있다. 인터넷을 통하여 홈페이지를 작성하여 기관의 홍보와 모금을 하는 경우도 늘어나고 있다.

⑥ CRM(Cause-Related Marketing)은 기존의 기업마케팅처럼 기업이 이윤을 사회에 환원하거나 기업의 이미지 개선을 위하여 자선활동에 기부하는 형태의 모금 방법이 아니다. CRM마케팅은 기업과 모금기관의 공동의 이익을 위해 동시에 Promotion을 하는 모금 방법 중의 하나이다. 곧 기업이 자선 모금활동에 참여함으로써 기업의 이미지 고양은 물론 상품의 판매 촉진을 유발시키는 모금방법이다. 이러한 모금 방법은 미국에서는 이미 보편화되었으며 - American Express Card에서 처음 사용하였으며, 회사는 카드 속에 그려져 있는 자유의 여신상을 활용하여 판촉을 하기 위해 자유의 여신상 복원사업을 펼치는 시민단체와 연계하여 개인이 사용한 카드금액의 일정비율을 시민단체에 기부, 우리나라에서도 최근에 들어 많은 기업에서 이용되고 있다(예: 아시아나항공 + 유니세프, 대구은행 + 독도 등).

미국의 경우 1980년대 소비자들은 상품의 브랜드에 따라 구매를 선호하는 경향이 있었다. 그러나 1990년대에 들어서면서 반대로 브랜드가 소비자의 욕구를 따라야 하는 경향으로 바뀌고 있다. CRM 마케팅은 이러한 변화의 패러다임을 충족시키기 위한 새로운 모금방법이다. CRM의 기본개념은 소비자의 가치에 따라 마케팅을 전개하는 데 있다. 1980년대 판매촉진을 위해 시작된 CRM은 1990년대에 와서는 제휴와 브랜드 마케팅으로 기업의 사회적 책임을 나타내주는 독특한 방법으로 그 위치를 차지하게 되었다. 최근에 국내기업에서도 CRM을 가장 중요한 마케팅기법으로 인식되고 있으며, 활용되고 있다.

결국, CRM은 기업의 이미지를 높여주어 기업의 상품 판매에 긍정적으로 영향을 미치면서 동시에 사회복지기관의 후원자개발에도 기여하는 윈-윈(win-win)적인 마케팅기법이라고 할 수 있다. 반면에 CRM이 기업의 상술에 악용될 경우, 사회복지기관에 대한 인식마저 나빠질 수 있으므로 CRM을 할 경우 파트너선정에 있어서 신중을 기해야하며, 해당 기업의 이미지와 사회복지기관의 사명(mission)이 부합되어야만 성공적일 수가 있다. 서구사회에서 사회복지영역에 마케팅의 필요성이 제기된 것은 1970년대 이후 복지국가 위기 상황을 맞이하면서부터이다. 즉 사회복지행정에 있어 경제적 운영원칙의 기본원리가 무시되고, 특히 합리적인 결정을 위한 자료와 정보가 결여되었거나 그것을 수집하고 적용하는데 필요한 전문기술이 부족하다는 문제점이 지적되면서 마케팅개념이 도입되었다.

하지만 우리나라에서 사회복지영역에 재정확보를 위한 전략으로 마케팅기법이 도입된 것은 비교적 최근의 일이다. 그동안 사회복지기관에서 후원자를 개발하기 위해 주로 사용한 기법은 구걸하기(begging)였는데, 이는 사회복지대상자의 참혹한 상황을 소개하고 동정심을 유발하여 기부금을 제공받는 방식으로 이루어졌다. 그러나 이 방식은 사회복지대상자의 인권이나 복지권을 고려할 때 비인도적이며 비복지적이라는 비판에 직면하게 되었다. 이에 따라 후원자집단으로부터 수금(collection)하는 방식이 도입되었다. 수금방식은 모금의 안정성을 확보하기 위해 현재 가장 많이 사용하고 있는 방식이지만, 실제에 있어서는 후원자들의 참여가 미진하여 철저한 계획에 의한 후원자개발의 필요성이 대두됨에 따라 마케팅 기법이 필요하게 된 것이다. 이처럼 마케팅기법은 사회복지기관의 운영의 효율성과 프로그램의 활성화를 위한 방안으로 도입되었으며, 이에 따라 사회복지기관은 새로운 도전과 과제에 직면하게 되었다. 즉 사회복지기관은 본래의 목적인 '복지'와 운영도구로 도입된 마케팅의 목적인 '효율성'을 어떻게 적절히 조화하느냐하는 과제에 직면하게 된 것이다. 이는 쉽지 않은 과제로서 특히나 서구사회와 달리 복지예산이 부족하고 국민의 복지의식이 후진적인 우리나라에서 자칫하면 사회복지기관의 정체성이 흔들리게 되는 위험과 유혹에 노출될 가능성이 높다.

따라서 사회복지기관은 마케팅기법의 도입과 활용에 있어서 본래의 정체성과 윤리성에 민감해야 한다. 사회복지기관의 마케팅은 영리부문의 상업적 마케팅보다는 높은 수준의 윤리성을 기대하기 마련이다. 사회복지기관은 공익을 추구하고 있다고 여겨지기 때문에 마케팅의 이념과 목적이 윤리적 기준을 넘어서는 안 된다. 또한 사회마케팅의 비윤리성은 비윤리적인 기업마케팅보다 사회적으로 훨씬 많은 해를 미칠 수 있음을 명심해야 할 것이다.

10. 사회마케팅의 이해

1) 사회마케팅이란?

Baker(1995: p354)에 의하면 사회마케팅(social marketing)은 기관의 서비스 소비자인 서비스이용자, 자원공급자, 권위와 자격부여기관, 일반 대중이 그 기관의 서비스에 대해 보다 큰 관심과 요구를 가지도록 하기 위한 활동이라 하였다. 일반적으로 기업이나 생산조직 등에서 제품을 생산하고 소비자에게 제품 판매를 하기 위한 활동으로 제품을 알리고자 전개하는 홍보활동을 마케팅이라 한다. 마케팅의 전략에 따라 소비자들의 욕구와 구매 성향을 분석하여 표적시장을 선정하고 생산제품을 합당한 가격에 시장에 유통시켜 판매를 촉진시키는 제반 관리과정과 판매활동을 의미한다.

Baker(1995)의 정의에 따르면 두 가지 특성이 부각된다. 첫째, 사회마케팅이 표적시장 또는 표적집단은 서비스이용자뿐만 아니라 자원제공자, 자격 부여기관, 일반대중으로 확대되므로 다원적이라는 점이다.

정부나 일반대중에 대해서 기관의 프로그램과 업적을 홍보하는 것도 사회마케팅에 포함될 수 있기 때문이다. 둘째, 사회마케팅의 개념에서 강조되는 것은 서비스에 대한 관심 유발이다.

효과적 사회마케팅의 전제조건은 사회복지기관의 독특한 가치와 이념에 따라 서비스의 질적 수월성을 확보할 수 있기 때문이다.

Kotler(1991: p1)에 의하면 "개인과 집단이 사람들과의 가치의 창조와 교환을 통하여 자신들이 필요로 하고 원하는 것을 획득하는 사회적 및 경영 관리적 과정이다"라고 하였다. 즉 마케팅을 조직의 목표달성을 위해서 표적시장과 자발적 가치교환이 이루어지도록 만들어진 프로그램의 분석, 기획, 시행 통제 등의 활동이다.

Kotler(1985: pp. 6~7) 다시 말하면 가치교환을 중심으로 한 체계적 관리과정으로서 생산조직의 제품 대신 사회복지기관에서 제공하는 전문적인 서비스를 중심으로 한 사회복지의 이념과 가치의 교환이 사회정의적인 차원에서 그 본질적인 특성을 이루고 있다

서비스의 질적 우수성도 중요하지만 그 기관의 사명과 목적뿐만 아니라 기관 운영의 책임성과 투명성 또한 중요하다. 마케팅이란 조직의 목표를 달성하기 위하여 표적시장(target markets)에서 자발적인 가치의 교환(voluntary exchanges of values)이 이루어지도록 만들어진 프로그램의 분석(analysis), 기획(planning), 집행(implementation), 통제(control)하는 과정을 포함한다고 주장한다. 또한 마케팅의 성패는 조직이 제공할 수 있는 물품을 표적시장의 욕구에 따라 결정하고, 사람들에게 알리고 동기를 부여하며, 서비스를 제공하기 위해 효과적인 가격설정과 홍보 및 유통경로를 사용하는 것에 달려 있음을 강조하고

있다.

마케팅의 정의를 다음과 정리할 수 있다.

① 마케팅은 분석, 기획, 집행 그리고 통제를 포함하는 체계적인 과정이다.

② 마케팅과정은 욕구충족을 위해 면밀하게 짜인 프로그램에 의해 진행된다.

③ 마케팅은 가치의 자발적인 교환을 추구한다.

④ 마케팅은 모든 사람을 대상으로 모든 제품에 대해 모든 시장을 찾아 비현실적으로 공략하기보다는 정확하게 사정된 표적시장을 대상으로 해야 한다.

⑤ 마케팅의 목적은 효과적인 시장의 공략을 통해 조직의 생존과 건강한 유지를 돕는 것이다. 따라서 효과적인 마케팅 계획을 위해서는 조직이 구체적인 목표를 설정하는 것이 필요하다.

⑥ 마케팅의 성패는 판매자의 입장보다는 표적시장의 욕구에 부응하는 조직의 공략체계에 달려 있다.

⑦ 마케팅은 소위 마케팅함수(marketing mix)라 불리는 상품설계(product design), 가격결정, 홍보, 그리고 장소선정의 방법들을 혼합적으로 이용하는 것이다.

프로그램 마케팅은 지역사회에 있는 잠재적 서비스이용자를 프로그램에 참여하도록 유도하고 필요한 재원확보를 위해서 홍보, 모집, 광고 등의 활동을 전개하는데, 이러한 활동을 통칭 프로그램 마케팅이라고 한다.

반면에 사회마케팅은 생산조직의 제품 대신 서비스를 중심으로 한 가치의 교환이 그 본질적인 특성을 이루고 있다. 서비스의 질적 우수성도 중요하지만 그 기관의 사명과 목적 뿐만 아니라 기관 운영의 책임성과 투명성을 전제로 한다.

2) 사회복지기관의 사회마케팅 필요성

일반적으로 영리부문에서 생산제품을 판매할 목적으로 활용하던 마케팅은 제품 개발, 가격결정, 분배 및 의사소통 등의 방법을 통하여 구매자에게 다가가고 제품을 구매하도록 자극하는 기업의 중요한 기능이다. 전통적으로 기업의 이윤추구에서 추진되어 오던 마케팅이 이제는 비영리조직으로까지 확대되었다. 이러한 맥락에서 사회복지기관도 서비스의 비용효과성에 대한 관심이 고조되어 1970년대 경험 경제위기로 인하여 복지국가 위기를 맞이하며 사회복지행정에 있어 경제적 운영원칙의 기본원리가 무시되는 사항들이 지적되었다. 특히 합리적인 결정을 위한 자료와 정보가 결여되었거나 그것을 수집하고 적용하는데 필요한 전문기술이 부족함을 드러내었다. 사회복지기관에서 재정확보를 위한 전략으로 사회마케팅 기법이 도입된 것은 최근 들어 사회복지기관들이 후원자를 개발하기 위해 사용한 기법이다. 공공기관, 사회복지기관, 교회라든지 모든 기관들이 마케팅을 받아 들여 효과적·적극적으로 사용하고 있다.

사회복지기관에서는 민간자원 동원의 가능성을 분석하고, 체계적인 모금활동을 벌이기 위한 전문적인 조직 및 인력을 마련하여 후원자의 자발적인 참여를 유도해 내야 한다. 다양한 매체를 통하여 후원자 개발은 잠재적인 후원자들을 끌어 들여야 하기 때문이다. 또한 매스컴이나 정기 간행물, 신문, 홍보물 이용의 효과적인 방법이 동원되어야 한며, 필요하다면 방문이나 개별 접촉 등 설득력 있는 사회마케팅 활동이 전개되어야 한다.

3) 사회복지기관의 마케팅의 특징

최근 사회복지기관에서 마케팅을 도입하여 재정확보를 위한 전략으로 활용하고 있다. 사회복지기관들이 후원자를 개발하기 위한 방법으로 도입한 것으로 비영리기관인 사회복지기관은 이타주의 성향이 강하므로 비용효과성이 낮은 서비슬 제공해야 하는 경우가 많다. 따라서 사회복지기관은 기업보다 목표가 애매모호하고 구체적이지 못한 경우가 많아 양·질의 정보가 부족하다. 따라서 마케팅 전략을 계획하는 데에도 많은 한계가 있으며 기업보다 어려움이 많다(Yorke, 1984).

사회적 마케팅이 사회복지기관의 목적과 정책에 따라 목표 달성을 보장하지는 않지만 성취의 가능성을 높여줄 수는 있다고 본다. 마케팅 기법은 사회복지기관으로 하여금 자신들의 목표에 대해 명확하게 이해하고 의사결정을 합리적으로 할 수 있는 관점과 틀을 제공할 수 있기 때문이다. 따라서 사회복지기관에서 마케팅 기법을 효과적으로 활용만 한다면 서비스 프로그램을 개선할 수 있으며, 특히 후원자 개발과 관련하여서는 상당한 효과를 얻을 것으로 기대 된다(정무성, 1998).

DeGeorge(1986)에 의하면 마케팅을 하는 과정에서 공정한 물물교환이 이루어지기 위해서는 3가지 조건이 충족되어야 한다고 주장한다.

① 거래가 당사자 간의 자유의지에 의해 이루어져야 한다. 즉, 강요된 교환은 불공정한 것이다.
② 마케팅 기관과 고객 모두가 거래로부터 이익을 얻어야 한다.
③ 마케팅 기관과 고객 모두가 교환에 대한 일정 수준의 지식에 접근할 수 있어야 한다. 이러한 맥락에서 사회복지기관의 마케팅은 영리부문의 상업적 마케팅보다는 높은 수준의 윤리성을 기대한다.

사회복지기관은 공익을 추구하고 사회정의를 실현하는데 있다고 여겨지고 있기 때문에 마케팅의 이념과 목적이 윤리적 기준을 넘어서는 안 된다. 만약 사회마케팅의 비도덕인 활용은 기업마케팅보다 사회적으로 훨씬 비윤리적으로 더 많은 손해를 끼칠 수 있다. 따라서 후원자

개발을 위해 도입하는 마케팅 전략은 잠재적 후원자들을 강요하거나 정확한 정보가 제대로 주어지지 않은 상태에서 마케팅적 교환을 사용해서는 절대적으로 안 된다. 사회복지기관은 사회정의를 실현하는 기관으로서 정의와 윤리적인 측면이 한층 명확해야 하기 때문이다. 아래와 같은 세 가지 특징을 지니고 있다.

① 사회복지기관은 다양한 이해집단과의 교환관계를 형성하고 사회복지기관의 본질적인 서비스가 사회정의 실현과 가치교환에 있기 때문, 단순히 서비스대상자들에게 전문적인 서비스를 제공하는 것으로 그치는 것이 아니라 복수의 이해집단인, 지역주민, 정부기관, 정부 및 민간 관련단체, 민간기관 및 기업들과 교환관계를 형성하고 있기 때문이다.

② 사회복지기관은 고유의 정책과 목적을 가지고 기관을 설립하였기 때문에 사회적으로 해결해야 할 대의명분을 가지고 바람직한 목적과 목표를 설정하고 있다. 신뢰성을 바탕으로 이루어져야 하는 사회복지기관의 투명성, 책임성, 공평성, 형평성 등을 고려해야 하기 때문이다. 따라서 서비스이용자들에게 질적인 서비슬 제공하기 위해서는 더더욱 마케팅을 활용하여 목적과 목표를 달성해야 하기 때문이다

③ 사회복지기관은 정부와 사회단체 등으로부터 사회복지 활동에 관하여 상당한 압력을 받기 때문이다. 서비스 이용자들에게 양. 질의 서비스를 제공하기 위하여 사회복지기관이 적극적으로 벌이는 마케팅이 부정적인 이미지로 비추어질 수 있기 때문에 어려운 상황이다. 다음은 사회복지기관에서 마케팅을 활용하기 위한 구성요소들을 학습하고자 한다.

Lauffer(1984)에 의하면 마케팅 전략을 수립하기 이전에 기업에서 사용하는 5P를 사회복지기관에 마케팅에 그대로 적용한다.

Fine(1992:4-9)은 사회복지 기관에서 4P만을 가지고 최적의 함수를 도출해 내는 것은 무리가 있다고 주장하면서 추가적으로 3P가 함수에 포함되어야 한다고 강조하였다. 즉, 마케팅을 하는 주체인 생산

자(producer)를 대중(Public) 마케팅을 통해 호소를 해야 하는 대상자인 구매자(purchaser)를 서비스이용자(service user)로, 과학적인 탐구과정인 조사(probing) 등이 마케팅 함수에서 고려되어야 한다는 것이다.

(1) 대중(Public) 또는 생산자(Producer)

사회마케팅의 표적이 되는 대중은 사회복지기관에서 적용될 때에는 누가 생산자가 될 것인가가 중요하다. 따라서 Lauffer(1984)는 투입대중(input publics)을, 즉 기관의 서비스이용자와 재원을 공급해 주는 정부기관과 일반후원자들이 될 수 있으며, 과정대중(throughput publics)은 기관의 직원이 되며, 산출대중(output publics)은 변화된 서비스이용자가 된다는 것이다.

(2) 구매자(Purchaser)

기업의 마케팅에서 구매자는 일반적으로 잠재적 고객을 의미한다. 사회복지기관의 후원자 개발을 위한 마케팅에서 구매자는 잠재적인 후원자들이다. 구매자인 잠재적 후원자가 될 사람들은 마케팅의 초기 단계에서 반드시 파악되어야 한다. 그리고 사회복지기관은 이들에게 특별한 인상을 심어주면서 호소할 필요가 있다. 이를 효율적으로 하기 위해서 대상을 특정 기준에 따라 여러 범주로 나누는 것이 바람직하다. 이러한 과정을 시장세분화라고 한다.

(3) 제품 또는 상품(Products)상품은 구매자의 욕구를 충족시키기 위한 산출물을 의미한다.

사회복지기관에서 잠재적 후원자들의 공감을 얻어낼 수 있는 가치를 구체적인 상징물로 만들어 내야 한다. 예를 들면, 월드비전의 마케팅 상품으로 잘 알려진 '사랑의 빵' 저금통은 제3세계의 굶주린 아동들을 돕기 위해 만들어진 것이다. 사회복지 공동모금회의 사랑의 열매는 후원을 위한 상징성의 마케팅 상품이다.

(4) 가격(Price) 또는 가치(value)

사회복지기관에서 제공하는 서비스를 획득하기 위하여 지불하는 가치를 의미하는 것으로 사회복지기관을 이용하는 이용료를 결정하는 것은 당연히 기업이 영리를 목적으로 결정하는 제품의 가격과는 차별화를 두어야 한다. 즉 기업에서 결정하는 제품 가격은 구매자가 그 상품을 구매하기 위해 지불하고자 하는 대가를 의미한다. 생산자인 기업은 가격을 결정하기 전 구매자들이 그 상품에 어떤 가치를 부여하고 있는지를 반드시 파악하여 가격 결정을 한다. 그 상품의 가치를 지나치게 낮게 여기거나 가치를 지나치게 높이는 경우 구매자들의 욕구를 충족하지 못하게 된다면 생산과 공급에 차질이 발생하기 때문에 가격 결정이 신중하게 선행되어야 한다.

(5) 마케팅 홍보(promotion)

마케팅함수의 필수적인 요소로서 홍보는 잠재적인 후원자들이나 대중들과의 의사소통(communication)을 하는 창의성과 다양성을 요하는 기능을 의미한다. 마케팅을 위한 홍보는 대중매체를 이용하거나 사회복지기관의 자체 홍보물을 제작하여 배포하는 방법을 사용한다. 홍보를 하기 위해 중요한 것은 기발한 소재이다. 특히 사회복지기관에서는 창의적인 아이디어를 발휘할 것을 요구한다.

대중매체를 통한 광고, 로비활동, 교육 프로그램 등 잠재적인 후원자들과의 직접적으로 접촉하는 방법을 사용한다. 지역별, 서비스 유형별, 서비스이용자의 인구 사회적 특성별로 나누어 홍보하는 것을 의미하는데 홍보의 대상을 분류한다. 또한 사회복지기관이 제공하는 교육, 문화 컨텐츠 및 기타 다양한 컨텐츠 사업을 개발하여 지역사회주민들과 서비스이용자들에게 유익한 기대효과를 줄 수 있다는 이미지를 부각하는 홍보 활동이 필요하다.

(6) 장소(place)

여기서 장소란 마케팅 제품을 판매하기에 적합한 곳 또한 구매자들이 구입하기 가장 적절한 시간과 장소에 상품이 진열되어 있어야 하는 것을 의미한다. 다시 말하자면 구매자들이 편리하게 구매할 수 있도록 구매자의 접근용이성을 의미한다. 또한 이러한 장소는 사회복지기관을 의미하는 것이다. 서비스이용자들이나 잠재적인 후원들이 필요한 서비스를 제공 받을 수 있는 적합한 시간과 장소를 의미하는 것이다. 다른 한편, 사회복지기관에서는 새로운 교육 프로그램이나 문화컨텐츠를 홍보하거나 후원자를 발굴하기 위하여 필요한 시장조사를 통해 잠재적 후원자들이 밀집되어 있는 곳이 있다면 사회복지기관의 후원자 개발을 위한 마케팅 팀은 그러한 장소로 직접 찾아가야 한다는 논리다. 사회복지 서비스를 제공하기 위한 장소와 후원자를 발굴하기 위한 장소는 다르고 다양하다.

(7) 시장조사(probing)

기업에서 실시하는 소비자 시장조사는 마케팅 담당자들이 사용하는 가장 중요한 도구이다. 신제품을 홍보하기 위한 전략으로 반값으로 세일을 하거나 길거리에서 무료로 배포하는 행위 등 다양한 것을 목격할 수 있으며 지나치게 남용되기도 한다. 대부분의 경우 시장조사가 너무 과장되거나 구매자들의 욕구를 충분히 반영하지 못하기 때문에 일어나는 현상이라 할 수 있다. 현대와 같은 첨단 정보화 사회에서 조차도 구태의연한 정보나 저가품질의 정보로는 구매자들의 구매충동을 불러일으키기에는 부족하다. 결과적으로 기업은 시장조사를 활용한 마케팅 전략을 세운다. 이처럼 사회복지기관 또한 시장조사가 필요하다. 잠재적인 후원자들의 적극적인 참여를 유발하도록 하기 위한 조사가 합리적으로 이루어져야 한다.

4) 사회복지 프로그램 마케팅의 방법

정무성(1998, 2005)과 황성철(2005)은 마케팅의 방법을 Lauffer(1984)과 Fine(1992)의 이론을 중심으로 사회복지기관에서 후원자 개발에 초점을 둔 마케팅 과정은 다음과 같은 내용들로 구성 된다고 설명한다. 서비스이용자 확보를 위한 마케팅의 방법과 재원 확보를 위한 마케팅이다. 후원자와 재원 확보를 위한 마케팅 방법으로 후원자개발 가능성을 분석하고, 시장조사를 실시하며, 마케팅에 필요한 목표를 설정하는 것은 물론 시장을 세분화하여 표적시장 선정하고 후원자개발 프로그램 수립하고 마케팅 실행을 하는 것이다.

(1) 서비스이용자 확보를 위한 마케팅의 방법

황성철(2005)은 서비스이용자 확보를 위한 마케팅의 방법으로 인쇄 및 홍보물, 우편물을 이용하는 방법, 전화, 신문 및 방송매체와 기타 방법을 활용하는 것을 제시하였으며 정무성(1998, 2005)은 환경적 요인을 분석하여 사회제도적 환경과 조직내부 환경으로 구분하고 사회제도적 환경은 모금과 관련된 각종 법규와 정부정책, 경제상황 등에 관한 내용을 포함하는 것은 물론 조직내부의 환경은 조직의 경쟁력과 조직 내 자원의 분석을 활용하여 서비스이용자 확보를 위한 마케팅 방법을 제시하고 있다.

정무성(1998, 2005)은 환경적 요인을 분석하기 위해 소위 SWOT(strength, weakness, opportunity, threat)분석을 통해 체계적으로 파악하여 후원자개발 가능성을 높이기 위해 분석해야 하는 것은 물론 조직의 직원이 일하는 환경과 자원을 파악하여 현재 사회복지기관의 강점(예: 좋은 이미지)과 약점(예: 내부의 지원 부족), 기회(예: 결식아동의 증가와 같은 사회적 욕구 증가)와 위협(예: 경제난) 등이 무엇인지 하나씩 점검하는 것이 중요하다고 지적하고 있다. 전략적인 측면에서 SWOT분석의 결과를 마케팅계획에 반영한다면 후원자 개발에 대한 마케팅 전략이 부진한 사회복지기관에서도 담당자나 정책결정자의 직감적 판단에 의존하기보다는 정확한 예측을 통하여 과거 경험을 바탕으로 한 실적보다는 정확한 정보 분석을 통하여 좀더 체계적이고 합리적인 후원자 방법이 된다는 주장을 하고 있다.

(2) 재원확보를 위한 마케팅 전략

사회복지기관의 재원확보는 우선적으로 지역사회를 중심으로 이루어지고 있다. 사회복지기관의 각종 복지사업이나 프로그램 등 지역주민을 대상으로 하면 지역주민들의 관심을 쉽게 유발할 수 있는 동기부여가 되기 때문이다. Greenfield는 직접적인 우편물(Direct Mail)을 활용하는 방법을 주장한다. 직접적인 우편물은 후원을 요청하는 편지를 잠재적 후원자들에 발송함으로써 후원자를 개발하는 방식으로 가장 전통적인 마케팅 방법 중의 하나이다. 이 방법은 지역사회를 중심으로 불특정 다수에게 보내기보다는 표적시장을 선정하여 지역, 나이, 사회적 지위, 소득 등에 따라 대상자 목록을 확보하여 보낼 때 효과를 발휘할 수 있다(Greenfield, 1991).

여기서 중요한 것은 후원담당자가 상투적이고 형식적으로 편지를 써서 부치기보다는 표적대상에게 구체적 자료나 정보를 제공하는 것이 중요하다. 짧은 몇 마디의 글을 읽고 후원을 결정할 수 있는 강한 메시지의 내용이 포함되어야 한다. 또한 비주얼의 효과나 디자인을 통한 매력을 줄 수 있는 것은 물론 후원자들의 관심을 유발할 수 있어야 한다. 편지 내용은 간결하고 명확한 문장으로 구성하고 후원요청의 목적과 내용이 뚜렷하게 나타나야 한다. 서신에는 인간의 감동적인 이야기가 있어야 하고 서비스이용자들의 인권과 생명의 존엄성을 존중하고자 하도록 하는 이미지가 있어야 함은 물론 서비스이용자들의 당면문제에 대한 긴급성과 강한 욕구를 표현하여 후원을 통한 문제해결의 가능성을 제시 황성철(2005)은 그 외 언론을 통하여 홍보하기 위한 전략으로 기사거리 찾기, 보도자료로 활용하기 위해 관심을 끌 수 있는 헤드라인 만들기라든지, 본문에 들어갈 내용이 기본 콘셉트에 적절한 내용을 입력하기, 보도자료 내보내기, 발송 후 확인하는 방식이 있다. 사회복지관에서 후원자 발굴을 위한 전략은 다양하다. 기존 방식을 채택하여 하는 경우도 있지만 독자적으로 개발하여 활용하는 방안도 중요하다. 사회복지기관이 활용하는 언론홍보는 사회복지기관이 개입하여 사회문제를 해결하고자 하는데 사회적으로 이슈가 되는 프로그램이기 때문에 많은 관심을 유발할 수 있는 장점을 지니고 있다. 무가지를 활용하는 방법, 기타 지역 방송 및 중앙 방송들을 활용할 수 있다.

제 11 장

사회복지 프로그램 예산 수립 및 집행

1. 사회복지 프로그램 예산

사회복지 프로그램 예산은 프로그램을 기획하고 목표를 설정하고 대상자를 선정하여 프로그램을 실행하기 위한 것으로 사회복지기관이 목표달성을 이해 필요한 재정 필요한 재정자원을 합리적이고 계획적으로 동원하여 효율적으로 배분하고 사용하고 관리하는 과정을 재정관리라고 한다(김영종, 2008).

재정관리는 예산을 수립하고 예산상의 수입과 지출활동을 관리하고 재정자원의 수입과 지출에 관한 사항을 기록·정리하고 재정관리의 전반적 과정을 평가하는 절차에 해당된다.

사회복지기관에서 주로 사용하는 재무행정이란 서비스이용자들의 욕구를 충족시키기 위해서 사회복지기관이 정부나 민간기관, 사회복지공동모금회로부터 재원을 동원하고 그것을 배분하여 사용하는 일체의 활동을 의미한다고 할 수 있는데 자본조달은 여러 가지 자본 조달의 원천 중에서 가장 저렴한 비용을 갖고 있는 원천을 선택하는 문제와 자본구조를 형성하는 문제가 핵심이 된다.

따라서 다른 기업과는 달리 사회복지기관은 비영리를 목적으로 하기 때문에 조직 특성상 윤리성이나 사회적 책임성 및 사회 정의를 실현하는 것을 원칙으로 하는 독특한 성격이 강조된다(김종명 · 구재관 외, 2013).

1) 사회복지 프로그램 예산의 기본적 의미

그렇다면 사회복지에 있어서 프로그램 예산을 무엇이라고 할 수 있을까? 그것은 기본적으로 사회복지 기관에서 계획된 프로그램이 실질적으로 운영되기 위해서는 그에 필요한 재정자원이라고 정의할 수 있다. 보편적으로 예산이라 하면 일반적으로 다음 1년간의 재정계획을 의미하는데 사회복지 기관이 1년간의 목표를 금전적으로 표시하는 것이다.

반면에 사회복지에 있어서 프로그램 예산수립은 조직의 목표달성을 위한 활동을 금전적으로 표시한 것에 있으며 프로그램 예산은 실제로 프로그램의 수행을 위해 발생하는 수입과 지출을 구체화한 재정계획에 해당된다.

Burkhead(1956) 예산은 "국가가 수행하는 집단적 활동의 종류를 금전으로 표현한 것"

Burkhead & Miner(1971) "일정 기간 동안의 수입과 지출에 관한 예정적 계산"

white(1958) "사업계획의 집행에 필요한 자금의 수입과 지출을 견적한 것"

Gross(1978: p.233) "행동계획으로 보고 조직의 내년도 청사진을 금전적 용어로 표현한 것". 프로그램 예산은 프로그램이 실제적으로 시행되기 위해서 필요한 수입과 지출을 구체화한 재정계획.

Lohman(1980: pp.152~155)에 의하면 프로그램 예산은 궁극적으로 다양한 조직 목표들에 대해 가격을 책정하게 되는 큰 장점.

프로그램 예산은 관심의 초점을 내부 비용(품목별 예산)과 효율성(기능별 예산)과 별개로 조직 활동의 목표와 효과성에 목적, 조직의 구조적 방향성을 변화시키는데 조직과 분과 중심에서부터 프로그램 중심으로 예산 작성 노력의 초점이 바꿀 수 있다고 주장 프로그램의 목적과 목표를 성취하기 위해서 요구되는 비용에 초점.

자원을 요청하는 사회복지기관이나 조직이 그 목표 성취를 위해 드는 비용을 계산한 것이므로 자원제공 기관들에게는 가장 유용한 정보를 제시, 자원 할당의 의사결정을 위해 필요한 가장 본질적인 정보를 제공 예산은 공식적인 기관이나 정부뿐만 아니라 정부·민간 사회복지기관들이 프로그램을 실행하기에 필요한 자금을 확보하는 것

2) 사회복지 프로그램의 예산 편성

예산편성은 특정한 목적을 실현하기 위해 필요한 비용을 계산해 내는 것.

사회복지기관에서 프로그램을 진행하기 위한 재정을 확보하기 위한 활동 자원을 할당하는 기관에 사업계획서를 제출하는 것과 같은 의사소통을 통하여 재원을 확보하는 일을 가리키는 의미이다.

예산 편성과 관련한 의사소통의 주된 도구가 예산안 형식. 자원제공기관들은 이러한 예산 형식의 교류를 통해서 기관이나 프로그램에 대한 자원 할당의 근거를 평가하게 되는 것이다.

사회복지기관들이 서비스이용자들에게 질 좋은 서비스를 제공하기 위하여 프로그램 예산편성을 위한 사안들이 필요하다.

① 프로그램 목적에 대한 개요

② 서비스에 대한 정의가 명확

③ 욕구조사를 통한 서비스이용자 집단의 정확한 인구학적 통계자료가 있어야 한다.

④ 프로그램 비용과 요청되는 자금을 명확하게 산정하는 행위이다.

사회복지 기관들이 재원 확보를 위하여 여러 정부기관 또는 민간기관, 사회복지공동모금회와 같이 다양한 채널의 자원 제공 처를 확보하는 행위 및 예산 사용에 대한 투명성을 강조한다.

예산 형식 즉 예산과 관련한 의사소통의 절차나 거기에 사용될 양식들을 사용목적 사업을 위탁 받은 사회복지기관들이 재정을 지원한 기관들이 의도한대로 목적사업을 적절히 수행하고 있는지, 또한 적절한 것인지 실효성이 있는지를 파악하기 위한 것이다. 자원을 제공하는 기관들은 사회복지기관을 통해 각 기관들이 갖고 있는 욕구를 충족시키려 하기 때문에 자원을 제공받는 사회복지기관들은 각 기관들이 제시하는 목적과 의도가 조직 활동들을 통해 실현될 수 있음을 각 재원 제공자에게 제출해야 할 책임성이 있다.

2. 사회복지조직의 재정적 특징

사회복지 프로그램 예산은 개념적으로 기능별 예산에 근접하였다(최성재·남기민, 1993).

자원 중에서도 특히 재원에 대한 의존성이 높은 까닭에 각 사회복지기관이나 조직들은 편성된 예산에 따라 사업을 진행할 수밖에 없는 한계성을 갖고 있다.

사회복지행정가들에게는 항상 안정적인 재원확보를 위한 노력을 경주한다.

프로그램 예산에서도 지출 항목들은 결과와 연결되어 제시되고 비용을 서비스 활동이나 산출물과 결부시키는 것이 아니라, 프로그램 목표들과 결부시키려는 보다 의욕적인 기준을 사용해야 한다.

사회복지시설의 주요 특징을 살펴보면 다음과 같다.

① 사회복지조직은 일반적으로 재정자원의 지속적인 유용성을 직접적으로 통제할 수 없다, 통제하려 하지도 않는다.

사회복지시설은 법적으로 위임된 서비스라 할지라도 재정 할당 정도를 스스로 정할 수 없고 입법기관에서 정해 주는 것에 의해 집행되기 때문, 예산과 관련된 정책결정에 참여할 수 있는 권한을 제한받는 것을 의미한다.

사회복지조직이나 시설들이 재정자원을 확보하기 위한 방편으로 홍보, 마케팅 기타 어떠한 후원자 발굴을 시도하게 된다면 재정을 확보하는데 큰 난관을 극복할 수 있을 것이다.

② 사회복지 조직은 매우 다양한 재정자원을 갖게 되는데 다음과 같다.

정부로부터 직접적으로 지원을 받는 경우와 계약의 형태로 지원받는 정부 보조금 형태를 의미한다.

사회복지 재단이나 기타 재단 지원금, 협찬 후원금, 직접적인 개별 기부금, 유산, 교회 기부금 등의 형태로서의 기부금을 의미한다.

서비스 요금, 대여, 이용료 수입 및 상품판매 등의 수익사업을 통하여 얻게 되는 수입을 의미한다.

기타 특별행사나 기증, 투자 등의 수입 등 다양한 기관으로부터 지원 받는다.

③ 재정자원을 확보하기 위한 전문사회복지사들의 특별한 업무활동

재단이나 사회복지공동모금회, 그리고 정부 기관에서의 공모에 참가하기 위한 사업제안서를 제출하거나 여타 다른 기관들과의 계약관계를 맺는 활동을 하거나 기부금을 요청한다. 또한 서비스이용자들에 요금을 지불 하도록 마케팅 전략을 세우거나 다양한 재원 확보를 위한 특별행사를 기획하는 활동을 전개

④ 사회복지환경이 운영자금을 외부로부터 지원 받기 때문에 외부환경 변화에 쉽게 영향을 받게 된다. 결과적으로 환경에 의존적일 수 밖에 없다. 사회복지 조직은 공공의 이익을 위해서 사회로부터 부족한 인적 자원 및 물적 자원의 후원을 받아야 한다. 이러한 측면에서 부족한 자원을 충당하기 위한 제반 역할을 담당하는 인적자원은 사회복지

조직에 있어서 매우 중요한 자원이다. 훌륭한 인적 자원으로 지원을 받게 된다면 조직에 필요한 자원의 획득이 매우 용이하다.

사회복지 조직의 행정가들은 조직의 기능을 잘 유지하기 위해서 조직들간에 결합할 수 있는 방법과 상호작용하는 방법에 대한 이해를 갖고 전략적으로 자원을 획득하기 위한 노력을 하게 될 뿐만 아니라 관리할 수 있어야 한다.

※ 예산 수립의 특성

예산은 사회복지기관에서 일정 기간 동안의 계획된 수입과 지출로서 프로그램 실행을 하기위하여 지출해야 할 비용을 의미하는 것으로 1년을 기준으로 하여 당해 연도에 필요한 지출을 예상하는 재정계획을 세워야 한다.

① 예산수립은 정치적 과정

예산은 조직 내에서 자원배분이 핵심적 부분인데 이러한 자원배분에 대한 의사결정은 정치적으로 이루어진다는 의미

② 프로그램 기획의 과정

예산수립은 조직의 목표달성을 위한 프로그램을 수행하기 위한 것이고 예산수립과정은 목표 설정, 대안개발 및 기대효과분석, 효과성 평가기준설정 등의 프로그램 기획절차와 동시에 진행되기 때문에 프로그램 기획의 과정이라 할 수 있다.

③ 프로그램 관리의 과정

예산수립은 조직의 관리자가 조직 각 단위의 프로그램 활동과 시행일정 등을 검토하므로 프로그램 관리과정이 된다.

④ 회계절차

예산서는 회계담당자가 자금의 내적 및 외적 흐름을 통제하고 재정활동을 승인하는 근거가 되므로 예산수립은 회계절차의 성격을 가

진다.

⑤ 인간적 과정

인간적 존엄성은 어떤 명분과 복지정책으로도 방해를 받아서는 아니된다. 모든 국민이 보편적 복지 마인드로 모두를 위하고 모두를 위한 정책이 마련되어야 한다.

따라서 사회복지조직 재정관리의 예산수립의 특성에서 인간을 위한 인간의 복지예산이 매우 중요하고 인간을 향한 인간을 위한 소외계층이 없도록 보편적 복지예산을 편성하여야 한다. 이러한 관점에서 사회복지서비스 제공에 필요한 재정적 자원이 합리적이고 계획적으로 예산을 수렴하여 공정한 편성과 효율적인 집행으로 인간을 위한 최소한의 복지정책이 수립되어야 한다. 따라서 재정관리는 사회복지조직의 관리과정을 구성하고 있는 가장 중요한 요소 중의 하나로 사회복지행정에 있어 필수불가결한 요소이다.

이와 같이 사회복지조직의 재정 관리는 재정 자원을 동원, 예산을 수립하여 효율적으로 집행하는 과정으로 구성하고 있어 인간적 과정이 중시되고, 목적적인 측면은 인간을 위한 예산교부금 신청, 인건비, 세금 및 여비 지급 등과 관련된 기술적, 부차적인 문제를 수반하기에 인간적 과정을 중시한다. 따라서 수단적 측면에서는 사회복지기관의 근본적인 인간적 활동에 광범위하게 관계하고 있다.

3. 프로그램 예산수립의 절차

예산은 서비스이용자와 예산을 집행하는 조직성원, 지역 일반인에게 커다란 영향을 미치게 되므로 예산수립을 잘 하려면 이들과 접촉하여 대화하는 기회를 가질 필요가 있기 때문에 예산수립은 인간 중심의 역할이 중요하다.

예산은 장래 활동계획에 따른 성격을 갖는 재정계획 예산은 미래의 목표를 새로 설정할 수 있고 이에 따른 새로운 활동을 할 수 있기 때문에 미래를 변화시키는 과정이 된다는 것이다.

1) 사회복지 프로그램 예산의 유형

예산의 분류는 사회복지기관의 활동 형태와 구조를 분석하고 관할하는데 유용한 정보와 수단을 제공한다.

예산의 유형을 예산의 내용이 어떻게 구성되고 조직화되는가에 따라 분류 조직체별 분류와 품목별 분류, 계정 성질별 분류와 활동별 분류, 사업계획별 분류와 기능별 분류 등 여섯 가지 항목을 중심으로 예산의 유형을 설명 품목별 예산, 성과주의 예산, 기획예산, 영기준 예산 등 네 가지로 구분하여 설명한다.

품목예산, 기능예산(수행성과 예산), 프로그램 예산, 기타예산: PPBS, ZBB, PPBS, PPB, BFR 등을 구분하여 설명한다.

(1) 품목별 예산(Line-item Budget)

일반적으로 널리 쓰이는 예산 양식은 품목 예산 혹은 대상 분류 예산으로 불리는 것이다.

① 유용성은 사용하기에 단순하고 간편하다는 점이다.

품목별로 예산을 짠다는 것은 전체 예상 지출 항목들을 열거하는 것, 보통 지출 기능별로 묶어 놓은 것을 품목이라 한다. 전형적으로 인건비(급여와 부가급여), 컨설팅 비용, 장비 사용료, 사무용품, 여비, 자본, 지출 등으로 항목들이 분류된다.

② 품목별예산은 단순히 이러한 각각의 항목들에 대한 지출 비용을 각기 따로 제시하는 것이다.

※ 단점

예산이 전체적으로 어떤 특정 목표를 어떠한 방식으로 개입해서 달성할 것인가에 대한 정보는 제시하지 못한다. 하지만 사회복지 조직이나 기관 프로그램 전체적으로 어떠한 항목에 각기 얼마만한 예산이 필요하다는 것만을 보여 준다.

각각의 항목들은 집합적인 단위가 될 수도 있고, 세부 항목별로 분리하여 제시될 수도 있다.

Ezell, M.(200)은 품목별 예산 양식은 수입원(후원금, 보조금, 이용료 등)과 프로그램 실행에 투입되어야 할 지출 항목들(급여, 부가급여, 여비, 임대로 등)을 수직으로 나열한다. 수평축에는 종종 전년도와 금년도 예산의 수입과 지출 금액을 제시한다. 이를 통해 항목별로 연간 변화를 비교할 수 있다.

품목별예산은 기관의 투입에 주의를 집중시키고, 프로그램이나 정책, 우선순위 등에 대해서는 거의 말해 주지 않는다.

따라서 사회복지기관에서의 품목별 분류는 세출예산을 정부에서 구입하고자 하는 용역과 물품 기타 지출품목에 기준하여 분류하는 것이다.

※ 장점

사회복지기관별로 배분된 예산을 다시 품목별로 분류하는 것이므로 회계 책임을 명백히 하고 낭비를 억제한다.

사회복지기관이나 조직들이 주로 간편성의 이유 때문에 이 예산 양식이 광범위하게 사용되었다. 공공 기관이나 비영리 사회복지기관이나 조직들이 작성이나 보고의 편이 성 등을 이유로 널리 사용한다.

Broday(1978)에 따르면 품목별 예산이 갖는 근본적인 취약점이 부각되면서, 변화된 예산 양식의 사용에 대한 요구가 증가하고 있다.

품목별 예산의 근본적 한계는 각 항목들의 지출을 프로그램 활동이나 성과 혹은 목표들과 연계하지 못한다. 따라서 자원 제공처에 대해서는 의사결정에 필요한 정보를 충분히 제공할 수 없고, 프로그램의 사회적 책임성 제시 요구도 충족시키기 어렵다고 주장한다.

(2) 기능별 예산 또는 사업계획별 분류 예산

Lewis(2001: pp. 185-204) 기능별 예산과 수행성과 예산은 넓은 의미에서 일종의 프로그램 예산 양식에 해당하는 것

전체 예산 지출 항목을 단순히 나열하지 않고 사회복지기관의 프로그램(예: 상담, 지역사회 서비스 등) 별로 할당 비용을 산정해서 제시하는 것이다.

전체 사회복지기관의 지출의 종합적인 그림을 구체적인 기능과 비용 범주로 묘사해 줄 수 있는 장점이 있다.

사회복지기관이 업무수행에 관한 책임성을 명확히 하기 위한 방법으로 기능별 예산을 선호하고 있으며 예산 할당도 그것에 근거해서 이루어지는 경향이 커지면서 기능별 예산에 대한 중요성이 높아졌다.

기능별 예산 양식은 사회복지기관들이 성과 비용 지출을 결부시키는 노력을 할 수 있도록 한다는 점에서 유용하다.

Lewis(2001)에 따르면 각 기능별 예산의 책임 단위로 다루어질 수 있고, 그에 따라 구체적 목표들에 대한 책임소재를 분명히 할 수 있는 장점이 있다.

기능별 예산의 특징은 개별 지출 항목들은 조직 활동과 연결시킨다는데 있다.

성과주의 또는 기능별 예산은 사업계획을 세부사업으로 분류하고 각 세부사업을 단위원가 X업무량 = 예산액으로 표시하여 편성하는 예산을 의미한다.

예를 들면, 기관의 지출 비용은 서비스의 프로그램 단위로 연결되어 있다. 한 회계연도의 상담 서비스에 대한 총 프로그램 비용이 20,000,000원인 경우에 이 기관은 약 500시간의 상담을 제공하였다고 산정된다. 이렇게 가정한다면 기관의 상담 시간 단위당 비용은 대략

40,000이 되는 것이다. 따라서 품목별 예산에서는 다루지 않는 산출물에 대해 다룰 수 있게 하는 이점이 있다.

품목별 예산인 인건비나 용품비 등과 같은 투입물은 비용에 강조를 두는 반면, 기능별 예산은 다양한 산출물에 관심을 두는 차이가 있다.

만약 아동복지 프로그램이 양육, 입양, 상담 부문의 기능을 수행하고 있다면, 기능 예산안의 지출 항목들은 각 서비스 부문 산출별로 분리해서 비용을 계산할 수 있다.

품목별 예산 양식으로는 예산 할당의 근거를 예년 기준에 두고 점증식으로 판단할 수밖에 없다면 기능별 예산은 지출 비용에 대한 평가를 예년 기준에 근거하지 않아도 된다. 예산 할당의 기준을 효율성에 근거할 수도 있다. 예산 양식에서 각 서비스 산출물 단위로 지출 혹은 투입 비용을 제시하기 때문에, 그것으로 예산 할당의 적절성 평가에 대한 근거로 삼는다.

문제는 예산을 요청하는 쪽 뿐만 아니라 이를 심의하는 과정에서도 투입 비용과 서비스 산출 간의 관계를 명확히 이해하고 있어야 한다는 점이다.

특정 서비스의 산출에 어느 정도의 투입 비용이 필요한지에 관한 '생산과 비용에 관한 함수'의 개발이 휴먼서비스 사회복지조직들에서는 그리 쉬운 문제가 아닐 수 있다.

사회복기관의 기능, 활동 및 사업계획을 기초하여 정부예산을 편성하는 것이다.

사회복지기관이 구입하는 물품, 용역보다 기관이 수행하는 업무에 중점을 두는 관리지향의 예산제도라 할 수 있다.

수행성과주의 예산(performance budgeting)이라 함은 일종의 기능별 예산 제도로서 한 기관의 예산을 기능별로 나누어서 제시한다는 개념에서 기능 예산이라 한다.

사회복지기관이 프로그램을 수행할 목적으로 업무 유형을 분류하는 것에 따라 예산이 수행성과 단위의 기준에 따라 분류하는 경우이다.

성과주의 예산은 프로그램의 성과에 기준해서 지출 비용과 관련지어 상호 비교할 수 있는 장점이 있다. 성과를 기준으로 하는 프로그램 예산안을 통해 기관은 예산의 증감이 서비스이용자의 삶에 미치는 영향의 증가로 표현해 낼 수 있다. 프로그램 관리자나 기관의 행정가에게 중요한 정보를 제공한다. 그럼에도 불구하고 성과주의 프로그램 예산이 널리 사용되기에는 많은 단점이 존재 = 목표의 불명확성, 개입기술의 불확정성, 성과에 대한 평가의 어려움 등이 있다.

설령 목표들에 대한 확인이 구체적으로 이루어지고, 서비스 실행에 대한 성과 평가가 가능하더라도 이러한 작업을 위해서는 많은 시간과 비용이 요구된다는 것이 실질적인 한계로 작용한다.

예를 들면, 상담과 입양 프로그램의 단위비용에 포함되는 인건비, 사무비, 교통비 등 모든 항목별 요소를 계산하는 것이 간단치 않다는 것이다. 특히 인건비의 경우 두 사람의 상담요원 가운데 1인은 전담하고 나머지 1인은 자신의 업무 가운데 얼마나 상담 프로그램에 투입되는지를 결정하기가 쉽지 않고 그에 따른 인건비 계산이 복잡하다는 것이다.

(3) 사회복지 프로그램 예산

프로그램 예산이란 각 프로그램별로 지출 분류하는 개념으로 기능별 예산이나 수행성과 예산에 근접하는 것으로 실제 기능상 같은 개념이다.

예를 들면, 청소년 상담, 캠프, 청소년 수련문화행사 등, 프로그램 예산에서도 지출 항목들은 결과와 연결되어 제기되기 때문이다. 차이점은 결과 도출에 드는 비용을 서비스 활동이나 산출물과 결부시키는 것이 아니라 프로그램 목표들과 결부시키려 하는 보다 의욕적인 기준을 사용한다.

프로그램 예산은 자원을 요청하는 기관의 프로그램이 그 목표 달성을 위해 드는 비용을 계상한 것이므로 자원제공 기관들에게는 가장 유용한 정보를 제시할 수 있다. 자원 할당의 의사결정을 위해 필요한 가장 본질적인 정보를 이 예산 형식이 제공할 수 있다는 것이다.

프로그램 성과예산 시스템은 회계연도의 총 비용을 성과로 나누어서 성과당 비용을 산정하는 것을 의미한다. 예를 들면, 어떤 기관에서 홈메이커 서비스에 대한 총비용이 5천만 원이고, 프로그램의 결과로 100명의 서비스이용자가 시설에 입소하지 않고 재가서비스를 받게 된다면, 한명의 서비스이용자 성과당 비용은 약 50만 원이 된다. 앞서 수행성과 예산이 산출이나 노력 단위가 아닌 성과에 기준해서 지출비용을 산정할 때 수행 예산은 곧 프로그램 예산이 된다. 성과를 기준으로 하는 프로그램 예산안을 통해 기관은 예산의 증감이 서비스이용자의 삶에 미치는 영향의 증가로 프로그램 예산안이 내포하는 이념적인 지향은 사회복지조직들이 추구해 나가야 할 방향이 되는 것만은 명확하다. 기관이나 프로그램에 투입되는 사회적 자원들이 어떠한 결과 또는 성과를 도출하는지를 알게 되는 것은 매우 중요한 일이다.

프로그램 예산을 통해 조직의 입장에서는 자신들의 활동이 주어진 사회적 목적에서부터 이탈하지 않고 책임성을 준수하는지의 여부를 확인할 수 있다. 조직에 자원을 제공하는 의사결정자들의 입장에서는 제공된 자원의 쓰임에 대한 책임성을 확인할 수 있다는 장점이 있다.

(4) 기획프로그램 예산시스템(Planning Programme Budgeting System: PPBS)

기획프로그램 예산시스템은 완전한 예산 관리 시스템으로서 Lee & Johnson(1973) 그리고 Phyrr(1973)가 최초로 사용한 시스템이다.

프로그램 예산을 확대시킨 것으로, 구체적인 목표를 달성하여 발생하는 성과를 화폐 단위로 환산한 편익으로 나타내도록 요구한다.

조직의 장기적 발전계획 또는 사업계획하에 각 연도별 목표달성을 위해서 예산을 조직목표에 통합시켜 작성하는 예산의 유형을 의미한다.

기획예산의 수립방법 및 절차는 우선 조직의 장기적 목표를 확인하고 그 목표를 세분화하며 연도별 목표를 설정하여 비용효과분석을 하며 목표의 우선순위를 확정한 후에 실행예산을 수립한다.

〈장점〉

기획예산은 사업계획과 예산수립의 괴리를 막을 수 있고 사업의 효과성을 높이는 데 있다.

이 예산 양식에 대한 집중적인 비판은 비용 편익과 비용을 화폐 단위로 산출해 내는 것이 매우 어렵다, 설령 가능하다 해도 엄청난 비용이 든다는 데 있다.

서비스를 실질적으로 산출하는 데 들여야 할 많은 자원들의 비용과 편익의 계산에 쓰이는 결과를 초래한다는 것이다.

① PPBS의 3대 요소

첫째, 사회복지기관의 목표의 정확한 파악이 있어야 한다.

PPBS에 의하여 사업의 목표가 명확히 제시되어야 한다.

둘째, 사회복지기관의 목표가 설정되면 이를 달성하기 위한 능률적이며 여러 가지 대안을 체계적으로 검토할 수 있어야 한다.

셋째, 사회복지기관이 내리는 결정에 대한 미래의 비용이 포함한다.

② PPBS의 기본 원리

첫째, 절약과 능률이다. PPBS는 한정자원의 최적 활용을 위하여 능률과 절약을 기하는데 있다.

둘째, 효과성이다. 가능한 한 사회복지기관의 목표 달성 정도를 높이고자 한다.

셋째, 과학적 합리성이다. PPBS는 체제분석 및 비용-편익분석 등의 과학적이고 합리적인 기법에 의하여 예산을 편성하도록 한다.

넷째, 과학적 객관성이다. PPBS는 체계분석이나 비용-효과분석 등을 사용하여 의사결정에 있어서 가능한 주관적 편견을 배제하고 객관적인 판단하도록 한다.

다섯째, 조정이다. PPBS는 행정조직 및 운영에서 조화. 균형. 통합을 확보하고자 하는 것을 의미한다.

(5) 영 기준 예산(Zero-based Budget)

영 기준 예산은 점증식 예산 책정의 관행을 타파하기 위한 목적으로 도입된 것이다(Wildavsky, 1975). 이 예산안은 기관이 지금까지 추진한 사업을 처음부터 영의 상태에서 다시 시작한다는 전제하에 전년도 예산에서 각 항목별로 배정된 예산에 전혀 구애받지 않고 새로운 조직목표와 우선순위에 따라 예산을 수립하는 개혁적 예산제도를 의미한다. 대규모 조직에서 나타나는 문제, 올해의 예산이 전년도의 예산을 기준으로 해서 점증식으로 책정되어 매년 반복되는 현상에 대처하기 위한 것이 예산 양식에서는 모든 신청 예산들의 이전까지 할당 근거를 원칙적으로 영(zero)에 놓고 시작한다. 영 기준 예산에 따르면, 예산 신청 예산액을 전년도 예산액에 대비하여 각기 80%, 90%, 100%, 110% 등의 안들로 나타낼 수 있다. 그리고 각각의 대안들을 통해 얻을 수 있는 것이 각기 어떠한 것인지를 평가할 수 있게 하는 결정패키지를 대안적인 예산 형태로 마련하는 것이다.

영 기준 예산은 PPBS와 마찬가지로 예산 할당에 있어서의 합리적인 기획과 우선순위 확보 등에 기여한다. 그러나 기획과 우선순위에 대한 기준이 편익-비용 계산의 결과에 의거하지 않는다는 점에서 PPBS와 다르다.

편익을 화폐 단위로 환산하지 않기 때문에 따르는 비용과 노력을 절약할 수 있는 장점이 있다.

영 기준예산은 이전까지 예산할당의 근거를 영으로 보아 새로운 목표수립에 따르는 예산을 배정한다.

현실적으로 점증식과 크게 다르지 않다. 이 제도는 조직의 하부구조에서 하의상달식으로 의사결정단위를 명확히 하고 우선순위를 정하여 예산을 수립하도록 되어 있어 자원배분이 합리적이라 할 수 있으며 사업의 효과성을 향상시킬 수 있다는 장점이 있다.

① ZBB의 절차

첫째, 결정단위를 확인한다.
둘째, 결정 집단을 작성한다.
셋째, 우선순위를 결정한다.
넷째, 실행예산 편성의 절차를 밟는다.

② ZBB의 특징

첫째, 예산의 효율성을 제고한다.
둘째, 정책결정이 상향적이다.
셋째, 목표의 효율적인 성취에 중점을 둔다.
넷째, 어떠한 목적을 세울 것인가에 최대의 관심을 기울인다.
다섯째, 기존의 프로그램이라고 해서 높게 평가하지 않는다.
여섯째, 집중적 예산편성 방식에 대한 방식이다.
주요 예산 유형의 특성 비교 3. 프로그램 예산의 수립 절차분석

(6) 예산수립과 작성

① 예산안의 의미와 필요성

- 예산안이란 프로그램을 계획하고 실행하는데 드는 비용(지출)과 그 비용을 충당하기 위해 필요한 수입원을 일목요연하게 나타낸 계산서를 말함. 스미스(Smith)는 '프로그램 개발이란 정해진 예산으로 주어진 교육목표를 달성하기 위한 활동'이라 정의한다.
- 예산안은 프로그램의 재정 계획을 세우는 데 토대가 되고, 재정면에서 통제를 가하는 근거가 되므로 매우 중요하다.

② 예산의 내용과 수립

☞ 예산의 내용

개발비용	프로그램을 개발하는데 소요되는 비용으로 만일 프로그램이 외부 컨설팅 회사에 의뢰되었거나 아웃소싱에 의한 경우 지급되는 비용
전달비용	프로그램을 실시하는 과정에 소요되는 비용으로 직원들의 월급, 참여자 비용, 시설임대료, 수업 자료비, 학습비용 등
평가비용	프로그램의 결과를 사후 평가하는 데 소요되는 비용. 평가는 다음 프로그램을 위해 필수적인 과정임에도 불구하고, 현장에서 소홀히 되는 경향이 있음

☞ 예산수립의 원리

a. 재정담당자를 고려해야 한다.

b. 특정 예산항목에 대한 한계액수를 미리 설정해야 한다.

c. 다른 프로그램과 간접적으로 비용을 충당하는 방법을 고려해야 한다.

d. 재정의 충당금과 보조금을 고려해야 한다.

e. 회계처리방법올 고려해야 힌다.

f. 참여자들의 수업료 부담 정도(한계 액수)를 정해야 한다.

g. 후원금 등 수업료 이외의 수입원을 고려해야 한다.

☞ 예산수립 시 유의사항

a. 예산작성 시 프로그램 계획 및 실시에 드는 모든 비용을 정확히 빠짐없이 적어야 한다.

b. 들어올 돈도 가능한 한 정확하게 예측하여 수입란에 기재해야 한다.

c. 예산안은 가능한 한 쉽게 이해할 수 있도록 작성해야 한다.

d. 돈은 적절한 책임자의 허락을 받아 지출될 수 있게 해야 한다.

e. 돈이 들어오고 나감에 대한 정확한 기록이 이루어져야 한다.

☞ 참가비 결정방법

a. 프로그램을 실시하는 데 드는 모든 비용을 각 항목별로 자세히 적는다.

b. a의 항목을 고정비용(fixed costs)과 유동비용(variable costs)으로 나누어 계산한다.

- 고정비용: 인원수와 상관없이 드는 비용(*ex*:강사료, 장소대여료 등)
- 유동비용: 인원수와 직접 관련되는 비용으로 참가자가 추가되면서 증가되는 비용(*ex*: 식대 혹은 교재비 등)

c. 고정비용 모두를 합친 후 참가 예정 인원수로 나눈다. 그리고 유동비용을 합친 것이 적정 참가비이다.

d. 정확한 참가 인원수를 알 수 없을 경우에는 예상 인원의 반을 근거로 하여 참가비를 결정하여 적자가 발생하지 않도록 하는 것이 안전하다.

$$\text{1인당 참가비} = \frac{\text{고정비용}}{N(\text{참가자 수})} + \text{유동비용}$$

☞ 프로그램 예산 수립 과정

프로그램 예산은 프로그램의 목표를 성취하는 데 들어가는 비용을 강조하기 때문에 산출물의 성과를 강조하는 예산 수립방식이 수용된다. 프로그램 예산 수립은 재정계획을 세우고 재원을 조달하여 여러 가지 목적에 따라 할당하는 과정이다. 프로그램을 구상할 때 프로그램 수행을 뒷받침할 수 있는 재정 상태를 검토하는 것은 물론 계획된 프로그램에 재정자원이 충분히 제공될 수 있는지의 가능성을 평가하는 재정계획 수립하여야 한다.

사회복지 기관에서 기획한 계획에 관련된 재정을 조달 할 수 있는 방안을 마련하는 재원 조달의 과정을 거쳐 적절하게 할당하는 과정이다.

☞ 사회복지 기관의 재정원천

사회복지기관은 비영리 추구의 목적을 가지고 있으며 대부분 무형의 서비스를 생산한다는 점이다.

비영리 기관은 비영리 목적을 추구하는 활동이다.

비영리적 목적 추구의 결과로 나타나는 것들도 대부분 추상적이거나 공공재와 같이 불특정 다수에게 산재하는 경향이 있다.

프로그램의 예산에 필요한 재정자원 확보에 충분한 지식을 근거로 합리적으로 예산을 수립하는 것은 물론 재정 자원을 확보하는 것이다.

a. 프로그램 또는 서비스에 충당할 수 있는 즉각적 재원은 무엇인가?

b. 매년 실행되는 프로그램의 재정이 어떠한 과정을 거쳐 연속적으로 보장받을 수 있는가?

c. 어떠한 재정 자원이 수입의 대체로 활용될 수 있는가?

d. 직접적으로 비용을 지불하는 측은 다른 경제적 또는 비물질적 보상을 줄 수 있는가?

e. 재정자원을 확보하고 예산을 할당하는 데 사용되는 기법은 무엇인가?

공공재원으로 중앙정부와 지방정부 재정 자원은 중앙 정부 및 지방정부 보조금, 그란트: 장려 지원금, 정부와의 계약 또는 위탁 및 정부로부터 비용 상환 등을 들 수 있다.

① 중앙 정부나 지방정부가 일정한 요건을 갖춘 사회복지 기관에 재정지원을 결정하는 것을 의미한다. 정부나 지방정부가 지원하는 보조금은 보편적이고 일률적인 형태를 유지하기 때문에 정부에 의해서 승인된 사회복지기관이나 시설에 대해서는 무차별적으로 지원하는 원칙이 강조된다.

② 그란트는 선택적 지원의 형태로서 사회복지기관이 특정한 목적 달성을 위해서 제출하는 사업제안서에 따라 선택적으로 정부가 재정지원을 결정하는 것을 의미한다. 시범사업을 하기 위하여 실시되는 경우가 있다.

③ 정부와의 계약 및 비용 상환 : 민간 사회복지기관이 정부와의 계약을 통해서 서비스를 제공할 때 비용을 지원 받는다. 정부는 사업대상과 사업량을 구체적으로 명시한 뒤 특정 서비슬 제공하면 예산을 지원하는 방식이다. 장기요양보호기관이나 기타 요양 시설이 있다.

☞ **프로그램 예산의 항목**

예산관리 항목은 학자들마다 견해가 다르지만 우리는 Lyncy(1995)와 Martin(1997)의 견해를 중심으로 학습하고자 한다. 예산을 관리하는 항목은 예산관리 시스템을 도입하여 관리한다.

예) 네 가지 예산관리시스템

① 비예산관리 시스템(non-budgeting system).

② 항목별 예산관리시스템(line-item budgeting system).

③ 기능별 예산관리 시스템(functional budgeting system),

④ 사회복지예산관리시스템을 제시

기능별 및 프로그램 예산관리 시스템은 재정적 관점 외에 프로그램 관점도 취하고 있다, '기능별 예산' 관리시스템은 프로그램의 제품 및 서비스를 제공하는 비용(중간 산출)과 서비스 종료(최종산출) 비용에 관한 정보를 제공한다.

프로그램 예산 관리시스템은 프로그램 결과·성취·영향(결과에 관련된 정보를 제공한다. 이 네 가지 유형의 각 예산관리 시스템에 의해 도입된 상이한 관점들은 시스템 각각이 강조하는 시스템 요소를 규명하게 된다. 따라서 이러한 강조는 예산에 관한 어떠한 종류의 자료가 정보가 사회복지 서비스 기관 및 프로그램에 의해 생성되고, 예산상의 정보가 어떻게 분석 및 제시되며, 어떻게 자원이 기관의 프로그램에 할당되는지를 규명하게 된다(Kettnerr, Moroney & Martin, 1999).

항목별, 기능별, 프로그램 예산관리 시스템은 모두 구조화된 예산관리 과정, 표준화된 예산 형식의 사용, 공동 예산 정의를 사용한다. 항목별 예산관리 시스템은 지출(전환)에 초점을 맞추며 비용을 수입에 연계시킨다. 따라서 항목별 예산관리 시스템은 '전환 예산관리' 또는 비용 예산관리로 간주한다.

기능예산 관리 시스템은 프로그램 산출 및 서비스(중간 산출) 질적 서비스(품질 산출) 서비스 종료(최종 산출)를 포함한 산출과, 이러한 산출을 위해 투입된 수입(투입)에 초점을 맞춘다. 프로그램에 투입에 대한 프로그램 산출의 비율은 효율성이나 생산성에 대한 고전적인 정의이다. 따라서 기능별 예산관리시스템은 '산출 예산관리' 효율성 예산관리, '생산성 예산관리'로 간주한다.

프로그램 예산관리 시스템은 프로그램 결과, 성취, 영향(결과), 그리고 이에 투입된 수입(투입)에 주된 초점을 둔다. 사회복지 서비스 기관이 그 초점을 비예산관리 시스템에서 항목별 예산관리 시스템, 기능별 예산관리시스템, 그리고 궁극적으로는 프로그램 예산관리 시스템으로 이동함에 따라 예산관리 과정의 복잡성도 증가하여, 예산에 관한 전문적 기술이 기관의 직원에게 요구된다.

☞ 예산관리의 관한 사항 5가지 요약

① 사회복지 서비스의 주요 예산관리 시스템에는 비예산관리시스템, 항목별 예산관리 시스템, 기능별 예산관리시스템, 프로그램 예산관리 시스템의 네 가지가 있다.

② 비예산관리 시스템은 수입(투입)에 주된 초점을 맞추고 있어서, 오늘날의 사회복지 서비스 기관의 예산관리 요건을 충족시키는 데에는 부적절하다.

③ 항목별 예산관리 시스템은 지출(전환)에 초점을 맞추며 수입(투

입)을 비용에 연계해야 한다.

④ 기능별 예산관리 시스템은 프로그램 산출물 및 서비스(중간 산출), 질적 서비스(품질 산출), 서비스 종료(최종 산출), 그리고 이에 투입된 수입(투입)에 초점을 맞춘다.

⑤ 프로그램 예산관리 시스템은 프로그램 결과, 성취, 영향(결과) 및 이에 투입된 수입(투입)에 초점을 맞추어야 한다.

2) 그 외 직접 비용 및 간접비용의 결정

(1) 산출근거

프로그램의 총예산을 인건비, 사업비, 기타 등의 항목으로 나누어 각 항목의 산출근거를 직접비와 간접비로 구분하여 구체적으로 제시하여야 한다.

직접비: 신규시설, 신규인력 등 신청 프로그램을 위해 직접 현금으로 새롭게 지출되는 경비이다(직원 급여: 기관장, 부장, 사무국장, 프로그램 관리자, 사회복지사, 오락보조원, 요리사, 수위, 차량기사 외 등, 간접비: 기관의 기존시설비 및 기타 운영비).

(예 : 사무실, 집기 등)이나 인원(관장, 기존스태프 등) 중 신청프로그램에 활용 될 부분이다. 예) 임대료, 관리비, 통신비, 소모품비, 차량 임대비, 장비비, 인쇄 및 복사비, 여비, 우편 및 소포, 식대, 기타 신청 프로그램에 활용될 부분이다.

기존 인력 및 시설을 활용하는 경우는 이들이 신청 프로그램에 할당되는 비율을 근거로 간접경비를 계산한다.

일반적으로 직접비용으로 인정되는 비용 항목의 예는 다음과 같다(Kettner, Moroney & Martin, 1999).

① 한 프로그램에만 소속된 직원의 봉급이나 임금

② 한 프로그램에만 사용되는 도구나 소모품비

③ 한 프로그램과 관련되는 교통비
④ 하나의 프로그램에 배타적으로 사용되는 장비비
⑤ 한 프로그램에서만 쓰는 기타 모든 비용 등

(2) 예산 조달 계획

예산 항목별 자금조달계획을 알 수 있도록 신청 프로그램의 총예산을 신청분과 자부담 분으로 나누어, 항목별 산출 근거를 구체적으로 제시하여야 한다. 자부담일 경우, 기부금, 수혜자 부담금 등으로 나누어 조달 방법을 기재할 수 있으며, 일반적으로 20～50% 정도의 자부담을 요구하고 있다(정무성·정진모, 2001). 공동모금회 프로포절을 통하여 예산을 지원 받는 것을 의미

3) 정부재원은 정부보조금, 그란트, 정부와의 계약이 있다.

① 정부보조금은 일정한 요건을 갖춘 사회복지기관이나 프로그램에 대한 재정지원을 의미한다. 정부보조금은 보편적이고 일률적인 형태를 유지하기 때문에 정부에 의해서 승인된 사회복지기관이나 프로그램에 대해서는 무차별적으로 지원하는 원칙이 강조된다. 예를 들면 사회복지기관이나 장애인 복지시설에 대한 정부보조금은 정부가 정한 일정한 시설과 인력을 갖추면 일률적으로 보조금이 지원되는 것을 의미한다.

② 그란트 제도로서 특정한 목적달성을 위한 선택적인 재정지원 프로그램으로 정부가 프로그램에 따라 지원하는 것을 의미한다. 정부보조금이 지원의 형태를 유지하는 그란트는 선택적인 프로그램이다. 주민센터나 노인복지기관에서 시행하는 노인 일자리 창출 프로그램을 지원하기 위한 것이라 할 수 있다. 시니어클럽이나 건강가정지원 센터와 같은 시범사업을 실시하기 위한 기관을 대상으로 선택적으로 정부보조금이 지원되고 있다.

③ 정부와의 계약에 의해 이루어진다. 민간 사회복지기관이 정부와

의 계약을 통하여 서비스를 제공하게 될 때 재정지원을 받는 것을 의미한다. 정부는 사업대상과 사업량을 구체적으로 명시한 뒤 특정 서비스를 제공하면 예산을 지원하는 방식이다. 우리나라에서는 2007년부터 시행한 장기요양 프로그램을 시행하기 위하여 민간 기관이 노인을 돌보는 경우 정부와 장기요양보험 대상자들에게 재정지원을 하는 것을 의미한다.

4) 민간재원 조달

사회복지 프로그램의 재원이 될 수 있는 민간재원의 종류는 다양하다. 한국에서 가장 흔히 사회복지기관의 프로그램 재원으로 간주되는 민간 재원을 의미한다.

① 공동모금회 배분자금
② 기업복지재단 프로그램 지원금
③ 일반 기부금 및 결연후원금
④ 서비스 이용료
⑤ 법인전입금
⑥ 특별행사 수입금

사회복지기관에서 제공하는 서비스 이용료는 이용하는 서비스이용자가 지불하는 재원을 의미한다. 서비스이용자가 재원의 충분성과 안정성의 측면에서 보면 사회복지기관의 입장에서는 취약성을 갖고 있는 재원의 일종이다. 물론 병원과 대학 같은 비영리조직의 이용료는 충분히 안정성의 확보되지만 사회복지기관은 여전히 서비스의 영세성으로 이용료가 안정적 재원의 구실을 못하는 실정이다.

반면 개인이나 기업, 단체가 지원하는 후원금은 자원제공자인 후원자와 서비스 수혜자인 서비스이용자와 분리되어 있다는 점에서 정부보조금과 유사하지만 일단 확보되면 융통성과 통제성이 가장 뛰어난 재원으로 여겨진다.

우리나라에서는 후원활동의 의미와 가치가 사회적으로 확산되지 않아 기부문화가 성숙되지 않은 상황이라 후원자를 발굴하는 일이 어렵지만 기업이나 민간단체, 종교단체에서 후원을 하고 있으며, 사회복지기관이 적극적으로 후원자 개발로 안정을 찾아가고 있다. 기관이 후원금에 크게 의존할 경우 고객인 후원자의 욕구에 만족을 줄 수는 있는 범위 내에서 재정 지출이 이루어져야 하는 어려움이 있다.

제 12 장

사회복지 프로그램의 관리

1. 목표 관리제

목표관리제(Management by Objetives)는 1954년 드러커에 의해 제기된 이후로 민간 기업에서 주로 활용하여 급속히 확산되게 되었으며 1980년대 이후, 특히 비영리 사회복지기관들이 도입하기 시작하였다. 경영과 관리에 있어서 일종의 다차원적인 개념으로 활용하였다.

목표관리제는 하나의 독특한 실체를 가진 관리도구라기보다는 일종의 활동 중심적이고 결과지향적이며 또한 참여를 강조하는 것이다.

목표관리, 계획, 모니터링, 평가등 과학적이고 합리적인 프로그램 과정을 체계적으로 연결하는 방법이다.

목표관리기술(MBO)

정진모 ▌ 서울장애인종합복지관

2. MBO의 의의와 목적

MBO(Management by Objectives)는 1954년에 P. Drucker에 의해 만들어졌으며, 기업들을 중심으로 활용도가 급속히 증대되어 왔다. 비영리 사회복지조직들에서는 1980년대 이후 그 활용도가 증대되고 있으며, 이러한 현상은 과학적이고 책임있는 사회복지 프로그램의 운영에 대한 사회적 요구가 높아지는 추세를 반영하는 것이다.

MBO는 경영과 관리에 있어서 다차원적인 개념으로 쓰인다. MBO가 하나의 독특한 실체를 가진 관리 도구라기보다는 일종의 "활동중심적이고, 결과지향적이며, 참여를 강조하는 철학"으로 보는 견해도 있다. 한편 MBO는 목표, 계획, 모니터링, 평가 등의 프로그램 과정을 체계적으로 연결하는 방법으로 보기도 하고, 기획, 의사결정, 스탭개발 등과 같은 조직적 활동들을 활성화하고 통합시키는 시스템으로 간주하기도 한다.

Odiorne에 의하면 MBO란 "조직의 상위관리자와 하위관리자들이 공동으로 그들의 공통된 목표를 확인하고, 기대되는 결과의 측면에서 개개의 주요 책임분야를 규정하고, 그 단위를 운영하기 위한 지침으로서 이용하며 개개 조직성원의 기여도를 평가하는 하나의 과정"이라고 규정하고 있다.

다시 말하면, MBO란 "상하조직성원의 참여과정을 통해서 조직의 공통목표를 명확히 하고, 체계적으로 조직성원들의 개개목표 내지 책임을 합의하여 부과하며, 그 수행 결과를 사후에 평가하고 환류시켜 궁극적으로 조직의 효율성 향상에 기여코자 하는 관리체제 내지 관리기법"이라고 할 수 있다.

이론적으로 MBO는 매우 단순한 시스템이다. 기본적으로는 관리의 전과정에서 참여를 강조하는 경향이 있다. 조직성원들의 참여를 통해 일정기간에 성취되어야 할 장기목적과 단기목표들이 구체화된다. 그리고 이렇게 구체적으로 합의된 목적과 목표들이 존재함으로써 그것들이 성취되고 있는지의 성공여부가 정기적으로 평가될 수 있다. 즉 MBO의 사용은 참여를 통한 장·단기목표의 설정, 그로 인하여 조직성원들의 기관에 대한 기여증진, 그리고 목표성취여부에 대한 체계적인 평가를 가능하게 해 주는 것이다.

목표에 의한 관리는 다른 많은 관리제도와 같이 운영기능이나 운영요소(사람, 돈, 물자, 정보 등)의 한 부분 한 측면에만 관계를 갖는 것이 아니고, 운영의 기본적인 사고(思考) 또는 일의 추진방법에 관계된다는 의미에서 모든 관리활동의 근간이 된다.

사회복지기관에서 MBO를 활용할 경우 얻게 되는 장점은 다음과 같다.

첫째, 조직구성원들이 프로그램의 결정사항이나 기관의 방향선택에 참여할 수 있다. 개인별 혹은 팀별 목표들을 제시하는 과정을 통해서 참여가 가능하게 된다.

둘째, 목적과 목표설정에 구성원들의 참여를 장려함으로써 구성원들의 자발적인 동기를 증진시키고, 기관에 대한 개인별 기여를 확인할 수 있게 한다.

셋째, 개인별 목표들이 취합되어 각 팀별로 목표들이 설정되고, 공동으로 이것들을 추구해 나가는 과정을 강조한다. 이것은 개인들간의 불필요한 경쟁을 억제하여 구성원들간에 일종의 결속감을 생성해내는데 도움이 된다.

넷째, 체계적인 평가를 가능하게 한다. 구체화된 목표들이 제시됨으로써 구성원들이나 팀별로 제시되었던 목표들이 성취되고 있는지의 여부를 확인 가능하게 한다.

다섯째, 장·단기 목표들을 설정하는 것을 장려함으로써, 단지 주어진 서비스 요청에 그때 그때 수동적으로 반응하는 식의 기획을 막을 수 있다. 목표는 비교적 장기적으로 설정하며, 목표들은 궁극적으로 조직의 임무(mission)와의 결부를 가능하게 한다.

3. 사회복지기관에서 적용가능한 MBO모델의 구성요소

기관들의 성격에 따라 다양한 MBO모델들이 존재한다. 사회복지기관의 조직이나 프로그램이 처한 각기 다른 환경들에 의해 MBO의 이념을 실천하는 다양한 기법(모델)들이 개발되기 때문이다. 사회복지기관들에 적용될 수 있는 MBO모델들은 보편적으로 다음과 같은 구성요소들로 이루어진다.

1) 임무에 대한 합의

임무(mission) 선언서에는 기관의 존재이유가 구체화되어 있고, 조직의 주요의도들이 명시된다. 임무는 지역사회가 기관에 기대하는 서비스들을 반영하고 있어야 하며, 그것은 기관이 존재하기 위해 반드시 필요한 기관의 방향이기도 하다. 임무 선언서는 장기적인 관점에서 만들어지고, 보통은 구체적인 종료시점을 제시하지 않는다.

사회복지기관들에서 임무 선언서를 완성하기 위해서는 이해집단들(조직구성원, 행정기관, 이사회, 지역사회 대표 등)의 동의를 구하는 것이 바람직하다.

2) 귀납적 목표설정

기관의 임무를 달성하기 위하여 개인, 팀, 부서 등은 목표설정이 필요하다. 즉 많은 구성원들의 구체적인 개인별 목표들로부터 팀별 혹은 부서별 목표들이 도출된다. 사회복지기관의 목표개발은 귀납적인 과정을 사용하며 귀납적 목표형성은 다음과 같은 장점이 있다.

첫째, 이러한 과정을 통해 각 구성원들의 개별성이 반영될 수 있고, 기관의 임무에 비추어진 자신들의 독특한 기여를 확인할 수 있다.

둘째, 의사소통과 기획에 있어서 보다 자연적이고 인간적인 시스템들이 장려된다.

셋째, 목표설정에의 참여를 통해 동질감을 강하게 한다.

넷째, 실질적인 서비스 전달과정을 잘 이해하지 못하는 행정관리자들이 비현실적이고 실천 불가능한 목표들을 양산해내는 것을 막을 수 있다.

3) 목표의 구체화

목표들은 MBO의 핵심이며, 주어진 기간 내에 획득될 수 있는 바람직한 성과들에 대한 구체적인 표현들이다. 목표들은 보통 측정 가능하고 명료한 용어들로 제시되어야 하며, 추후에 결과에 대한 평가기준으로 제시될 수 있는 것이 바람직하다. 목표들을 구체화하는 것은 곧 프로그램의 성과를 구체적으로 명시하는 것과 같다.

사회복지기관의 본질과 구성원의 성격을 감안할 때 목표들은 개인별 목표보다는 팀별, 부서별 기준으로 작성되는 것이 바람직하다. 개인별 목표들을 설정하는 것은 종종 심각한 경쟁을 초래할 수 있고, 그것이 클라이언트의 이익에 파괴적이 될 수도 있다. 팀별, 부서별 목표들을 설정하는 것은 개인에서 집단으로 책임성을 옮기는 것이고, 기관의 분위기를 경쟁에서 상호협조로 바꾸는데 도움이 된다. 이것은 기관의 생산성을 증가시킬 뿐만 아니라 쓸모없는 경쟁에서 초래되는 여러 부작용들을 줄일 수 있다.

4) 활동과 자원의 결정

목표들을 실천하기 위해서는 목표, 주요 활동들, 책임의 종류와 소재 등을 명시하고 각 구성원별로 주요한 활동에 대한 역할과 책임을 부여하게 된다. 즉 각 개인들이 맡게 되는 역할들을 명료하게 만들어 주고, 그에 따른 구체적인 책임들을 부여하는 것이 필요하다. 그리고 활동에 필요한 자원도 명확히 규정되어야 한다.

5) 주요 활동들의 모니터

주요한 활동들이 결정되면 그러한 활동들 간의 순서가 규정되어져야 한다. 활동들에 대한 시간순서를 규정하는 것은 행정관리자들에게 어떤 시점에서 어떤 자원들이 필요하고 배치되어야 할 것인가를 미리 점검할 수 있게 한다. 프로그램의 진행상황이나 목표성취 등을 그래프로 알기 쉽게 나타낼 수 있게 하여 주요 활동들을 모니터링한다. 이때 많이 사용되는 도구는 "Gantt 도표, PERT" 등이 있다.

4. MBO의 추진절차

1) 조직목표의 명확화와 하위(부하)목표의 설정

목표의 설정은 상사와 부하의 합의에 의하여 이루어진다. 이와 같은 참여적 방법에 의한 목표설정은 상사에 의해서 일방적으로 부과되는 목표보다 훨씬 더 자연스럽고 쉽게 수락되며, 자기가 세운 목표는 자기가 달성한다는 심리적 상태의 조작을 통하여 목표달성의 정도를 향상시키게 되는 것이다.

부하 개인(하위)의 목표를 설정하려면 그에 앞서 조직 전체의 공동 목표(상위목표)가 명확하여야 하고, 그에 따라 조직 구조상의 적절한 변화가 이루어져야 한다. 즉, 목표관리의 실시에 따라 조직 내의 직책, 권한, 책임, 감독 범위 및 제 관계의 변화가 있어야 한다. 이와 같은 참여적 방법은 관리자에 의한 외부적, 타율적 통제와 부하에 의한 내부적 통제를 통합하는 관리이념에 근거를 두고 있다.

2) 업무수행과 중간결과의 평가

목표가 설정된 후에는 그에 따라 업무를 수행하고, 그것을 수행하는 과정에 중간결과를 평가하고 원래 합의된 목표에 환류시켜 부적절한 목표는 폐기하거나 수정하며, 계속적으로 목표를 수행하는데 필요한 새로운 인적・물적자원을 투입한다.

3) 최종결과의 검토 및 평가

업무를 수행하고 최종결과에 이르러서 그 결과가 설정된 목표에 비추어 어떻게 이루어졌는가를 검토・평가하여야 한다. 그것은 하위목표 달성 뿐만 아니라 조직전체의 업적측면에서 수행되어야 할 것이다.

4) 환류

목표에 입각한 업무수행의 결과가 평가된 후에는 이를 환류시켜 원래 조직의 공통적인 상위목표에 비추어 보는 것이다. 이와 같은 환류를 통하여 조직의 차기 목표에 대한 지표가 재정립되며, 각 하위단위의 목표와 역할에 대한 새로운 방향이 제시된다고 볼 수 있다.

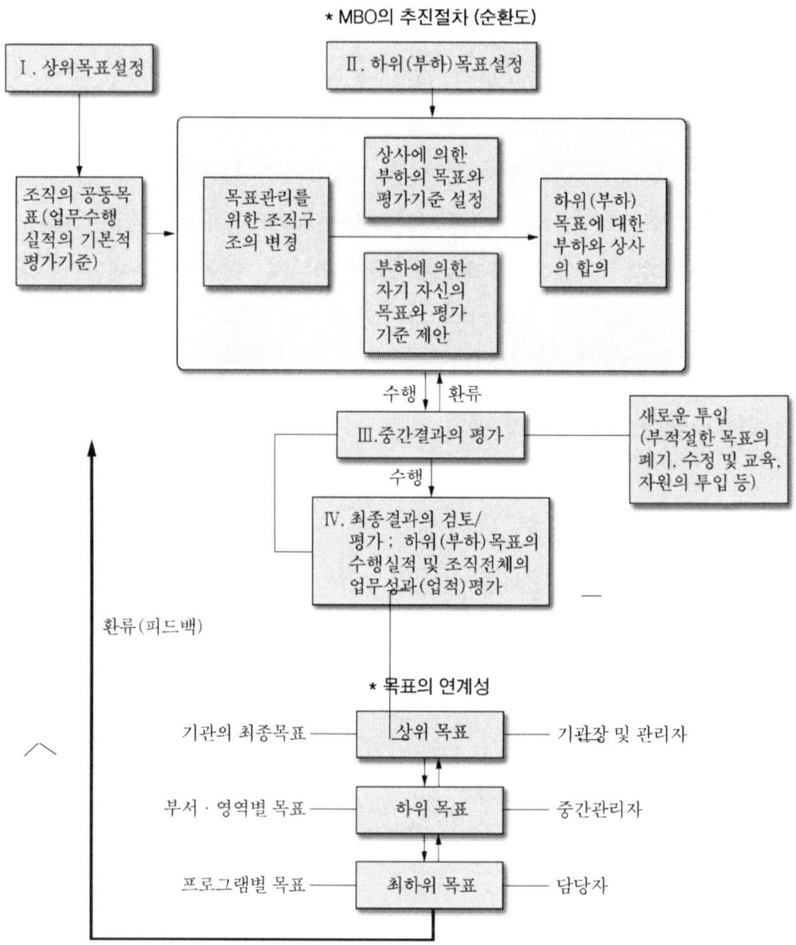

5. MBO의 역할과 가치 / 장점

1) MBO의 역할

1) 조직의 모든 자원과 노력을 하나의 목표로 집중시킨다.

2) 행동의 일관성을 유지한다.

3) 조직을 안정시킨다.

4) 조직의 업적을 측정하는 지침, 즉 표적이 된다.

5) 의사결정을 용이하게 한다.

6) 권한의 위양(委讓)에 기여한다.

7) 많은 활동의 조정 그리고 협력관계의 육성을 쉽게 한다.

8) 방침의 범위 내에서 자유를 확보하기 때문에 창의력 발휘를 촉진하여 자기가 하고 있는 일에 자신을 가지게 한다.

9) 자기계발의욕을 자극하여 그 방법을 제시한다.

10) 장래의 계획을 연구하기 위한 지침이 되며 자극제가 된다.

11) 낭비의 원인이 되는 시행착오의 과정을 방지한다.

12) 기관의 기본방침은 클라이언트에게 복지관에 기대할 것을 알리며 자신감을 가지도록 한다.

2) MBO의 가치와 장점

① 조직의 효과성과 효율성을 높인다.

조직의 목표를 명확히 하고, 그러한 목표에 조직활동을 집중시킴으로써 소식의 효율화에 공헌한다.

② 조직의 목표와 조직 속의 개인(하위)의 목표를 통합시킨다.

③ 조직의 인간화를 통한 조직발전에 기여한다.

참여적 방법에 의하여 조직단위의 목표를 설정하고 그에 입각한 관리행위가 이루어짐으로써 조직의 인간화와 조직발전에 기여하며 조직성원의 사기향상에 기여한다.

④ 조직의 목표를 명백히 하고 관리문제의 다목표적 성격을 인식시킨다. 그리고 갈등을 일으키고 있는 제 목표를 확인케 한다.

⑤ 목표에 입각한 결과의 측정을 객관적으로 용이하고 가능케 하며 결과에 대한 책임의 한계를 분명히 한다.

⑥ 관리자로 하여금 업무계획을 세우도록 강제하고 또 그것을 돕는

역할을 수행한다.

6. MBO의 문제점과 적용시 실패 이유

1) MBO의 문제점

① MBO자체는 목표설정자에게 목표설정의 지침을 제공하지 않는다.

② 목표설정이 어렵다는 점이다. 급격한 변화나 복잡한 환경적 소용돌이 속에서는 명백한 목표 설정이 어려운 것이다.

③ 불확실하고 불리한 상황 속에서는 의도된 목표달성이 어렵다.

④ 비신축적인 위험성(Inflexible Dangerous)을 지닌다. MBO는 중간평가와 환류작용이 있기는 하지만 관리자가 일정한 기간 동안의 목표의 변경을 주저하는 나머지 때로는 쓸모없는 목표를 신축성 없이 집행하는 어리석음에 빠지며 목표달성에 대하여 지나치게 정당화하는 나머지 비합리적인 목표달성을 위해서 궁극적으로 조직을 해치는 수단이 정당화될 수 있다.

⑤ MBO는 실현 가능성에 대한 욕구에 집착하는 나머지 단기적인 수량적 목표를 남용하며, 장기적이며 비전적인 질적 목표를 저하시키는 경향이 있다.

⑥ 이윤추구가 목표인 기업체에서 발전한 MBO는 원칙적으로 봉사를 목표로 하는 공적행정 조직에 도입하는 데는 이념적인 갈등이 수반될 수 있다.

2) MBO 적용시 실패 이유

① 기관의 임무(mission), 목적, 목표들이 모호하여 MBO에 적용시키기 어렵다.
② MBO를 잘 이해하지 못해 MBO에 기본이 되는 분석뿐 아니라 계획을 제대로 세우지 못하고 있다.
③ 클라이언트의 욕구와 프로그램의 성격을 제대로 반영하지 않은 MBO 모델을 수행한다.
④ 충분히 고려되지 않는 프로그램 전략이 활용된다.

7. 사회복지기관의 MBO 적용

MBO는 단순히 새로운 기술이라기보다 관리 철학으로 볼 수 있다. MBO는 직관적인 관리운영에서 사전에 정확하고 계획된 운영방식으로 변화되도록 요구한다. 따라서 기관 행정가나 직원들은 기존과는 다른 프로그램 운영방식을 필요로 한다.

1) 기관 · 관리자의 방침설정이 필요하다

관리자는 조직에 있어서 '문제를 발견하고' 그것을 부서나 개인의 목표로 '형성'하고, 그 달성활동이 효율적으로 복지관 목적의 실현에 연결되도록 노력하지 않으면 안 되며, 이를 위한 방침설정이 필요하다. 이러한 방침설정으로 수반되는 이익은 다음과 같은 6가지가 있다.

① 관리자는 우선 자기행동의 방향에 일관성을 갖게 된다. 즉 관리자가 해야 할 의사결정에 일관성을 갖게 한다.
② 의사결정시 선택의 방향이 방침에 의해서 통제되기 때문에 의사

결정이 보다 용이하다.

③ 관리자의 의사결정에 일관성이 있으면, 관리자의 직위에 대한 부하의 신뢰성이 높아진다. 신뢰는 조직을 강화하고, 협력의 강도를 높여준다.

④ 방침은 부하가 자기 일의 성과를 평가하는 기준인 동시에 관리자가 부하의 일을 평가하는 기준이 된다.

⑤ 방침은 자기일을 추진해 나가야 할 방향, 자기 노력의 목표, 자기의 활동을 평가하는 기준이 된다.

⑥ 방침은 구성원의 힘을 집결시키는 표적이 되며 규범이 된다.

2) MBO 추진 모형

① 개인능력 개발형

상사와 부하간에 일 대 일의 관계에 초점을 두는 모형이다. 상사의 기대목표와 부하 자신이 그것에 의해서 자기의 성장이 기대된다고 생각되는 목표가 '대화'중에서 일치한다. 그리고 부하는 자기의 의지로서 스스로 능력개발을 위해 매진하게 된다.

② 조직능력 개발형(시스템적 전개형)

전체 복지관의 목표에서 시작해서 각 부서의 목표를 분장시키고, 종횡으로 또는 대각선의 방향으로 연쇄 체계화되게 한다.

③ 문제해결형

문제해결의 관점에서 목표를 설정하는 것이다.

8. 조직목표의 설정

1) 조직목표의 의의와 성질

조직목표(organizational goal)를 정확하고 명석하게 정의하기는 어렵다. 그 이유는 첫째, 엄밀히 말하면 조직이 목표를 갖기보다는 조직을 구성하는 개인들이 목표를 갖는다고 할 수 있으며 둘째, 목표는 관찰하기 곤란하다는 것이다. 그리고 셋째, 실제로 목표와 수단의 구분이 어렵다고 하는 점이다.

조직은 무엇인가를 하기 위하여 설정된 하나의 체제 혹은 사회체제라고 할 수 있으며, 이러한 전제에 입각하여 정의해 보면 "조직목표란 조직이 달성하고자 하는 바람직한 미래의 상태"를 의미한다고 할 수 있다. 그것은 조직이 추구하고자 하는 '지향상(指向像-guiding image)'이며, '미래상(future image)'이다. 그러므로 조직의 목표는 미래의 궁극적인 상태일 뿐, 현실로서 그 상태가 존재하는 것은 아니다. 그러나 그것은 미래의 그러한 상태에 도달하기 위하여 조직의 현재의 행동과 반응에 영향을 미치게 되는 매우 현실적인 사회학적 힘을 가지고 있는 것이다.

또한 조직목표는 최고관리자의 의도와 중간관리자의 임무 및 하급참여자들의 소망 등과 의존되어 있으며, 그에 의하여 영향을 받는다. 그렇지만 그 어떤 개인이나 계층의 유일한 미래상을 추구하는 것은 아니다. 그리고 조직이 공식적으로 표명하는 목표는 의도적인 어떤 결과를 예상하게 한다.

2) 조직목표의 기능

Etzioni는 조직목표가 수행하는 기능을 다음과 같이 제시하고 있다.

① 조직의 방향지향 : 조직의 운영과 활동을 위한 방향 및 지침(guide lines)을 제시하여 준다.

② 정당성(정통성)의 근원 : 정당성은 "하나의 조직체계가 그 사회에 적합하다는 신념을 낳게 하여 그 신념을 줄곧 지속케 하는 그 체제의 능력을 의미한다." 조직목표는 사회에 있어서 조직의 존재와 활동 및 임무를 정당화시켜 주는 기능을 수행한다.

③ 조직의 성공도 - 효과성, 효율성 평가의 기준 : 조직의 목표는 조직의 성원은 물론 조직외부인으로 하여금 조직의 성패, 즉 효과성과 효율성을 평가할 수 있게 하는 기준 내지 척도를 제공한다.

3) 조직의 다원적(多元的) 목표

조직은 보통 단일 목표를 추구하기보다는 둘 또는 그 이상의 다원적 목표를 동시에 합법적으로 추구한다. 예를 들면, 대학은 교육·연구 및 사회봉사라는 다원적 목표를 결합한 조직이라고 할 수 있다.

4) 조직목표의 유형

① 공식(명분)과 실질을 기준으로 하는 유형

- 공식적 목표(official goal dr stated goal)

공식적 목표는 조직이 공식적으로 표명하고 선언한 목표를 말하며, 이것은 흔히 조직의 존재이유와 그 활동의 정당성을 밝히기 위하여 때로는 광범위하게 선언되고 그리고 많은 경우 애매모호한 용어로 표현된다. 즉, 조직의 직제·정관 및 책임자가 공표하는 형식으로 나타난다.

- 실질적 목표(real goal or operational goal)

  실질적 목표는 조직이 행동을 통하여 실제로 추구하는 목표를 말한다.

- 결정적 목표 : 조직이 노력해서 달성하고자 하는 방향을 구체화시킨 것 즉, "정부는 국민에게 최대한 서비스한다"는 식의 목표
- 제약적 목표 : 결정적 목표를 달성코자 활동하는데 그 활동을 가능하도록 하는 조건을 구체화한 것, 즉 "정부는 이익이 있는 한 국민에게 최대한 서비스한다"는 식의 목표를 말한다.

② 대상을 기준으로 하는 목표

- 사회적 목표

이 목표의 대상은 사회일반이며, 사회의 수요를 충족하기 위한 기능과 관련된다. 예를 들면 사회를 위하여 상품을 생산하고 서비스를 제공하는 것, 질서를 유지하는 것, 문화가치를 창출·유지하는 것 등이다.

- 생산목표

조직이 특정 생산기능 또는 생산활동을 목표로 내세우는 것을 말한다.

- 체제목표(system goals)

조직이 하나의 사회체제 및 체제로서 그의 생존·유지·적응 및 성장 등에 관련된 목표를 말한다. 즉, 조직의 기능적 상태나 양태에 관한 목표를 말한다.

- 투자자의 목표

조직에 자원을 제공하는 사람들이 의도하는 목표를 말한다. 투자자가 제공하는 자원에는 재화뿐만 아니라 서비스나 정당성의 근거 등이 포함되며, 이윤획득에만 한하지 않는다.

- 파생적 목표

조직의 존재와 활동으로부터 파생되는 목표이다. 조직이 활동하는

과정에서 여력이 생기면 문화적 사업·지역사회봉사 및 특정 정당에 봉사하는 것 등의 파생적 목표를 추구하는 것이다.

③ 시간적 차원과 관련된 유형

- 비전적·환상적 목표 - 장기적·원시적 목표

이 목표는 목표계층에서 최정상에 위치하는 목표(전체목표인 동시에 상위목표)이며, 조직이 궁극적으로 달성하고자 하는 최고의 바람직한 이상적 상태이며, 시간적 차원에 있어서 가장 장기적인 것이다. 이것은 당장에 실현될 가능성을 갖는 것은 아니지만 조직의 발전과 향상을 자극하는 표적이 된다. 이것은 조직의 비전을 구상하고 제시하는 조직장을 중심으로 하는 최고관리층의 목표이다.

- 실현가능한 목표

이것은 성취가능성이 거의 확실히 예상되는 목표이며, 조직계층과 관련시켜보면 중간관리층의 목표, 즉 상위목표의 하위목표이며, '목표-수단'의 관계를 형성한다.

- 직접적 목표

시간적 차원에서 볼 때 현재 당장 실현해야 할 조직의 기능과 관련된 목표이다. 예를 들면 일상적으로 행해야 하는 사무처리, 인사관리, 대민봉사 등의 기능과 관련된 목표이다. 이것은 가장 가시적이며 / 구체적이고 / 조작적인 성격을 가지며, 특별히 새로운 지식과 기술이 없어도 수행될 수 있는 것이다. 이것은 주로 하위관리층의 목표와 연관되며, 가장 하위목표이고 가장 수단적인 것이다. 그런 점에서 때로는 전체의 거시적 / 궁극적 / 비전적 목표를 등한시하기 쉬우며, 그 결과 목표의 전환현상을 초래하게 되기도 한다.

④ 프로그램 목표

- 목적 / 결과(최종)목표(goal)

문제해결의 목적지(destination) 즉, 실행하는 프로그램이 달성하고자 하는 결과로서 포괄적이고 추상적인 것으로 하위목표들에 대해 상위적 개념이다.

- 목표(objective)

목표는 기 목적지의 구체적인 위치를 알려주는 것과 같다. 목표는 현실적이고 측정가능도록 설정한다. 즉, 언제까지 클라이언트 집단을 어떤 상태로 도달(변화)시키겠다는 식으로 표현한다. 포함될 내용은 목표항목(무엇을), 달성기준(얼마만큼), 어떻게(올린다. 내린다), 시간(언제까지) 등이다. 목표에는 영향목표, 성취목표, 활동목표, 이용자목표로 구분하며 그 내용은 다음과 같다.

- 영향(충격)목표(impact objectives) : 가장 높은 수준의 이 목표는 프로그램이 문제지표에 얼마만한 충격효과를 줄 것인가를 구체화하는 목표이다. 이 목표는 언제까지 표적집단을 어떤 상태로 도달시키겠다는 식으로 표현이 된다.
- 성취목표(achievement objectives) : 표적집단을 대상으로 무엇을 얼마만큼 달성할 것인가를 구체적으로 표현하는 목표이다. 이는 몇 명에게 서비스를 주겠다가 아닌 서비스를 통해 몇 명에게 의도된 변화를 일으키겠다는 것으로 나타낸다.
- 활동목표(activity objectives) : 이는 서비스의 결과 대신 투입을 정하는 목표이다. 성취목표의 달성을 위해 얼마만한 서비스를 투입할 것인지를 나타낸다. 즉 투입할 노력의 양을 세량적으로 표현하는 것이다. 이 목표의 서술은 그 노력의 량을 어떤 척도단위로 표시하느냐가 중요하다. 이를 서비스 단위(client의 수, 프로그램 수행시간, client지위의 변화 등)라고 한다.
- 이용자목표(consumer objectives) : 얼마나 많은 수의 서비스 소비자들로 하여금 그 서비스를 이용하도록 할 것인가를 정하는 목표이다.

5) 조직목표의 변동

조직의 목표란 어떤 고정된 방향과 구조를 가지고 탄생된 채 불변

하는 것이 아니고, 일종의 가변적인 성격을 띤 것으로 볼 수 있다. 그것은 목표가 그것의 변동을 유도하는 여러 조직 내·외적 변수와 상호의존적인 상태이며, 상호작용의 관계를 가지고 있기 때문이다. 그러한 변수는 무엇보다도 환경적 요인이 중요하며, 조직내적 요인으로서 최고 관리층의 비전과 인격적인 personality의 문제, 조직구성원의 요구, 조직의 역사 및 과거의 업적, 기술이나 구조 등을 예로 제시해 볼 수 있다.

제 13 장

사회복지 프로그램의 정보 관리

1. 사회복지서비스 실천의 정보관리 문서화

사회복지 서비스 행정가들과 실천가들은 서비스이용자에 관한 특정 기본적 정보를 수집하고 면접 기록을 유지·보관하는 것의 필요성으로 인해 대두되었다.

사례기록은 파악된 정보를 통해 기록한 서류가 방대한 규모이다. 즉, 수많은 사례에서 사회복지 서비스 프로그램은 사회적 법적 또는 재정적 책임이 공공 부문으로 이관된 인구집단이다.

기록은 서비스이용자에 관한 정보를 제공해주는 체계화되고 정리된 자료의 저장고이기 때문에 사회복지 실천에서는 불가결한 요소이다.

정보는 개인이나 조직이 특정의 업무를 처리하거나 의사결정을 하는데 활용되는 의미 있고 유용한 조직된 데이터를 의미한다. 따라서 정보는 사용자에게 실제로 가치가 있거나, 또는 가치가 있을 것이라는 확신이 들게 된다.

따라서 사회복지 기관의 관리자는 조직의 목표를 달성하기 위해서는 계획·조직·조정·통제 및 감독·평가하는 일련의 운영활동을 전개하여야 한다.

특히, 정보시스템(경영정보시스템)은 생산적인 하나의 관리도구로서 사회복지기관이나 조직 운영활동에 필수적인 사업정보를 적절한 시기에 사용할 수 있도록 양식으로 제공되어야 한다.

① 인간서비스 조직과 가장 관련이 깊은 성과정보체계(performance guiding system)에서 정보관리의 중요한 목적은 행동을 일으키는 것, 즉 인간서비스 조직에서 조직의 목적에 기초하여 정보체계는 직원의 행동계획과 프로그램 수정에 도움이 되는 자료를 제공하게 된다는 것이다.

② 조직정보체계 - 기관은 이러한 정보관리를 통하여 기관의 목적을 변화시킨다.

③ 서비스이용자의 목적을 설계하는 데 도움이 된다.

그렇다면 효과적인 정보관리가 갖는 특징은 무엇인가?

① 관리자들이 무엇을 달성하려는 것을 인지해야 한다.

② 기관의 전략과 프로그램 세부목표에 대한 이러한 지식은 실제적으로는 관리자와 모든 실무자들이 심사숙고하고 논의하여야 한다.

③ 서비스이용자에 가능한 최선의 서비스를 제공한다라고 말하는 것은 불충분하며 모든 사회복지 담당 직원은 명확하게 무엇이 달성되어야 하는지 서비스 성과와 그들의 시간의 사용 방식, 일상에서 에너지의 집과 같은 용어로 정확히 기술하여야 한다.

2. 사회복지 정보관리의 이해

1) 사회복지조직의 요구정보

(1) 복지정보의 개념

정보란 수신자에게 의미있는 형태로 처리된 데이터이며, 현재 또는 미래의 결정이나 행동에 있어서 실제적이거나 인지된 가치를 가지는 것이고, 복지정보는 복지활동에서 획득되고 생성되어 체계적으로 축적, 가공, 전달, 활용되는 제반 지식과 자료 또는 메시지로서, 복지의 주체 및 객체의 의사결정이나 행동을 위하여 사용될 수 있는 의미있는 내용이다.

① 복지활동과정에서 발생하며 복지업무를 지원하는 것이다.

② 지식, 자료, 메시지 등 다양한 성격의 내용을 포함하여 수집, 처리, 분석, 해석, 활용, 전달, 보존 등 정보의 일반적인 순환과정을 거친다.

③ 복지의 주체인 사회복지조직, 사회복지사 등 복지서비스를 제공하는 측에게는 물론 객체인 지역주민 등 복지서비스 클라이언트를 위하여 사용될 수 있어야 한다.

(2) 정보의 특징

① 정보는 단순한 자료가 아니다.

② 정보는 사용자에게 의미가 있어야 한다. 특히 현재나 미래의 행동 및 결정을 위해 가치가 있어야 한다.

③ 어떤 업무나 처리과정을 지원하는 것으로 지원적 기능, 보조적 기능, 2차적 기능을 갖는다.

④ 미래의 불확실성을 감소시키는 것이다.
⑤ 불균형, 불안정, 갈등, 물질서 등을 감소시켜 주는 것이다.
⑥ 인간 또는 조직과 환경사이에 교환되는 어떤 내용이다.

(3) 사회복지조직 요구정보의 분류

① 클라이언트 정보 : 클라이언트의 인구학적 특성, 기관 이용현황
② 욕구정보 : 지역사회주민과 클라이언트이 복지욕구의 내용
③ 서비스와 자원확보 : 제공하는 서비스의 종류와 내용, 서비스에 질, 서비스 이용방법과 시간, 담당자
④ 처우정보 : 처우계획, 실시 내용
⑤ 기술정보 : 사회복지사의 전문적 지식, 활용 가능한 기술
⑥ 참가정보 : 후원자, 자원봉사자 활동, 이벤트와 강좌
⑦ 규범정보 : 조직내 규칙과 지침서
⑧ 환경정보 : 정부시책, 행정방침, 관련정책과 제도의 변화추이
⑨ 관리정보 : 조직의 재무, 인사, 문헌과 신문잡지, 타 조직에 관한 사항
⑩ 기타정보 : 위의 사항을 제외한 모든 것이 포함될 수 있다.

(4) 사회복지관 요구정보의 흐름

요구 정보는 모두 모여 자료로 수집되고 이를 처리한 결과물을 분석하므로 행동을 결정하고 이를 내부구성원, 이사 및 후원자, 클라이언트, 관련기관에 제공하게 된다. 관리는 자료수집에서 제공까지이다.

3. 사회복지조직의 정보체계의 구성

1) 사회복지 조직의 정보체계 - 포함되는 데이터 유형

모든 하위체제에 공통되는 활동은 ① 파일 개발 수정, 검색 등 데이터관리 ② 보고서 작성 ③ 기초적인 계산, 기술통계, 정교한 통계분석이다.

(1) 서비스 하위체제

① 기관의 서비스 : 프로그램과 하위 프로그램의 유형, 구체적인 서비스대상지역, 서비스 자격기준이 필요하다.

② 정보와 의뢰 : 누구에게 무엇을 누가 전달하는가에 관한 데이터, 기관이 의뢰하는 클라이언트의 종결이 요청된다.

(2) 클라이언트 데이터 하위체제

① 클라이언트의 배경 : 연령, 성별, 주소, 현 문제, 이전의 처우결과 등이 요청된다.

② 사례관리 : 최초 접촉일, 문제의 유형과 심각성, 제공된 처우의 유형과 양, 종결 및 추후지도 정보가 필요하다.

(3) 기관 관리 하위체제

① 사무관리 : 공급품, 주소록 등

② 직원시간과 노력 : 직원별 활동시간과 활동 유형 등

③ 회계관리 : 수입, 지출, 자산, 부채 등

(4) 기획 및 평가 하위체제

① 기획 : 대상 인구집단, 표적 인구집단, 인구센서스 자료 등
② 평가 : 효율성, 효과성, 생산성 측정 및 동료검토 자료 등
③ 모니터링과 통제 : 동의 및 계약의 완성에 관한 데이터와 인준서 및 자격증 등

2) 정보체계의 물리적 구성요소

(1) 하드웨어 : 물리적 컴퓨터 장비와 관련 장치로 ① 입력장치, ② 출력장치, ③ 데이터와 프로그램을 위한 보조기억장치, ④ 중앙처리기(계산, 통제-주기억장치), ⑤ 커뮤니케이션 등이 요청된다.
(2) 소프트웨어 : 하드웨어 작동을 지시하는 프로그램을 포괄적으로 지칭, 시스템과 응용소프트웨어로 구분하여야 한다.
(3) 데이터베이스 : 응용소프트웨어에 활용되는 모든 데이터를 포함하며 저장된 개별 데이터는 파일로 불린다. 저장된 데이터의 물리적 존재는 데이터가 저장된 기억매체인 자기테이프, 디스켓, 디스크 등이 필요하다.
(4) 운영절차 : 시스템의 운영에 필요한 제반 절차는 매뉴얼 또는 지침서와 같은 물리적 책자를 통해 정리되므로 정보시스템의 물리적 요소의 하나로 볼 수 있다.
(5) 운영요원 : 컴퓨터 오퍼레이터, 시스템 분석가, 프로그래머, 데이터 준비요원, 정보시스템 관리자, 데이터 관리자를 의미한다.
(6) 이용자 : 정보시스템을 조직, 자신의 목적을 위해 직접 또는 간접적으로 필요로 하거나 사용하는 사람이다.

3) 컴퓨터의 활용영역

(1) 사무관리 : 워드프로세싱으로 일상적인 서신왕래, 사례기록, 보고서 작성, 주소관리, 회계(급료) 등이 요청된다.
(2) 클라이언트 정보체계 : 클라이언트별 개개인에게 제공된 서비스, 달성된 결과에 관한 정보를 담고 있는 전산화된 데이터베이스 시스템으로 서비스를 제공받은 클라이언트에 간한 정례적인 보고서를 제공하는 기능으로 하며 시스템의 초점은 기관관리자의 욕구에 부합하는 것이다.
(3) 의사결정의 지원: 상호 협력방안의 모색이 요청된다.
(4) 임상사정 : 컴퓨터상 표준화된 심리테스트, 사회사에 간한 기록관리, 이야기식 보고서 작성, 클라이언트에 관한 진단적 면접의 수행, 전문가 시스템의 활용이 필요하다.
(5) 직접적 개입 : 컴퓨터가 실질적인 개입활동을 행하는 경우로 이완기법을 가르쳐 주고 우울증 치료, 성문제를 가진 부부를 치료한다.
(6) 전자네트워킹 : 의사소통방법
(7) 교육과 훈련
(8) 조사연구와 정보검색 : 조자목적상 자료를 분석하는 것으로 사회사업 영역에서 가장 오래된 활용영역이 요구된다.

4) 성장단계별 구성

① 단계 1 : 초기단계 - 정보시스템이 일부 부서(회계)에 도입되나 자원 및 기술이 부족하고 계획이 미비한 상태에 잇고 시스템에 대한 통제도 잘 이루어지지 않는다.
② 단계 2 : 보급단계 - 정보체계 도입분위기가 확산되면서 자원은

어느 정도 증가하나 계획기능이 여전히 미약한 상태이며 시스템에 대한 통제가 부족해 비용이 많이 발생하고 지나친 기대감과 과대사용현상이 발생한다.

③ 단계 3 : 통제단계 - 정보에 대한 높은 수준의 통제가 이루어진다.

④ 단계 4 : 통합단계 - 정보체계의 통합관리가 강조된다.

⑤ 단계 5 : 데이터 관리단계가 필요하다.

⑥ 단계 6 : 성숙단계로서 마무리 단계이다.

4. 사회복지 조직의 정보체계 활용상 문제점

1) 정보접근성의 형평문제(빈곤, 약자, 장애인 등 사회적 약자)
2) 공동선의 문제(컴퓨터는 클라이언트나 사회복지사를 위해 도입된 것인가?)
3) 개별화된 보호의 문제(기록양식과 시스템이 오히려 사회복지사가 관심 두고 지켜보아야 할 사항을 통제하는 것은 아닌가?)
4) 편협한 전문가주의의 불필요한 도입(컴퓨터 기록양식이 클라이언트 사례를 읽고 이해하는 데 방해되지는 않는가?)
5) 일차적이고 자연적인 원조집단과 전문가 관료제 간의 불균형의 문제
6) 인간적인 문제와 사회적인 측면과의 통합적 문제
7) 내부적 일관성을 가지고 있는 전문가 시스템은 특정 문제가 다양한 방식으로 이해될 수 있는 가능성을 무시할 수 있기 때문에 주의하여야 한다.

출처: http://cafe.daum.net/yogasam/SP4y/184?docid=3984466893&q

제 14 장

사회복지시설운영론과 복지마을 만들기

1. 사회복지시설의 개관

사회복지시설을 지역사회의 꼭 필요한 기관으로, 시설생활자를 함께 살아가야 하는 이웃으로 여길 수 있도록 하기 위한 올바른 이해를 위해 사회복지시설의 개념과 시설보호의 기본 원리, 시설의 유형 및 설치·운영 등에 대하여 다루기로 한다.

1) 사회복지시설의 개념

(1) 사회복지시설의 정의

- 사회복지사업법 - 사회복지사업을 행할 목적으로 설치된 시설
- 사회복지시설이란 사회문제를 갖고 있거나 그러한 문제의 위험이 있는 사람들에게 생활(수용), 통원, 기타의 방법으로 일정한 범위의 사회복지서비스를 제공하기 위한 물리적·기능적인 제 자원의 총체

  * 시설보호대상은 다양한 사회적 약자 가운데서 요보호 상태에

있는 사람들을 주로 지칭하는 사후 예방적 접근방식과 그렇게 될 위험이 있는 사람에게까지 확대되어 사전 예방적 접근방식으로 대상을 확대해 나가고 있다

(2) 사회복지시설의 용어

- 사회복지 관계법규 - 사회복지시설이라는 용어만 사용
- 사회복지 현장 - 모든 사회복지시설 및 기관을 통틀어 사회복지 기관으로 사용
- 간접적인 서비스기관(각종 협의회, 협회, 연합회 등)과 직접적인 서비스 기관인 이용시설과 생활시설로 나눌 수 있다(사회복지관, 각종 상담소, 보육시설 등).

(3) 사회복지시설의 변천과정

사회복지시설의 변화는 요보호자의 유형과 발생 정도, 정부의 대응 방식, 요보호자의 보호에 대한 주민의 정서 및 보호이념 등에 의해 크게 영향을 받는다.

단계 / 내용	보호수준	보호목표	보호형태	지역사회와의 관계
사회방위적 단계	열등처우	사회적 방임	격리	단절
사회보장적 단계	최저생활	발달 가능성	수용	수동적, 일방적
사회복지적 단계	최적생활	정상화	생활, 육성	능동적, 상호적

⇒ 현재 우리나라의 사회복지시설은 수급자격을 갖춘 자에 한하여 최저생활을 보장하는 둘째 단계 수준이다.

(4) 사회복지시설의 사회적 역할

① 시설생활자의 생활을 유지하고 지원하는 역할

② 가정생활을 지원하는 역할

③ 지역사회복지를 증진하는 역할

④ 주민에 대한 복지교육적인 역할

2) 시설보호의 기본원리

(1) 이념상의 원리

① 인권존중의 원리 - 시설의 주인공이 어디까지나 시설생활자라는 기본전제 위에 이루어져야 한다.

② 가정보호 중심의 원리 - 초기 가정 복기를 위한 다양한 노력과 가정일 제 기능을 수행하여야 한다.

③ 전문적 보호 전개의 원리 - 전문교육을 받은 직원들에 의해 보호, 집단생활속에서의 상호 역동성 등.

(2) 방법상의 원리

① 개별화의 원리 - 시설생활자 각자의 개성의 존중과 욕구 파악의 근거 위에서 적절한 서비스 제공

② 가정과의 관계조정 원리 - 시설생활자와 그 가족과의 관계가 단절되지 않도록 세심한 배려를 해야 한다.

③ 집단활용의 원리 - 각 개인의 개성을 존중함과 동시에 각 개인의 집합체로서 집단을 적극적으로 활용

④ 일관성의 원리 - 팀을 구성하여 보호에 임한다.

⑤ 지역사회와 관계 강화의 원리 - 지역사회와의 관계를 무시한 시설은 오늘날의 사회복지에서 있을 수 없으며, 수용의 장이 아닌 생활의 장으로서 시설의 사회화・통합・정상화 등은 지역사회와 관계의 중요성을 잘 나타내고 있다.

3) 사회복지시설의 유형

사회복지시설을 구분하는 기준에 따라 다양하게 유형화할 수 있다.

(1) 설립 및 운영주체 - 공립공영, 공립민영, 사립공영, 사립민영, 공립공민영, 사립공민영, 공사립공영, 공사립민영, 공사립공민영 등으로 구분할 수 있다.

(2) 요보호자에게 사회복지서비스가 제공되는 장(場)에 따라 - 생활(수용)형, 이용(통원)형, 중간형
ex) 정신지체인 그룹홈, 노인의 집 등..

(3) 비용수납 여부 - 유료사회복지시설, 실비사회복지시설, 무료사회복지시설

(4) 사회복지시설의 주된 기능 - 생활시설, 재활(교육·치료)시설, 작업(근로)시설, 이용시설, 복합기능시설

(5) 사회복지 관계법에서 규정하고 있는 사회복지시설의 유형 - 아동복지시설, 노인복지시설, 장애인복지시설(장애인 생활시설, 장애인 지역사회 재활시설, 장애인 직업재활시설, 장애인 유료복지시설, 기타 대통령령이 정하는 시설), 모자복지시설, 윤락행위 등 방지법에서 규정하고 있는 사회복지시설, 영유아보육시설, 기타 사회복지시설

4) 사회복지시설의 설치·운영

(1) 사회복지시설의 설치

사회복지시설은 국가 또는 지방자치단체와 사회복지법인 및 비영리법인, 그리고 개인이 설치·운영할 수 있다.

다만, 정신요양시설과 교호시설은 시설생활자의 권익보호를 위하여

사회복지법인 또는 비영리법인에 한하여 설치・운영할 수 있도록 제한하고 있다.

(2) 사회복지시설의 운영

사회복지시설 운영재원은 정부의 보조금, 운영주체의 자체 수입, 후원금이나 기부금, 민간단체지원금 등으로 조달된다. 현행 운영재원 중 큰 부분을 차지하는 것이 정부보조금이다. 사회복지사업법에서는 매 3년마다 1회 이상 사회복지시설을 정기적으로 평가하여 그 결과를 시설 감독과 지원에 반영할 수 있도록 규정하고 있다.

(3) 사회복지시설의 이용자

현재 우리나라는 생활보호대상자가 우선적으로 사회복지시설을 이용하고 있다. 일부 사회복지시설은 정원의 30% 범위 내에서 일반인도 일정 비용을 부담하고 시설보호를 받을 수 있다. 또한 유료사회복지시설의 경우 비용부담 능력이 있는 사람은 누구나 이용할 수 있게 되어 있다.

(4) 결론

앞으로의 사회복지시실은 현재의 사회복지시실과는 많이 다른 모양이 될 것으로 전망된다. '시설에 클라이언트를 맞추던' 사고에서 '시설이 클라이언트에 맞추는' 사고로, '시설이 클라이언트를 선택하던' 체제에서 '클라이언트가 시설을 선택하는' 체제로, '독점적인' 서비스 제공 형태에서 '경쟁적인' 서비스 제공 형태로 '최저수준의' 서비스 제공에서 '최적 수준의' 서비스 제공으로, '도덕성만 점검받던' 시대에서 '서비스의 효과성・효율성까지 평가받는' 시대로 바뀌게 될 것이다.

2. 사회복지시설 운영자의 역할

1) 사회복지시설 운영자의 역할

(1) 시설 내적 역할

① 시설생활자의 보호 - 지역사회 주민들의 정상적인 삶의 수준과 동질화된 서비스가 제공되어야 한다.

⇒ 개별적인 보호, 시설생활자에 의한 보호, 지속성의 보장의 실천원칙이 지켜져야 한다.

② 직원의 연수 - 시설직원의 전문성 강화를 위해 근무하고 있는 현장에서 부딪히는 문제를 실질적으로 해결해나가는 방식의 워크숍이나 연수가 필요하다. 현임 훈련은 자신이 습득한 전문성을 유지, 향상하기 위해서 필요

ex) 세미나, 회의, 슈퍼비전

③ 시설보호의 평가 - 사회복지사업법상 매 3년마다 시설평가를 하도록 규정하고 있으며 평가지표는 실무자와 연구자 및 관계공무원들이 함께 정교화시켜 나가야 할 것이다.

④ 시설의 운영관리 - 인사관리(직원채용, 배치, 노동조건 개선 등)와, 재무관리(예·결산, 집행 등), 시설관리(건물, 설비, 비품유지·관리), 사무관리(각종 장부 및 문서관리, 제 규정) 등으로 구성되어 있다.

⑤ 시설운영의 계획 - 다양한 시설관련자의 참가와 시설정보의 공개, 시설을 둘러싼 상황에 대한 정확한 이해, 관련 기관간의 협력 등이 요구된다.

(2) 시설 외적 역할

① 시설의 홍보 - 기존 시설홍보는 자원동원을 목적으로 홍보내용이 시설의 취약부분을 주로 취급하였고 홍보대상도 재정적 후원이 가능한 쪽으로 택해 부정적인 측면을 강조하였으나, 현재는 긍정적인 내용의 시설홍보, 즉 주민참여 방안, 주민참여로 인한 효과, 시설생활자의 사회자립 등의 주민에게 알리는 것이 필요하다. 또한 시설운영자의 인품과 신뢰감이 바탕이 된 설득력 있는 홍보가 필요하다. 홍보 방법으로 매스컴의 이용, 홍보물, 작품전시회 등 다양한 방법을 활용해야 할 것이다.

② 지역사회 자원의 활용 - 지역사회 내의 재원과 시설 설비, 다양한 인력, 각종 기관단체 등과의 접촉을 통하여 폭넓은 생활을 영위할 수 있도록 지역사회의 다양한 자원을 활용해야 한다. 나아가 지역사회의 재원을 활용하기 위해서 지역주민에게 신뢰감을 줄 수 있도록 노력해야 하며 합리적이고 호소력 있는 프로그램을 제시하고, 지역사회 자원 활용에 보다 적극적인 자세로 임해야 한다.

③ 지역사회복지 욕구에 대응 - 시설이 보유하고 있는 다양한 전문기능과 설비 공간은 시설생활자의 욕구 충족을 위해 활용될 뿐만 아니라 지역사회 주민의 사호복지 욕구 충족에도 대응해야 한다. 시설의 기능과 설비의 지역사회 제공은 시설전문기능(물리치료, 목욕서비스, 상담 등)의 제공, 시설 설비(운동장, 강당, 차량 등)의 개방, 시설직원의 지역사회 활동에 참가, 주민에게 사회복지에 대한 교육과 체험기회 제공 등이다.

2) 시설운영자의 자질

(1) 시설운영자의 자질

① 시설 내적인 자질 - 인격적인 신뢰성과 사고의 원만함, 고상한 품위, 자신의 일에 대한 열정과 업무에 대한 충분한 경험을 갖고 있어야 한다. 또한 시설관리운영 능력이 몸에 배어 있어야 하며 기제·설비의 관리, 재정운용능력, 매일의 업무 파악과 처리, 시설 내부의 전반을 장악하는 능력, 직원에 대한 지도능력도 탁월해야 한다.

② 대 지역사회에 대한 지도력 - 서비스를 받게 될 클라이언트와 그 가족에 대한 홍보를 적절하게 할 수 있어야한다. 기본적인 신뢰성을 구축한 바탕 위에서 시설보호와 재가보호의 연계, 시설과 클라이언트 가족 간의 협력, 시설생활자와 주민간의 교류가 가능해지게 된다. 또한 시설운영자는 지리적 여건을 고려하여 지역사회와 더불어 지역복지 욕구 해결을 위해 할 수 있는 일감을 찾아내 주민과 함께 해결해 나가는 능력이 필요하다.

3) 유능한 시설운영자

(1) 시설운영자는 시설의 넥타이이다. - 시설의 대표이고 간판이다.
(2) 시설장은 시설의 안테나이다. - 정보통이어야 한다.
(3) 시설운영자는 시설의 스피커이다 - 시설의 대변인이다.

3. 사회복지시설 직원의 자세

1) 사회복지시설 직원의 자세(5H)

(1) 따뜻한 마음(Heart)
(2) 냉철한 두뇌(Head)
(3) 능숙한 기능(Hand)
(4) 원만한 인간관계(Human relationship)
(5) 심신의 건강(Health)

2) 바람직한 시설직원의 조건

① 사회복지에 대한 열의가 있을 것
② 심신이 건강할 것
③ 시설장애인의 입장에서 모든 것을 생각할 수 있을 것
④ 시설 전체 활동 가운데서 자신이 차지하는 위치를 올바로 인식할 것
⑤ 업무를 통하여 직원간의 상호 협력을 긴밀하게 되도록 노력할 것
⑥ 시설에 공헌하고 있다는 자각을 가질 것
⑦ 필요한 전문지식을 알고 있을 것
⑧ 시설에 대하여 귀속의식을 가질 것

3) 신뢰받는 직원

① 표현의 일관성이 있는 직원
② 편의적으로 일을 처리하지 않는 직원
③ 권위를 강요하지 않는 직원
④ 공치사하지 않는 직원
⑤ 사생활을 지켜 주는 직원
⑥ 상황을 분면하게 하여 가슴을 열게 해주는 직원
⑦ 자신의 잘못을 솔직하게 인정하는 직원

4. 시설직원의 시설병

1) 시설직원의 매너리즘화 과정

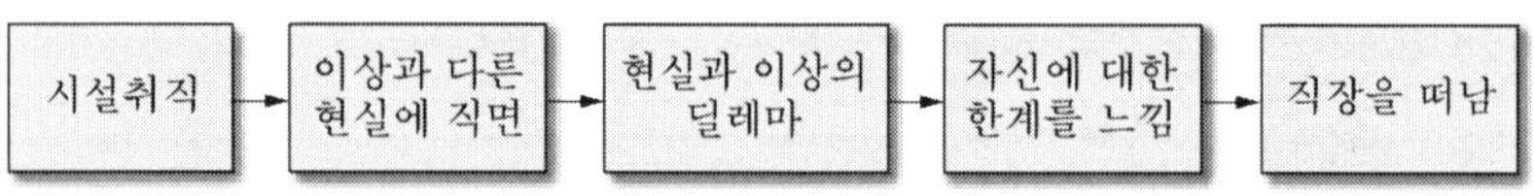

2) 시설직원의 시설병 유형

① 시야 협작 증후군 - 근무하고 있는 시설중심으로 사고와 시야가 좁아져 타시설이나 사회적 관심에 무관심해짐
② 자선 증후군 - 자선적인 사고에 젖어 시설생활자에 대한 서비스를 열악하게 제공하는 것을 당연시 여김
③ 강요 증후군 - 시설의 존재는 직원을 위한 것으로 생각, 시설구조나 서비스에 맞추도록 강요.

④ 무감각 증후군 - 일상적인 감정과 정서에 민감하지 못하고 공감하지 못하는 것

3) 시설직원의 자세

① 직원 〉 시설생활자의 자세

- 시설생활자에 대하여 우월한 태도를 취하는 것으로, 시설생활자를 약자로 취급하기 쉽다.

② 직원 = 시설생활자의 자세

- 직원이 시설생활자에 대하여 대등한 태도로 대하는 것으로, 물리적 뿐만 아니라 정신적인 대등성을 확립

③ 직원 〈 시설생활자의 자세

- 시설생활자의 입장이 되어서 느끼고, 생각하고, 판단하여 시설생활자가 행복감을 느끼도록 서비스를 하는 자세로 인격을 존중하는 자세이다.

5. 사회복지시설의 인적자원관리

1) 인적자원 관리와 관련된 사회복지시설의 특성

① 업무를 가시화하고 표준화하는 데는 제약요소가 많다. 제공된 서비스의 성과나 효과도 측정하기 용이하지 않다.

② 여러 업종의 여러 전문가들로 구성되어 시설보호를 담당하고 있다.

③ 공공성이 강하여 법률과 정부의 강한 영향력 하에 있다.

④ 시설유형, 동일법인 내의 시설 수, 위치한 지역 등에 따라 편차

가 매우 크다.

2) 사회복지시설 인적자원 관리의 구성요소

① 관리적 측면 - 인력계획활동, 인력실천활동(조직, 지휘, 조정 포함), 인력통제활동
② 기능적 차원 - 인력확보, 인력개발, 인력보상, 인력유지, 인력방출
③ 실천적 측면에서의 인적자원 관리의 구성요소
④ 직원관리 영역으로 직원의 모집, 선발, 배치, 승진 등을 포함한다.
⑤ 임금·복리후생 영역으로 직원의 보상에 해당되는 보수 및 수당, 여비 등과 복리후생에 있어서 법정 복리후생, 법정 외 복리후생이 포함된다.
⑥ 인재 육성으로 사회복지 시설의 연수, 교육, 훈련이 포함된다.

6. 사회복지시설 인적자원 관리의 효율화 방안

1) 인사고과제도

- 사람을 평가하는 방법을 제도화한 것
- 구성원 개개인의 잠재능력, 성격, 근무태도, 업적 등을 평가하려는 것
- 인적자원관리의 모든 영역에 영향을 미치는 기초자료로서의 역할 (직원배치와 근무조 편성 및 승진 시, 직원의 채용, 직원에 대한 복리후생이나 인센티브 제공 시, 인재육성 시 중요한 자료로 이용될 수 있다.)
- 자기제한행동에 대처하는 방법 중 하나

※ 자기제한행동 - 여러 사람이 함께 일할 때 각 구성원이 전력을 다하지 않는 경향

- 인사고과의 효과를 얻기 위해 타당성, 신뢰성, 수용성, 실용성 등이 확보되어야 한다.
- 직원의견서를 받아 이를 바탕으로 인사고과 결과 활용에 반영하는 것이 효과적일 것이다.

2) 직원관리

적합한 인재 확보, 적절한 배치와 근무조 편성, 승진의 공공성 확보

3) 임금 · 복리후생

- 직원의 임금은 정부지원에 대부분 의존 하고 있으므로 그 증액을 위한 노역은 집단적으로 기울일 필요가 있다.
- 시설 후원금의 일정 부분은 임금이나 복리후생비로 사용할 수 있도록 해야 할 것이다.
- 복리후생은 간접적 보상에 해당하는데 법정 복지후생영역은 유급휴가를 제외하면 문제가 없으나 유급휴가제도는 대체인력의 확보와 연계하여 실습생과 자원봉사자를 대체인력으로 투입해 활용하는 방법을 사용한다.
- 직원의 복리후생은 시설을 운영하는 법인의 소관으로 그 실천에 있어서는 미흡한 실정이다.

4) 인재육성

- 인적자원 유지를 위해 필요하며, 직원의 자기 성장과 능력개발로 이어져 스스로의 경쟁력과 상품가치를 상승시키기 위해 필요하다.

따라서 훌륭한 인재육성을 위하여 다음과 같은 연수교육을 실시할 수 있다.

① OJT(on the job training) – 직무를 통한 연수

ex) 업무상의 지도・조언, 개별적인 슈퍼비전, 집단적인 슈퍼비전, 사례발표 등.

② OFF–JT(off the job training) – 직무를 벗어난 연수

ex) 시설내의 집합연수와 정기교육, 시설 외의 파견연수

③ SDS(self development) – 자기개발체계

ex) 직장 내 연구회나 학습 서클에 대한 지원, 시설 밖의 다양한 연수에 자주적 참가에 대한 지원, 과제별 연수, 자격증 취득, 대학・대학원 재학

7. 사회복지시설의 프로그램 전개방안

1) 프로그램 개발 시의 고려사항

(1) 시설의 기본 사항 - 시설의 유형, 시설운영주체, 시설생활자의 현원, 성별, 연령, 일상생활정도, 장애정도, 지적수준 등을 고려하여야 한다.

(2) 직원의 전문성과 의식 - 다양한 프로그램을 개발하여 전개해 나가려는 열의와 전문성을 지닌 시설운영자와 직원의 존재 여부는 시설보호수준 향사오가 더불어 프로그램 배감에 가장 중요한 요인이다.

(3) 시설 설비 - 프로그램을 실시할 수 있는 시설설비의 유무를 살펴보아야 한다.

ex) 강당, 운동장, 오락실, 옥외 놀이기구 및 각종 학습도구실,

농장, 차량, 사육장, 숙식제공시설 등.

(4) 시설의 입지조건 - 시설생활자와 지역주민과의 상호 교류가 용이하고, 시설생활자들이 지역 내의 생활편의시설을 잘 활용할 수 있는 곳이 가장 바람직하다.

(5) 인근 지역사회의 특성 - 시설이 위치한 인접 지역사회의 특성을 파악하여 프로그램 개발에 활용해야 한다.

(6) 지역사회 유관단체와 시설과의 관계 - 기관들의 상호 유기적인 관계유지는 지역주민의 복지증진과 각 기관들의 존재의의를 높이고 활동영역을 한층 확대시켜 줄 것이다. 또한 다양한 프로그램 실시를 가능하게 할 것이다.

2) 프로그램의 개발과정

(1) 욕구파악 - 시설생활자 또는 지역주민의 욕구파악

(2) 구체적인 목표설정 - 성인의 경우 현실적이고 실제적이어야 하며 도달 가능한 것이어야 한다.

(3) 프로그램 내용의 선정 - 프로그램 내용의 선정 원칙

① 시설보호 목표와의일관성을 유지하면서 다른 프로그램과의 연계성을 가지는 내용이어야 한다.

② 프로그램에 참여할 시설생활자의 능력수준에 적합한 내용이어야 하며, 흥미로운 것이어야 한다.

③ 실용성

④ 실시 가능한 내용이어야 한다.

⑤ 시설이 위치한 인근지역의 특성을 고려하여야 한다.

(4) 준비과정

① 프로그램 추인위원회 구성

② 준비계획 작성 - 프로그램 실시에 필요한 사항들을 준비

③ 실시계획 작성 - 일종의 행사일정표

④ 필요한 자원의 동원방안 마련

⑤ 사고방지책 강구

(5) 프로그램의 실시 및 평가 - 평가기준

① 수평적 및 수직적 적절성

② 자원의 형평성 · 우선성 · 효율성

③ 일관성

④ 효과성

8. 프로그램에 활용할 자원

1) 자원활용 과정

(1) 사전 준비사항 - 동원 가능한 자원의 명세서를 작성해야 한다.

(2) 자원 활용과정

① 프로그램 실시에 필요한 자원을 가지고 있는 기관과의 적절한 접촉시기와 접촉방법을 결정해야 한다.

② 프로그램에 활용할 자원의 접수 단계로 자원에 대한 영수증이나 인수증을 발급해 주어야 한다.

③ 제공된 자원의 활용에 대한 결과는 자원 제공기관에 알려 주어야 한다.

(3) 자원 제공기관의 보상 - 자원제공기관의 동기를 잘 파악하여 그 동기를 적절하게 충족시켜 주는 방법을 이용

2) 자원활용시설의 자세

① 자원 제공자나 가관에게 신뢰감을 줄 수 있도록 노력해야 한다.

② 합리적이고 호소력 있는 프로그램을 개발하여 제시함으로써 보다 다양한 사람들이 자원 제공에 참여할 수 있도록 해야 한다.
③ 자원 동원의 필요성이 확인된 자원 활용시설에서는 보다 적극적인 자세로 자원 활용에 임해야 한다.

3) 자원의 종류

(1) 공급주체에 따른 분류
① 공식적 자원 - 기업, 행정, 법인, 단체 등으로 구성되며 공정하고 최저한의 서비스가 보장되며 안정적이다. 기업의 경우 주민의 욕구에 즉각적으로 대응할 수 있다.
② 비공식적 자원 - 가족 성원, 친척, 친구, 동료, 자원봉사자 등으로 구성되며 유연한 대응이 가능하지만 전문성이 낮으며 안정성이 취약하다.
(2) 질적인 차이에 따른 분류 - 인적 자원, 물적 자원, 정보 자원, 제도 자원, 조직 자원
(3) 소재 영역에 따른 분류
① 내부자원 - 클라이언트가 자신 잠재능력과 가족 내의 역량
② 외부자원 - 공식적 · 비공식적인 자원을 포괄하는 개념

9. 시설 프로그램의 다양화를 위한 노력

1) 시설 프로그램 활성화 방안

(1) 시설의 프로그램의 개별 활동 프로그램의 확충이 요구된다.
(2) 지역 내 타 시설 혹은 유사시설과의 연계 프로그램의 실시가

요구된다.

(3) 지역주민 욕구 충족 프로그램도 실시해야 한다.

(4) 시설에 대한 주민의 인식개선과 다양한 자원의 확보를 위해 지속적인 시설홍보 노력이 필요하다

(5) 프로그램 전담직원의 배치가 요구된다.

2) 사회복지시설평가의 필요성

(1) 시설생활자 - 시설이 존재하는 가장 근본적인 이유가 시설생활자의 보호에 있다. 시설생활자에게 질 높은 서비스 제공을 위해서 반드시 필요하다.

(2) 시설운영자 및 직원 - 시설운영의 책무성을 확인하는 것이다. 시설운영에 있어 비전문적인 행정의 부당한 간섭을 사전에 방지하고, 시설생활자의 복지권을 최대한 보장하는 양질의 시설호보를 제공하고, 시설직원의 시설운영에 대한 자주적인 점검을 통한 서비스 개선노력을 자극하고, 지역주민들에게 신뢰감을 줄 수 있는 시설 운영을 위해 필요하다.

(3) 복지행정 - 제한된 공공재원의 효율적인 사용과 시설에 대한 지도·감독의 용이성, 시설보호의 민간위탁에 따른 객관성 확보 등을 위하여 필요하다.

10. 사회복지시설평가의 원리

1) 시설운영의 기본 원리

(1) 시설운영의 이념적 원리 - 이념적 원리가 반드시 실현될 수 있

도록 조직과 과정이 구성되어야 한다.

① 권리성, ② 보편성, ③ 공평성, ④ 종합성

(2) 시설운영의 실천적 원리

① 접근성, ② 선택성, ③ 유효성, ④ 설명책임성

2) 시설평가의 원리

① 시설생활자의 권리성 - 시설생활자를 한 인간으로서의 인권과 기본권이 보장되는 형태로 제공되어야 한다.

② 서비스의 보편성 - 누구나 언제나 필요로 할 때 이용할 수 있고, 재가생활이 더 효과적이라면 언제라도 재가로 돌아올 수 있는 사회적 서비스의 연속체

③ 서비스의 종합성 - 인간의 욕구는 종합적이므로 시설생활자의 욕구 충족에 관련된 평가척도도 종합적이어야 한다.

④ 서비스의 효과성 - 시설생활자의 욕구 해결에 효과적이어야 한다.

⑤ 설명 가능성 - 시설을 둘러싸고 있는 여러 구성원들에게 시설보호의 당위성과 필요성을 충분히 설명할 수 있는 형태로 제공되며 누구에게든지 이를 설명할 수 있는 근거를 확보하고 있어야 한다.

3) 사회복지시설의 평가 영역과 내용

(1) 한국사회복지협의회의 시설평가 영역과 내용

시설은 생활시설과 이용시설로 대별하고, 생활시설평가는 시설 종별에 따라 구분되는 개별 영역과 공통영역으로 나누어 평가 영역을 설정하고 있다.

(2) 사회복지시설평가위원회의 평가지표

(3) 영국의 사회복지시설 체크리스트
(4) 일본의 사회복지시설 운영지침
(5) 일본의 노인복지시설 서비스 평가기준
(6) 영국의 정신장애노인시설의 보호기준
(7) 일본의 노인시설보호 체크리스트

11. 사회복지시설 평가의 과제

1) 시설생활자

- 시설입소 시 시설 선택과 시설보호 내에서의 욕구 표현, 욕구 충족을 위한 서비스 요구, 각종 행사나 프로그램에 참가 결정권 등의 시설생활자의 권리는 이론적으로 존재하는 것이지 현장에서 시행되는 예는 극히 드물다.
- 시설생활자가 권리의식을 가지고 자신의 욕구를 시설 측에 당당하게 요구하는 것은 매우 어려운 현실 → 자치회를 조직하거나 가족모임을 통해 자신들의 권리 주장 ⇒ 권리옹호를 위해서 제도적인 장치도 마련되어야 한다.
  * 시설평가 ⇒ 양질의 시설보호 제공 가능 ⇒ 시설생활자의 권리의식 강화

2) 시설운영자

- 긍정적 효과 : 평가를 받기 위한 준비에 적지 않은 시간과 정성을 들임. 처음 시행되는 시설평가여서 그동안 잘 몰라서 준비하지 못한 사항의 마련, 계획에 있던 일부 사항의 조기 시행, 그동

안 미루어 오던 사항들의 정리 등 시설 나름대로의 정비 · 정리

- 부정적 효과 : 좋은 평가 결과를 받기 위해 일부의 시설에서는 관련 자료의 급조, 부적절한 자료의 제시, 일과의 갑작스러운 변경 등.
- 현재 우리의 시설보호 수준은 어느 수준에 있으며 시설보호의 어떤 영역이 상대적으로 우수하며 어떤 영역이 취약한지를 파악하는 기회로 삼아야 할 것이다.

3) 복지행정

- 1999년 보건복지부는 시설의 서비스 수준 · 환경 등에 대한 평가를 실시하여 '시설준수인증제' 도입을 추진하고 '이용권제'를 단계적으로 도입하여 시설 생활자의 시설 선택권을 보장하는 등 운영의 투명성과 경쟁체제를 도입하기로 발표
- 정부는 시설보호에 필요한 적절한 예산을 지원→ 예산확보가 선행되어야 시설직원의 확보, 처우개선, 직원의 전문성확보, 설비 · 기자재의 확보 · 활용 등을 할 수가 있다.

12. 복지마을 만들기 중요한 전략들

1) 가치중심

복지마을 만들기의 가치는 더불어 사는 공생과 협동 나눔의 가치를 중심으로 한다. 공생은 나만의 이기적인 삶이 아니라 인간은 누구나 행복하게 살 권리를 갖고 있으며 성별이나 연령, 피부색, 종교 등에 따라 자별받지 않고 모두가 존중받고 동등한 대우를 받는다. 협동은

경쟁이나 갈등이 아니라 협력과 연대, 상호간의 협동을 통해 지속가능한 공동체를 창조해 간다. 나눔은 인적 물적 나눔만이 아니라 상호간의 연대의식을 통해 공생과 협동으로 승화해 나간다.

2) 주민자치와 역량강화

지역사회조직을 위해서는 지역사회 주민에 대해 임파워먼트를 어떻게 도와줄 것인가를 중심적으로 해야 한다. 주민이 자발적으로 문제를 해결하는데 어려움이 존재한다. 따라서 소외계층이 느끼는 무력감이나 억압의 원인을 찾고 그러한 문제가 나만의 문제가 아닌 모든 사람들의 문제라는 인식을 제고한다. 또한 문제의 원인과 해결방안을 찾으면 주민 스스로의 목소리를 내도록 도와주고 다른 사람들과 함께 공통의 요구로 전환시켜 다양한 전략과 전술을 계획한다. 또한 문제를 해결하기 위해 자원을 동원하고 전문적인 능력을 갖거나 다양한 사회행동의 방법들을 학습해 나간다. 이러한 과정에서 상호간의 신뢰가 축적되고 호혜성이 강화되고 협력과 연대감이 높아진다.

3) 사회적 약자와 함께하는 공동체

복지마을 만들기는 특히 사회적 소외계층의 참여를 통해 지역사회와 소통하고 적극적으로 촉진한다. 때로는 소외계층의 참여가 의사소통의 효율성을 저해할 수 있지만 참여가 자신의 삶의 질은 물론 욕구를 충족해가는 중요한 과정이다. 또한 복지마을의 크고 작은 모임은 상호간의 교류 사회적 지지망을 활성화시킴으로써 의식을 제고하고 협력을 증대하여 긍정적 변화를 이끌어낸다는 가치를 전제로 한다. 물론 주민이나 소외계층의 참여를 이끌어내는 것은 쉬운 과제가 아니기 때문에 장기간의 인내를 갖고 작은 실천을 함께 모색하여야 한다.

4) 자원개발

복지마을 만들기는 지역사회의 인적 물적 제도적 조직적 환경적자원등을 효과적으로 개발하고 동원함으로써 지역사회의 문제해결과 소외계층에 대한 욕구충족 그리고 상호간의 연대의식을 증진시킬 수 있다. 따라서 지역사회의 주민 참여를 활성화 하고 전문 인력을 확보하고 지역사회에 존재하는 환경적 요소로서 제도적 자원 이를테면 지역사회의 사회적 경제적 종교적인 실태를 파악하여 자원의 총량을 확장시켜 나가야 한다.

5) 네트워크 활성화

복지마을 구축은 지역사회 내의 이전보다도 더 다양한 공급주체들이 서비스를 제공하게 되는 것이다. 이를 위해서는 지역의 공급주체에 대한 정확한 파악과 데이터를 구축하고 서비스 공급 주체들의 구심점을 형성하여 복지마을 구축을 위한 서비스 제공이 통합적이고 상호보완적이도록 협의 조정하는 역할이 요구된다. 마지막으로 경기도형 복지마을을 구축하기 위해서 종래 인식해오던 선별적이고 저소득층 및 취약계층 중심적인 서비스 범위의 개념을 사회복지의 개념으로 전환 인식해야하고 지역사회복지협의체는 지역사회에서 서비스를 공급하는 주체들의 구심체 역할을 해야 한다. 아울러 주민자치를 통해 이루어진다. 다양한 주민동아리나 자조모임은 공동의 요구를 중심으로 수평적인 네트워크 구축은 경기도형 복지마을 구축하는데 거점이 될 것이다.

6) 경기도형 복지마을 추진모형안(표준)

경기도의 특성과 도민들의 욕구에 부응하는 복지마을의 비전을 경기도민을 비롯한 소외계층 이를테면 저소득층이나 노인 장애인 여성 아동 등의 살의 질이 보장되고 그들이 행복할 수 있는 지역공동체를 구축하는데 있다. 경기도는 전국의 어느 광역시도보다 풍부한 성장 잠재력과 역동성을 담보하고 있다. 또한 도를 비롯하여 지자체의 복지에 대한 관심과 의지가 높고 민간자원의 잠재적 역량과 네트워크도 활성화되어 있는 편이다. 이러한 경기도의 강점은 지리적 접근성의 한계나 지역적 편차를 극복하고 현재의 양극화와 저출산 고령화의 위기에 직면하여 능동적이고 도민 생활과 밀접한 요구들을 중심으로 선진적인 복지공동체 모델을 통해 미래사회의 새로운 비전을 줄 수 있다.

7) 결론

경기도의 복지비전은 대한민국의 미래를 여는 무한돌봄 경기도를 표방하고 있다. 이를 실현하기 위한 전략으로 맞춤형 복지, 융합형 복지, 혁신형복지, 사랑나눔 복지를 통하여 지속가능한 복지를 만들어 가는 것이다. 맞춤형 복지는 수요자 중심의 사회복지 전달체계 확립욕구에 근거한 맞춤형 보편 복지 실현을 의미한다. 또한 융합형 복지는 복지와 고용, 교육, 보건, 기술의 융합을 통한 시너지 효과로 복지사업의 효율성을 극대화하고 교육, 학습, 일자리 등 인적 자원 개발에 역점을 두어 생산적 복지를 구현한다. 그리고 혁신형 복지는 복지경영 마인드를 통해 고객감동의 새로운 서비스 개발 성과와 효율을 지향하는 복지환경 조성을 표방하고 있다. 마지막으로 사랑 나눔 복지는 나눔 문화의 확산과 민관 파트너십을 통한 지역복지 공동체를 구현하고자 한다.

경기도와 31개 시군의 복지비전은 궁극적으로 복지공동체와 복지마을 구축하는데 핵심적인 가치와 전략을 구체화하는 데 크게 기여할 것이다. 복지공동체라는 것은 복지서비스와 나눔 네트워크를 통해 주민과 소외계층의 행복지수를 높여내는 것이고 복지마을의 경우에도 이러한 복지공동체의 의미와 크게 다르지 않을 것이다. 아울러 경기도 공공과 민간의 핵심적인 지역자원인 자활센터를 포함한 종합사회복지관 자원봉사센터 무한돌봄센터 경기도사회복지협의회 지역사회복지협의체 등은 복지마을을 형성하기 위해 기능과 역할을 수행할 수 있도록 시·군·구에서 적극적인 협조가 필요하다.

13. 복지마을 만들기와 중간지원조직

서론적으로 현대사회는 다양한 삶의 형태를 추구하고 있다. 그러한 가운데서 복지마을 만들기는 현시대사회의 요청이기도 하고 시대적 대안이기도 하다. 형식적인 것이 아니라 실제적으로 복지마을을 만들기를 위해서는 어떻게 해야 하는가를 살펴보고자 한다.

1) 마을 만들기와 복지마을 만들기

(1) 마을은 어떤 공간일까?

마을은 사람들이 모여 사는 곳이다. 많은 분들이 마을을 설명할 때 동 자를 많이 인용한다. 동네는 물이 같은 곳을 의미하며 결국 생존에 반드시 필요한 물을 공유하는 범위가 한 동네이다. 생명줄인 물을 매개로 모이다 보니 자연스레 다양한 사람들이 모여 살게 된다. 이것이 마을이 되었다.

(2) 마을 만들기는 무엇일까?

마을 만들기는 공동체 회복의 과정이다라고 할 수 있다. 공동체의 원형을 기억하고 있는 이들이 나서서 공동체의 경험을 회복하자는 것, 그 과정에서 드림도 그리고, 청소도 하고 이것도 해보고 저것도 해보는 움직임을 통해 굳었던 마음을 열어 가자는 것, 이것이 마을을 만들기라는 생각을 해 본다.

마을 만들기는 꿈을 나눈 과정이다. 마음에는 여러 사람들이 어울려 살아가고 있다. 그리고 사람들의 꿈은 다르다. 마을주민 개개인이 다르게 꾸고 있는 꿈을 서로 나누고 하나의 꿈으로 모아가는 과정, 그리고 그 꿈을 이루기 위해 마을 구성원이 각자의 능력을 다해서 함께 실천하는 과정이 마을 만들기다.

마을 만들기의 한 유형으로써 복지마을 만들기를 들 수 있다. 복지마을은 지역사회의 문제를 효과적이며 포괄적인 접근을 위해 지역사회의 자원을 동원하고 많은 구성원이 참여하는 조직화된 원조 활동의 필요성이 부각되면서 최근 지역사회 조직과 주민들의 지역사회 문제에 대한 인식을 공유하고 조직화된 개입을 실천하는 복지마을이 대안으로 등장하고 있다.

급속한 도시화의 산업화로 지역사회의 공동체 의식이 붕괴되고 지역사회문제에 대한 공공주도의 개별적 접근방법이 한계를 드러내고 있다. 증가하는 지역사회 문제에 효과적으로 대처하기 위해 지역사회 구성원의 참여를 촉진하고 풍부한 자원을 적극 활용하는 포괄적인 접근방법을 새로운 대안으로 모색할 때이다.

복지마을을 제안하게 된 배경으로서는 공동체의식의 붕괴, 공공주도 개별적 접근방식의 한계 대두, 지역사회 구성원의 참여, 풍부한 자원의 적극적 활용, 조직화된 원조 활동, 지역사회 문제에 대한 인식공유, 조직화된 개입 등을 들 수 있다.

2) 마을 만들기에서 중간자원조직의 역할

마을 만들기는 주민을 중심으로 다양한 그룹(민간, 전문가, 행정 등)이 함께 힘을 모을 때 효과적으로 추진할 수 있다.

그런데 실제적으로 마을 만들기 현장을 살펴보면 몇 가지 문제가 있음을 알 수 있다.

첫째, 마을 만들기 관심 그룹을 찾기 힘들다. 전통적으로 마을 만들기에 관심 잇는 그룹은 일부 시민단체와 학교, 관련 기업들이다. 이외의 조직, 그룹은 잘 드러나지 않는다. 그렇지만 마을에 관심이 있는 그룹은 분명히 존재한다.

둘째, 발굴된 그룹과 주민과의 연계가 어렵다. 설사 관심 그룹을 발굴하더라도 주민과 연계하는 과정이 만만치 않다. 주민의 요구에 100% 맞는 외부 그룹을 찾는 것은 사실상 불가능하다.

셋째, 마을 만들기 관심그룹을 위한 지원시스템이 없다. 마을 주민이 가장 좋아하는 유형의 외부 지원 그룹은 자기희생적이고 성실한 그룹이다. 주민이 원하는 수준의 활동을 하기 위해서는 마을일을 전적으로 담당하는 인력이 배치되어야 하는데 대개의 외부 지원 그룹은 그럴만한 상황이 아니다. 예산도 없고 인력도 부족한 것이 일반적인 현실이다.

마을 만들기 관심그룹의 역량을 키우고 지속가능한 활동을 위한 지원 시스템이 필요하다. 결국 중간지원조직은 위에서 제시한 문제를 해결하는 역할을 수행해야 한다.

3) 지역 복지 시설과 마을 만들기 중간지원조직

(1) 복지지원시설의 장점

첫째, 준된 인력이 있다. 지역복지시설은 일반적인 시민단체에 비해 인력이 풍부하다.

둘째, 주민과 함께 하는 활동 경험이 있다. 대개의 복지기관은 현장조직이다. 주민과 직접 대면하는 활동은 하기 때문에 주민들에 대한 이해가 높고, 주민과 함께 하는 사업 방식에 익숙해 있다.

셋째, 다양한 프로그램 진행경험이 축적되어 있다.

넷째, 불적 기반이 풍부하다. 강의실, 식당, 강당 등 대개의 프로그램을 진행할 수 있는 시설과 기자재가 갖추어져 있다.

(2) 과제

첫째, 의식의 전환이 필요하다 주민 조직화가 아니라 주민 주인화다.

둘째, 시간이 많이 필요하다 대개의 사업은 1년 단위로 그 성과를 평가한다. 특히 행정 예산의 경우 다년도 사업을 추진하기 힘든 상황이며 매가의 복지시설은 향정과 관계를 맺고 잇기에 더욱 힘들다.

셋째, 지속가능한 마을 만들기 시스템을 구축해야 한다. 마을 만들기는 시간이 많이 소요된다. 문제는 투자한 시간과 성과가 비례하지 않는다는 사실이다. 지금은 잘되고 있는데 갑자기 나빠질 수 있는 것이 마을 만들기다.

어떻게 해야 하나?

외부의 영형 특히 돈에 영향을 받지 않는 지속가능한 마을 만들기 시스템을 구축해야 한다.

답은 사람이다. 존이 없어도 마을 만들기를 할 수 있는 주민이 있어야 한다. 그리고 주민을 지원하는 외곽 지원 그룹이 많아야 한다. 마을을 중심으로 주민과 외부지원그룹이 함께 하는 팀을 구성해야 한다.

4) 마을 만들기는 정답이 없다.

꿈을 나누라

한 마을에 적용되는 방식이 우리 마을에 잘 적용된다는 보장은 누구도 할 수 없다 다른 사람의 꿈이 나의 꿈이 되기 힘들 듯이 나의 꿈이 다른 사람의 꿈이 되는 것도 힘든 과정이다 그러나 포기해서는 안 된다. 사로의 꿈을 나누는 과정이 필요하다. 교육을 하고 답사를 가는 이유는 계기를 만드는 과정이다. 이웃과 대화를 할 계기를 찾는 과정이다. 마을 만들기 관련 지식을 구하고 사례를 찾는 것은 형식인 목적일 뿐이다. 함께 할 사람을 찾는 것, 대화를 하고, 꿈을 나누는 것이 중요한 목적이 되어야 한다.

5) 복지마을은 새로운 도전이다.

기존의 일반적인 마을 만들기는 환경이나 문화를 매개로 이루어져 왔지만 최근에 경제 영역으로 관심이 넓혀지고 있다. 복지는 새로운 영역이다. 복지를 주제로 활동해온 현장가들이 개척해야 할 과제이다.

복지마을 만들기는 새로운 굳이 다른 곳에서 사례를 찾지 말고 주민의 힘을 믿고 주민이 주인으로 제 역할을 다할 수 있게 하는 방법을 찾는 것에서 복지마을 만들기를 시작하기를 바란다.

14. 복지마을 만들기 실례

1) 연무동 그린 마을과 성미산 마을 공동체

(1) 연무동 그린 마을

추진위원회(위원장 홍원식)는 29일 오전 상자 화분 거리조성을 끝으로 2011년 한 해 동안 펼쳐온 그린 마을 조성사업을 마무리했다.

그린 마을조성사업은 마을에서 주민이 자발적으로 추진하는 주민주도형의 녹색실천마을 육성목적으로 행정안전부와 새마을중앙회 공동으로 추진하는 저탄소 녹색성장 Green 마을 시범 사업이다.

에너지 절약은 제2의 에너지! 녹색 새마을 그린 코리아라는 구호를 내걸고 마을에서 주민이 에너지절약, 자원재활용 등 녹색 생활을 자발적으로 실천하는 Green 마을(녹색실천마을)을 수원시와 협력, 육성하여 녹색생활의 범국민적인 실천을 유도하는 사업이기도 하다.

2011년도에는 전국적으로 86개 마을이 그린 마을로 선정되었으며, 수원시에서는 연무동 38통 및 46통이 선정돼 지난 3월부터 그린 마을(628가구, 1,398명) 조성사업을 전개해 왔다. 지중근 새마을 연무동 협의회장은 "이 지역은 아파트와 연립 및 단독주택뿐만 아니라 상가 밀집지역이며 경기대학교와 인접한 학생 유동인구가 많은 지역(원룸 지역)이다.

(2) 성미산마을

성미산마을은 서울 마포구 성산동에 있는 작은 산인 성미산 자락에 터잡고 있는 마을을 일컫는다 하지만 성미산 마을은 특정된 행정구역은 아니다. 2010년 성미산 지키기 운동을 계기로 성미산 마을 이라는 이름도 붙고 이곳에 사는 사람들도 스스로를 그렇게 인식하게 되었다 이 활동을 할 수 있었던 주체는 한국 최초의 공동 육아 협동조합 어린이집이 만들어진 1994년 이후였고 생각을 같이하는 사람들이 점점 늘어나고 아이들이 성장해 감에 따라서 다양한 분야의 활동이 이루어졌다. 성미산 지키기 운동도 그 연장선에서 가능했다.

현재 공동육아협동조합 어린이집 4곳, 방과후 어린이집 2곳, 생활협동조합, 마을학교 우리마을 꿈터, 성미산학교(대안학교), 성미산 차병원협동조합(자동차정비소), 동네부엌(반찬가게), 마포FM(소출력 공동체 라디오), 되살림 가게(재사용 순환), 한땀두레(바느질 작업장), 작은나무(마을카페), 마포연대(풀뿌리 시민단체), (사)사람과 마을(마을만들기 단체), 마포청년회, 장애인자활자립센터, 마포 장애인 학부모회 등이 마을만들기 활동에 함께 참여하고 있다. 이런 조직들이 형성되고 활동하면서 지내온 시간을 연대순으로 나누어 보고, 다시 분야별로 살펴보자.

① 간단한 역사 돌아보기

*1994년~2000년; 공동육아협동조합 중심의 태동기

1994년에 한국 최초의 공동육아협동조합 '우리어린이집'이, 그 이듬해인 1995년에 '날으는 어린이집'이 마포구에 설립됨으로써 공동육아 운동이 시작되었다.3~4세 어린이들이 점차 성장하고 학령기가 됨에 따라서 각 어린이집 내부에 방과후 교실이 만들어졌다.

이 시기는 공동육아의 교육이념과 교육내용을 만들어가는 시기였다. 부모들은 어린이집과 협동조합의 운영이나 부모모임들을 하면서 함께 아이를 키우는 공동체적인 생활에 대한 관심을 키워나갔다. 하나의 어린이집은 보통 20여 가족으로 이루어지는데 가족간 소통과 친밀감의 수준은 매우 높은 편이다. 이후 공동육아운동은 조합원간의 교육간 갈등이나 재정적 어려움 등 많은 어려움을 겪으면서도 부모와 교사의 노력으로 꾸준히 확산되었으며 2002년에는 공동육아협동조합 '참나무 어린이집'이 추가로 설립되었고 2003년에는 나는 어린이집이 성지산어린이집과 또바기어린이집으로 분화되었다.

1998년부터 어린이집을 졸업한 조합원들은 아이들이 초등학교에 입학하면서 2개의 어린이집이 각각 방과후 어린이집을 만들었다. 어린이집을 졸업하고 난 후 자녀교육 때문에 다른 지역으로 이사하지 않고 지역에 지속적으로 함께 살게 됨으로써 이들은 '부모'에서 '지역주민'으로 전환할 수 있었다. 더불어 이들은 학교운영위원회에 적극적으로 참여하게 되었다. 어린이집을 통해 새로운 사람들이 성미산 마을에 지속적이고 안정적으로 유입되고 있다. 공동육아협동조합을 경험한 조합원들이 이후 성미산 마을의 사업과 활동을 추진하는 핵심주체가 되었다.

*2000년~2003년; 공동육아협동조합에서 지역으로

이 무렵 각 어린이집으로부터 독립된 협동조합 방과후 어린이집이 설립되었다. 이는 학령기 아동의 수가 늘어났던 것 때문이기도 하지만,

아이들이 학교에 들어감에 따라서 지역사회와의 소통문제가 제기되었다는 측면도 중요했다. 방과후 어린이집활동이 본격화되면서 학교와의 관계, 학교친구들과의 관계, 방과후 어린이집 교육내용과 지역사회와의 연계성에 대한 고민들이 시작되었다. 2001년에는 공동육아협동조합의 구성원들이 주축이 되어 지역에 뿌리를 내리고 살자는 취지에서 '마포두레생활협동조합'을 설립하였다. 더불어 지역 내 협동조합 간 협력을 위해 마포지역협동조합협의회를 구성했다. 협의회는 공동의 사안인 마을축제와 가을운동회, 공동교육과 송년회를 주관하였다.

한편 서울시와 산 소유주가 추진하는 성미산 개발정책을 알게 된 주민들은, 그에 대한 반대운동을 전개했다. 자연친화적 육아를 교육내용으로 하는 공동육아협동조합이나, 자연과의 공생을 내건 생협으로서는 자연스러운 결합이었다. 협동조합들 외에도 지역의 제 단체와 주민들이 함께했던 성미산 지키기 운동은 2003년 주민들의 승리로 마무리되었다. 주민들은 벌목된 성미산 정상에서 당번을 정해가며 105일간의 농성을 진행했고 촛불집회, 숲속음악회 등 다양한문화 활동과 항의전화걸기, 시청앞 집회, 가가호호방문 선전, 공청회 등을 조직하였다. 성미산 지키기 운동은 지금까지 소수의 '섬'과 같던 협동조합들의 활동이 지역주민들과 협동하는 계기가 되었고 이 지역은 '성미산 마을'이라는 상징을 얻었다.

* 2003년~2006년; 영역확대와 내부정비기

성미산 지키기운동을 성공시키기까지 진행된 여러 활동과 조직과정은 거의 모든 성원의 동의와 참여로 진행되었다. 이 과정에서 집중적으로 학습한 생태적 가치와 실천적으로 경험된 협동과 자율의 가치는 성미산 투쟁 승리 이후 다양한 '삶의 가치'로 폭발적으로 확산된다. 성미산 지키기 운동과정에서 확인된 마을 구성원의 가치에 대한 믿음과 확신, 협동의 성공적 경험에 대한 자신감, 공동육아에서 지역사회로 확장된 관계망의 우호적 지지 등이 총체적으로 긍정적 작용을 일으켜 다양한 생활상의 필요와 욕구를 분출시키게 된다. 다양한 활동영역에 따라 관심과 뜻을 함께하는 주민들이 자발적 운동을 추진하고 지역사회는 일정하게 후원하는 수준에서 사업이 진행되었다. 맞벌이 부부들의 안전한 반찬공급을 위한 동네부엌, 아이스크림 가게 그늘나무(이후 작은나무로 변경), 2004년 주민자치의 필요성이 부각되면서 지역운동을 주도할 단체로 '참여와 자치를 위한 마포연대(시민단체)'가 결성되었고, 2004년 마을학교를 표방한 성미산학교(대안학교)가 문을 열었고, 2005년 정부의 시범사업으로 소출력 마을 방송국 마포FM(공동체라디오방송국)이 설립되었고, 마포 청년회와 성산 사회복지관 등과 함께 사업하는 등 영역이 확대되었다. 또한 성미산 지키기 과정에서 소홀해진 내부 운영을 정비하는 과정이기도 했다.

*2007~2010년 현재; 마을 만들기 네트워킹

새로운 전환기 이다. 성미산 지키기 운동이후 성미산 마을은 그야말로 다원화된 개별의 조직과 활동들이 각기 자신의 활동에 독립적으로 전념하면서 각개약진을 하게 되었고 마을 전체를 아우르는 행사가 많아지면서 마을안에 전체를 통합하는 의사소통 구조를 두어야 하는 필요성이 생겼다. 서울시와 정부 프로젝트를 받아 마을내의 각 분야별 유기적 연계관계를 마련하기위한 사업을 시작하였다. 교육, 문화, 복지, 경제, 환경, 거버넌스도 그간에 사업을 해왔던 조직이나 단체간에 마을을 단위로 한 사업에 관해 협의와 조정을 시작하였다. 더불어 새롭게 결성된 장애인 자립 자활센터와 마포장애인학부모회 등의 지역단체와 협력하며 활동의 폭을 넓히고 있다.

2007년 건교부(현 국토해양부)의 살고 싶은 도시만들기의 시범마을로 선정되어 이 활동에 탄력을 더했다. 그 결과 2007년 마을만들기 위한 활동단체로서 (사)사람과 마을이 설립되었다. 그리고 성미산 마을 배움터는 평생학습 배움의 공동체를 지향하면서 마을내교육기관들을 네트워킹하고 지역교사를 발굴하는 역할을 하고 있다. 2009년 성미산 마을 극장은 일상적인 동아리활동을 지원하고 공연의 장을 마련하며 마을축제를 총괄하는 등 문화활동을 활성화시키고 있다. 더불어 기본 생활수요에서 파생된 식당, 카페, 지역화폐, 장애인일자리, 재활용수리공방, 자동차 정비, 공동주택, 금융계모임에 이어 마포 희망나눔, 노인요양사업과 의료생협준비모임 등 복지영역의 나눔사업으로 확장되고 있다.

이러한 마을의 다양한 활동공간과 기관, 사업체는 새로운 일자리를 만드는 역할을 하는 한편, 마을의 인구를 늘리는 데 기여하고 있다.

② 마을 공동체 문화 만들기

가. 성미산 마을 축제

2001년부터 마포지역협동조합협의회가 마을축제를 열어 단체 간, 주민 간 소통하는 자리를 마련하였다. 성미산 지키기를 시작한 이래 대단히 많은 주민들이 참여하여 성황리에 열린 숲속음악회와 그 이듬해에 열린 동네야 놀자라는 슬로건의 축제가 현재의 마을축제로 발전되었다. 2004년부터는 협력단체가 마포구 전역의 시민단체와 사회복지기관, 문화단체로 확대되어 마포지역의 축제로 열리고 있다. 2007년에는 상설위원회를 두어 마을로 내려온 성미산이라는 생태와 마을 주민참여를 주제로 하는 축제를 열었다. 마을의 앞길을 막아 차 없는 거리에서의 축제를 진행하였으며 2008년부터는 성산1동 주민자치위원회와 함께 골목길과 성미산에서 축제를 진행하고 있다.

나. 도시속의 세시절기

정월 대보름날 성미산 장승에서 시작하는 당산제와 지신밟기, 단오날 어린이집과 생협에서 진행하는 전래놀이마당과 음식나눠먹기, 공동육아협동조합과 성미산학교에서의 절기음식 만들기와 세시풍속문화가 연중 이뤄지고 있다. 자연의 흐름에 맞게 자신의 생활리듬을 만들어가고 도시속에서도 전통적 삶의 긍정적인 측면이 실현될 수 있도록 한다.

다. 작은 음악회

성미산 지키기 활동의 일환으로 4회에 걸쳐 성미산에서 음악회를 진행하였다. 이 과정에서 지역내 문화역량이 크게 확대되어, 주민밴드인 마포스와 성미산 풍물패가 만들어 졌다. 2005년 숲속에서 시끄러운 음악을 하는 것에 대한 문제제기와 함께 중단되었다가, 2008년 다시 시작된 성미산 지키기와 더불어 작은 음악회와 영화제가 꾸준히 열리고 있다. 또한 2007년 중반기부터 마을카페 작은나무에서 매주 수요일 음악회를 연다.

라. 가을 운동회

2002년부터 매년 가을에 마포지역협동조합협의회 주관으로 협동조합간 가을운동회를 열고 있다. 마을의 여러 기관들이 서로 우의를 다지며 얼굴을 익히고 친해지는 자리이다.

마. 마포FM(라디오 방송국)

지역내 소통과 언론의 역할에 대한 필요성이 제기되는 가운데, 국내 최초로 방송위원회가 주관하는 '소출력 라디오방송 시범사업자'로 선정되어, 2005년 10월 개국하였다. 지역 주민의 손으로 주민들의 이야기와 목소리를 전달하는 주민 자치적 방송매체로 활동 중이다(주파수 100.7MHz). 주부, 청소년, 노인, 장애인, 성 소수자 등이 자신의 이야기들과 마포소식 등 마포 지역내의 여러 목소리를 담고 있다. 더불어 학생들의 미디어교육도 담당하고 제1회 공동체 라디오대상에서 장애인이 직접 담당하는 프로그램인 '희망노트'가 대상을 받는 등 공동체 라디오의 역할을 톡톡히 하고 있다. 성미산 마을 관계망만이 아니라 마포 지역내 여러 층들과 교류와 소통을 이루는 역할을 한다.

여기에서 복지마을 만들기에 대한 종합적인 견해를 다음과 같이 밝혀둔다.

성미산 마을은 대도시의 어느 마을과 다르지 않게 교육과 주거 등을 찾아 이리저리 돌아다니는 유목민들이 어느 특정 지역에, 우연한 기회를 통해 정주하면서 형성되었다 할 수 있다. 첫 출발은 위에서도 언급했듯이 아이들을 함께 키우자는 취지에서 대안형 어린이집, 공동출자를 통한 협동조합형 공동육아어린이집을 만들면서 시작되었다. 그리고 이러한 협동조합형 어린이집이 성공을 거두면서 취지에 공감하는 젊은 부모들이 이곳으로 이사를 오면서 숫자도 늘고, 그들이 서로 협력하면서 크고 작은행사와 기관들을 만들었다. 또 아이들이 성장하면서 필요한 생활상의 요구를 해결하기 위해 공동사업을 펼쳐갔다. 즉 공동육아 어린이집이 초등학교 저학년들의 방과 후 어린이집을 만들어내고, 아이들의 성장과 생활의 필요를 해결하다 보니 어느덧 위에서 이야기한 여러 가지 단체와 모임들이 만들어지게 된 것이다.

이렇게 성미산 마을은 주민들 스스로 도시에 살면서 나타나는 필요와 요구를 해결하기 위해, 아이들과 어른들의 생애주기에 따라 자연스럽게 필요한 시설을 하나둘 갖추면서, 마음과 몸을 내는 협력하는 공동의 노력을 통해 차근차근 성장하여 현재에 이르고 있다.

제 15 장

한국의 사회복지 발전과 전망

1. 사회보험과 공공부조의 이해

사회보험은 공적부조와 달리 급여를 받기 위해서는 보험료라는 형태로 법적 강제성과 갹출이 요구되는 제도이다. 따라서 대부분의 경우에는 실업급여, 건강보험, 연금보험 등과 같이 개별적인 위험을 단위로 하여 조직되는 특성을 가지고 있다. 하지만 위험을 일괄하여 보장하는 보장성을 수반하는 특혜가 있어 취급의 정당성은 복지적 차원으로 해석함이 옳을 것이다. 또 원칙적으로 가입·탈퇴의 자유가 없기 때문에 일정한 범위에 있는 사람들에게는 가입여부가 강제성을 가진다는 점이 민영보험과 차이가 있어 수혜자를 받지 못한 사람들은 불평이 고조될 수 있다. 이와 같이 사회보험이란 국민의 노령, 질병, 사망, 실업 등과 같은 사회적 위험에 대하여 그들의 소득보장과 의료보장을 조세방식이 아닌 보험방식에 의하여 시행하는 제도로서 다음과 같은 4가지 특징을 가지고 있다. 이 중 사회보험, 국민연금, 건강보험, 고용보험, 산재보험 그리고 장기요양보험 등이 있으나 이것들에 개별적 조사보다 기본적인 사회보험의 기능을 중점으로 파악해 보는 것이 개념을 이해하는데 도움이 될 것이다.

이에 사회보험기능은 사회보장으로 나타난 여러 혜택이 사회보장이 의도한 목적과 상관없이 크게 4가지 기능으로 나눌 수 있다.

첫째, 사회보장의 보호기능은 가장 오래되고 기본적인 기능으로 근로자를 사회적 위험으로부터 보호하는 제도적 접근이고 이러한 사회복지의 보호기능은 외적요소와 내적요소로 분류할 수 있는데 반면에 공적부조는 외적보호의 성격을 많이 가지고 있다면 사회보험과는 약간 다른 접근이다. 즉 사회보험은 내적보호 기능과 상당한 관련이 있다.

둘째, 소득 재분배 기능으로서, 소득재분배원리에 준용하여 사회통합 정신으로 시간적인 소득재분배와 인간 간의 소득재분배로 나누어 볼 수 있다. 시간적인 소득재분배(Intertemporale Umverteilung)는 근로자가 자신의 일상생활의 소득을 전체 삶의 인생전반에 걸쳐 소득을 재분배하는 의미를 가지고 있다. 인생의 기간 중 성년의 시기 즉 잘 나가는 인생 발달 단계에 높은 소득 시기에서 낮은 소득 시기로, 건강한 시기에서 병약한 시기로, 안정적 근로생활 시기에서 불안정한 소득시기로 소득을 이전함으로써 소득재분배에 의해 생애 전반에 관한 분배로 안정적인 생활을 영위하도록 하는 기능을 말한다. 그러나 사회보험의 경우 보험료를 부담한 자가 반드시 그 혜택을 받는다고 할 수 없어 복지적 차원에서의 기회 균등의 원리보다 타인 중 몇 사람에게 그 혜택이 돌아가는 경우가 더 많아 보편적 복지사회를 구현하는 문제에 모순적 접근도 있고 정부의 정책적 실패도 야기할 수 있다.

이렇게 사회적 위험에 처하지 않은 사람의 소득이 위험에 처한 사람에게로 돌아가는 사람 간 인간에 의한 소득재분배(Interpersonelle Umverteilung)도 있다.

따라서 사회보험과 공공부조는 일종의 사회보장제도의 하나로 설명하고 있는데 사회보장제도에는 유형별 분류에 따라 달라질 수 있다. 그러나 여기에서는 서비스 대상별로 분류하면 사회보험, 공공부조, 사회복지서비스로 대별해서 살펴볼 수 있다.

이에 사회보험은 스스로 기여할 수 있는 사람을 대상으로 기여에 의한 권리로써 급여나 서비스를 제공하는 것이다 그리고 공공부조는 스스로 기여를 하지 못한 일부 국민을 대상으로 조세에 의한 재정을 통하여 최소한의 생활 및 의료서비스 등을 보장하는 제도를 의미하는데 이것을 공공부조라고도 한다. 이것은 일반조세를 재원으로 하여 자산조사를 하고 법적 요건을 갖추고 있는 저소득자에게 매월 급여 형태로 지원하는 제도이다. 또 사회복지 서비스는 노인, 부녀자, 아동, 장애자등을 대상으로 하는 복지서비스로 분류할 수 있다.

1) 사회 보험

(1) 사회보험 개념

국민에게 발생하는 사회적 위험을 보험방식에 의하여 대처함으로써 국민건강과 소득을 보장하는 제도를 말하며 일반적으로는 사회구성원의 경제적 활동을 보장하기 위하여 그들의 생활에 위협을 가져오는 사고가 발생할 경우 보험의 일반적 원리를 적용하여 일정기준의 급여를 행함으로써 그들의 생활을 보장하는 사회보장정책을 말하고 있다.

(2) 사회보험 필요성

현대 자본주의 사회에서 사회보장제도는 여러 가지 사회적 위험으로부터 국민을 보호하고 빈곤을 해소하며 국민생활의 질을 향상시키기 위한 제도이다.

2) 공공부조

(1) 공공부조 개념

공공부조는 스스로 생활유지능력이 없는 사람에게 국가나 지방자치단체가 인간다운 생활을 영위할 수 있도록 지원하는 사회복지제도이다. 우리나라 사회보장기본법에서 공공부조를 국가 및 지방자치단체의 책임 하에 생활유지능력이 없거나 생활이 어려운 국민의 최저생활을 보장하고 자립을 지원하는 제도라고 규정하고 있다.

(2) 공공부조 내용

공공부조는 인간다운 생활을 확보하는 것을 목적으로 하면서 한편으로는 자립을 돕는 것으로 이해할 수 있다. 우리나라 대표적인 법률은 국민기초생활보장법과 사회보장제도 등이 있고 현재에는 폐지되어 국민기초보장법에 흡수된 법률로 의료보호법 등을 손꼽을 수 있는데, 이는 빈곤과 의료문제가 인간다운 생활을 확보하는 데 기본적 조건이 되고 있기 때문이다.

(3) 공공복지의 개념

공공복지는 제도로서 사회복지의 한 유형에 속한다. 사회복지라 할 경우 그 범위가 매우 넓은 반면 공공복지는 일단 그 범위가 일정한 영역 내로 제한하고 있다.

무엇보다도 공공복지는 사람들에 따라 각기 그 의미하는 바가 다르다. 그것이 갖는 복잡한 성격을 좀더 자세히 이해하기 위해 상이한 입장별로 그 의미하는 바를 살펴보기로 하자. 공공복지라 할 경우 우선 복지수혜자는 공공부조 생계비, 사회복지기관에 근무하는 사회복지사의 도움, 무료로 의료보호를 제공해 주는 진료실, 구직신청을 하기 위해 방문하는 공적인 고용알선기관의 설치가 필요하다.

공공복지에 종사하는 사회복지사에게는 자신이 속한 기관과 활동들, 가정방문을 위한 1일 스케줄, 수북하기 쌓인 사례 파일들, 신청자에 대한 검토, 수혜자가 받게 되는 공공부조 생계비의 산정, 가족관계와 소득, 자원의 조사 등을 하게 된다.

사회복지 담당 공무원에게 사회복지 프로그램의 조직화 · 관리 · 기획·조정, 복지업무 담당자의 결정, 보고서 준비, 사례 담당건수의 조정, 기관의 예산에 대한 준비와 정당화, 가장 최근의 중앙정부의 규제들과 업무상의 일관성을 유지하는 것, 대중매체를 다루는 것, 수혜자의 불평들, 상급자에게 보고하는 것, 사회복지 담당건수와 비용에 관한 입법 등을 살펴보아야 한다.

그리고 광역자치 단체장, 기초자치단체장, 감독관청의 담당공무원 등에게도 공공복지는 그들이 맡고 있는 나름대로의 의미가 있을 것이고 국회의원, 지자체 의원들은 물론 일반인에게도 마지막으로 전문가들에게도 각기 다른 의미들이 있다.

"공공복지"라는 용어는 정확하고 보편적으로 인정하는 개념정의가 모호하다.

이 말은 개인이나 가족들이 재정적 및 사회적 욕구를 충족할 수 있도록 정부 수준에서 지원하기 위해 사용하는 용어와 매우 다양한 정부 서비스들과 관련하여 쓰인다. 재정적 및 사회적 욕구들은 여러 기관들을 통해 운영되고 있는 광범위한 프로그램들과 성장 발전을 위한 공공복지 기관이 중심적인 역할을 뜻한다. 하지만 시설, 보건, 노동, 교육 등을 맡은 다른 기관들을 통해서도 역시 많은 서비스들이 제공되어 왔기에 성장 발전의 주축은 민관으로 확대 해석하게 된다. 특히 "공공"이란 중앙 및 지방 정부의 수준에서 헌법과 법률에 의한 권위를 가지면서 조세를 재원으로 하는 프로그램들, 공공복지활동들 및 정부 기관들을 지칭한다. "복지"라는 용어는 사회보험, 공공부조, 사회보장수당 그리고 사회복지서비스 등을 제공하는 공공기관들 및 그 공공기관들의 감독을 받는 조직들의 프로그램들과 활동들을 포함한다.

대체적으로 공공복지체계를 사회복지 영역에 대한 국가개입과 관련된 정부조직들과 그 행정 및 입법들의 총괄로 본다면, 국가개입을 전제로 하고 있는 그러한 공공복지체계가 왜 필요한 것일까? 여기서는 공공복지의 필요성에 대해 살펴보도록 하자.

(4) 빈곤과 공공부조

빈곤이란 무엇인가

절대빈곤과 상대빈곤으로 고찰해보면 '절대빈곤'은 인간의 기본요구를 충족시킬 수단이 없는 상태라고 폭넓게 정의하고 있다. 따라서 '상대빈곤'은 단순히 생존문제일 뿐만 아니라 공동체의 기준에 의해 판단되는 최소한의 수용 가능한 생활수준을 영위하지 못하는 상태를 말한다.

이에 소득빈곤에 대하여 살펴보면 '소득빈곤'은 상대적으로 측정하기 쉽다. 왜냐하면 빈곤을 소득에 의해 정의하는 것은 극히 제한적이기 때문이다. 따라서 소득 빈곤을 극복하기 위해서는 공공부조 전달체계 개선이 필요하다. 그리고 국민기초생활보장제도의 성패는 정확한 조사를 통한 수급자 선정의 공정성과 효율적 관리에 달려 있다. 이를 위해서도 복지전달체계의 전면적 개혁이 필요하다.

중앙정부와 지자체, 공공과 민간부문을 포함하는 전면적인 개혁이 필요하다.

3) 공공부조와 사회 보험의 비교

공공부조는 사회보장제도로서 사회보험과 함께 실시되지만 뚜렷이 구별되는 특성을 가지고 있는데,

첫째, 양제도의 목적의 측면에서 살펴보면, 공공부조는 빈곤 등의 사회적 위험이 발생한 이후 이를 해결하기 위한 사후적 대응책으로써 기능하는 한편 사회보험은 미래에 직면할 수 있는 사회적 보험을 정형화하여 보험기술을 통해 미리 대비하는 제도적 장치이다.

둘째, 이념적 입장을 상대적인 관점에서 비교하면 공공부조제도는 도움이 필요한 사람을 선정하여 개입 하므로 선택주의에 입각해 있으며, 사회보험은 모든 국민을 대상으로 하고 적당한 자격요건을 갖추어

서 보험사고를 당할 때 급여를 제공하는 점에서 보편주의를 채택하고 있다.

셋째, 양제도의 실시와 관련하여 공공부조는 사람들 모두를 평등하게 취급하여 일단 빈곤에 처한 사람들에게 동일한 조건에서 똑같은 급여를 제공한다는 점에서 무차별 평등주의라고 한다면, 사회보험은 특히 급여의 제공에 있어 가능한 한 기여금에 비례하거나 혹은 가입한 해를 기준점으로 제공하는 경향이 있다.

넷째, 대상면에서 공공부조제도는 소수의 빈곤층이 주 대상인데 반하여 사회보험은 일단 국민전체를 대상으로 하고 있다.

4) 사회보험과 공공부조의 비교 표

구분	사회보험	공공부조
기원: (서양)및 최초 의 관련법(우리나라)	*서양 상인들의 동업자 공제조합. *산업재해보상보험법(1963)	*영국의 부랑인, 아동 등의 빈민 관련법 *생활보호법(1961)
목적	*건강보험 *소득보장	* 최저생활보장 *자립지원
특징	*사회성 *보험성 *강제성 *부양성	*국가나 지방자치단체 운영 *자산조사전제 *재원은 국가조세로 충당 *요보호자(빈곤자)가 대상 *법적요구조건 충족되면 신청자의 권리를 보장 *물질적 급여제공이외에 전문사회 서비스 제공
기본(원리, 원칙)	*보편성의 원칙 *형평성의 원칙 *통일성의 원칙 *민주성의 원칙 *전문성의 원칙 *연대성의 원칙	*생존권 보장의 원리 *국가책임의 원리 *최저생활 보장의 원리 *무차별 평등의 원리 *자립조장의 원리 *보충성의 원리
주체	*정부(보험자)	*정부(중앙정부와 지방자치단체)
객체(대상)	*정부(보험자)	*정부(중앙정부와 지방자치단체)
종류	*국민연금보험 *국민건강보험 *산업재해보상보험 *고용보험	*기초생활보장사업 *의료급여사업

	*선원보험(미실시) *장기요양보험(미실시)	*부랑인 보호사업 *원호(국가유공자)사업 *재해구호사업 *의사상자 예우사업
재원	*기여금, 부담금, 보험료	*조세
기금의 기본적 출자	*고용주, 피용자 *공공세입에서의 기여금	*공공세입
포괄범위	*사회보험제도에 가입자	*저 소득층중 지정된 자(빈곤층)
자격조건	*기여납부자	*자산조사
특성	*갹출, 무자산조사	*무 갹출, 자산조사
사회안전망	*1차적	*2차적
운영방법의 이념	*보편주의	*선별주의
행정기관	*일반행정긴관(보간복지부) *사회보험관련공단 *국민연금 관리공단 *국민연금 보험공단 등	*정부(중앙정부와 지방자치단체)
담당직원	*일반공무원	*사회복지전담공무원
사회복지사자격 유무	*필요 없음	*필요
관련법	*국민건강보호법 *고용보험법 *산업재해 보상보험법 *국민연금법 *공무원 연금법 *국민복지 연금법 *사립학교 교원연금법등	*국민기초 생활보장법 *의료급여법 *부랑인 보호자지침 *의사자 예후에 관한법률 *국가유공자등 예후에 관한 법률 *재해구호법 등

2. 지역복지 발전과 전자정부

지식기반시대의 도래로 경제활동 패러다임이 근본적으로 변화하면서 지역의 잠재역량을 극대화해야만 지속적 국가발전이 가능한 새로운 환경이 조성되고 있다. 특히 최근 IT기술의 발달로 IT기술이 소재·생물·환경·문화 등의 분야와 융합·결합하면서 지식기반시대에 지역발전과 관련하여 최근 선진국을 중심으로 일고 있는 새로운 논의는 주로 80년대 및 90년대 지식기반경제에 관한 논의를 이어받은 이른바 신경제(new economy)에 관한 것이다. 신경제의 핵심적 내용은 디지털 경제 즉 기업활동 및 생산활동에 IT기술의 다각적 활용에 있다.

지역발전을 위해서는 생산시스템의 확충과 고부가가치화가 필요한데, 네트워킹의 구축이 중요한 수단이 될 수 있는 것이다.

연구대상은 전자 지방정부이다. 특별시나 광역시의 경우 단독의 정보시스템을 구축하여 운영하는 경우도 있지만 대부분의 지방정부는 행정자치부에서 마련한 시스템(시군구행정정보화종합시스템, 정보화마을사업, 시도행정정보화사업)을 도입·활용하는 경우가 많다.

따라서 지역발전은 지역의 또는 지역사회의 발전을 의미한다.

그리고 혁신은 지역경제와 국민경제 발전을 위한 핵심적인 요소 중의 하나이다.

혁신(innovation)은 기업의 성장과 지역의 성장에 중요한 영향을 미친다.

또한, 클러스트 이론을 생각해 보면 일정한 공간 안에 지리적으로 근접한 기업들의 긴밀한 상호작용이 바로 클러스트(cluster)라 할 수 있다.

그래서 확장된 클러스트와 네드워깅이 중요하다.

또 지식학습론이다. 21세기의 핵심패러다임은 지식이 개인 및 국가경쟁력의 핵심요소이자 가치 창출의 원천이 되는 지식기반사회라는 점이다. 여기서 지식은 가치관계적인 관계개념이 설정되는 정보 또는 정보의 집단 가치지향적인 관계개념을 도출하는 개인 또는 조직의 주관적 의미 iii) 가치지향적인 관계개념을 도출하기 위한 연역적 이해나 귀납적 추론과 관련한 개인이나 조직의 창의적인 지적능력이다. 이러한 지식의 창출은 정보사용자간, 정보생산자간 그리고 정보분배자(정보공급자)간의 물리적 네트워크 지식을 창출할 수 있는 느슨하면서도 유동적인 심리적 네트워크 경쟁력을 강화하고, 효율성을 증대시키기 위해 물리적 및 심리적 네트워크를 이용하는 사용자들이 이것을 지속적으로 이용할 수 있도록 즉 사용 인센티브를 가질 수 있도록 지원해주는 네트워크 속에서 발생된다고 볼 수 있다. 마지막으로는 사회자본론이다. 지역발전을 위해서는 사회자본(social captital)이 축적되어 있어야 한다. 사회자본이란 사회구성원들의 상호이익을 위해 협동과 협력을 유도하는 사회적 신뢰, 네트워크 그리고 규범과 같은 사회조직의 특징을 말한다.

다음은 지역발전촉진 전자지방정부구축을 위한 고려요소를 살펴보면 우선 지역특성의 요소가 고려되어야 한다. 지역의 경쟁력을 강화하고 유지하기 위해서는 지역특성에 기초한 전자지방정부의 구축전략이 도출되어야 하는 것이다.

지역특성이란 특정한 지역에 고유한 요소를 말하는데, 구체적인 요소로는 경제적 특성과 사회·문화적 특성 그리고 지리적 특성과 역사적 특성 또 정치적 특성 등으로 나눌 수 있다. 따라서 사회자본 및 지역혁신역량의 요소가 고려되어야 한다.

지역역량이란 프로세스를 포함한 사업을 이루는 전체요소들을 통합적으로 이해하기 위해 나온 개념이다. 역량 요소로는 전략과 고객, 실행과 평가, 절차(프로세스, 각종 설비, 설비의 배치), 사람(지역문화, 조직, 능력), 기술(H/W, S/W, Network등 각종 기술인프라) 등이다.

신뢰형성의 요소가 고려되어야 한다. 새로운 기술과 아이디어를 이전해 줄 정도의 신뢰관계를 구축할 수 있는 제도를 마련할 필요가 있다. 그리고 진화 또는 학습의 요소가 고려되어야 한다. 다양한 혁신주체간에 상호접촉의 빈도와 강도가 증가할수록 새로운 결합의 기회가 나타나게 되고, 점차 학습능력이 향상되면서, 지역 내의 부가가치를 제고할 수 있는 프로그램을 발견할 수 있으며, 공동학습을 통해 상호이해와 신뢰가 쌓이면서 네트워킹이 이루어질 수 있는 것이다. 그리고, 고객서비스 특히 대기업서비스의 요소가 중요한 역할을 한다.

민간부분의 이-비즈니스(e-Business)의 촉진, 시장의 투명성 및 효율성제고, IT산업육성 그리고 기업의 효율성 증진 등과 같은 요소를 내포하고 있다.

끝으로 통합성의 요소가 고려되어야 하며, 지역발전을 위해 네트워킹이 이루어져야 하고. 우선 지역발전 주체 측면에서 하부구조(물리적, 사회적 하부구조)-상부구조와의 네트워킹이 필요하다. 산학네트워킹, 산업네트워킹, 사회네트워킹, 조직네트워킹 그리고 정부기관의 네트워크와 같은 통합적인 네트워킹을 형성하는 것이 중요하다.

특히 중요한 것은 지역발전의 촉진을 위한 전자지방정부모델인데

지역발전을 촉진하기 위한 전자지방정부의 모델을 탐색하고, 기본적으로 전술한 6가지 요소가 반영된 전자지방정부시스템을 구축하는 것이 필요하다고 판단된다.

첫째, 지역특성을 반영한 전자지방정부

둘째, 사회자본을 증진하는 전자지방정부

셋째, 지역역량을 증진하는 전자지방정부

넷째, 자율학습 및 지식창출을 돕는 전자지방정부

다섯째, 유-시티(U-city)형성에 기여하는 전자지방정부

따라서 통합네트워킹 전자지방정부의 정보망 구축이 매우 관건이다.

결론으로 정책적 함의를 살펴보면

첫째, 지역발전을 촉진하기 위해서는 지역특성에 맞는 정보화사업이 추진되어야한다

둘째, 지역발전을 촉진하기 위해서는 사회자본과 지역역량의 증진을 강화하는 정보화사업이 추진되어야 한다.

셋째, 자율학습 및 지식창출에 기여하는 전자지방정부사업을 펼쳐야 한다.

넷째, 지역발전을 촉진하기 위해서는 통합네트워킹 구축이 가능한 전자지방정부 시스템이 되어야 한다.

다섯째, 지역발전을 촉진하기 위해서는 저작권 등 지적재산권에 대한 관심이 필요하며, 지적재산권의 보호와 사용자의 보호가 균형을 위한 정책적 노력이 필요하다.

정보시스템의 위기관리도 필요하다.

전자정보시스템이 불법침입이나 훼손 등으로부터 안전하게 보호되며, 유사시를 대비를 할 수 있는 위기관리대책 등이 반드시 마련되어야 한다.

3. 국가경쟁력 강화를 위한 사회복지 정책

국토이용의 효율화방안」을 2008년에 확정 · 발표하였다. 이 방안을 마련하게 된 배경으로, 최근 글로벌 신용위기에 따른 국내 경기 하강 기조가 우려되는 시점에서 이것을 극복하기 위해서는 기업투자 활성화 민간 경제활동을 촉진할 필요성이 제기되고 있다. 이에 따라 전국적으로 도시 · 산업용 토지를 충분히 공급하여 원활한 경제활동을 지원하기 위해 국토이용체계의 효율화 및 토지공급 능력을 확충하는 것을 내용으로 하는 정책을 마련하게 되었다. 우선 우리의 국토관리 및 이용현황을 보면, 자치단체는 각 부처별 계획지침에 따라 수립해야 하는 계획간의 불일치 · 상충으로 지역 실정에 맞는 토지이용에 어려움이 있다. 이에 국토계획법 외에 다양한 법률로 용도지역을 제각각 정함에 따라 행위규제 내용이 매우 복잡하다.

현재 10개 부처 116개 법령에서 401개 지역 · 지구 지정일례로 경기도 남양주, 광주시의 경우 1필지에 최대 11개의 용도지역, 지구가 중첩 지정되어 있기도 하다.

이런 지역은 수요자가 해당 토지의 이용 가능성을 판단하기 어렵고 수요자들이 토지 물색에 상당한 애로를 겪고 있는 것이 현 실정이다.

또한, 농지, 산지, 환경 분야에서 토지 보전을 위한 다양한 입지 규제 때문에 고정 관념으로 운영되고, 일부 과도하고 불합리한 수도권 규제는 기업의 투자와 원활한 산업기능 확충을 저해하여 국가경쟁력 향상에 제약요인으로 작용하고 있다.

이에 정부는 앞으로 보전이 필요한 지역은 확실히 보전지구로 지정하고, 개발이 필요한 지역은 쉽고, 편리하게 이용할 수 있도록 국토이용체계를 간결하고 투명하게 정비하여야 할 것이다. 그러나 수도권과 비수도권지역의 주민과 지지체 및 국회의원들이 각기 다른 견해를 가지고 지엽적 대립을 하고 있는 경우가 많다.

국토개발의 목표는 시대와 여건변화에 따라 다소 차이가 있다. "70년대는 대규모 공업 기반의 구축, 교통·통신, 수자원 및 에너지 공급망의 정비 등 사회간접자본의 확충과 국토자원개발에 중점을 두었다면, '90년대 들어서는 국가경쟁력 강화를 위한 국토골격의 형성, 국토의 균형개발을 위한 지역경제기반조성, 풍요로운 국민생활을 위한 삶의 질 향상 등 국토균형개발과 국토자원·환경관리 등에 많은 비중을 두고 있다. 국토개발사업은 크게 국토 및 지역발전부문, 농·어촌 개발부문, 주택부문, 에너지 및 자원부문, 교통 및 관광부문으로 유형화할 수 있고, 이들은 다시 도로개발사업, 댐개발 사업, 산업단지조성사업 등으로 분류할 수 있다. 이들 국토개발사업들은 국토건설종합계획법에 의한 국토종합개발계획과 도로법, 특정다목적댐법, 산업입지 및 개발에 관한 법률 등 개별 법령에 의해 추진·운영되고 있다. 사업 추진·운영 주체는 중앙부처(건설교통부, 산업자원부, 농림부, 해양수산부), 공기업 및 정부투자기관(한국수자원공사, 한국도로공사, 한국토지공사, 한국전력공사, 농촌진흥공사), 지방자치단체, 민간사업자 등 다양하다. 한편 이들 개발사업 중 일정규모 이상의 도시개발사업, 산업입지 및 공업단지조성사업, 도로건설사업, 수자원개발사업 등 17개 부문 63개 사업은 환경 영향 평가법에 의거 환경영향평가 대상사업으로 분류되고 있다.

2000년대에는 국가 경쟁력 강화를 위한 지방분권화 방안을 강조하고 있다.

국가균형발전은 지방육성을 적극적으로 지원하면서 수도권이 경쟁력을 가질 수 있는 지방혁신도시 육성 방향으로 추진되어야 한다. 더 이상 수도권 경쟁력 강화를 위한 지방의 희생을 강요해서도 아니된다. 이제는 지방정부도 이를 좌시하지 않을 것이다. 수도권도 경쟁력을 갖기 위해서는 산업을 선별하고 삶의 질을 높일 수 있는 관리방안이 마련되어야 한다. 개발과 집중이 경쟁력 강화로 이어지던 시대는 이미 지나갔다. 세계 일류도시들은 보다 나은 삶의 질을 만들고 현세대와 미래세대가 함께 공존할 수 있는 다음세대로의 지속가능한 국토와 도시공간을 만들기 위해 노력하고 있다. 정부는 더 이상 낡고 구태의연한 논리로 국민을 기만해서는 안된다. 경실련은 국가균형발전의 근간을 흔드는 이번 대책을 즉각 철회하고, 지방육성을 위한 근본적이고 구체적인 대책을 제시할 것을 촉구한다.

현재의 수도권 규제 수단은 수도권의 집중 확대라는 결과에서 보듯이 실효성을 갖추지 못하고 있다. 첫째 외부 환경에 기민하게 대응하면서도 수도권과 지방간의 균형발전이라는 큰 목적을 훼손하지 않도록 하는 수도권 규제 수단의 마련이 필요하다고 하겠다. 또 개발과 관련해서도 수도권의 개발총량에 대한 합의에 기초하여 자치단체를 포함한 관련 주체가 개발의 입지와 시기 등을 자율적으로 결정할 수 있도록 하여야 한다.

둘째 규제의 유연성과 연계하여 지방자치단체의 역할이 확대되어야 한다. 지금까지의 수도권 규제가 중앙정부나 법률에 의해 공식적인 입장에서 운영되어 왔다면, 향후 수도권 규제는 관리목표의 합의 도출에서부터 집행과 관리에 이르기까지 지방자치단체의 역할을 확대하여 실효성을 제고할 수 있도록 노력하여야 한다.

셋째, 규제의 실효성을 제고하기 위하여 지역입지 규제시에 획일적 규제방식에서 자율적 심의와 허가방식으로 전환하여야 한다.

넷째, 수도권 내 다양한 용도지역 및 권역에 대한 구분 체계와 행위제한 규정을 통합 조정할 필요가 있다. 반면, 개발의 유보적인 성격이 강한 지역에 대해서는 개발의 유보를 지속할 수 있도록 개발권에 대한 통제나 그로 인한 보상체계 등도 함께 마련하여야 한다.

특히 수도권은 국내 다른 지역과 마찬가지로 우리 국토 공간상의 한 지역이지만, 다른 지역과의 대등하고 병렬적인 관계로만 볼 수 없는 특수한 위상이 있다. 따라서 수도권 규제는 한편으로는 수도권의 국제경쟁력을 훼손하지 않으면서도 수도권의 과도한 집중과 과밀을 억제할 수 있도록 지혜를 모을 필요가 있다.

그러나 최근 추진되고 있는 수도권 규제 완화 움직임은 국토전체 차원의 균형발전이나 경쟁력보다는 수도권 내의 경쟁력 확보와 투자활성화에 과도하게 초점이 맞추어져 있다.

반면 '수도권 규제는 지방자치단체의 분권과 자율성을 저해함으로써 중앙집권적이고 구시대적인 발상이다', '수도권 규제는 지방의 발전에 기여하지도 못하면서 해외 기업 유출만 유발한다' 등의 논리는 상당한 설득력 있는 주장으로까지 받아들여지고 있다.

그러나 수도권의 과도한 집중을 억제하고 지역균형발전을 추구해 온 비수도권 지방자치단체나 시민단체 등에서는 수도권 문제에 대한 연구결과와 대응논리를 적절하게 제시하지 못함도 있다. 또한 지방자치단체나 시도연구원에서 수도권 현황과 수도권 정책에 대해 연구를 수행한 경우가 경험이 부족하고, 설상가상으로 수도권 현황이나 정책에 대한 정보를 얻을 수 있는 공식통로가 많지 않다는 취약점도 있다.

수도권은 독자적인 경제권으로서 지방의 발전과 무관하게 발전이 가능하지만, 지방은 수도권에 의존적인 경제구조를 지니고 있는 현실을 고려할 때 수도권 산업구조의 변화와 수도권 정책의 변화는 지역경제에 결정적인 영향을 미치고 있다. 수도권 문제는 특정지역이나 특정계층, 특정 목적을 위한 수단이 아니라 객관적이고 중립적인 입장에서 수도권의 경쟁력 제고뿐만 아니라 국토의 지속가능한 발전과 국가의 균형발전을 동시에 추구할 수 있는 방식으로 해결방안을 모색하여야 할 것이다. 이를 위해서는 수도권 문제에 대해 여러 주체들이 지혜를 모을 때이다.

4. 우리나라 아동복지의 과제

1) 아동복지에 대한 새로운 인식

오늘날 아동복지의 개념은 종전의 자선적인 접근과는 달리 사회발전에 호응하는 이념과 목적을 가진 것으로 아동복지사업의 수행을 위해 전문적인 원칙과 지식 및 기술을 확립해야 할 것이다. 아동복지는 이념적으로 아동이 그들의 잠재능력을 실현하며 건전한 성장과 발전을 도모할 수 있도록 사회가 보장해 주는 것이다.

2) 아동의 권리에 대한 인식과 실제적 보장의 강화

아동복지는 아동이 한 독립된 인간으로서 인간다운 생활을 영위할 권리가 있으며 사회와 국가는 이러한 권리를 보장해 주어야 할 의무가 있다는데서 출발한다. 무엇보다도 사회구성원들이 이념적으로 아동의 권리를 인정하는 것이 아동복지를 이루기 위한 필수조건이 된다.

3) 지역사회 중심의 재가복지 강화

지금까지 우리나라 아동복지는 요보호아동을 대상으로 한 생활시설 중심의 서비스에 중점을 두어 왔으나 이제는 지역사회를 거점으로 하여 재가아동서비스를 강화하여야 한다. 오늘날 아동복지의 대상은 모든 아동이며, 아동은 책임을 다하는 부모와 안정된 가정 속에서 성장하는 것이 가장 바람직하다.

4) 새로운 욕구의 예측

아동복지를 향상하기 위해서는 현재 충족되지 못한 욕구를 확인하고 또한 미래의 새로운 욕구를 예측해야 한다. 현재 추진되고 있는 정책이나 프로그램에 대해서 정확한 조사와 평가를 통하여 어떤 프로그램과 서비스가 어떤 아동과 가족에게 얼마만큼의 문제를 개선하는데 효과적인가를 알 수 있어야 하며, 평가의 결과를 새로운 정책이나 프로그램의 개발에 반영하도록 해야 한다.

5) 아동복지를 위한 방법의 개발과 활용

선진국의 경우를 보더라도 아동복지에 관한 제도나 실천방법에서 많은 변화가 있었으며, 앞으로 발생하는 다양한 욕구에 대응하기 위해서는 새로운 실천방법이 끊임없이 연구·개발되고 활용되어야 한다. 불우 아동에 대한 의식주 해결의 차원을 벗어나서 모든 아동이 건전하게 성장·발달할 수 있도록 가정생활, 건강, 교육, 오락, 특수보호 등에 걸쳐 종합적으로 고려한 프로그램이나 서비스를 제공하도록 해야 한다.

6) 재원의 확보

아동의 권리와 복지를 강화하는 법적 장치가 마련되고 전문적인 서비스를 제공할 수 있는 규정이 있다 하더라도 이를 실행에 옮길 수 있는 인력과 시설을 위한 예산의 배당이 없이는 그 의미를 찾을 수 없다. 아동복지의 질적인 향상을 가져오는 사회전반의 사회보장 및 사회복지 서비스의 확대를 위해서는 높은 세부담을 동반하지 않을 수 없으므로 사회 전체적으로 고복지·고부담을 수용할 수 있어야 한다.

결론적으로 아동복지는 아동의 보호와 아동이 건전하게 성장할 수 있는 가정의 유지를 목표로 한다. 우리나라의 아동복지의 문제점을 극복하고 복지가 활성화되어 있지 않은 한국적 상황에 필요한 사회적 복지 서비스 구축이 시급하다. 특수한 욕구를 지니고 있는 아동의 치료나 재활을 위한 치료중심의 시설은 필요성이 있지만 일반아동을 위한 다양한 형태의 위탁가정과 그룹 홈의 개발은 더욱 중요하다 할 것이다. 다행히 정부에서도 이들 사업에 대한 필요성을 인정하여 몇 년 전부터 그룹 홈을 시범적으로 운영하고 있고 가정위탁보호사업도 단계적으로 추진하고자하고 있다. 정부의 아동복지정책으로 이 두 사업을 중점사업으로 선정한 것은 매우 반가운 일이 아닐 수 없다. 그러나 한국의 사회복지가 정부와 민간기관의 동반자 관계를 유지하면서 발전했듯이 아동복지사업의 정상화(Normalization)를 위해서 특히 이 두 사업의 발전을 위해서는 정부의 재정적 지원과 민간 사회복지기관의 전문적 서비스 실천이 잘 융화해야 한다. 국민들의 이들 사업에 대한 이해와 참여를 위해서는 민간기관들의 홍보와 노력이 있어야 할 것이다. 또한 현재 시설을 운영하고 있는 사회복지기관에서도 이 사업의 필요성에 대한 이해를 더 높여야 할 것이며 정부의 적극적인 지원이 함께 뒤따라야 할 것이다.

5. 장애인 복지정책의 발전방향

1) 민간부문과 공공부문의 파트너십 역할의 강화

(1) 공공부문의 역할이 보다 '제도적'으로 지원되어야 한다.

제도화가 되기 위해서는 사회운동 등의 과정을 거쳐야 하는데 이에 사회 운동화라고 하는 것은 장애인 데모와 캠페인과 같은 사회참여만

이 아니라 관계자에게 지속적인 건의 및 실정을 대변하는 호소의 실 및 회지를 통한 접근과 만날 수 있는 사람이나 기관에 실정을 알리는 일도 중요하다.

사례) 법원에서 수화통역한 일

위와 같이 어떤 부분에서의 제도화가 필요한가? 저소득계층에 대한 생계보조비 및 자립자금 지원, 장애인 고용촉진을 위한 직업재활복지시설 운영 및 장애인 의무고용제 실시 및 주택개조비용과 주택구입자금지원 등을 통하여 경제적 자립기반을 조성함이 중요하다. 그리고 장애인의 의료보장에 대한 욕구를 충족시키기 위하여 공공부문에서는 국가 지원의 재활병원 설치운영을 확대하고 장애치료에 대한 의료보험급여 및 의료비 지원정책을 확대하고 보건소의 재활 서비스 기능을 확충시켜 나간다. 또한 재활용품의 개발보급 및 관련사업의 육성을 위하여 연구 지원 등을 하고, 재활전문직 양성 관련의료법령의 개정 등에 대한 정책적 배려가 선행되어야 한다. 또한 장애인의 교육욕구를 충족시키기 위한 대안학교 운영 그리고 특수학교 및 학급의 운영, 비장애아동과 장애아동의 통합교육의 추진 등이다. 의학적 예방대책, 산업 및 교통안전대책, 사회교육적 예방대책 등의 장애발생 예방을 위한 정책 연구 및 국민의 장애인에 대한 인식 개선을 위한 사업을 시행한다.

그리고 장애인의 사회 참여를 촉진하기 위한 교통·통신요금의 할인제도 확대와 관계법령의 정비가 필요하다. 또 편의시설 설치기준의 제정과 장애인용 통신 및 이동수단의 개발·보급 등 공공부문에서 많은 역할을 담당해야 한다. 장애인의 경제생활 지원과 가족의 장애인 보호기능을 강화하기 위한 각종 세금감면, 교육비 지원, 가족의 보호를 받을 수 없는 장애인을 보호하고 있는 장애인시설의 지도감독, 장애인의 욕구 파악을 위한 조사업무, 장애인 등록사업 등도 정부의 책임 하에 보건소가 수행하는 것이 바람직하다.

한편 정부는 민간 비영리부문과 민간 영리부문의 복지참여를 촉진하기 위하여 직접적 재정지원, 세제감면뿐만 아니라, 공공시설의 민간이용 허용과 사회적 혜택의 제공 등을 확대해 나가 범국민적 참요를 통한 화합의 길로 나서야 한다. 이것이 진정한 통합과 소통일 것이다.

민간복지기관에서 복지서비스를 제공할 때의 장점은 전문화와 특수집단의 권익옹호가 최우선적으로 시행될 수 있어 수혜자의 참여를 도모할 수 있는 소비자주의와 개별화 등을 강조할 수 있다. 이들의 역할 증진을 위하여 공공부문에서는 비영리 민간법인에 대한 면세규정을 개정, 확대하여 민간 비영리기관의 참여를 촉진함과 동시에 시설운영에 필요한 정부지원금의 합리적 산정 및 지원액의 대폭 상향조정되어야 한다. 이에 정부지원의 확대, 서비스의 유료화, 지역사회의 후원금 활용에 따르는 사회적 책임을 다하기 위해서는 서비스의 질적 개선을 도모하는 자구노력이 있어야 한다.

(2) 민간 부문에 대한 자율성과 책임성을 동시에 보장되어야 한다.

국가는 민간 부문이 자율적으로 일할 수 있도록 정책적 뒷받침과 지원책이 필요하고, 일에 대한 사후평가와 감독을 강화하며, 효과적인 관리를 통해서 책임 있는 재활복지가 되도록 힘써야 한다.

(3) 공공부문은 하드웨어로서의 역할로 기본적인 사항을 지원하고, 민간 부문은 소프트웨어를 만들어 통합적 방안을 만들어 나가야 한다.

하드웨어란 인건비, 땅, 건물 등과 같은 것으로 이해하면 좋을 것이고, 소프트웨어는 복지운영 프로그램으로 설명할 수 있다.

2) 중앙정부의 지방자치단체의 연계와 협력 강화

지자체의 장애인을 위한 협력강화와 정책적 지원 등 국민의 다양한 복지수요에 부응하기 위하여 중앙정부와 지방자치단체간의 복지역할의 분담과 책임한계가 분명해야 할 필요가 있다. 헌법과 지방자치법에는 지방자치단체는 주민의 편의와 복지증진을 위한 사무를 처리하도록 규정되어 있다. 그리고 복지정책의 집행이 대다수 지방정부로 이양되었다. 그러나 아직도 이원화 되어 지방자치에 대한 중앙과 지방정부의 견해 차이, 중앙정부의 취소·정지권 행사와 권력적, 지배적 성향의 통제, 사전승인제도, 기술 및 재정적 지원의 미흡 등이 중앙부처와 지방자치단체의 관계성 정립과 문제점이 돌출되어, 행정공백을 가져 오기도 하고 중앙부처 사회복지기능의 지방이양 부진 등도 일부분 있어 중앙과 지방간의 효과적인 역할분담이 이루어지지 못할 경우도 간혹 있었다. 이와 같은 문제점으로 인하여 실제로 지방자치단체의 사무 중에서 중앙부처가 취소·정지권을 행사할 수 있는 위임사무도 있고 대부분 지방자치단체의 자율적 기능이 제한되어 있어, 지역현실을 반영한 복지기능의 수행에 어려움을 겪기도 한다. 그러나 많은 개선과 시정이 있었음도 시인하는 바이다.

장애인 분야의 경우 중앙과 지방간의 역할분담에 관한 구체적인 논의는 아직 활발하게 이루어지지 않고 있으나 앞으로 전국적 통일성과 지역적 특수성 등을 고려하여 중앙정부와 지방정부 간에 행정기능의 재분배가 이루어져야 할 필요가 있다. 중앙정부와 지방정부 간에 장애인복지기능의 분담뿐만 아니라 시군구의 주민자치센터 간에 복지정보시스템 공유로 많은 발전을 하였으나 장애인복지 분야의 적절한 기능배분이 필요하고 2011년 4월 1일부터 국민연금 공단이 장애등급 판정을 위한 제도적 개편으로 전면 개입 주관하게 되어 많은 기대를 가지고 있다.

시행착오도 있겠으나 실보다 득이 많을 것이고 장애인 활동 보조사업도 활성화 되어 장애인 장기요양보험시대가 개막되어 보다 더 많은 수혜자로 확대되기를 기대해 본다.

3) 장애인활동보조지원사업 안내

• 장애인활동보조인이란?

중증장애인이 비장애인과 동등한 삶의 질을 누리게 하고자, 중증장애인 본인의 능력을 최대한 발휘할 수 있도록 지원, 지지해주는 역할을 하는 사람을 말합니다.

• 활동보조서비스란?

장애인자립생활을 위해 기본적으로 수행해 나가야 하는 다양한 활동지원(이동보조, 금전관리, 가사지원, 문화활동, 야외활동, 시간관리 등)을 통해 장애인의 자립생활과 사회참여를 돕는 서비스를 말합니다.

2007년 5월부터 보건복지부에서는 신체적, 정신적 이유로 원활한 일상생활과 사회활동이 어려운 장애인들의 자립과 사회참여 증진을 위해 [장애인활동보조지원사업]을 시행시범적으로 시행하고 전면적으로 20011년 10월 5일부터 시행할 예정인데 우선 중증 1등급자를 대상으로 시행하게 된다.

⊙ 현재 전국적으로 확대 실시 시범 사업을 소개 하면 다음과 같다.

신체적·정신적 이유로 원활한 일상생활과 사회활동이 어려운 장애인에게 활동보조서비스를 제공함으로써 장애인의 자립생활과 사회참여 증진시킨다.

(1) 사업기간

○ 2011. 2. 1. ~2011. 10. 31.

☞ '장애인활동 지원에 관한 법률' 제정('11.1월)에 따라 활동보조급여 수급자는 '11년 10월부터 활동지원 수급자로 전환됨

☞ '11년 상반기 중 장애인활동지원제도 관련 하위법령 및 지침을 마련할 계획이며, 활동지원급여의 제공, 본인부담금, 활동지원기

관 지정 등 사업내용에 대해 별도로 안내할 계획이다.

(2) 신청자격

○ 만 6세 이상~만 65세 미만의 「장애인복지법」상 등록 1급 장애인
○ 장애인활동보조서비스를 받는 도중에 만 65세가 도래하여 장기요양인정 신청을 하였으나 등급외 판정을 받아 장기요양 수급자에서 제외된 장애인(이하 '65세 도래자'라 칭함)
○ 소득기준과 무관하게 신청 가능

(3) 대상자 선정기준

○ 만 6세 이상~만 65세 미만
 • 장애등급심사 결과 1급으로 판정받고 활동보조서비스인정조사표(이하 '인정조사표'라 칭함)에 의한 방문조사 결과 220점 이상인 경우에 해당된다.
○ 65세 도래자 장애등급심사 및 인정조사표에 의한 방문조사를 실시하지 않는다.

(4) 대상자 선정절차

○ 장애인 본인 등이 주소지 읍·면·동에 신청(사업기간 내 상시)
○ 장애등급심사 결과 1급 판정자에 대해서만 이후 절차 진행
○ 보건소에서 인정조사표에 의한 방문조사를 실시하고, 시·군·구는 그 결과를 반영하여 활동보조서비스 인정등급(이하 '인정등급'이라 칭함) 및 제공시간 결정
 ※ 방문조사는 보건소(방문간호팀)에서 담당(필요시 읍·면·동이나 제공기관에 방문 동행 등 협조 요청 가능)
○ 인정등급을 1~4등급으로 구분하여 월 40시간~100시간을 지원하고, 특례(독거)지원을 실시하게 된다.
 대상자는 한 인정등급씩 상향 지원할 수 있다.

- 인정등급이 1등급인 특례(독거)지원 대상자는 월 120시간~180 시간 지원

○ 65세 도래자는 65세 도래 전 인정등급을 그대로 적용하되, 월 최대 70시간 지원
- 65세 도래 전 인정등급이 4등급인 경우 40시간, 3등급인 경우 60시간, 2등급 · 1등급(특례(독거)지원 대상자 포함)인 경우 70 시간 지원한다.

(5) 서비스 내용

○ 신변처리 지원은 목욕 보조, 대소변 보조, 옷갈아입기 , 세면 보조, 식사 보조 등

○ 가사 지원 : 쇼핑, 청소, 식사 준비, 양육 보조 등

○ 일상생활 지원는 금전관리, 시간관리, 일정관리 등

○ 커뮤니케이션 보조는 낭독 보조, 대필 보조 등

○ 이동의 보조는 안내도우미, 등 · 하교 지원, 출 · 퇴근 지원, 야외 문화활동 지원이며 장애인활동보조서비스는 합법적인 범위 내에서 이루어지는 장애인의 일상생활 등을 보조하기 위한 서비스이므로, 이용 장애인은 합법적인 범위 내에서 서비스를 요청하여야 하고, 제공기관 및 활동보조인은 불법적인 요구에 응하지 않아야 한다. 만약 위반시 환수 조치당하게 된다.

(6) 서비스 단가 및 본인부담금

○ 서비스 단가는 시간당 8,000원으로 하고, 서비스 제공시간에 따라 계산한다.

○ 소득수준 및 지원액(시간)에 따라 본인부담금이 있다.

(7) 제공기관 및 교육기관

○ 제공기관 : 경쟁체제를 확보하고 참여기관의 적정한 운영을 위하여 일정한 심사를 거쳐 공공 · 비영리기관 · 민간기관 중 시 ·

군·구당 복수(2개소 이상) 지정한다.

○ 교육기관 : 활동보조인 전문교육을 위해 시·도당 복수(2개소 이상)로 지정한다.

(8) 활동보조인 자격 및 모집

○ 활동보조인 자격은 학력 제한 없이 만 18세 이상의 신체적·정신적으로 활동보조가 가능한 자로서 소정의 교육과정을 이수한 자로 한다.

○ 제공기관에서만 연중 수시로 활동보조인을 모집하고, 활동보조인 교육 추천서를 작성하여 교육기관에 교육을 일괄 추천하여야 한다.

- 활동보조인은 교육기관에서 신규교육(40시간) 또는 유사경력자 교육(20시간)을 반드시 이수하여야 한다. 2011년 10월 5일부터 시행할 예정이다.

6. 한국의 복지국가 발전 전망

한국은 보편적 복지국가인가? 아니라면 어떤 복지국가인가?

보편적 부싱급식, 선별적 복지, 온정주의에 입각한 잔여적 복지 한국의 복지는 어디로 가야 하는가? 여기 중산층까지 혜택을 받는 복지국가를 꿈꾸는 복지국가 소사이어티 우리는 결코 절망할 수 없다. 불안한 우리 삶에 우리국민이면 누구나 복지혜택을 누릴 수 있는 '보편적 복지국가'로의 꿈을 실현하고자 제안한다. 아니 역동적 복지로의 능동적 태도를 묻지도 따지지도 않고 수혜자가 되는 길 - 한국사회 복지국가로의 보편적 복지의 틀을 이행코자 하는 필요성과 이념적 대안과 논리가 필요하다. 우리나라 사회경제체제의 신자유주의적 발전과 양극화의 심화, 이로 인한 민생의 5대 불안을 해소하는 복지정책은 없는가? 그리고 신자유주의 불안사회를 벗어나기 위한 대안으로서의 '역동적 복지국가 모델'과 보편주의 원칙을 알고 북유럽 신자유주의 복지모델 즉 작은 정부로의 복지정책과 케인즈 복지모델인 정부의 적극적 개입, 한국적 복지사회에서 달성하기 위한 전략 방향을 모색함이 매우 중요하다.

한국은 어떤 복지국가이며 보편적 복지국가와 역동적 복지국가는 무엇이 다른가?

가난한 일부 국민만을 복지의 대상으로 삼는 영미식의 선별적 복지가 아니라 중산층을 포함하는 국민 모두가 복지의 주체, 즉 수혜자이자 부담자가 되는 국가복지체계를 말한다. 이러한 복지체계는 국민 개개인에게 자신의 처지나 조건과 무관하게 인간 존엄성을 유지하기 위한 물적 조건을 제공해 주며, 기회의 평등을 보장하게 된다. 더불어 패자부활의 기회를 제도적으로 제공함으로써 개인적 삶의 안정성뿐만 아니라 사회적 활력과 통합력이 동시에 확보되는 효과를 생각하고 정책을 모색하여야 한다. 정책적 대안으로 6.2 지방선거에서 보편적 무상급식을 강조하는 정책의 이슈는 왜 '복지가 아니라 복지국가'인가? 이것은 한국 신자유주의의 위기를 넘어설 새로운 정치사회적 대안이 논의되고 있다는 증거이며. 역동적 복지국가가 그것이다. 그냥 '복지'가 아니라 복지'국가'라야 한다. '복지'의 확충이 아니라 보편주의 '복지국가' 전략이어야 한다. 아직도 일부 진영에서는 복지국가라는 용어를 꺼려 하는데, 그 결과 '복지' 또는 '민생복지' 등의 용어와 함께 복지의 확충을 주장한다. 그런데 이것은 잘못된 생각이다. 복지의 확대는 이미 김대중 정부시기에 획기적으로 이루어졌고, 노무현 정부 때도 복지정책의 확대를 실현하였다.

그리고 이명박 대통령의 복지정책도 서민을 위한 경제복지정책을 표방하고 있으나 부자를 위한 정책을 보이지 않게 실현하려는 의도가 있다는 비판이 있다. 그런데 본질적으로 경제적 상황이 달라진 것이 없다. '복지국가' 전략이 아니라 그냥 '복지의 확대' 전략이었다는 지적도 있다. 진보의 일각에서 이렇게 '국가'에 대해 부정적 인식을 갖는 것은 우리나라의 역사적 경험에서 볼 때 군사독재정부 등의 나쁜 국가, 복지를 배제한 경제 발전 중심 국가정책의 이미지 때문일 수 있는데, 그래서 그럴 수도 있겠다 싶겠으나, 그럼에도 불구하고 '국가' 없는 복지국가와 민주주의는 가능하지 않다. 경제성장을 이룩하기 제반 정책적 지원과 복지국가의 이념을 실천하는 동반 성장이 가능한가? 또 자유사상과 평등사상을 동시에 만족시키는 보편적 복지국가의 실현은 현실적으로 실현 가능한가? 보편적 복지국가를 지향하고 유럽의 선진 복지국가의 선별적 복지정책을 민주적 사고로 개조하여 신자유주의로 발전시킨 복지국가 스웨덴의 사례는 우리에게 많은 교훈을 주고 있다.

- 우리나라의 사회복지 실천분야를 몇 가지 전망해 본다면

1) 사회복지 실천가의 역할과 자세이다. 사회복지 전문가 혹은 사회복지 실무자들은 한층 책임성과 소명감을 가지고 사회복지 실천에 임하면서 사회복지 직무를 전문직으로 인정받아야 하고, 자신의 고유영역을 확보해야 한다. 사회복지 실천가는 서비스의 효과성과 효율성을 증대시키는 한편, 사회복지 기술과 이론체계를 확립해야 한다.
2) 사회복지에 대한 국민의식의 고양과 제고이다. 사회복지는 소수의 사회적 약자들의 곤궁에만 관심을 기울이는 시기는 지났기 때문에 전 국민의 생활의 질적 수준을 향상시키는 것을 목표로 하여 국민들이 사회복지에 대한 인식을 변화시키고 문제해결을 위해 동참할 수 있는 실질적인 장을 마련해야 한다.
3) 사회복지의 교육적인 기능을 강화시키는 일이다. 국민 모두가 사회복지에 대한 인식과 의식의 개선은 다양한 방법과 통로를 통한 사회복지교육을 통해서 가능하다. 사회복지교육은 어린이에

게서부터 노인에 이르기까지 자신의 연령과 역할에 따라 적절하게 사회복지에 참여하고 협조할 수 있는 길을 가르치고 실천할 수 있도록 하는 일이다.

4) 지역복지의 활성화이다. 지방단위의 독특한 특성을 최대한 살려서 지역복지를 실천하는 데 국가의 전폭적인 지원이 이루어지도록 해야 한다. 지방정부가 주체적으로 사회복지를 실현할 수 있도록 법적 제도적 장치를 강화시켜야 한다.

우리나라 사회복지제도 전반과 관련하여 종합적으로 제시할 수 있는 과제는

첫째, 사회보험과 공적부조라는 2원적 급여체계로 되어 있는 생활보장체계를 3원적 급여체계로 전환할 필요가 있다. 곧 조세복지제도가 도입될 필요가 있다. 차상위 계층들은 절대빈곤층은 아니지만 높은 의료비, 교육비, 주거비 때문에 이들을 효과적으로 지원하지 않으면 절대 빈곤층으로 전락할 수 있다. 사회양극화 현상에 따라 중산층붕괴현상이 심각하게 일어나고 있는 현시점에서 고려되어야 할 부분이다.

둘째, 복지선진국들에 비해 상당히 취약한 사회복지 지출은 꾸준하게 증액되어야 하고, 전체 예산에서 차지하는 사회복지서비스 예산의 비중도 증액되어야 한다.

셋째, 우리나라 사회보험은 국민연금관리공단(국민연금), 국민건강보험공단(건강보험), 근로복지공단(산재와 고용보험)이 각각 관리하고 있는데, 이들이 가입자들에게 제공하는 서비스 기능이 너무 취약하여 보험료 징수만을 하는 기관이라는 부정적인 이미지가 각인되어 있는 실정이다. 따라서 보험료 부과와 징수 업무는 미국, 스웨덴, 영국처럼 국세청으로 이관하고 각 공단들은 가입자에게 보다 다양한 정보, 상담, 의뢰 서비스들을 제공할 수 있는 방안으로 기능을 전환해야 한다.

넷째, 기존의 사회복지제도에서 감당할 수 없는 사각지대, 특히 실조성 사각지대를 해소하는 보완책으로 퇴직금 제도를 사회보험화하는

기업연금제도의 도입, 건강보험관련 요양보험의 도입, 특히 2007년부터 시행될 예정인 공적노인요양보장제도 등을 조속하게 시행될 수 있는 방안을 모색해야 한다. 현재 세계에서 가장 낮은 출산율로 인하여 노동력 부족과 노인부양인구 감소와 같은 사회문제가 대두되고 있다. 그러므로 출산을 장려하는 국가정책이 필요하다. 현재 중앙정부와 지방정부 차원에서 출산지원방안이 모색되고 있지만 아직도 미미한 상태이기 때문에 적극적으로 지원할 수 있는 방안을 모색해야 한다.

우리나라 사회복지 정책과 실천경향은 자연스럽게 국가개입의 폭을 줄이고 민간차원의 활동이 늘어나며, 중앙정부에서 지방정부에로 사회복지 책임이 이양되며, 기존의 사회복지 프로그램이 한층 엄격해질 전망이다. 동시에 국가개입의 투입의 우선순위가 경제성장이나 산업육성에 상대적으로 주어지며, 분배나 불평등의 완화를 위한 사회복지정책이 상대적으로 약화될 우려가 있다. 중앙정부의 책임이 지방정부로 넘어갈 때, 한 가지 고려해야 될 사항은, 지방재정이 약하고 행정적 독립이 약하기 때문에 자신의 특성에 맞는 정책을 펼칠 수 있고 실천할 수 있는 새로운 재정확보와 책임부여를 위한 법적 제도적 개선이 요구되어진다.

7. 한국의 자존심 효행 복지제도(노인장기요양보험 제도)

우리나라는 2008년 7월 1일부터 노인 장기요양보험을 실시함으로써 만성질환 및 노인성 질환으로 어려움을 겪고 있어 스스로 독립생활을 할 수 없어 타인의 도움이 필요한 노인들과 가족들의 부양부담을 경감시킬 수 있는 길이 열리게 되었다. 이러한 노인 장기요양보험제도는 최종적으로 요양보호의 사회화를 목적으로 하고 있다. 그러므로 본 제도를 필요로 한 사회적 배경과 노인복지 향상을 위한 근본 취지에 따라 장기요양 제도가 국가 책임 아래 있음을 분명히 인식하고 국가가 효도에 나선 정책적 제도이다. 또한, 우리나라 문화적 특성과 현실에 맞는 정책이 실행되고 있는지 점검하며 현재 주년을 2011년 7월 1일 맞이하였다. 이에 여러 요인들과 상황들을 복합적으로 검토하고 이에 대해 접근하여 발전시키려는 노력이 지속적으로 이루어져야 하는데 가족요양제도를 가족요양비 정도로 월 15만원선에서 현물 지급 형태로 운영하고자 제도 개편을 시도하고 있다. 이에 종합재가 시스템의 활성화를 기대하고 있다. 따라서 독일과 일본의 장기요양 보험제도를 참고로 하면서 정책적 개편을 시도하여야 한다. 따라서 기존에 다루지 않았던 조금 더 축적되고 새롭게 제기되는 문제들을 집중적으로 조명하여 제도적으로 개선할 수 있는 방안을 모색해 더욱 발전된 노인 장기요양 보험제도를 구축해 나가야 한다.

선행적 역사 연구의 대상으로 독일과 일본을 선택한 이유로는 먼저 독일은 세계에서 처음으로 장기요양보장을 보험으로 도입한 나라로 제도 도입 15년이 지난 지금, 어떤 과정으로 제도가 개선 발전되어 왔는지 그 현황을 살펴보는 것은 의미가 있을 것이라 판단된다. 또한 우리나라의 노인 장기요양보험은 독일의 수발보험과 이를 연구하여 도입한 일본의 개호보험이 근간이 된 만큼 일본의 사례에서 나타난 문제점이나 발전추이를 검토하여 분석하는 것은 큰 시사점을 줄 수 있을 것이라고 판단하였다. 외국과 우리나라의 사례를 비교분석을 통해 우리나라 노인 장기요양보험제도의 보다 발전적인 방향을 모색해 본 결과는 다음과 같다.

먼저 적용대상에 있어서 우리나라는 피보험자와 급여대상이 일치하지 않아 본 제도에 대한 국민의 불신으로 이어질 수 있다는 부분이 문제로 꾸준히 제기되고 있다. 이에 대한 방안으로 등급을 확대하여 현재의 등급외자로 분리되는 경증의 4등급 이하까지 포함하는 방안을 적용할 수 있고, 65세 미만 대상자 중 현재 노인성질환자로 제한되어 있는 질병의 범위를 만성질환 관리대상과 호스피스, 재활서비스 등으로 확대하는 것도 검토가능하다. 그러니 재원 조달과 방대해진 건보공단의 효율적 운영이 관건이 되고 있다.

급여내용에 있어서는 현재 급여 종류 및 급여 범위가 제한되고 있어 앞으로 경증노인을 급여대상에 포함하게 된다면, 재원 확보 및 사례관리 등 우리나라 실정에 적합한 형태의 예방중심 급여서비스를 개발해 중증화가 지연되도록 하는 방향으로 나아가도록 해야 할 것이다. 재가급여 중 검토 가능한 서비스 항목들로는 재활서비스, 외출보조서비스, 인지 재활 및 호스피스 케어, 예방급여 등이 있고, 향후 장기요양의 발전 추이에 따라 가족 요양 현금급여 활성화 방안 역시 검토대상에 포함하여 다양한 형태의 급여체계를 마련할 필요성이 있다.

한편 전달체계는 등급판정과정에 있어 현재에는 과학적인 지표를 가지고 인정조사를 하고 있으나 결국 사람이 하는 일이 도이 결국 여러 개체가 개입함으로써 일관성이 없는 경우도 종종 발생한다.

또한 케어플랜과 표준장기요양이용계획서에 대한 공단직원과 장기요양기관의 연계체계 미흡, 독일과 일본에 비해 빈약하고 검증체계가 부족하고 보수교육 및 직무교육위 현실화 등 제도적 지원 미숙으로 인하여 요양인력양성 시스템의 비현실성과 낮은 요양보호사급여체계 즉 보수, 서비스 질 보장 관련해 국가의 관리 미흡 등의 문제에 집중하여 접근할 필요가 있다. 이를 해결하기 위해 각 공급주체별 역할 재정립을 요약하면, 보건복지 가족부는 서비스 질 확보를 위한 인력 확보 및 평가체계 구축 방안 강구, 장기요양기관의 경영수지 분석을 통한 수가체계 개선, 사례관리체계 도입을 위한 노력을 기울이되, 무엇보다도 이러한 제도적인 모색 및 방안은 구체적으로 법률을 통해 그 근거를 명확히 규정하는 조치가 병행되어야 할 것이다. 보험자인 국민건강보험공단은 공정한 등급판정을 위한 제도적 방안을 모색하고, 장기요양기관에 대한 철저한 관리감독 및 장기요양서비스의 체계적인 관리와 평가를 위한 시스템을 마련하며, 현재 재가 및 시설의 평가를 하고 인센티브 즉 가감산 제도를 2011년 현재 도입 서비스 인프라 관리의 효율화 노력을 기울이고 있다.

이에 저자를 주축으로 몇몇 뜻있는 교수들과 함께 복지경영 컨설턴트를 양성하고자 안양대학교에 사회복지 최고위과정을 2011년 1학기부터 개설하고 전문가를 양성하고 있다. 또한 장기요양기관의 지정취소권 및 관리 감독 행정 조치권과 시설 설치행정 서비스를 지자체가 당당하고 지도감독 등 급여지급을 보험자인 건강관리공단이 담당하고 있어 이원화되어 혼선을 가져오고 있다. 특히 사례관리와 표준장기요양 이용계획서의 실효성을 제고하여 대상자가 적정수준의 급여서비스를 제공받을 수 있도록 지원하며, 공단직영시설을 운영함으로써 수가 및 서비스에 대한 표준 모델을 제시할 필요를 주장하고 이에 공단도 시범 운영할 계획을 가지고 일차적으로 요양시설을 운영할 준비를 하고 현재 서초구에 건립 중에 있다.

대상자에게 적정한 수요공급량을 확인하여 대상자의 접근성을 높이고, 장기요양기관의 난립으로 인한 불법사례가 감소할 수 있도록 관리감독을 강화하며, 우수 기관에 대해서는 인센티브를 제공하는 등의 역할을 수행함과 동시에 지역 특성에 맞는 맞춤형 프로그램 개발 및 인프라 확충, 지역사회와의 연계 협력 관계 강화 등을 통해 지역복지발전을 도모하는 노력이 요구된다. 한편 장기요양기관의 경우 시장경쟁원리에 따른 장기요양서비스의 제공으로 인해 운영의 재원이 안정적으로 확보되지 못할 경우 부정행위의 유혹에 빠지기 쉬운 구조에 놓여있다. 이에 안정적인 임금구조 및 근무조건 등의 모델이 제시되어야 한다. 또 서비스 질 향상을 위한 노력을 기울여야 한다. 또한 대상자의 질적인 만족을 보장할 수 있는 최소한의 인력규정인 사회복지사가 노인의료복지시설인 공동생활가정에도 필수 배치되어야 할 것인데 만약 간호사가 관리 책임자로 시설장이 될 경우 사회복지사는 채용 하지 않아도 운영이 가능하다. 또, 요양보호사 1급이 재가 장기요양기관의 관리책임자가 될 수 있는 조항은 개정이 필요하다. 또한 무엇보다 보험자와 장기요양기관 간에 서비스 질 확보를 위한 기준을 준수하도록 최선을 다하고 장기요양기관의 자발적인 질 관리 의무를 부여하는 방안을 강구해야 한다. 따라서 장기요양기관이 투명하고 정확한 정보 공개를 의무화할 뿐 아니라 공개된 정보의 정확성을 검증할 수 있는 절차가 반드시 뒤따르는 구조가 행정적으로 규정되어야 한다. 즉 우수기관과 모범 각 관을 표창하고 과연 좋은 요양원의 기준이 무엇인지 공평한 판단을 하도록 소비자 선택권이 보장되어야 한다. 또 요양보호사 국가고시로 인하여 이미 심각한 인력의 수요·공급 불균형이 발생하고 있는 상황이므로 요양보호사 교육내용 및 교육과정의 내실화, 요양보호사 실습교육 및 교육시간 증가, 요양보호사 교육기관 활성화 방안을 위하여 국가가 교육비를 지원하는 방안을 검토하여야 할 것이다. 따라서 요양보호사 양성 및 자격관리체계를 전면적으로 수정해야 할 것이다.

재원조달과 관련해서는 저소득 노인의 경우 본인부담금 15~20% 뿐 아니라, 비급여항목에 대한 부분까지 포함되면 경제적 부담의 가중으로 인해 요양이 필요하더라도 이용을 주저하게 되는 요인으로 작용하고 있다. 제도의 혜택을 누릴 권리조차 포기하는 사각지대 문제가 발생하고 있으므로 국가는 본인부담금 문제와 관련하여 정부지원을 확대하는 방안, 국민 전체를 대상으로 보험료를 증가시키는 조세를 증세할 경우 빈빌을 우려하고 있지만 지속적인 합의가 있어야 할 것이다. 그리고 2010년부터 본인부담금 감면 혜택 대상자를 지속적으로 확대하고 있다. 결국 예방적 방침을 수행하고 결국 경영합리화로 재정을 효율적으로 활용하여 본인부담금을 10% 이하로 낮출 수 있는 방법을 강구하여 부담의 수준을 단계적으로 축소하고, 보편적 제도로서의 기능을 수행할 수 있도록 지원해야 할 것이다.

노인 장기요양보험제도가 유관기관들과 협력하고, 국가와 국민이 함께 지혜와 힘을 모아 한 차원 더 발전된 한국적 사회복지 모델로 정착될 수 있기를 기대한다.

Ⅰ. 추진 배경

1. 현황

□ (협동조합의 부각) '윤리경영' 및 '상생번영' 등 포용적인 새로운 경제사회 발전의 대안모델(자본주의 4.0 등)로 협동조합이 주목

- o 글로벌 금융위기시 협동조합은 구조조정의 최소화, 빠른 경영정상화 등으로 경제안정에 기여
- o 취약계층에 새로운 일자리를 제공하여 서민·지역경제의 활성화와 공생발전에도 도움

□ (국내 현황) 일반법이 부재하여 8개 개별법(농협, 수협, 중기협 등)에 따른 협동조합으로 설립 분야 제한

- o '협동조합'을 지향하고 협동조합적 사업 운영*을 희망하나 법인격이 없어 애로를 겪고 있는 단체 다수

  *구성원의 동등한 출자, 1인 1표의 사업운영, 사업이익의 균등한 분배 등

□ (외국 현황) 다양한 사업 및 업무영역에서 협동조합이 활성화(생산자, 소비자, 근로자, 신용, 보험, 주택, 스포츠 등)

- o 협동조합에 관한 기본법을 채택하거나(독일, 이탈리아 등) 민법·상법의 형태로 규율(영국 등) 등

① 기본법 형태 - 단일 협동조합법 제정	독일, 스웨덴, 핀란드, 스페인, 캐나다, 포르투갈, 브라질, 코트디부아르, 헝가리, 인도, 요르단, 케냐, 멕시코, 태국 등
② 민법, 상법 형태 - 성문법 일부에 관련규정 반영	영국, 스위스, 멕시코, 벨기에, 이탈리아, 체코, 뉴질랜드 등
③ 특별법 형태	한국, 일본, 루마니아, 우루과이
④ 공존 형태(① + ③)	프랑스, 러시아, 대만, 한국(기본법 제정시)
⑤ 기 타(규율 없음)	중국, 덴마크, 노르웨이, 미국

2. 제정의 필요성

□ (새로운 경제사회 발전모델) '윤리경영' 및 '상생번영' 등 포용적인 시장경제 대안모델로 「협동조합*」이 주목

*주요 특징: '1인1표의 민주적인 경영', '이익극대화가 아닌 조합원의 편익 증대', '원가주의 경영', '지역사회 기여' 등 기존의 회사와 다른 독특한 운영원칙을 채택

○ 법인격 부재에 따른 문제*를 해소하고 협동조합을 설립·육성하는 기반 마련

*개인사업자, 주식회사 등의 형태를 택할 경우 문제점

- (개인사업자) 대표의 무한책임, 대표 교체가 어려워 민주적 운영 불가능, 공신력 저하, 정부 정책지원 대상으로 선정이 어렵다는 점 등
- (주식회사) 출자 비례 의결권(1주 1표, 협동조합은 1인 1표)에 따른 저소득층 사업참여 어려움, 지분거래를 통한 경영권 문제 발생 등

□ (협동조합 활성화) 그간 8개 개별법으로 묶여 육성되지 못한 협동조합을 활성화하여 국내 내수경기 진작 및 경제양극화 해소에

기여

o '지속가능한 동반성장(sustainable and inclusive growth)'을 추구하고 취약계층의 일자리 창출 등 서민경제 활성화 및 공생발전을 통한 국민의 삶의 질 향상

□ (국제적 기준에 부합하는 제도개선) UN과 세계협동조합연맹(ICA)은 각국에 협동조합공통법 제정을 권고

o 특히, '08년 세계금융위기 이후 UN은 협동조합이 사회발전에 기여하는 측면에 주목하면서 협동조합법 제도개선 권고와 함께 2012년을 "세계협동조합의 해"로 선포

 * '09년 136호 결의문("Resolution 64/136. Cooperatives in social development")

참고 1: 협동조합의 개념과 특징

□ (법인격) 협동조합은 목적과 운영방식(이용자소유기업)에 의해서 영리법인과 비영리법인으로 구분

* 협동조합 특별법을 근거로 설립·운영되는 경우에는 특별법에 의한 특수법인의 성격을 지니며, 국가에 따라서는 주식회사나 유한회사로 설립·운영

□ (의결권) 조합원은 출자규모와 무관하게 동일한 의결권을 행사 ⇒ 1인 1표

ㅇ 조합원의 신규가입을 촉진하고 대주주가 없는 지배구조를 보유하여 소유의 분산 및 이용자 이익 강조

  * 영리회사의 1주1표제와 구별

□ (책임범위) 조합원은 출자자산에 한정한 유한책임이 원칙

* 무한책임을 지는 민법상 조합, 상법상 익명조합·합자회사·합명회사와 구별

□ (가입·탈퇴) 조합원은 가입·탈퇴가 자유로우나, 조합원의 동질성을 유지하기 위해 가입요건 제한

* 농협법은 지역농협의 조합원에 대해 지역농협의 구역안에 주소나 거소 또는 사업장이 있는 농업인으로 자격 제한

□ (배당제한) 출자에 대한 배당을 금리수준으로 제한

ㅇ 이용자 이익을 최대한 확보하기 위해 투자자 이익을 제한하고, 내부유보를 통해 자본비용을 절감

Ⅱ. 법안 주요내용

〈 제1장 총 칙 〉	
(법인격)	▪ 협동조합을 '법인'으로 하고, '사회적협동조합은 '비영리 법인'으로 규정(제4조)
(정책)	▪ 재정부가 협동조합정책을 총괄하고 기본계획을 수립(제11조) ▪ 3년 주기의 협동조합 실태조사 실시 · 국회 보고(제11조) ▪ 협동조합 활성화를 위해 협동조합의 날 제정(제12조)
(타법과의 관계)	▪ 타법에 따라 설립된 협동조합 등에 대해서는 동법 적용배제 ▪ 제한적 공정거래법 적용배제(제13조)
〈 제2장 협 동 조 합 〉	
(의결 · 선거권)	▪ 출자좌수에 관계없이 1개의 의결권 및 선거권을 가짐 ⇒ 1인 1표(제23조)
(설립등록)	▪ 협동조합 설립시 시 · 도지사에게 신고(제15조)
(적립금)	▪ 잉여금의 100분의 10 이상 적립 등(제50조)
(해산)	▪ 해산시 잔여재산을 정관이 정하는 바에 따라 처분(제59조)
〈 제3장 협동조합연합회 〉	
(설립등록)	▪ 협동조합연합회 설립 신고(기재부장관)(제71조)
(의결 · 선거권)	▪ 협동조합연합회의 의결권은 협동조합의 조합원수, 연합회 사업참여량 등을 기준으로 함(제75조)
〈 제4장 사회적협동조합 〉	
(설립인가)	▪ 사회적협동조합은 기재부장관 인가로 설립(제85조) ▪ 설립절차, 사업, 소액대출 등을 협동조합과 구분(제86-88조, 제93-95조)
(소액대출)	▪ 사회적협동조합은 총 출자금 범위내에서 조합원을 대상으로 하는 소액대출 및 상호부조 가능(제94조)
(해산)	▪ 사회적 협동조합의 경우 국고 등에 귀속(제104조)
〈 제5장 사회적협동조합연합회 〉	
(설립인가)	▪ 사회적협동조합연합회 설립은 인가(기재부장관)(제114조)
〈 제6장 보칙 〉〈 제7장 벌칙 〉	
(벌 칙)	▪ 의무 위반사항에 대한 벌칙을 규정(제117~119조)

1. 협동조합법 명칭

□ 3개 법안은 모두 「협동조합기본법」으로 제출

ㅇ 설립범위·영역을 경제·사회·문화 등 전 범위로 확대하고 협동조합 활동 활성화를 위한 "협동조합의 날" 신설 등

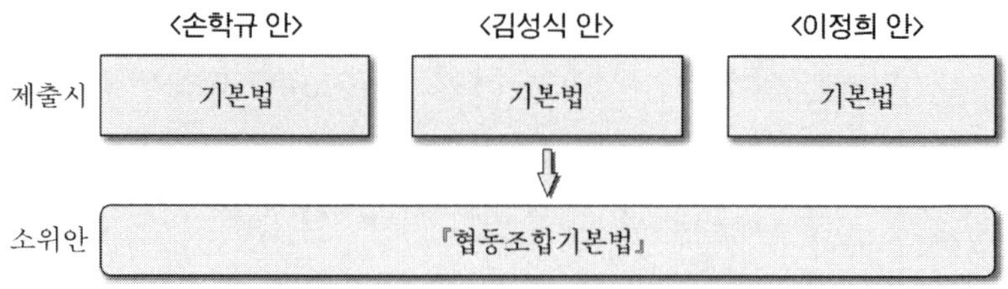

2. 법인격(제4조)

□ 입법목적(법인격 부여)과 사회적협동조합(비영리)에 대한 수요를 동시에 고려할 때 "다층구조(2층)"의 입법체계 필요

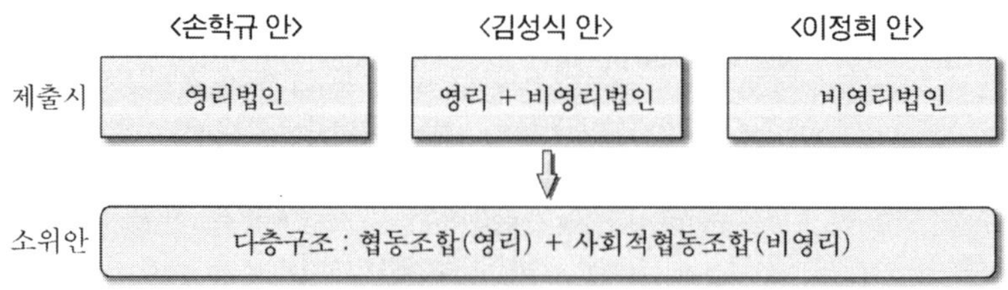

3. 주무관청(제11조)

□ 기재부는 총괄, 관계부처는 '사회적 협동조합' 인가·감독, 시·도는 일반협동조합의 신고 수리 역할 수행

	〈손학규 안〉	〈김성식 안〉	〈이정희 안〉
제출시	기획재정부	기재부 + 시도지사	
소위안	기재부* + 시?도지사 (* 관계 중앙행정기관의 장으로 위임 가능)		

4. 정책지원(제11조, 제12조)

□ 협동조합 관련 정책 수립 위해 실태조사(3년 주기) 실시

ㅇ'협동조합의날(7월 첫째 토요일)', 선언적인 자금지원 규정 등

*관주도 성향이 짙은 '협동조합 육성 기본계획' 관련 규정은 삭제

	〈손학규 안〉	〈김성식 안〉	〈이정희 안〉
제출시	① 육성기본계획 ② 자금 등 지원	① 협동조합정책협의회 ② 자금 등 지원 ③ 협동조합의 날	① 입장 없음 ② 신용사업 허용
소위안	①기본계획 ②자금등 지원(선언적) ③실태조사(3년) ④협동조합의 날		

5. 타법상 협동조합과의 관계(제13조 1항)

□ 타 법에 따라 설립된 협동조합* 등은 『협동조합기본법』을 적용하지 않음(3개안 공통)

*(8개 협동조합) 농협, 수협, 산림업, 엽연초, 신협, 새마을금고, 중기협, 생협

6. 공정거래법 적용배제(제13조 3항)

□ 취약계층이 소액 · 소규모로 운영되는 협동조합의 열악한 여건을 감안, 공정거래법 적용배제의 필요성은 인정되나,

- ㅇ 기존 기업과의 형평성, 특혜시비, 담합의 우려 등을 고려 예외적인 범위에 한하여 적용 배제(예, 화물기사, 배송 등)

	<손학규 안>	<김성식 안>	<이정희 안>
제출시	일괄적인 적용배제	제한적인 적용배제 (소규모 조합에 한해)	일괄적인 적용배제
소위안	제한적으로 배제하되 부작용시 적용(공정거래법 제60조)		

7. 공직선거 관여금지(제9조)

□ 협동조합이 공직선거에서 특정인을 당선 · 낙선되도록 하는 행위를 금지

	<손학규 안>	<김성식 안>	<이정희 안>
제출시		공직선거 관여 금지	
소위안	공직선거 관여 금지		

8. 소액대출 및 상호부조(구 공제사업) (제94조)

□ 신용사업 위주의 편법적인 협동조합 활동을 막기 위해 '사회적협

동조합'만이 총 출자금의 한도내에서 '소액대출 및 상호부조'를 할 수 있도록 허용

* 단, 공제사업 및 보험업법 적용배제 관련 규정은 삭제

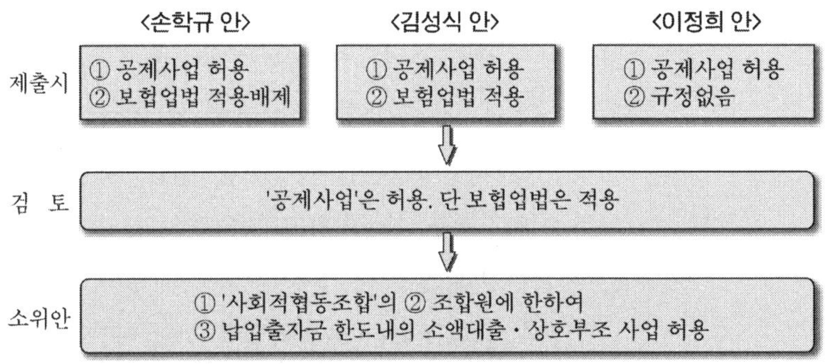

Ⅲ. 법제정에 따른 기대효과

□ (기업 조직법적 측면) 「협동조합기본법」 제정은 다양한 분야에서 『협동조합』 설립 · 운영을 자유롭게* 하여,

- ㅇ 자주 · 자치 · 자율적인 협동조합 설립 · 활동을 촉진하여 서민과 지역경제를 활성화하고 지역단위의 새로운 일자리를 창출 ⇒ 국민경제 발전에 기여

  * 현재, 협동조합은 8개 특별법(농협, 수협, 중기협 등)에 한해 설립 가능

〈『협동조합법』 법인격의 부여 기대효과〉

		→	→	→
내용	『협동조합법』 제정	새로운 형태의 『협동조합』 설립	일자리 창출 및 지역경제 활성화	『국민경제』 발전
의미	(새로운 법인격 인정)	(소액 · 소규모 조합 설립)	(서민 · 지역경제 활성화)	(공생발전)

□ (경제적 효과 측면) '윤리경영'과 '상생번영'의 시대정신이 반영된 협동조합*이 활성화되어 새로운 경제사회 발전의 대안모델(자본주의 4.0)로 확산

* 특징 : (1) 1인1표의 민주적인 경영, (2) 이익극대화가 아닌 '조합원' 편익 우선, (3) 원가주의 경영, (4) 지역사회 기여 등

- ㅇ 조합원이 필요로 하는 서비스를 최선의 가격으로 제공함으로써 영리회사의 시장지배력을 견제하고 경쟁을 촉진
- ㅇ 특히, 2차, 3차 산업에서도 협동조합 설립이 가능하게 되어 신규창업을 통한 서비스산업 활성화 기대

〈『협동조합법』 제정시 산업 적용범위〉

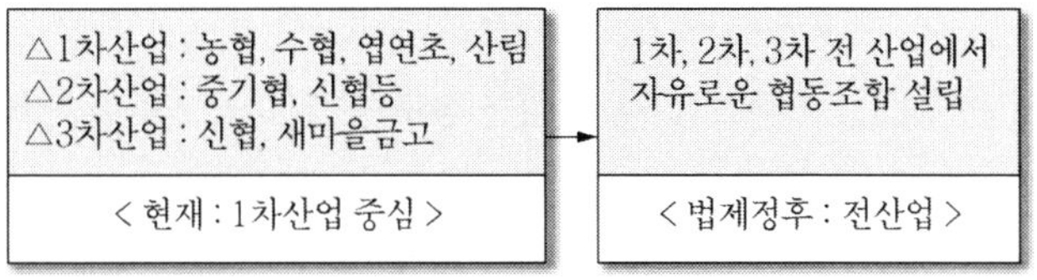

□ (사회적 효과 측면) 소액·소규모로 설립이 가능한 협동조합은 경제·사회 취약계층의 다양한 수요를 충족하고 사회서비스 증진에 기여

① 협동조합을 통한 영세상인·소상공인의 협력사업 확대

* 영세소상공인이 원재료 공동구매, 공동판매, 공동배송 등 전통·재래시장 및 골목상권 활성화의 수단으로 활용 가능

② 자활공동체, 돌봄노동 등 취약계층대상의 협동조합 활동이 촉진되어 지역단위의 사회서비스 자생력 확대

* 현재 개인사업자 등록방식보다 원활하게 사업을 운영할 수 있고 협동조합 운영상의 민주적 의사결정 등을 통해 동기부여와 신뢰제고 효과 기대

③ 낙후지역의 사회안전망 구축과 지역개발 활성화 등

〈사회안전망 구축 측면에서 『협동조합』의 역할〉

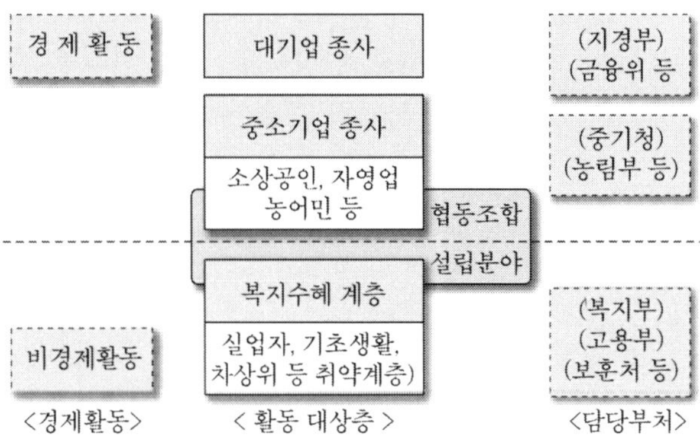

참고 2 : 협동조합 활성화가 복지정책에 미치는 효과

□ (복지정책 원칙) 정부는 일하는 복지, 맞춤형 복지, 지속가능한 복지 등 3대 핵심원칙으로 선정

ㅇ 『일하는 복지』란 성장과 복지의 선순환을 유도하고 복지혜택에 따른 도덕적 해이를 방지하기 위한 중요 원칙

⇒ 「협동조합법」은 취약계층의 자율 · 자립 · 자발적인 경제활동을 촉진시켜 『일하는 복지』 정책 기여

□ (협동조합과 복지정책) 협동조합법 제정은 대안기업, 돌봄노동 등의 자활사업분야에서 소액 · 소규모 창업을 용이하게 하여 복지정책을 보완하는 등의 효과가 기대

① (서민 창업 활성화) 서민들이 스스로 소규모 사업조직을 만들어 자립적인 생산적 복지를 위해 노력하는 기반 마련

② (사회서비스 증대) 협동조합법 제정이후 자활단체, 돌봄노동, 노인복지 등의 분야에서 다양한 협동조합이 설립되어 기존의 자활사업을 보완하고 사회서비스 기반 확대

③ (복지전달체계 개선) 복지계층의 신규창업을 지원하여 늘어나는 복지수요를 완화하고 직접지원을 통한 다기화된 복지전달체계(13개 부처 분산)의 비효율성을 개선

④ (복지사업 실효성 증대) 자발 · 자율 · 자립적인 협동조합은 각각의 필요(Needs)에 맞는 사업을 전개하여 공공근로 등 기존 복지사업의 실효성 증대 효과

⑤ (복지 사각지대 완화) 서민경제와 지역경제를 활성화하여 기존 복지제도의 사각지대 해소에 기여

참고 3 : 세계의 협동조합 운영 현황

□ 미그로 (스위스)

- ㅇ 커피, 설탕, 비누 등 생필품의 유통마진을 줄여 경쟁자보다 40% 저렴한 가격으로 파는 소비자협동조합
- ㅇ 개인기업으로 시작하였으나, 현재는 스위스에 600개 매장을 둔 협동조합으로 성장하였으며, 스위스 인구 700만중 200만명이 조합원
- ㅇ 직원이 8만3천명에 이르고 총매출액이 약32조원, 시장점유율이 20%에 이름 (2010년)

□ 몬드라곤 협동조합 (스페인, 바스크 지방)

- ㅇ 스페인 내 3대 기업그룹으로 공업협동조합 87개소, 신용·교육·연구개발 등 120개 협동조합의 복합체
- ㅇ 고용인원 10만명, 매출액 24조원, 매출액 중 수출비율 58%로 스페인 경제의 견인차

□ FC 바르셀로나(스페인, 바르셀로나)

- ㅇ 축구 클럽으로 선수들이 행정 및 관리 업무도 직접 수행
- ㅇ 13만명의 클럽회원과 1,600개 이상의 팬클럽 보유하며, 최근 문화적, 자선적 단체도 설립
- ㅇ 4년마다 단장 선출하고 단장은 1회 연임 가능하며 회원들의 정당한 대우를 위하여 옴부즈맨 제도 실시

□ 라보뱅크(네덜란드)

- ㅇ 은행, 보험, 연금 등 각종 금융서비스를 제공하며 37개국에 244개 지점, 150만명 조합원이 있고, 9백만 명의 고객이 이용

- ‘72년 농촌은행들이 모여 결성하여 초기에는 무한책임이었으나, 유한책임으로 전환됨
- 조합원이 무급 이사회를 선출하며 관리 코스트가 낮은 특징

□ 썬키스트(미국 캘리포니아, 아리조나)

- 6천여명의오렌지 농민과 8개 협동조합이 중간상인의 독과점 횡포에 대응하기 위해 출범한 판매 협동조합 연합회
- 출하량에 비례하여 의결권을 차등화하는 비례투표제를 채택
- 자기자본은 69백만 달러(2004년)이며, 조합원 직접출자는 5.8%에 불과하고 대부분이 내부유보에 의한 공동자본임

□ 미들그룬덴 풍력전력협동조합(덴마크 코펜하겐)

- 전력회사와 협동조합이 함께 협동조합을 만들고 풍력단지를 만들어서 전력 생산
- 코펜하겐 시민 8,600여명이 조합에 참여하며 조합원들은 1년에 한번씩 풍력발전 내부를 돌아볼 수 있고 출자금사용을 보고받음
- 이사회를 구성하는 7명의 이사는 무보수로 일함(자원봉사 성격)

□ 주택협동조합(덴마크)

- 조합원이 출자금을 모으고, 출자금을 바탕으로 정부 지원을 받아 주택을 지은 뒤 공동소유로 관리·운영

  비공식 협동조합 및 생협 진영을 대표하는 32개 단체로 구성된 「협동조합기본법 제정 연대회의」가 개설되어 있음

협동조합기본법은 세 가지 측면에서 긍정적으로 평가

첫째, 앞으로는 5명만 모이면 협동조합을 자유롭게 설립할 수 있다. 지역농협의 경우 1,000명, 생협의 경우 300명이 모여야 설립이 가능하

였다. 이러한 설립기준은 그 동안 소규모 협동조합의 설립을 막는 근본적인 걸림돌로 작용했다. 이번 기본법에서는 이러한 기준을 대폭 낮추었다.

둘째, 금융·신용을 제외한 모든 산업부문에서 협동조합을 설립할 수 있다. 지금까지는 1차산업 및 금융·소비 부문의 협동조합만 설립이 가능했다. 그러나 이미 2·3차산업 비중이 절대적으로 커졌고 산업이 고도화됨으로써, 새로운 산업분야에서의 협동조합 설립이 요구되고 있다. 이번 기본법은 이러한 요구를 전적으로 반영했다.

셋째, 사회적협동조합을 설립할 수 있게 됐다. 전통적협동조합과 달리, 사회적협동조합은 취약계층 고용 등 사회적 목적 실현을 우선시하고 다양한 이해관계자를 조합원으로 한다. 따라서 사회적협동조합은 100년이 넘는 협동조합 역사에서 비교적 최근 발달한 협동조합 형태이다. 이번 기본법을 통해 사회적협동조합을 설립할 수 있게 됨으로써, 협동조합 법제를 현대적으로 정비하게 됐다.

아쉬움이 없는 것은 아니다. 협동조합 설립인원을 3명으로 더욱 낮추고, 제한적으로라도 공제사업을 할 수 있도록 하며, 공직선거관여금지·선거운동제한 등 불필요한 조항을 없애는 것 등은 향후의 과제로 남아 있다.

그간 적절한 법인격이 없음에도 주식회사, 유한회사, 비영리법인 등 다양한 형태의 조직으로 협동조합 운동을 실천해 온 본인은 적극적으로 활용할 방안을 검토 중이다. 아울러 협동조합 원칙과 가치에 보다 충실할 수 있도록 협동조합기본법 시대를 만들어갈 것을 약속한다.

협동조합기본법

[시행 2012.12. 1] [법률 제11211호, 2012. 1.26, 제정]

제1장 총 칙

제1조(목적) 이 법은 협동조합의 설립·운영 등에 관한 기본적인 사항을 규정함으로써 자주적·자립적·자치적인 협동조합 활동을 촉진하고, 사회통합과 국민경제의 균형 있는 발전에 기여함을 목적으로 한다.

제2조(정의) 이 법에서 사용하는 용어의 뜻은 다음과 같다.

1. "협동조합"이란 재화 또는 용역의 구매·생산·판매·제공 등을 협동으로 영위함으로써 조합원의 권익을 향상하고 지역 사회에 공헌하고자 하는 사업조직을 말한다.
2. "협동조합연합회"란 협동조합의 공동이익을 도모하기 위하여 제1호에 따라 설립된 협동조합의 연합회를 말한다.
3. "사회적협동조합"이란 제1호의 협동조합 중 지역주민들의 권익·복리 증진과 관련된 사업을 수행하거나 취약계층에게 사회서비스 또는 일자리를 제공하는 등 영리를 목적으로 하지 아니하는 협동조합을 말한다.
4. "사회적협동조합연합회"란 사회적협동조합의 공동이익을 도모하기 위하여 제3호에 따라 설립된 사회적협동조합의 연합회를 말한다.

제3조(명칭) ① 협동조합은 협동조합이라는 문자를, 협동조합연합회는 협동조합연합회라는 문자를, 사회적협동조합은 사회적협동조합이라는 문자를, 사회적협동조합연합회는 사회적협동조합연합회라는 문자를 각각 명칭에 사용하여야 한다.

② 이 법에 따라 설립되는 협동조합과 협동조합연합회(이하 "협동조합등"이라 한다) 및 이 법에 따라 설립되는 사회적협동조합과 사회적협동조합연합회(이하 "사회적협동조합등"이라 한다)는 대통령령으로 정하는 바에 따라 다른 협동조합등 및 사회적협동조합등의 명칭과 중복되거나 혼동되는 명칭을 사용하여서는 아니 된다.

③ 이 법에 따라 설립된 협동조합등 및 사회적협동조합등이 아니면 제1항에 따른 문자를 명칭에 사용할 수 없다.

제4조(법인격과 주소) ① 협동조합등은 법인으로 한다.

② 사회적협동조합등은 비영리법인으로 한다.

③ 협동조합등 및 사회적협동조합등의 주소는 그 주된 사무소의 소재지로 하고, 정관으로 정하는 바에 따라 필요한 곳에 지사무소를 둘 수 있다.

제5조(설립 목적) 협동조합등 및 사회적협동조합등은 구성원(협동조합의 경우 조합원을, 연합회의 경우 회원을 말한다. 이하 "조합원등"이라 한다)의 복리 증진과 상부상조를 목적으로 하며, 조합원등의 경제적·사회적·문화적 수요에 부응하여야 한다.

제6조(기본원칙) ① 협동조합등 및 사회적협동조합등은 그 업무 수행 시 조합원등을 위하여 최대한 봉사하여야 한다.

② 협동조합등 및 사회적협동조합등은 자발적으로 결성하여 공동으로 소유하고 민주적으로 운영되어야 한다.

③ 협동조합등 및 사회적협동조합등은 투기를 목적으로 하는 행위와 일부 조합원등의 이익만을 목적으로 하는 업무와 사업을 하여서는 아니 된다.

제7조(협동조합등의 책무) 협동조합등 및 사회적협동조합등은 조합원등의 권익 증진을 위하여 교육·훈련 및 정보 제공 등의 활동을 적극적으로 수행하여야 한다.

제8조(다른 협동조합 등과의 협력) ① 협동조합등 및 사회적협동조합등은 다른 협동조합, 다른 법률에 따른 협동조합, 외국의 협동조합 및 관련 국제기구 등과의 상호 협력, 이해 증진 및 공동사업 개발 등을 위하여 노력하여야 한다.

② 협동조합등 및 사회적협동조합등은 제1항의 목적 달성을 위하여 필요한 경우에는 다른 협동조합, 다른 법률에 따른 협동조합 등과 협의회를 구성·운영할 수 있다.

제9조(공직선거 관여 금지) ① 협동조합등 및 사회적협동조합등은 공직선거에서 특정 정당을 지지·반대하는 행위 또는 특정인을 당선되도록 하거나 당선되지 아니하도록 하는 행위를 하여서는 아니 된다.

② 누구든지 협동조합등 및 사회적협동조합등을 이용하여 제1항에 따른 행위를 하여서는 아니 된다.

제10조(국가 및 공공단체의 협력 등) ① 국가 및 공공단체는 협동조합등 및 사회적협동조합등의 자율성을 침해하여서는 아니 된다.

② 국가 및 공공단체는 협동조합등 및 사회적협동조합등의 사업에 대하여 적극적으로 협조하여야 하고, 그 사업에 필요한 자금 등을 지원할 수

있다.

③ 국가 및 공공단체는 협동조합등 및 사회적협동조합등의 의견을 듣고 그 의견이 반영되도록 노력하여야 한다.

제11조(협동조합에 관한 정책) ① 기획재정부장관은 협동조합에 관한 정책을 총괄하고 협동조합의 자율적인 활동을 촉진하기 위한 기본계획을 수립한다.

② 기획재정부장관은 제1항에 따라 협동조합에 관한 정책을 총괄하고 기본계획을 수립함에 있어 관계 중앙행정기관의 장과 협의하여야 하고, 특별시장 · 광역시장 · 특별자치시장 · 도지사 · 특별자치도지사(이하 "시 · 도지사"라 한다)의 의견을 요청할 수 있다.

③ 제1항 및 제2항에 따른 협동조합에 관한 정책 총괄 및 기본계획의 수립과 인가 · 감독 등에 관한 사항의 협의 · 조정 등을 위하여 필요한 사항은 대통령령으로 정한다.

④ 기획재정부장관은 협동조합의 활동현황 · 자금 · 인력 및 경영 등에 관한 실태파악을 위하여 3년마다 실태조사를 실시한 후 그 결과를 공표하고, 국회 소관 상임위원회에 보고하여야 한다.

⑤ 관계 중앙행정기관의 장 또는 시 · 도지사는 제4항에 따른 실태조사를 위하여 필요한 자료를 기획재정부장관에게 제출하여야 한다.

제12조(협동조합의 날) ① 국가는 협동조합에 대한 이해를 증진시키고 협동조합의 활동을 장려하기 위하여 매년 7월 첫째 토요일을 협동조합의 날로 지정하며, 협동조합의 날 이전 1주간을 협동조합 주간으로 지정한다.

② 국가와 지방자치단체는 협동조합의 날의 취지에 적합한 행사 등 사업을 실시하도록 노력하여야 한다.

제13조(다른 법률과의 관계) ① 다른 법률에 따라 설립되었거나 설립되는 협동조합에 대하여는 이 법을 적용하지 아니한다.

② 협동조합의 설립 및 육성과 관련되는 다른 법령을 제정하거나 개정하는 경우에는 이 법의 목적과 원칙에 맞도록 하여야 한다.

③ 대통령령으로 정하는 요건에 해당하는 협동조합등 및 사회적협동조합등의 행위에 대하여는 「독점규제 및 공정거래에 관한 법률」을 적용하지 아니한다. 다만, 불공정거래행위 등 일정한 거래분야에서 부당하게 경쟁을 제한하는 경우에는 그러하지 아니하다.

제14조(다른 법률의 준용) ① 제4조제1항의 협동조합등에 관하여 이 법에서 규정한 사항 외에는 「상법」 제1편 총칙, 제2편 상행위, 제3편제3장의2 유한책임회사에 관한 규정을 준용한다. 이 경우 "상인"은 "협동조합

등"으로, "사원"은 "조합원등"으로 본다.

② 제4조제2항의 사회적협동조합등에 관하여 이 법에서 규정한 사항 외에는 「민법」 제1편제3장 법인에 관한 규정을 준용한다. 이 경우 "사단법인"은 "사회적협동조합등"으로, "사원"은 "조합원등"으로, "허가"는 "인가"로 본다.

제2장 협동조합

제1절 설 립

제15조(설립신고 등) ① 협동조합을 설립하고자 하는 때에는 5인 이상의 조합원 자격을 가진 자가 발기인이 되어 정관을 작성하고 창립총회의 의결을 거친 후 주된 사무소의 소재지를 관할하는 시·도지사에게 신고하여야 한다.

② 창립총회의 의사는 창립총회 개의 전까지 발기인에게 설립동의서를 제출한 자 과반수의 출석과 출석자 3분의 2 이상의 찬성으로 의결한다.

③ 시·도지사는 제1항에 따라 협동조합의 설립신고를 받은 때에는 즉시 기획재정부장관에게 그 사실을 통보하여야 한다.

제16조(정관) ① 협동조합의 정관에는 다음 각 호의 사항이 포함되어야 한다.

1. 목적
2. 명칭 및 주된 사무소의 소재지
3. 조합원 및 대리인의 자격
4. 조합원의 가입, 탈퇴 및 제명에 관한 사항
5. 출자 1좌의 금액과 납입 방법 및 시기, 조합원의 출자좌수 한도
6. 조합원의 권리와 의무에 관한 사항
7. 잉여금과 손실금의 처리에 관한 사항
8. 적립금의 적립방법 및 사용에 관한 사항
9. 사업의 범위 및 회계에 관한 사항
10. 기관 및 임원에 관한 사항
11. 공고의 방법에 관한 사항
12. 해산에 관한 사항
13. 출자금의 양도에 관한 사항
14. 그 밖에 총회·이사회의 운영 등에 필요한 사항

② 협동조합의 정관의 변경은 설립신고를 한 시·도지사에게 신고를 하

여야 그 효력이 발생한다.

제17조(규약 또는 규정) 협동조합의 운영 및 사업실시에 필요한 사항으로서 정관으로 정하는 것을 제외하고는 규약 또는 규정으로 정할 수 있다.

제18조(설립사무의 인계와 출자납입) ① 발기인은 제15조제1항에 따라 설립신고를 하면 지체 없이 그 사무를 이사장에게 인계하여야 한다.

② 제1항에 따라 이사장이 그 사무를 인수하면 기일을 정하여 조합원이 되려는 자에게 출자금을 납입하게 하여야 한다.

③ 현물출자자는 제2항에 따른 납입기일 안에 출자 목적인 재산을 인도하고 등기·등록, 그 밖의 권리의 이전에 필요한 서류를 구비하여 협동조합에 제출하여야 한다.

제19조(협동조합의 설립) ① 협동조합은 주된 사무소의 소재지에서 제61조에 따른 설립등기를 함으로써 성립한다.

② 협동조합의 설립 무효에 관하여는 「상법」 제328조를 준용한다.

제 2 절 조합원

제20조(조합원의 자격) 조합원은 협동조합의 설립 목적에 동의하고 조합원으로서의 의무를 다하고자 하는 자로 한다.

제21조(가입) ① 협동조합은 정당한 사유 없이 조합원의 자격을 갖추고 있는 자에 대하여 가입을 거절하거나 가입에 있어 다른 조합원보다 불리한 조건을 붙일 수 없다.

② 협동조합은 제1항에도 불구하고 정관으로 정하는 바에 따라 협동조합의 설립 목적 및 특성에 부합되는 자로 조합원의 자격을 제한할 수 있다.

제22조(출자 및 책임) ① 조합원은 정관으로 정하는 바에 따라 1좌 이상을 출자하여야 한다. 다만, 필요한 경우 정관으로 정하는 바에 따라 현물을 출자할 수 있다.

② 조합원 1인의 출자좌수는 총 출자좌수의 100분의 30을 넘어서는 아니 된다.

③ 조합원이 납입한 출자금은 질권의 목적이 될 수 없다.

④ 협동조합에 납입할 출자금은 협동조합에 대한 채권과 상계하지 못한다.

⑤ 조합원의 책임은 납입한 출자액을 한도로 한다.

제23조(의결권 및 선거권) ① 조합원은 출자좌수에 관계없이 각각 1개의 의결권과 선거권을 가진다.

② 조합원은 대리인으로 하여금 의결권 또는 선거권을 행사하게 할 수 있다. 이 경우 그 조합원은 출석한 것으로 본다.

③ 제2항에 따른 대리인은 다른 조합원 또는 본인과 동거하는 가족(조합원의 배우자, 조합원 또는 그 배우자의 직계 존속·비속과 형제자매, 조합원의 직계 존속·비속 및 형제자매의 배우자를 말한다. 이하 같다)이어야 하며, 대리인이 대리할 수 있는 조합원의 수는 1인에 한한다.

④ 제2항에 따른 대리인은 정관으로 정하는 바에 따라 대리권을 증명하는 서면을 협동조합에 제출하여야 한다.

제24조(탈퇴) ① 조합원은 정관으로 정하는 바에 따라 협동조합에 탈퇴의 사를 알리고 탈퇴할 수 있다.

② 조합원이 다음 각 호의 어느 하나에 해당하면 당연히 탈퇴된다.

1. 조합원의 자격이 없는 경우
2. 사망한 경우
3. 파산한 경우
4. 금치산선고를 받은 경우
5. 조합원인 법인이 해산한 경우
6. 그 밖에 정관으로 정하는 사유에 해당하는 경우

③ 조합원지위의 양도 또는 조합원지분의 양도는 총회의 의결을 받아야 한다.

제25조(제명) ① 협동조합은 조합원이 다음 각 호의 어느 하나에 해당하면 해당 조합원을 제명할 수 있다.

1. 정관으로 정한 기간 이상 협동조합의 사업을 이용하지 아니한 경우
2. 출자 및 경비의 납입 등 협동조합에 대한 의무를 이행하지 아니한 경우
3. 그 밖에 정관으로 정하는 사유에 해당하는 경우

② 협동조합은 제1항에 따라 조합원을 제명하고자 할 때에는 총회 개최 10일 전까지 해당 조합원에게 제명사유를 알리고, 총회에서 의견을 진술할 기회를 주어야 한다.

③ 제2항에 따른 의견진술의 기회를 주지 아니하고 행한 총회의 제명 의결은 해당 조합원에게 대항하지 못한다.

제26조(지분환급청구권과 환급정지) ① 탈퇴 조합원(제명된 조합원을 포함한다. 이하 이 조와 제27조에서 같다)은 탈퇴(제명을 포함한다. 이하 이 조와 제27조에서 같다) 당시 회계연도의 다음 회계연도부터 정관으로 정하는 바에 따라 그 지분의 환급을 청구할 수 있다.

② 제1항에 따른 지분은 탈퇴한 회계연도 말의 협동조합의 자산과 부채에 따라 정한다.

③ 제1항에 따른 청구권은 2년간 행사하지 아니하면 시효로 인하여 소멸된다.

④ 협동조합은 탈퇴 조합원이 협동조합에 대한 채무를 다 갚을 때까지는 제1항에 따른 지분의 환급을 정지할 수 있다.

제27조(탈퇴 조합원의 손실액 부담) 협동조합은 협동조합의 재산으로 그 채무를 다 갚을 수 없는 경우에는 제26조에 따른 지분의 환급분을 계산할 때 정관으로 정하는 바에 따라 탈퇴 조합원이 부담하여야 할 손실액의 납입을 청구할 수 있다. 이 경우 제26조제3항을 준용한다.

제3절 기 관

제28조(총회) ① 협동조합에 총회를 둔다.

② 총회는 이사장과 조합원으로 구성한다.

③ 이사장은 총회를 소집하며, 총회의 의장이 된다.

④ 정기총회는 매년 1회 정관으로 정하는 시기에 소집하고, 임시총회는 정관으로 정하는 바에 따라 필요하다고 인정될 때 소집할 수 있다.

⑤ 이사장은 총회 개최 7일 전까지 회의목적·안건·일시 및 장소를 정하여 정관으로 정한 방법에 따라 총회소집을 통지하여야 한다.

제29조(총회의 의결사항 등) ① 다음 각 호의 사항은 총회의 의결을 받아야 한다.

1. 정관의 변경
2. 규약의 제정·변경 또는 폐지
3. 임원의 선출과 해임
4. 사업계획 및 예산의 승인
5. 결산보고서의 승인
6. 감사보고서의 승인
7. 협동조합의 합병·분할·해산 또는 휴업
8. 조합원의 제명
9. 총회의 의결을 받도록 정관으로 정하는 사항
10. 그 밖에 이사장 또는 이사회가 필요하다고 인정하는 사항

② 제1항제1호, 제7호, 제8호의 사항은 총조합원 과반수의 출석과 출석자 3분의 2 이상의 찬성으로 의결하며, 그 밖의 사항은 총조합원 과반수의 출석과 출석자 과반수의 찬성으로 의결한다.

제30조(총회의 의사록) ① 총회의 의사에 관하여 의사록을 작성하여야 한다.

② 의사록에는 의사의 진행 상황과 그 결과를 적고 의장과 총회에서 선출한 조합원 3인 이상이 기명날인하거나 서명하여야 한다.

제31조(대의원총회) ① 조합원 수가 대통령령으로 정하는 수를 초과하는

경우 총회를 갈음하는 대의원총회를 둘 수 있다.

② 대의원총회는 조합원 중에서 선출된 대의원으로 구성한다.

③ 대의원의 의결권 및 선거권은 대리인으로 하여금 행사하게 할 수 없다.

④ 대의원총회에 관하여는 총회에 관한 규정을 준용하며, 이 경우 "조합원"은 "대의원"으로 본다. 다만, 대의원총회는 협동조합의 합병·분할 및 해산에 관한 사항은 의결할 수 없다.

제32조(이사회) ① 협동조합에 이사회를 둔다.

② 이사회는 이사장 및 이사로 구성한다.

③ 이사장은 이사회를 소집하고 그 의장이 된다.

④ 이사회는 구성원 과반수의 출석과 출석원 과반수의 찬성으로 의결하며, 그 밖에 이사회의 개의 및 의결방법 등 이사회의 운영에 관하여 필요한 사항은 정관으로 정한다.

제33조(이사회의 의결사항) 이사회는 다음 각 호의 사항을 의결한다.

1. 협동조합의 재산 및 업무집행에 관한 사항
2. 총회의 소집과 총회에 상정할 의안
3. 규정의 제정·변경 및 폐지
4. 사업계획 및 예산안 작성
5. 법령 또는 정관으로 이사회의 의결을 받도록 정하는 사항
6. 그 밖에 협동조합의 운영에 중요한 사항 또는 이사장이 부의하는 사항

제34조(임원) ① 협동조합에 임원으로서 이사장 1명을 포함한 3명 이상의 이사와 1명 이상의 감사를 둔다.

② 이사의 정수 및 이사·감사의 선출방법 등은 정관으로 정한다.

③ 이사장은 이사 중에서 정관으로 정하는 바에 따라 총회에서 선출한다.

제35조(임원의 임기 등) ① 임원의 임기는 4년의 범위에서 정관으로 정한다.

② 임원은 연임할 수 있다. 다만, 이사장은 2차에 한하여 연임할 수 있다.

③ 결원으로 인하여 선출된 임원의 임기는 전임자의 임기종료일까지로 한다.

제36조(임원의 결격사유) ① 다음 각 호의 어느 하나에 해당하는 사람은 협동조합의 임원이 될 수 없다.

1. 금치산자
2. 한정치산자

3. 파산선고를 받고 복권되지 아니한 사람
4. 금고 이상의 실형을 선고받고 그 집행이 끝나거나(집행이 끝난 것으로 보는 경우를 포함한다) 집행이 면제된 날부터 3년이 지나지 아니한 사람
5. 금고 이상의 형의 집행유예를 선고받고 그 유예기간 중에 있거나 유예기간이 끝난 날부터 2년이 지나지 아니한 사람
6. 금고 이상의 형의 선고유예를 받고 그 선고유예기간 중에 있는 사람
7. 법원의 판결 또는 다른 법률에 따라 자격이 상실 또는 정지된 사람

② 제1항 각 호의 사유가 발생하면 해당 임원은 당연히 퇴직된다.

③ 제2항에 따라 퇴직된 임원이 퇴직 전에 관여한 행위는 그 효력을 상실하지 아니한다.

제37조(선거운동의 제한) ① 누구든지 자기 또는 특정인을 협동조합의 임원 또는 대의원으로 당선되도록 하거나 당선되지 아니하도록 할 목적으로 다음 각 호의 어느 하나에 해당하는 행위를 할 수 없다.

1. 조합원(협동조합에 가입신청을 한 자를 포함한다. 이하 이 조에서 같다)이나 그 가족 또는 조합원이나 그 가족이 설립·운영하고 있는 기관·단체·시설에 대한 다음 각 목의 어느 하나에 해당하는 행위
   가. 금전·물품·향응이나 그 밖의 재산상의 이익을 제공하는 행위
   나. 공사의 직을 제공하는 행위
   다. 금전·물품·향응, 그 밖의 재산상의 이익이나 공사의 직을 제공하겠다는 의사표시 또는 그 제공을 약속을 하는 행위
2. 후보자가 되지 못하도록 하거나 후보자를 사퇴하게 할 목적으로 후보자가 되려는 사람이나 후보자에게 제1호 각 목에 규정된 행위를 하는 행위
3. 제1호 또는 제2호의 이익이나 직을 제공받거나 그 제공의 의사표시를 승낙하는 행위 또는 그 제공을 요구하거나 알선하는 행위

② 임원 또는 대의원이 되려는 사람은 정관으로 정하는 기간 중에는 선거운동을 위하여 조합원을 호별로 방문하거나 특정 장소에 모이게 할 수 없다.

③ 누구든지 협동조합의 임원 또는 대의원 선거와 관련하여 연설·벽보, 그 밖의 방법으로 거짓의 사실을 공표하거나 공연히 사실을 적시하여 후보자를 비방할 수 없다.

④ 누구든지 임원 또는 대의원 선거와 관련하여 다음 각 호의 방법 중 정관으로 정하는 행위 외의 선거운동을 할 수 없다.

1. 선전 벽보의 부착

2. 선거 공보의 배부
3. 소형 인쇄물의 배부
4. 합동 연설회 또는 공개 토론회의 개최
5. 전화·컴퓨터통신을 이용한 지지 호소

제38조(선거관리위원회의 구성·운영) ① 협동조합은 임원 및 대의원 선거를 공정하게 관리하기 위하여 선거관리위원회를 구성·운영할 수 있다.

② 선거관리위원회의 기능·구성 및 운영 등에 관하여 필요한 사항은 정관으로 정할 수 있다.

제39조(임원의 의무와 책임) ① 임원은 이 법, 이 법에 따른 명령, 정관·규약·규정 및 총회와 이사회의 의결을 준수하고 협동조합을 위하여 성실히 그 직무를 수행하여야 한다.

② 임원이 법령 또는 정관을 위반하거나 그 임무를 게을리하여 협동조합에 손해를 가한 때에는 연대하여 그 손해를 배상하여야 한다.

③ 임원이 고의 또는 중대한 과실로 그 임무를 게을리하여 제3자에게 손해를 끼친 때에는 제3자에게 연대하여 그 손해를 배상하여야 한다.

④ 제2항 및 제3항의 행위가 이사회의 의결에 의한 것일 때에는 그 의결에 찬성한 이사도 제2항 및 제3항의 책임이 있다.

⑤ 제4항의 의결에 참가한 이사로서 명백한 반대의사를 표시하지 아니한 자는 그 의결에 찬성한 것으로 본다.

제40조(임원의 해임) ① 조합원은 조합원 5분의 1 이상의 동의로 총회에 임원의 해임을 요구할 수 있다.

② 임원의 해임을 의결하려면 해당 임원에게 해임의 이유를 알리고, 총회에서 의견을 진술할 기회를 주어야 한다.

제41조(이사장 및 이사의 직무) ① 이사장은 협동조합을 대표하고 정관으로 정하는 바에 따라 협동조합의 업무를 집행한다.

② 이사는 정관으로 정하는 바에 따라 협동조합의 업무를 집행하고, 이사장이 사고가 있을 때에는 정관으로 정하는 순서에 따라 그 직무를 대행한다.

③ 제2항의 경우와 이사장이 권한을 위임한 경우를 제외하고는 이사장이 아닌 이사는 협동조합을 대표할 수 없다.

제42조(감사의 직무) ① 감사는 협동조합의 업무집행상황, 재산상태, 장부 및 서류 등을 감사하여 총회에 보고하여야 한다.

② 감사는 예고 없이 협동조합의 장부나 서류를 대조·확인할 수 있다.

③ 감사는 이사장 및 이사가 이 법, 이 법에 따른 명령, 정관·규약·규정 또는 총회의 의결에 반하여 업무를 집행한 때에는 이사회에 그 시정

을 요구하여야 한다.

④ 감사는 총회 또는 이사회에 출석하여 의견을 진술할 수 있다.

제43조(감사의 대표권) 협동조합이 이사장을 포함한 이사와 소송을 하는 때에는 감사가 협동조합을 대표한다.

제44조(임직원의 겸직금지) ① 이사장은 다른 협동조합의 이사장을 겸직할 수 없다.

② 이사장을 포함한 이사와 직원은 감사를 겸직할 수 없다.

③ 임원은 해당 협동조합의 직원을 겸직할 수 없다. 다만, 사업의 성격, 조합원 구성 등을 감안하여 대통령령으로 정하는 바에 따라 임원과 직원을 겸직할 수 있다.

제4절 사 업

제45조(사업) ① 협동조합은 설립 목적을 달성하기 위하여 필요한 사업을 자율적으로 정관으로 정하되, 다음 각 호의 사업은 포함하여야 한다.

1. 조합원과 직원에 대한 상담, 교육·훈련 및 정보 제공 사업
2. 협동조합 간 협력을 위한 사업
3. 협동조합의 홍보 및 지역사회를 위한 사업

② 협동조합의 사업은 관계 법령에서 정하는 목적·요건·절차·방법 등에 따라 적법하고 타당하게 시행되어야 한다.

③ 협동조합은 제1항과 제2항에도 불구하고 「통계법」 제22조제1항에 따라 통계청장이 고시하는 한국표준산업분류에 의한 금융 및 보험업을 영위할 수 없다.

제46조(사업의 이용) ① 협동조합은 조합원이 아닌 자에게 협동조합의 사업을 이용하게 하여서는 아니 된다.

② 협동조합은 제1항에도 불구하고, 조합원이 이용하는 데에 지장이 없는 범위에서 대통령령으로 정하는 바에 따라 조합원이 아닌 자에게 그 사업을 이용하게 할 수 있다.

제5절 회 계

제47조(회계연도 등) ① 협동조합의 회계연도는 정관으로 정한다.

② 협동조합의 회계는 일반회계와 특별회계로 구분하되, 각 회계별 사업부문은 정관으로 정한다.

제48조(사업계획서와 수지예산서) 협동조합은 매 회계연도의 사업계획서와 수지예산서를 작성하여 총회의 의결을 받아야 한다.

제49조(운영의 공개) ① 협동조합은 결산결과의 공고 등 운영사항을 적극

공개하여야 한다.

② 협동조합은 정관·규약·규정, 총회·이사회 의사록, 회계장부 및 조합원 명부를 주된 사무소에 비치하여야 한다.

③ 협동조합의 채권자 및 조합원은 제2항의 서류를 열람하거나 그 사본을 청구할 수 있다.

④ 대통령령으로 정하는 일정 규모 이상의 협동조합은 설립신고를 한 특별시·광역시·특별자치시·도·특별자치도 또는 협동조합연합회의 홈페이지에 주요 경영공시자료를 게재하여야 한다.

제50조(법정적립금 및 임의적립금) ① 협동조합은 매 회계연도 결산의 결과 잉여금이 있는 때에는 자기자본의 3배가 될 때까지 잉여금의 100분의 10 이상을 적립(이하 "법정적립금"이라 한다)하여야 한다.

② 협동조합은 정관으로 정하는 바에 따라 사업준비금 등을 적립(이하 "임의적립금"이라 한다)할 수 있다.

③ 협동조합은 손실의 보전에 충당하거나 해산하는 경우 외에는 법정적립금을 사용하여서는 아니 된다.

제51조(손실금의 보전과 잉여금의 배당) ① 협동조합은 매 회계연도의 결산 결과 손실금(당기손실금을 말한다)이 발생하면 미처분이월금, 임의적립금, 법정적립금의 순으로 이를 보전하고, 보전 후에도 부족이 있을 때에는 이를 다음 회계연도에 이월한다.

② 협동조합이 제1항에 따른 손실금을 보전하고 제50조에 따른 법정적립금 및 임의적립금 등을 적립한 이후에는 정관으로 정하는 바에 따라 조합원에게 잉여금을 배당할 수 있다.

③ 제2항에 따른 잉여금 배당의 경우 협동조합사업 이용실적에 대한 배당은 전체 배당액의 100분의 50 이상이어야 하고, 납입출자액에 대한 배당은 납입출자금의 100분의 10을 초과하여서는 아니 된다.

제52조(결산보고서의 승인) ① 협동조합은 정기총회일 7일 전까지 결산보고서(사업보고서, 대차대조표, 손익계산서, 잉여금처분안 또는 손실금처리안 등을 말한다)를 감사에게 제출하여야 한다.

② 협동조합은 제1항에 따른 결산보고서와 감사의 의견서를 정기총회에 제출하여 승인을 받아야 한다.

제53조(출자감소의 의결) ① 협동조합은 출자 1좌 금액의 감소를 의결하면 의결한 날부터 14일 이내에 대차대조표를 작성하여야 한다.

② 협동조합은 제1항의 기간에 채권자에 대하여 이의가 있으면 일정한 기간에 신청하여야 할 것을 공고함과 동시에 이미 알고 있는 채권자에 대하여는 개별적으로 최고하여야 한다.

③ 제2항에 따른 이의신청 기간은 30일 이상으로 하여야 한다.

제54조(출자감소에 대한 채권자의 이의) ① 채권자가 제53조제2항에 따른 이의신청 기간에 이의를 신청하지 아니하면 출자 1좌의 금액의 감소를 승인한 것으로 본다.

② 채권자가 이의를 신청하면 협동조합은 채무를 변제하거나 상당한 담보를 제공하여야 한다.

제55조(출자지분 취득금지 등) 협동조합은 조합원의 출자지분을 취득하거나 이를 질권의 목적으로 하여서는 아니 된다.

제6절 합병 · 분할 · 해산 및 청산

제56조(합병 및 분할) ① 협동조합은 합병계약서 또는 분할계획서를 작성한 후 총회의 의결을 받아 합병 또는 분할할 수 있다.

② 협동조합이 합병할 경우 합병 후 존속하는 협동조합은 합병신고를, 분할 후 새로 설립되는 협동조합은 설립신고를, 합병으로 소멸되는 협동조합은 해산신고를 각 사무소의 소재지에서 하여야 한다.

③ 합병 또는 분할로 인하여 존속하거나 설립되는 협동조합은 합병 또는 분할로 소멸되는 협동조합의 권리 · 의무를 승계한다.

④ 제1항에 따라 설립되는 협동조합에 대하여는 제15조부터 제17조까지의 규정을 준용한다.

⑤ 협동조합은 이 법에 따른 협동조합 이외의 법인, 단체 및 협동조합 등과 합병하거나 이 법에 따른 협동조합 이외의 법인, 단체 및 협동조합 등으로 분할할 수 없다.

⑥ 협동조합의 합병 및 분할에 관하여는 제53조 및 제54조를 준용한다.

제57조(해산) ① 협동조합은 다음 각 호의 어느 하나에 해당하는 사유로 해산한다.

1. 정관으로 정한 해산 사유의 발생
2. 총회의 의결
3. 합병 · 분할 또는 파산

② 협동조합이 해산한 때에는 청산인은 파산의 경우를 제외하고는 그 취임 후 14일 이내에 설립신고를 한 시 · 도지사에게 신고하여야 한다.

제58조(청산인) ① 협동조합이 해산하면 파산으로 인한 경우 외에는 이사장이 청산인이 된다. 다만, 총회에서 다른 사람을 청산인으로 선임하였을 경우에는 그에 따른다.

② 청산인은 취임 후 지체 없이 협동조합의 재산상태를 조사하고 재산목록과 대차대조표를 작성한 다음 재산처분의 방법을 정하여 총회의 승인

을 받아야 한다.

③ 청산사무가 종결된 때에는 청산인은 지체 없이 결산보고서를 작성하여 총회의 승인을 받아야 한다.

④ 제2항 및 제3항의 경우 총회를 2회 이상 소집하여도 총회가 구성되지 아니할 때에는 출석조합원 3분의 2 이상의 찬성이 있으면 총회의 승인이 있은 것으로 본다.

제59조(잔여재산의 처리) 협동조합이 해산할 경우 채무를 변제하고 잔여재산이 있을 때에는 정관으로 정하는 바에 따라 이를 처분한다.

제60조(「민법」 등의 준용) 협동조합의 해산과 청산에 관하여는 「민법」 제79조, 제81조, 제87조, 제88조제1항·제2항, 제89조부터 제92조까지, 제93조제1항·제2항 및 「비송사건절차법」 제121조를 준용한다.

제7절 등 기

제61조(설립등기) ① 협동조합은 출자금의 납입이 끝난 날부터 14일 이내에 주된 사무소의 소재지에서 설립등기를 하여야 한다.

② 설립등기신청서에는 다음 각 호의 사항을 적어야 한다.

1. 제16조제1항제1호와 제2호의 사항
2. 출자 총좌수와 납입한 출자금의 총액
3. 설립신고 연월일
4. 임원의 성명·주민등록번호 및 주소

③ 설립등기를 할 때에는 이사장이 신청인이 된다.

④ 제2항의 설립등기신청서에는 설립신고서, 창립총회의사록 및 정관의 사본을 첨부하여야 한다.

⑤ 합병이나 분할로 인한 협동조합의 설립신고신청서에는 다음 각 호의 서류를 모두 첨부하여야 한다.

1. 제4항에 따른 서류
2. 제53조에 따라 공고하거나 최고한 사실을 증명하는 서류
3. 제54조에 따라 이의를 신청한 채권자에게 변제나 담보를 제공한 사실을 증명하는 서류

제62조(지사무소의 설치등기) 협동조합이 지사무소를 설치하였으면 주된 사무소의 소재지에서는 21일 이내에, 지사무소의 소재지에서는 28일 이내에 등기하여야 한다.

제63조(이전등기) ① 협동조합이 사무소를 이전하였으면 전소재지와 현소재지에서 각각 21일 이내에 이전등기를 하여야 한다.

② 제1항에 따른 등기를 할 때에는 이사장이 신청인이 된다.

제64조(변경등기) ① 협동조합은 제61조제2항 각 호의 사항이 변경되면 주된 사무소 및 해당 지사무소의 소재지에서 각각 21일 이내에 변경등기를 하여야 한다.

② 제61조제2항제2호의 사항에 관한 변경등기는 제1항에도 불구하고 회계연도 말을 기준으로 그 회계연도가 끝난 후 1개월 이내에 등기하여야 한다.

③ 제1항과 제2항에 따른 변경등기를 할 때에는 이사장이 신청인이 된다.

④ 제3항에 따른 등기신청서에는 등기 사항의 변경을 증명하는 서류를 첨부하여야 한다.

⑤ 출자감소, 합병 또는 분할로 인한 변경등기신청서에는 다음 각 호의 서류를 모두 첨부하여야 한다.

1. 제4항에 따른 서류
2. 제53조에 따라 공고하거나 최고한 사실을 증명하는 서류
3. 제54조에 따라 이의를 신청한 채권자에게 변제나 담보를 제공한 사실을 증명하는 서류

제65조(합병등기) ① 협동조합이 합병한 경우에는 합병신고를 한 날부터 14일 이내에 그 사무소의 소재지에서 합병 후 존속하는 협동조합은 변경등기를, 합병으로 소멸되는 협동조합은 해산등기를, 합병으로 설립되는 협동조합은 제61조에 따른 설립등기를 각 사무소의 소재지에서 하여야 한다.

② 제1항에 따른 해산등기를 할 때에는 합병으로 소멸되는 협동조합의 이사장이 신청인이 된다.

③ 제2항의 경우에는 해산 사유를 증명하는 서류를 첨부하여야 한다.

제66조(해산등기) ① 협동조합이 해산한 경우에는 합병과 파산의 경우 외에는 주된 사무소의 소재지에서는 14일 이내에, 지사무소의 소재지에서는 21일 이내에 해산등기를 하여야 한다.

② 제1항에 따른 해산등기를 할 때에는 청산인이 신청인이 된다.

③ 해산등기신청서에는 해산 사유를 증명하는 서류를 첨부하여야 한다.

제67조(청산인등기) ① 청산인은 그 취임일부터 14일 이내에 주된 사무소의 소재지에서 그 성명·주민등록번호 및 주소를 등기하여야 한다.

② 제1항에 따른 등기를 할 때 이사장이 청산인이 아닌 경우에는 신청인의 자격을 증명하는 서류를 첨부하여야 한다.

제68조(청산종결등기) ① 청산이 끝나면 청산인은 주된 사무소의 소재지에서는 14일 이내에, 지사무소의 소재지에서는 21일 이내에 청산종결의 등

기를 하여야 한다.

② 제1항에 따른 등기신청서에는 제58조제3항에 따른 결산보고서의 승인을 증명하는 서류를 첨부하여야 한다.

제69조(등기부) 등기소는 협동조합등기부를 갖추어 두어야 한다.

제70조(「비송사건절차법」 등의 준용) 협동조합의 등기에 관하여 이 법에서 정한 사항 외에는 「비송사건절차법」 및 「상업등기법」 중 등기에 관한 규정을 준용한다.

제 3 장 협동조합연합회

제 1 절 설 립

제71조(설립신고 등) ① 협동조합연합회(이하 "연합회"라 한다)를 설립하고자 하는 때에는 회원 자격을 가진 셋 이상의 협동조합이 발기인이 되어 정관을 작성하고 창립총회의 의결을 거친 후 기획재정부장관에게 신고하여야 한다.

② 창립총회의 의사는 창립총회 개의 전까지 발기인에게 설립동의서를 제출한 협동조합 과반수의 출석과 출석자 3분의 2 이상의 찬성으로 의결한다.

제72조(준용규정) 연합회의 설립에 관하여는 제16조부터 제19조까지의 규정을 준용한다. 이 경우 "협동조합"은 "연합회"로, "조합원"은 "회원"으로, "시·도지사"는 "기획재정부장관"으로 보고, 제16조제1항제3호 중 "조합원 및 대리인"은 "회원"으로 본다.

제 2 절 회 원

제73조(회원의 자격) ① 연합회의 회원은 연합회의 설립 목적에 동의하고 회원으로서의 의무를 다하고자 하는 협동조합으로 한다.

② 연합회는 정관으로 정하는 바에 따라 회원의 자격을 제한할 수 있다.

제74조(탈퇴) ① 회원은 정관으로 정하는 바에 따라 연합회에 탈퇴 의사를 알리고 탈퇴할 수 있다.

② 회원은 다음 각 호의 어느 하나에 해당하면 당연히 탈퇴된다.

1. 회원으로서의 자격을 상실한 경우
2. 해산 또는 파산한 경우
3. 그 밖에 정관으로 정하는 사유에 해당하는 경우

제75조(의결권 및 선거권) 연합회는 회원인 협동조합의 조합원 수, 연합회 사업참여량, 출자좌수 등 정관으로 정하는 바에 따라 회원의 의결권 및

선거권을 차등하여 부여할 수 있다.

제76조(준용규정) 연합회의 회원에 관하여는 제21조, 제22조 및 제25부터 제27조까지의 규정을 준용한다. 이 경우 "협동조합"은 "연합회"로, "조합원"은 "회원"으로 보고, 제22조제2항 중 "조합원 1인"은 "한 회원"으로, "100분의 30"은 "100분의 40"으로 본다.

제3절 기 관

제77조(총회) ① 연합회에 총회를 둔다.

② 총회는 회장과 회원으로 구성한다.

제78조(임원) 임원은 정관으로 정하는 바에 따라 총회에서 회원에 속한 조합원 중에서 선출한다.

제79조(준용규정) 연합회의 기관에 관하여는 제28조제3항부터 제5항까지, 제29조부터 제44조까지의 규정을 준용한다. 이 경우 "협동조합"은 "연합회"로, "이사장"은 "회장"으로, "조합원"은 "회원"으로 보고, 제40조제1항 중 "5분의 1"은 "3분의 1"로 보며, 제29조, 제30조 및 제40조제1항 중 "조합원"은 "대의원"으로 보고, 제37조 중 "조합원"은 "대의원이나 회원에 속한 조합원"으로, "가입신청을 한 자"는 "가입신청을 한 협동조합에 속한 조합원"으로 본다.

제4절 사 업

제80조(사업) ① 연합회는 설립 목적을 달성하기 위하여 필요한 사업을 정관으로 정하되, 다음 각 호의 사업은 포함하여야 한다.

1. 회원에 대한 지도·지원·연락 및 조정에 관한 사업
2. 회원에 속한 조합원 및 직원에 대한 상담, 교육·훈련 및 정보 제공 사업
3. 회원의 사업에 관한 조사·연구 및 홍보 사업

② 연합회의 사업은 관계 법령에서 정하는 목적·요건·절차·방법 등에 따라 적법하고 타당하게 시행되어야 한다.

③ 연합회는 제1항과 제2항에도 불구하고 「통계법」 제22조제1항에 따라 통계청장이 고시하는 한국표준산업분류에 의한 금융 및 보험업을 영위할 수 없다.

제81조(사업의 이용) ① 연합회는 회원이 아닌 자에게 연합회의 사업을 이용하게 하여서는 아니 된다. 다만, 홍보 또는 재고물품의 처리 등 사업의 원활한 운영을 위하여 대통령령으로 정하는 경우에는 그러하지 아니하다.

② 회원인 조합의 조합원이 사업을 이용하는 경우에는 이를 회원이 이용한 것으로 본다.

제5절 회 계

제82조(준용규정) 연합회의 회계에 관하여는 제47조부터 제55조까지의 규정을 준용한다. 이 경우 "협동조합"은 "연합회"로, "조합원"은 "회원"으로 본다.

제6절 합병·분할·해산 및 청산

제83조(준용규정) 연합회의 합병 · 분할 · 해산 및 청산에 관하여는 제56조부터 제60조까지의 규정을 준용한다. 이 경우 "협동조합"은 "연합회"로, "조합원"은 "회원"으로, "시 · 도지사"는 "기획재정부장관"으로 보고, 제56조제4항 중 "제15조부터 제17조까지의 규정"은 "제71조 및 제72조"로 보며, 제58조제4항 중 "조합원"은 "대의원"으로 본다.

제7절 등 기

제84조(준용규정) 연합회의 등기에 관하여는 제61조부터 제70조까지의 규정을 준용한다. 이 경우 "협동조합"은 "연합회"로, "이사장"은 "회장"으로 본다.

제4장 사회적협동조합

제1절 설 립

제85조(설립인가 등) ① 사회적협동조합을 설립하고자 하는 때에는 5인 이상의 조합원 자격을 가진 자가 발기인이 되어 정관을 작성하고 창립총회의 의결을 거친 후 기획재정부장관에게 인가를 받아야 한다.

② 창립총회의 의사는 창립총회 개의 전까지 발기인에게 설립동의서를 제출한 자 과반수의 출석과 출석자 3분의 2 이상의 찬성으로 의결한다.

③ 기획재정부장관은 제1항에 따라 설립인가 신청을 받으면 다음 각 호의 경우 외에는 신청일부터 60일 이내에 인가하여야 한다. 다만, 부득이한 사유로 처리기간 내에 처리하기 곤란한 경우에는 60일 이내에서 1회에 한하여 그 기간을 연장할 수 있다.

1. 설립인가 구비서류가 미비된 경우
2. 설립의 절차, 정관 및 사업계획서의 내용이 법령을 위반한 경우

3. 그 밖에 설립인가 기준에 미치지 못하는 경우

④ 제1항 및 제3항의 설립인가에 관한 신청 절차와 조합원 수, 출자금, 그 밖에 인가에 필요한 기준, 인가 방법에 관한 상세한 사항은 대통령령으로 정한다.

⑤ 제1항 및 제3항의 기획재정부장관의 권한은 사회적협동조합이 수행하는 구체적인 사업 내용, 성격 등을 고려하여 대통령령으로 정하는 바에 따라 관계 중앙행정기관의 장에게 위임할 수 있다.

제86조(정관) ① 사회적협동조합의 정관에는 다음 각 호의 사항이 포함되어야 한다.

1. 목적
2. 명칭 및 주된 사무소의 소재지
3. 조합원 및 대리인의 자격
4. 조합원의 가입, 탈퇴 및 제명에 관한 사항
5. 출자 1좌의 금액과 납입 방법 및 시기, 조합원의 출자좌수 한도
6. 조합원의 권리와 의무에 관한 사항
7. 잉여금과 손실금의 처리에 관한 사항
8. 적립금의 적립방법 및 사용에 관한 사항
9. 사업의 범위 및 회계에 관한 사항
10. 기관 및 임원에 관한 사항
11. 공고의 방법에 관한 사항
12. 해산에 관한 사항
13. 출자금의 양도에 관한 사항
14. 그 밖에 총회·이사회의 운영 등에 관하여 필요한 사항

② 사회적협동조합의 정관의 변경은 기획재정부장관의 인가를 받아야 그 효력이 발생한다.

③ 제2항의 기획재정부장관의 권한은 대통령령으로 정하는 바에 따라 관계 중앙행정기관의 장에게 위임할 수 있다.

제87조(설립사무의 인계와 출자납입) ① 발기인은 제85조제1항에 따라 설립인가를 받으면 지체 없이 그 사무를 이사장에게 인계하여야 한다.

② 제1항에 따라 이사장이 그 사무를 인수하면 기일을 정하여 조합원이 되려는 자에게 출자금을 납입하게 하여야 한다.

③ 현물출자자는 제2항에 따른 납입기일 안에 출자 목적인 재산을 인도하고 등기·등록, 그 밖의 권리의 이전에 필요한 서류를 구비하여 협동조합에 제출하여야 한다.

제88조(준용규정) 사회적협동조합의 설립에 관하여는 제17조 및 제19조를

준용한다. 이 경우 "협동조합"은 "사회적협동조합"으로 보고, 제19조제1항 중 "제61조에 따른 설립등기"는 "제106조에 따른 설립등기"로 본다.

제2절 조합원

제89조(출자금환급청구권과 환급정지) ① 탈퇴 조합원(제명된 조합원을 포함한다. 이하 이 조와 제90조에서 같다)은 탈퇴(제명을 포함한다. 이하 이 조와 제90조에서 같다) 당시 회계연도의 다음 회계연도부터 정관으로 정하는 바에 따라 그 출자금의 환급을 청구할 수 있다.

② 제1항에 따른 청구권은 2년간 행사하지 아니하면 시효로 인하여 소멸된다.

③ 사회적협동조합은 탈퇴 조합원이 사회적협동조합에 대한 채무를 다 갚을 때까지는 제1항에 따른 출자금의 환급을 정지할 수 있다.

제90조(탈퇴 조합원의 손실액 부담) 사회적협동조합은 사회적협동조합의 재산으로 그 채무를 다 갚을 수 없는 경우에는 제89조에 따른 출자금의 환급분을 계산할 때 정관으로 정하는 바에 따라 탈퇴 조합원이 부담하여야 할 손실액의 납입을 청구할 수 있다. 이 경우 제89조제2항을 준용한다.

제91조(준용규정) 사회적협동조합의 조합원에 관하여는 제20조부터 제25조까지의 규정을 준용한다. 이 경우 "협동조합"은 "사회적협동조합"으로 본다.

제3절 기 관

제92조(준용규정) 사회적협동조합의 기관에 관하여는 제28조부터 제44조까지의 규정을 준용한다. 이 경우 "협동조합"은 "사회적협동조합"으로 본다.

제4절 사 업

제93조(사업) ① 사회적협동조합은 다음 각 호의 사업 중 하나 이상을 주 사업으로 하여야 한다.

1. 지역사회 재생, 지역경제 활성화, 지역 주민들의 권익·복리 증진 및 그 밖에 지역사회가 당면한 문제 해결에 기여하는 사업
2. 취약계층에게 복지·의료·환경 등의 분야에서 사회서비스 또는 일자리를 제공하는 사업
3. 국가·지방자치단체로부터 위탁받은 사업
4. 그 밖에 공익증진에 이바지 하는 사업

② 제1항의 "주 사업"이란 목적사업이 협동조합 전체 사업량의 100분의 40 이상인 경우를 의미한다.

제94조(조합원에 대한 소액대출 및 상호부조) ① 사회적협동조합은 제45조 제3항에도 불구하고 상호복리 증진을 위하여 주 사업 이외의 사업으로 정관으로 정하는 바에 따라 조합원을 대상으로 납입 출자금 총액의 한도에서 소액대출과 상호부조를 할 수 있다. 다만, 소액대출은 납입 출자금 총액의 3분의 2를 초과할 수 없다.

② 제1항의 사업에 따른 소액대출 이자율, 대출한도, 상호부조의 범위, 상호부조금, 상호부조계약 및 상호부조회비 등 필요한 세부 사항은 대통령령으로 정한다.

제95조(사업의 이용) ① 사회적협동조합은 조합원이 아닌 자에게 사회적협동조합의 사업을 이용하게 하여서는 아니 된다.

② 사회적협동조합은 제1항에도 불구하고 조합원이 이용하는 데에 지장이 없는 범위에서 대통령령으로 정하는 바에 따라 조합원이 아닌 자에게 그 사업을 이용하게 할 수 있다. 다만, 제94조에 따른 사업의 경우에는 그러하지 아니하다.

③ 보건·의료 사업을 행하는 사회적협동조합은 제1항에도 불구하고 총 공급고의 100분의 50의 범위에서 조합원이 아닌 자에 대하여 보건·의료 서비스를 제공할 수 있다. 이 경우 공급고의 산정기준, 보건·의료 서비스의 제공이 가능한 조합원이 아닌 자의 범위 등 구체적인 사항은 대통령령으로 정한다.

제5절 회 계 등

제96조(운영의 공개) ① 사회적협동조합은 결산결과의 공고 등 운영사항을 적극 공개하여야 한다.

② 사회적협동조합은 정관·규약·규정, 총회·이사회 의사록, 회계장부 및 조합원 명부를 주된 사무소에 비치하여야 한다.

③ 협동조합의 채권자와 조합원은 제2항의 서류를 열람하거나 그 사본을 청구할 수 있다.

④ 사회적협동조합은 기획재정부 또는 사회적협동조합연합회의 홈페이지에 주요 경영공시자료를 게재하여야 한다.

제97조(법정적립금 및 임의적립금) ① 사회적협동조합은 매 회계연도 결산의 결과 잉여금이 있는 때에는 자기자본의 3배가 될 때까지 잉여금의 100분의 30 이상을 법정적립금으로 적립하여야 한다.

② 사회적협동조합은 정관으로 정하는 바에 따라 사업준비금 등을 임의

적립금으로 적립할 수 있다.

③ 사회적협동조합은 손실의 보전에 충당하거나 해산하는 경우 외에는 법정적립금을 사용하여서는 아니 된다.

제98조(손실금의 보전과 잉여금의 배당) ① 사회적협동조합은 매 회계연도의 결산 결과 손실금(당기손실금을 말한다)이 발생하면 미처분이월금, 임의적립금, 법정적립금의 순으로 이를 보전하고, 보전 후에도 부족이 있을 때에는 이를 다음 회계연도에 이월한다.

② 사회적협동조합이 제1항에 따른 손실금을 보전하고 제97조에 따른 법정적립금 등을 적립한 이후에 발생하는 잉여금은 임의적립금으로 적립하여야 하고 이를 조합원에게 배당할 수 없다.

제99조(부과금의 면제) 사회적협동조합의 사업과 재산에 대하여는 국가와 지방자치단체의 조세 외의 부과금을 면제한다.

제100조(준용규정) 사회적협동조합의 회계에 관하여는 제47조, 제48조 및 제52조부터 제55조까지의 규정을 준용한다. 이 경우 "협동조합"은 "사회적협동조합"으로 본다.

제6절 합병·분할·해산 및 청산

제101조(합병 및 분할) ① 사회적협동조합은 합병계약서 또는 분할계획서를 작성한 후 총회의 의결을 받아 합병 또는 분할할 수 있다.

② 사회적협동조합이 합병 또는 분할할 경우 기획재정부장관의 인가를 받아야 한다.

③ 합병 또는 분할로 인하여 존속하거나 설립되는 사회적협동조합은 합병 또는 분할로 소멸되는 사회적협동조합의 권리 · 의무를 승계한다.

④ 제1항에 따라 설립되는 사회적협동조합에 대하여는 제85조, 제86조 및 제88조를 준용한다.

⑤ 제2항의 기획재정부장관의 권한은 사회적협동조합이 수행하는 구체적인 사업 내용, 성격 등을 고려하여 대통령령으로 정하는 바에 따라 관계 중앙행정기관의 장에게 위임할 수 있다.

⑥ 사회적협동조합은 이 법에 따른 사회적협동조합 이외의 법인, 단체 및 협동조합 등과 합병하거나 이 법에 따른 사회적협동조합 이외의 법인, 단체 및 협동조합 등으로 분할할 수 없다.

⑦ 사회적협동조합의 합병 및 분할에 관하여는 제53조 및 제54조를 준용한다.

제102조(해산) ① 사회적협동조합은 다음 각 호의 어느 하나에 해당하는 사유로 해산한다.

1. 정관으로 정한 해산 사유의 발생
2. 총회의 의결
3. 합병·분할 또는 파산
4. 설립인가의 취소

② 사회적협동조합이 제1항제1호부터 제3호까지의 규정에 따라 해산한 때에는 청산인은 파산의 경우를 제외하고는 그 취임 후 14일 이내에 기획재정부장관에게 신고하여야 한다.

제103조(청산인) ① 사회적협동조합이 해산하면 파산으로 인한 경우 외에는 이사장이 청산인이 된다. 다만, 총회에서 다른 사람을 청산인으로 선임하였을 경우에는 그에 따른다.

② 청산인은 취임 후 지체 없이 사회적협동조합의 재산상태를 조사하고 재산목록과 대차대조표를 작성한 다음 재산처분의 방법을 정하여 총회의 승인을 받아야 한다.

③ 청산사무가 종결된 때에는 청산인은 지체 없이 결산보고서를 작성하여 총회의 승인을 받아야 한다.

④ 제2항 및 제3항의 경우 총회를 2회 이상 소집하여도 총회가 구성되지 아니할 때에는 출석조합원 3분의 2 이상의 찬성이 있으면 총회의 승인이 있은 것으로 본다.

⑤ 기획재정부장관은 사회적협동조합의 청산 사무를 감독한다.

제104조(잔여재산의 처리) 사회적협동조합이 해산할 경우 부채 및 출자금을 변제하고 잔여재산이 있을 때에는 정관으로 정하는 바에 따라 다음 각 호의 어느 하나에 귀속된다.

1. 상급 사회적협동조합연합회
2. 유사한 목적의 사회적협동조합
3. 비영리법인·공익법인
4. 국고

제105조(「민법」 등의 준용) 사회적협동조합의 해산과 청산에 관하여는 「민법」 제79조, 제81조, 제87조, 제88조제1항·제2항, 제89조부터 제92조까지, 제93조제1항·제2항 및 「비송사건절차법」 제121조를 준용한다.

제7절 등 기

제106조(설립등기) ① 사회적협동조합은 설립인가를 받은 날부터 21일 이내에 주된 사무소의 소재지에서 설립등기를 하여야 하고, 그러하지 아니한 경우 그 인가의 효력은 상실된다.

② 설립등기신청서에는 다음 각 호의 사항을 적어야 한다.

1. 제86조제1항제1호와 제2호의 사항
2. 출자 총좌수와 납입한 출자금의 총액
3. 설립인가 연월일
4. 임원의 성명·주민등록번호 및 주소

③ 설립등기를 할 때에는 이사장이 신청인이 된다.

④ 제2항의 설립등기신청서에는 설립인가서, 창립총회의사록 및 정관의 사본을 첨부하여야 한다.

⑤ 합병이나 분할로 인한 사회적협동조합의 설립등기신청서에는 다음 각 호의 서류를 모두 첨부하여야 한다.

1. 제4항에 따른 서류
2. 제53조에 따라 공고하거나 최고한 사실을 증명하는 서류
3. 제54조에 따라 이의를 신청한 채권자에게 변제나 담보를 제공한 사실을 증명하는 서류

제107조(합병등기) ① 사회적협동조합이 합병한 경우에는 합병인가를 받은 날부터 14일 이내에 그 사무소의 소재지에서 합병 후 존속하는 사회적협동조합은 변경등기를, 합병으로 소멸되는 사회적협동조합은 해산등기를, 합병으로 설립되는 사회적협동조합은 제106조에 따른 설립등기를 각 사무소의 소재지에서 하여야 한다.

② 제1항에 따른 해산등기를 할 때에는 합병으로 소멸되는 사회적협동조합의 이사장이 신청인이 된다.

③ 제2항의 경우에는 해산 사유를 증명하는 서류를 첨부하여야 한다.

제108조(해산등기) ① 사회적협동조합이 해산한 경우에는 합병과 파산의 경우 외에는 주된 사무소의 소재지에서는 14일 이내에, 지사무소의 소재지에서는 21일 이내에 해산등기를 하여야 한다.

② 제1항에 따른 해산등기를 할 때에는 제4항의 경우 외에는 청산인이 신청인이 된다.

③ 해산등기신청서에는 해산 사유를 증명하는 서류를 첨부하여야 한다.

④ 기획재정부장관은 설립인가의 취소로 인한 해산등기를 촉탁하여야 한다.

제109조(등기일의 기산일) 등기 사항으로서 기획재정부장관의 인가 등이 필요한 것은 그 인가 등의 문서가 도달한 날부터 등기 기간을 계산한다.

제110조(준용규정) 사회적협동조합의 등기에 관하여는 제62조부터 제64조까지 및 제67조부터 제70조까지의 규정을 준용한다. 이 경우 "협동조합"은 "사회적협동조합"으로 본다.

제8절 감 독

제111조(감독) ① 기획재정부장관은 사회적협동조합의 자율성을 존중하여야 하며, 이 법에서 정하는 바에 따라 그 업무를 감독하고 감독상 필요한 명령을 할 수 있다.

② 기획재정부장관은 다음 각 호의 어느 하나에 해당하는 경우 사회적협동조합(설립 중인 경우를 포함한다. 이하 이 조에서 같다)에 대하여 그 업무 및 재산에 관한 사항을 보고하게 하거나 소속 공무원으로 하여금 해당 사회적협동조합의 업무상황·장부·서류, 그 밖에 필요한 사항을 검사하게 할 수 있다.

1. 제85조에 따른 설립인가 및 절차에 적합한지 확인할 필요가 있는 경우
2. 이 법, 이 법에 따른 명령 또는 정관을 위반하였는지 확인할 필요가 있는 경우
3. 사회적협동조합의 사업이 관계 법령을 위반하였는지 확인할 필요가 있는 경우

③ 제2항에 따른 검사를 하는 공무원은 그 권한을 표시하는 증표를 지니고 이를 관계인에게 내보여야 한다.

④ 기획재정부장관은 제1항에 따른 감독의 결과 사회적협동조합이 이 법, 이 법에 따른 명령 또는 정관을 위반한 사실이 발견된 때에는 해당 사회적협동조합에 대하여 시정에 필요한 조치를 명할 수 있다.

⑤ 기획재정부장관은 이 법의 효율적인 시행과 사회적협동조합에 대한 정책을 수립하기 위하여 필요한 경우 관계 중앙행정기관의 장에게 사회적협동조합에 대한 조사·검사·확인 또는 자료의 제출을 요구하게 하거나 시정에 필요한 조치를 명하게 할 수 있다.

⑥ 제1항부터 제5항까지의 기획재정부장관의 권한은 사회적협동조합이 수행하는 구체적인 사업 내용, 성격 등을 고려하여 대통령령으로 정하는 바에 따라 관계 중앙행정기관의 장 또는 시·도지사에게 위임할 수 있다.

제112조(설립인가의 취소) ① 기획재정부장관은 사회적협동조합이 다음 각 호의 어느 하나에 해당하게 되면 설립인가를 취소할 수 있다.

1. 정당한 사유 없이 설립인가를 받은 날부터 1년 이내에 사업을 개시하지 아니하거나 1년 이상 계속하여 사업을 실시하지 아니한 경우
2. 2회 이상 제111조제5항에 따른 처분을 받고도 시정하지 아니한 경우
3. 제85조제4항에 따라 대통령령으로 정한 설립인가 기준에 미달하게 된 경우
4. 거짓이나 그 밖의 부정한 방법으로 설립인가를 받은 경우

② 기획재정부장관은 제1항에 따라 사회적협동조합의 설립인가를 취소하

면, 즉시 그 사실을 공고하여야 한다.

제113조(청문) 기획재정부장관은 제112조에 따라 설립인가를 취소하고자 하는 경우에는 청문을 실시하여야 한다.

제 5 장 사회적협동조합연합회

제114조(설립인가 등) ① 사회적협동조합연합회를 설립하고자 하는 때에는 회원 자격을 가진 셋 이상의 사회적협동조합이 발기인이 되어 정관을 작성하고 창립총회의 의결을 거친 후 기획재정부장관의 인가를 받아야 한다.

② 창립총회의 의사는 창립총회 개의 전까지 발기인에게 설립동의서를 제출한 사회적협동조합 과반수의 출석과 출석자 3분의 2 이상의 찬성으로 의결한다.

제115조(준용규정) ① 사회적협동조합연합회에 관하여는 제2장 중 제17조, 제19조, 제21조, 제22조, 제25조, 제28조제3항부터 제5항까지, 제29조부터 제44조까지, 제47조, 제48조, 제52조부터 제55조까지, 제62조부터 제64조까지 및 제67조부터 제70조까지의 규정을 준용한다. 이 경우 "협동조합"은 "사회적협동조합연합회"로, "이사장"은 "회장"으로, "조합원"은 "회원"으로 보고, 제19조제1항 중 "제61조에 따른 설립등기"는 "제106조에 따른 설립등기"로 보며, 제22조제2항 중 "조합원 1인"은 "한 회원"으로, "100분의 30"은 "100분의 40"으로 보고, 제29조, 제30조 및 제40조제1항 중 "조합원"은 "대의원"으로 보며, 제40조제1항 중 "5분의 1"은 "3분의 1"로 보고, 제37조 중 "조합원"은 "대의원이나 회원에 속한 조합원"으로, "가입신청을 한 자"는 "가입신청을 한 협동조합에 속한 조합원"으로 본다.

② 사회적협동조합연합회에 관하여는 제3장 중 제73조부터 제75조, 제77조, 제78조, 제80조, 제81조를 준용한다. 이 경우 "연합회"는 "사회적협동조합연합회"로 본다.

③ 사회적협동조합연합회에 관하여는 제4장 중 제86조, 제87조, 제89조, 제90조, 제96조부터 제99조까지, 제101조부터 제109조까지 및 제111조부터 제113조까지의 규정을 준용한다. 이 경우 "사회적협동조합"은 "사회적협동조합연합회"로, "조합원"은 "회원"으로 보고, 제86조제1항제3호 중 "조합원 및 대리인"은 "회원"으로 보며, 제101조제4항 중 "제85조, 제86조 및 제88조"는 "제114조 및 제115조"로 보고, 제103조제4항 중 "조합원"은 "대의원"으로 본다.

제6장 보 칙

제116조(권한의 위임) 제11조, 제71조, 제96조, 제102조, 제103조, 제108조, 제112조, 제114조, 제119조 등 이 법에 따른 기획재정부장관의 권한은 그 일부를 대통령령으로 정하는 바에 따라 관계 중앙행정기관의 장 또는 시·도지사에게 위임할 수 있다.

제7장 벌 칙

제117조(벌칙) ① 협동조합등 및 사회적협동조합등의 임직원 또는 청산인이 다음 각 호의 어느 하나에 해당하는 행위로 협동조합등 및 사회적협동조합등에 손해를 끼친 때에는 10년 이하의 징역 또는 3천만원 이하의 벌금에 처한다. 이 경우 징역형과 벌금형은 병과할 수 있다.

1. 협동조합등 및 사회적협동조합등의 사업목적 이외의 다른 용도로 자금을 사용한 경우
2. 투기를 목적으로 협동조합등 및 사회적협동조합등의 재산을 처분하거나 이용한 경우

② 협동조합등 및 사회적협동조합등의 임직원 또는 청산인이 다음 각 호의 어느 하나에 해당하는 행위를 한 때에는 3년 이하의 징역 또는 2천만원 이하의 벌금에 처한다.

1. 제45조제3항, 제50조제1항·제3항, 제51조부터 제53조까지, 제55조, 제58조, 제80조제3항, 제97조제1항·제3항, 제98조, 제103조 및 제104조(제82조·제83조·제100조 또는 제115조에 따라 준용되는 경우를 포함한다)를 위반한 경우
2. 거짓 또는 부정한 방법으로 등기를 한 경우
3. 총회의 의결을 받아야 하는 사항에 대하여 의결을 받지 아니하고 집행한 경우

③ 다음 각 호의 어느 하나에 해당하는 자는 2년 이하의 징역 또는 1천만원 이하의 벌금에 처한다.

1. 제9조제2항을 위반하여 공직선거에 관여한 자
2. 제37조(제79조·제92조 및 제115조에 따라 준용되는 경우를 포함한다)를 위반한 자

제118조(양벌규정) 협동조합등 및 사회적협동조합등의 임직원 또는 청산인이 그 협동조합등 및 사회적협동조합등의 업무에 관하여 제117조제1항

및 제2항의 위반행위를 하면 그 행위자를 벌하는 외에 그 협동조합등 및 사회적협동조합 등에도 해당 조문의 벌금형을 과(科)한다. 다만, 협동조합등 및 사회적협동조합 등이 그 위반행위를 방지하기 위하여 해당 업무에 관하여 상당한 주의와 감독을 게을리하지 아니한 경우에는 그러하지 아니하다.

제119조(과태료) ① 제3조제3항을 위반한 자에게는 200만원 이하의 과태료를 부과한다.

② 협동조합등 및 사회적협동조합등이 다음 각 호의 어느 하나에 해당하는 경우에는 200만원 이하의 과태료를 부과한다.

1. 제22조제2항(제76조·제91조 및 제115조제1항에 따라 준용되는 경우를 포함한다)을 위반하여 조합원등 1인의 출자좌수 제한을 초과하게 한 경우
2. 제23조제1항(제91조에 따라 준용되는 경우를 포함한다)을 위반하여 조합원의 의결권·선거권에 차등을 둔 경우
3. 제46조, 제81조 및 제95조(제115조제2항에 따라 준용되는 경우를 포함한다)를 위반하여 조합원등이 아닌 자에게 협동조합등의 사업을 이용하게 한 경우
4. 제94조를 위반하여 소액대출 및 상호부조의 총 사업한도, 이자율, 대출한도, 상호부조의 범위, 상호부조금, 상호부조계약 및 상호부조회비 등을 초과하게 한 경우

③ 협동조합등 및 사회적협동조합등의 임직원 또는 청산인이 다음 각 호의 어느 하나에 해당하는 때에는 100만원 이하의 과태료를 부과한다.

1. 신고·등기를 게을리한 때
2. 제49조제2항(제82조에 따라 준용되는 경우를 포함한다) 및 제96조제2항(제115조제3항에 따라 준용되는 경우를 포함한다)에 따른 서류비치를 게을리한 때
3. 제49조제3항 및 제4항(제82조에 따라 준용되는 경우를 포함한다), 제96조제3항 및 제4항(제115조제3항에 따라 준용되는 경우를 포함한다)에 따른 운영의 공개를 게을리한 때
4. 감독기관 또는 총회에 대하여 거짓의 진술 또는 보고를 하거나 사실을 은폐한 때
5. 감독기관의 검사를 거부·방해 또는 기피한 때

④ 제1항부터 제3항까지의 규정에 따른 과태료는 대통령령으로 정하는 바에 따라 기획재정부장관 또는 시·도지사가 부과·징수한다.

부칙 〈제11211호, 2012.1.26〉

제1조(시행일) 이 법은 2012년 12월 1일부터 시행한다.

제2조(협동조합등에 대한 경과조치) ① 이 법 시행 당시 협동조합과 유사한 목적을 위하여 이미 설립된 사업자 또는 법인이 이 법에 따른 협동조합이 되려면 이 법 시행일부터 2년 이내에 제15조에서 정하는 설립 최소기준을 갖추어 구성원 과반수의 출석과 출석자 3분의 2 이상의 찬성으로 총회의 의결을 거친 후 제15조부터 제19조까지의 설립절차를 거쳐 제61조에 따른 설립등기를 하여야 한다. 이 경우 설립등기 전 사업자 또는 법인과 설립등기 후 협동조합은 동일한 법인으로 본다.

② 이 법 시행 당시 협동조합연합회와 유사한 목적을 위하여 이미 설립된 사단법인이 이 법에 따른 협동조합연합회가 되려면 이 법 시행일부터 1년 이내에 제71조에서 정하는 협동조합연합회 설립에 필요한 사항을 갖추어 구성원 과반수의 출석과 출석자 3분의 2 이상의 찬성으로 총회의 의결을 거친 후 제71조 및 제72조의 설립절차를 거쳐 제84조에 따른 설립등기를 하여야 한다. 이 경우 설립등기 전 사단법인과 설립등기 후 협동조합연합회는 동일한 법인으로 본다.

③ 이 법 시행 당시 사회적협동조합과 유사한 목적을 위하여 이미 설립된 사업자 또는 비영리법인이 이 법에 따른 사회적협동조합이 되려면 이 법 시행일부터 2년 이내에 제85조에서 정하는 설립 최소기준을 갖추어 구성원 과반수의 출석과 출석자 3분의 2 이상의 찬성으로 총회의 의결을 거친 후 제85조부터 제88조까지의 설립절차를 거쳐 제106조에 따른 설립등기를 하여야 한다. 이 경우 설립등기 전 사업자 또는 법인과 설립등기 후 사회적협동조합은 동일한 비영리법인으로 본다.

④ 이 법 시행 당시 사회적협동조합연합회와 유사한 목적을 위하여 이미 설립된 사단법인이 이 법에 따른 사회적협동조합연합회가 되려면 이 법 시행일부터 1년 이내에 제114조에서 정하는 사회적협동조합연합회 설립에 필요한 사항을 갖추어 구성원 과반수의 출석과 출석자 3분의 2 이상의 찬성으로 총회의 의결을 거친 후 제114조, 제115조제1항 및 제3항의 설립절차를 거쳐 제115조제3항에 따른 설립등기를 하여야 한다. 이 경우 설립등기 전 사단법인과 설립등기 후 사회적협동조합연합회는 동일한 비영리법인으로 본다.

제3조(명칭에 관한 경과조치) 이 법 시행 당시 이 법에 따라 설립되지는 아니하였으나 협동조합과 동일한 기능을 수행하는 단체에 대하여는 이 법 시행일부터 2년까지는 제3조를 적용하지 아니한다.

참고문헌

김　문(1999). 『공격마케팅』. 현대미디어.
김영숙 · 김욱 · 엄기욱 외(2002). 『사회복지 프로그램개발과 평가』. 교육과학사.
김영종(1998). 『사회복지행정』. 학지사.
______(2001). 『사회복지행정론』. 학지사.
김종명 · 구재관 외(2013). 『사회복지 프로그램 개발과 평가』. 양서원.
김통원(2004). 『사회복지 프로그램 개발과 평가』. 학지사.
김승훈 · 박종팔 외(2010). 『사회복지정책론』. 양서원.
남기민(2011). 『사회복지정책론』. 학지사.
류종훈 · 김안호 · 양철호(2005). 『사회복지학개론』. 청목출판사.
류종훈(2004). 『쉽게 쓴 사회복지실천론』. 도서출판 동인.
______(2005). 『인간행동과 사회환경』. 도서출판 동인.
______(2007). 『지역사회복지론』. 학현사.
______(2011). 『사회복지실천론』. 청목출판사.
______(2012). 『사회복지총론』. 유풍출판사.
______(2012). 『사회복지발달사』. 정민사.
성규탁(1990). 『사회복지행정론』. 법문사.
______(1994). 『사회복지행정론』. 법문사.
송대영 · 최현섭(2008). 『인간행동과사회환경』. 한국방송통신대학교 출판부.
안광호 · 하영원 · 박흥수(1998). 『마케팅원론』. 학현사.
양용희 · 김범수 · 김범수(1997). 『비영리조직의 모금전략과 자원개발』. 아시아미디어리서치
양용희(2002). 비영리조직의 마케팅 전략. 참여연대 사회복지위원회 교육자료집.
우종모 · 김재호 · 조당호(2004). 『사회복지행정론』. 양서원.
유재풍(1986). 『조직학원론』. 박영사.
유　훈(1994). 『재무관리론』. 법문사.
정무성 · 정진모(2001). 『사회복지프로그램 개발과 평가』. 양서원.
정영순(1993). 『MBO, 한국사회복지프로그램연구회 제5차 특강』, 동 연구회.
조운희(2004). 『사회복지 프로그램 개발과 평가』. 청목출판사.
______(1998). 「사회복지관 운영관리의 평가모형 개발에 관한 연구」. 대구대학교 대학원 박사학위논문.
정익준(1999). 『비영리조직의 마케팅』. 영풍문고.
정진모(1998). 『사회복지 프로그램 계획 / 평가의 이론과 실제』, '98년 전국 장애인복지관 협의회 워크샵자료, 동 협의회.
채구묵(2010). 『사회복지통계분석』. 양서원.

최성재 · 남기민(1994). 『사회복지행정론』. 학현사.
최성재 · 남기민(2004). 『사회복지행정론』. 나남출판사.
최성재 · 최일섭(2004). 『사회문제와 사회복지』. 나남출판사.
최일섭 · 류진석(1996). 『지역사회복지론』. 서울대학교출판부.
피터 드러터 · 한영하 역(2003). 비영리 단체의 경영. 한국경제신문.
한국방송통신대학교(2013). 방송대 인터넷 학습자료.
한국청소년개발원(1997). 「지방 청소년정책 사업 강화를 위한 청소년 참여 증대 방안 연구, 청소년 카드 제도를 위한 기본조사」. 한국청소년개발원.
한국청소년개발원(2011). 『청소년 프로그램개발 및 평가론』. 교육과학사.
한균자 외(2008). 『한국사회문제』. 한국방송통신대학교출판부.
한완상 · 한균자(2008). 『인간과 사회』. 한국방송통신대학교출판부.
홍부길 역(1994). 『사회마케팅- 공중행동변화를 위한 전략』. 대영사.
홍부길 편(1998). 『비영리조직 마아케팅과 사회마아케팅』. 이화여자대출판부.
홍봉선 · 남미애(2012). 『청소년복지론』. 양서원.
황성동(2011). 『알기 쉬운 사회복지조사방법론』. 학지사.
황성철(2009). 『사회복지프로그램 개발과 평가』. 공동체.
황성철 · 정무성 · 강철희 · 최재성(2005). 『사회복지행정론』. 학현사.

Allen-Mears, P., R. O. Washington & Welsh, 1986. Social Work Services in Schools, New Jersey: Prentic-Hall. Englewood Cliffs.
Bargal, D. & H. Schmid, 1992, "Organizational Change and Development in Human Service Organizations : A Prefatory Essay". Administration in Social work, Vol. 16. NO, 3/4 pp. 1-13.
Berman, E. M., 1995, "Implementing TQM in State Welfare Agenies". Administration in Social Work, Vol, 19, No. 1, pp. 55-72
Bloch, A., 1977, Murphy'low and other reasons why things go wrong, Los Angles: Prie/ Sterm/ Sloan.
Compton, B, R. & Galaway, 1984, Social Work Proess, Homewood. Illnois : The Dorsey Press.
Davis, G. A. 1981. Creativity Is Forever, Cross Plains. Wis. : Badger Press.
Genkins, M., 1985 "Strategic Planning for Social Work Marketing", Administration in social Work, Vol. 9. No 1(Spring), 35-46
Heffernan, J., G Shuttlesworth & R. Ambrosino, 1992, Social Work and Social Welfare. New York: West Publishin Company.
kettener, P.M. Moroney, R. M. & L. L. Designing and Managing Programmes: An effectiveness-Based Approach (2nd ed.) sage, 1999.
Madeleine R. Stoner. 1986. "Marketing of Social Services Gains Prominence in

Practice." Administration in Social Work, Vol. 10(4), Winter 1986.

http://www.law.go.kr/DRF/lawService.do?OC=lrzh&target=law&MST=122441&type=HTML&efYd=20130127.
http://www.law.go.kr/DRF/lawService.do?OC=lrzh&target=law&MST=127588&type=H TML&efYd=20130127
http://www.law.go.kr/DRF/lawService.do?OC=lrzh&target=law&MST=127642&type=H TML&efYd=20130127
http://cafe.daum.net/yogasam/SP4y/184?docid=3984466893&q
http://cafe.daum.net/license-NO.1/NAyI/725?docid=3777998345&q=%BB%E7%C8%B8%BA%B9%C1%F6%20%C7%C1%B7%CE%B1%D7%B7%A5%20%B0%B3%B9%DF%20%C0%CC%B7%D0&re=1 우수사례: 사회복지 프로그램(보건복지원격평생교육원)

http://blog.naver.com/ardencyhj?Redirect=Log&logNo=115966442
http://happy-times.tistory.com/200788
http://www.hud.gov/local/tx/community/slideshowhouston.cfm?album=0&pic=3)
http://terms.naver.com/entry.nhn?cid=3278&docId=1714550&mobile&categoryId=3281
http://ssulkj.blog.me/80069177344
http://cafe.daum.net/hoholongtime/M2Q6/65?docid=3465071468&q
http://cafe.daum.net/jungjsu/I2p3/178?docid=635392077&q
http://happy-times.tistory.com/107378
http://cafe.daum.net/call-talk/CZqk/13?docid=4176084878&q
http://cafe.daum.net/yogasam/SP51/129?docid=3553209673&q
http://cafe.daum.net/haksasky/RINl/254?docid
http://cafe.daum.net/carherobokgi/MGyB/9?docid
http://blog.naver.com/isophia?Redirect=Log&logNo=130015804
http://cafe.daum.net/skyms5/1Mm4/2?docid
http://cafe.daum.net/k.s.f/msMr/6?docid=3540415345&q
http://kin.naver.com/qna/detail.nhn?d1id=1&dirId=10603&docId=61228110&qb
http://cafe.daum.net/lebensliebe/HTCK/91?docid=432640433&q
http://cafe.daum.net/miso1091/LvRf/112?docid=659088900&q

찾아보기

〈저자 소개〉

• 류 종 훈
국제신학대학원대학교 상담복지학과 교수(산학협력단장)

• 김 근 식
서남대학교 사회복지학과 교수

• 김 철 진
광신대학교 사회복지상담학과 교수

• 배 성 찬
한일장신대학교 사회복지학과 교수

사회복지 프로그램개발과 평가

2017년 8월 25일 중판인쇄
2017년 8월 30일 중판발행

저 자 류종훈 · 김근식 · 김철진 · 배성찬
발행인 유 성 열
발행처 청목출판사
서울특별시 영등포구 신길로 40길 20
전화 (02) 849-6157(代) · 2820 / 833-6090~1
FAX (02) 849-0817
등록 제318-1994-000090호

파본은 바꾸어 드립니다. 값 20,000원

http : //www.chongmok.co.kr

ISBN 978-89-5565-545-2